Study on Surrounding Rock Stability and Influence of Underground Excavation on Nearby Pipelines During Shield Tunneling of Metro Tunnel

地铁隧道盾构施工围岩稳定性及暗挖对近邻管线的影响研究

吴波　姜涛　龙海平　徐世祥　刘聪　｜　著

中南大学出版社
www.csupress.com.cn
·长沙·

图书在版编目（CIP）数据

地铁隧道盾构施工围岩稳定性及暗挖对近邻管线的影响研究／吴波等著. —长沙：中南大学出版社，2024.5
ISBN 978-7-5487-5739-9

Ⅰ. ①地… Ⅱ. ①吴… Ⅲ. ①地铁隧道－隧道施工－盾构法 Ⅳ. ①U231.3

中国国家版本馆 CIP 数据核字（2024）第 044704 号

地铁隧道盾构施工围岩稳定性及暗挖对近邻管线的影响研究
DITIE SUIDAO DUNGOU SHIGONG WEIYAN WENDINGXING JI
ANWA DUI JINLIN GUANXIAN DE YINGXIANG YANJIU

吴波　姜涛　龙海平　徐世祥　刘聪　著

□出　版　人　林绵优
□责任编辑　刘颖维
□封面设计　李芳丽
□责任印制　唐　曦
□出版发行　中南大学出版社
　　　　　　社址：长沙市麓山南路　　　　邮编：410083
　　　　　　发行科电话：0731-88876770　　传真：0731-88710482
□印　　装　长沙印通印刷有限公司

□开　　本　787 mm×1092 mm　1/16　□印张 14　□字数 355 千字
□版　　次　2024 年 5 月第 1 版　　　□印次 2024 年 5 月第 1 次印刷
□书　　号　ISBN 978-7-5487-5739-9
□定　　价　78.00 元

编 委 会

前　言

改革开放之后，我国经济与社会发展取得了举世瞩目的成就。国内城市规模迅速扩大，城市人口数量也在剧增，由此引发了交通拥堵问题。城市地上空间日趋紧张，解决交通拥堵问题的有力路径是利用城市地下空间。我国第一条地铁线路建设于首都北京，线路总长为 23.6 km，从 1965 年 7 月 1 日开工建设至 1969 年 10 月 1 日建设完工并投入运营，就此拉开了我国地铁建设的序幕。截至 2021 年底，中国开通城市轨道交通运营的城市达 45 个。

地铁建设过程中遇到了许多工程难题，城市地下管线埋设于道路下方的情况较为常见。南昌地铁 3 号线邓埠站位于南昌市迎宾大道与阳光路交界处，1 号出入口通道暗挖段横跨交通主干道。交通主干道下有 4 条管线，受到地铁通道暗挖和路面交通荷载双重扰动作用。地铁通道施工会引起管线变形和应力重分布，持续作用的路面交通荷载会进一步造成管线产生附加变形和附加应力。管线变形过大或强度不足，轻则影响正常使用，严重时会导致安全事故发生。因此，研究地铁通道暗挖对近邻密集管线的影响具有一定现实意义和研究价值，可为确保通道施工安全和重要管线安全提供理论依据。

全书共分为 8 章：第 1 章工程概述；第 2 章地铁通道暗挖对近邻密集管线的影响因素研究；第 3 章地铁通道暗挖对近邻密集管线的影响分区研究；第 4 章地铁通道暗挖对近邻密集管线的施工力学特性研究；第 5 章路面交通荷载分析及管

线动力响应的解析解研究；第6章通道暗挖与路面荷载共同作用下管线的动力响应研究；第7章管线安全保护措施研究；第8章结论与展望。

本书在编写过程中，得到了许多单位和朋友的支持，参阅了部分相关研究文献和成果；本书的出版得到了国家自然科学基金项目（52278397、52168055）、江西省"双千计划"创新领军人才项目（jxsq2020101001）、江西省自然科学基金（20212ACB204001）、东华理工大学、广州城建职业学院等的资助支持。在此一并表示感谢！

本书涉及的研究内容，尽管形成了很多创新成果，但由于我国缺乏类似工程经验，许多问题还需要在实践中进一步探索和深化研究，加之时间和水平有限，疏漏与不足之处在所难免，恳请大家批评指正。

作者

2024年3月

目　录

第1章　工程概述 ……………………………………………………………………… 1

　1.1　工程简介 1
　　1.1.1　工程背景 1
　　1.1.2　地质概况 3
　　1.1.3　设计概况 4
　　1.1.4　管线监测方案 6
　1.2　国内外研究现状 8
　　1.2.1　关于隧道开挖对邻近管线影响研究 8
　　1.2.2　关于隧道工程影响分区研究 11
　　1.2.3　关于交通荷载作用下管线动力响应研究 14
　1.3　研究内容和方法 16
　　1.3.1　研究内容 16
　　1.3.2　研究方法 16

第2章　地铁通道暗挖对近邻密集管线的影响因素研究 …………………………… 18

　2.1　施工响应计算模型 18
　　2.1.1　暗挖通道结构型式 18
　　2.1.2　计算工况 19
　　2.1.3　计算模型 19
　2.2　密集管线与暗挖通道的净距对密集管线的影响 22

2.2.1　密集管线竖向位移云图分析 22

2.2.2　各管线特征点竖向位移响应特征 23

2.2.3　密集管线最大主应力云图分析 24

2.2.4　各管线特征点最大主应力响应特征 25

2.2.5　密集管线最小主应力云图分析 27

2.2.6　各管线特征点最小主应力响应特征 28

2.3　密集管线与暗挖通道的交叉角度对密集管线的影响 29

2.3.1　密集管线竖向位移云图分析 29

2.3.2　各管线特征点竖向位移响应特征 30

2.3.3　密集管线最大主应力云图分析 31

2.3.4　各管线特征点最大主应力响应特征 32

2.3.5　密集管线最小主应力云图分析 34

2.3.6　各管线特征点最小主应力响应特征 35

2.4　围岩参数对密集管线的影响 36

2.4.1　密集管线竖向位移云图分析 36

2.4.2　各管线特征点竖向位移响应特征 38

2.4.3　密集管线最大主应力云图分析 39

2.4.4　各管线特征点最大主应力响应特征 40

2.4.5　密集管线最小主应力云图分析 41

2.4.6　各管线特征点最小主应力响应特征 43

2.5　施工工法对密集管线的影响 44

2.5.1　密集管线竖向位移云图分析 44

2.5.2　各管线特征点竖向位移响应特征 45

2.5.3　密集管线最大主应力云图分析 46

2.5.4　各管线特征点最大主应力响应特征 47

2.5.5　密集管线最小主应力云图分析 48

2.5.6　各管线特征点最小主应力响应特征 49

2.6　本章小结 50

第3章　地铁通道暗挖对近邻密集管线的影响分区研究 51

3.1　管线影响分区阈值的确定 51

3.2　各因素下管线竖向位移分析 53

3.2.1　管线沉降值关于单因素分析 54

　　　3.2.2　管线竖向位移关于多因素分析 　60

　　3.3　地铁通道暗挖对近邻密集管线的影响分区划分 　62

　　3.4　密集管线影响分区的控制措施 　65

　　3.5　工程应用分析 　67

　　　3.5.1　工程中采取的措施 　67

　　　3.5.2　采取措施前后效果分析 　69

　　3.6　本章小结 　74

第4章　地铁通道暗挖对近邻密集管线的施工力学特性研究 ……………… 75

　　4.1　有限元模型 　75

　　　4.1.1　模型建立 　75

　　　4.1.2　物理力学参数 　77

　　　4.1.3　边界条件 　77

　　4.2　计算结果分析 　78

　　　4.2.1　通道围岩变形和应力 　78

　　　4.2.2　管线变形和内力 　79

　　4.3　有限元解与实测数据对比分析 　84

　　　4.3.1　工程现场监测点布置 　84

　　　4.3.2　地表沉降对比分析 　85

　　　4.3.3　地下管线沉降对比分析 　85

　　4.4　管线与通道空间位置关系影响 　87

　　　4.4.1　管线与通道的交角 　87

　　　4.4.2　管线与通道的竖直距离 　92

　　4.5　管线构造与材质影响 　96

　　　4.5.1　管径 　96

　　　4.5.2　壁厚 　99

　　　4.5.3　截面类型 　102

　　　4.5.4　管线材质 　108

　　4.6　本章小结 　113

第5章　路面交通荷载分析及管线动力响应的解析解研究 ……………… 115

　　5.1　路面交通荷载作用规律 　115

　　5.2　常用路面交通荷载模型 　116

5.2.1 长期均布荷载 116

5.2.2 移动恒定荷载 116

5.2.3 时域谐波荷载 117

5.3 管线动力响应解析模型 118

5.3.1 管线动力响应解析模型建立 119

5.3.2 管线动力响应解析模型求解 120

5.4 算例分析 123

5.5 本章小结 132

第6章 通道暗挖与路面荷载共同作用下管线的动力响应研究 133

6.1 有限元模型 133

6.1.1 模型建立 133

6.1.2 物理力学参数 133

6.1.3 黏弹性边界 135

6.1.4 车辆荷载参数 135

6.1.5 车辆荷载二次开发程序与重启动分析 136

6.2 通道围岩动力响应 137

6.2.1 变形响应 138

6.2.2 应力响应 143

6.2.3 加速度响应 147

6.3 管线动力响应 149

6.3.1 变形响应 149

6.3.2 应力响应 153

6.3.3 加速度响应 158

6.4 管线动力响应影响因素分析 161

6.4.1 轴重影响 161

6.4.2 车速影响 168

6.4.3 路面平整度影响 174

6.5 本章小结 179

第7章 管线安全保护措施研究 181

7.1 管线安全保护措施 181

7.1.1 管线安全影响因素 181

7.1.2　常用管线保护措施　　　　　　　　182

7.1.3　注浆加固效果分析　　　　　　　　183

7.2　注浆加固措施优化　　　　　　　　　　194

7.2.1　注浆加固方案　　　　　　　　　　194

7.2.2　管线力学特性对比　　　　　　　　196

7.2.3　工程应用效果　　　　　　　　　　200

7.3　本章小结　　　　　　　　　　　　　　201

第 8 章　结论与展望 ···　203

8.1　结论　　　　　　　　　　　　　　　　203

8.2　展望　　　　　　　　　　　　　　　　205

参考文献 ···　206

第1章 工程概述

1.1 工程简介 ⟶ ◦◦◦

1.1.1 工程背景

南昌地铁三号线邓埠站位于迎宾大道与阳光路交会处，线路沿迎宾大道呈南北向布置。迎宾大道为双向4车道、两侧各有1条非机动车道，阳光路为双向4车道。该区域有多路公交车在此交会，且沿迎宾大道方向往来货车较多，交通繁忙。1号出入口位于车站东南象限，与4号出入口对称分布，暗挖段横跨交通主干道。邓埠站平面图如图1-1所示。

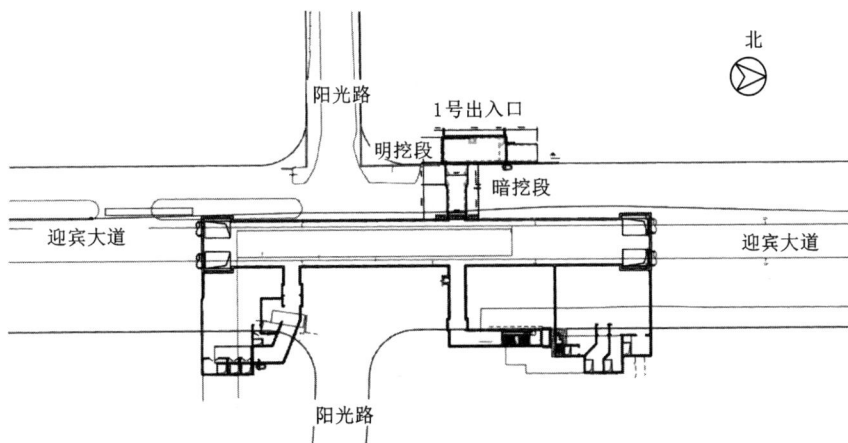

图1-1 邓埠站平面图

1号出入口暗挖通道范围内上方，自东向西依次存在管线如下：1条DN500混凝土污水管埋深3.55 m，1条DN1500混凝土雨水管埋深3.27 m，1条DN800铸铁给水管埋深2.5 m，1条300 mm×300 mm的PVC 9孔弱电管沟（通信电缆）埋深2.38 m。其中DN500混凝土污水管和 DN1500 混凝土雨水管分布于现交通疏解道路下方。暗挖通道拱顶上覆土厚度为 4.275 m，其中，埋设最深的一条管线是污水管，距离地面 3.55 m，管线与暗挖通道的最小距离仅为 0.725 m。暗挖通道横跨迎宾大道，且旁边为迎宾大道与阳光路交会处，平时交通繁忙，各种通行车辆川流不息，来往行人络绎不绝，依托工程不仅要保障暗挖通道施工安全及进度，也要避免雨水、污水、供水、电缆管道产生破损渗漏，保证施工范围内各管线变形处于安全范围。邓埠站附属 1 号出入口施工影响范围内管线分布情况如图 1-2~图 1-4 所示。

图 1-2　邓埠站附属 1 号出入口管线分布现场平面示意图

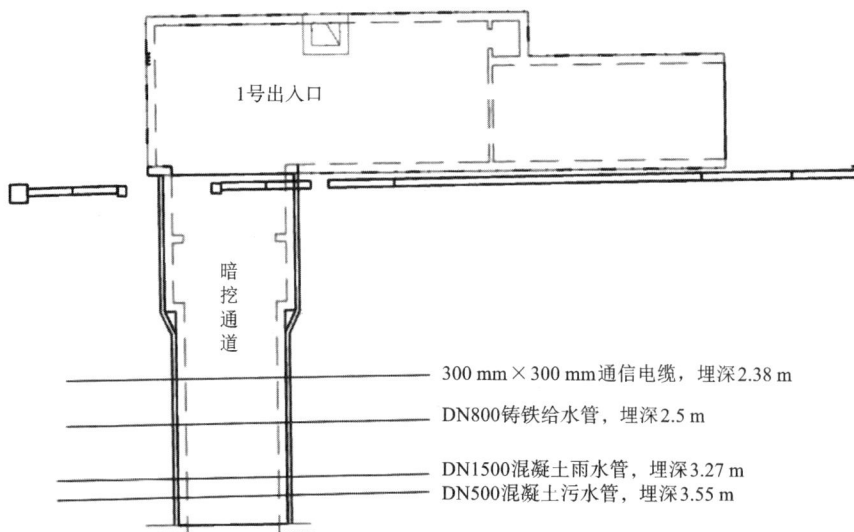

图 1-3　邓埠站附属 1 号出入口管线分布平面示意图

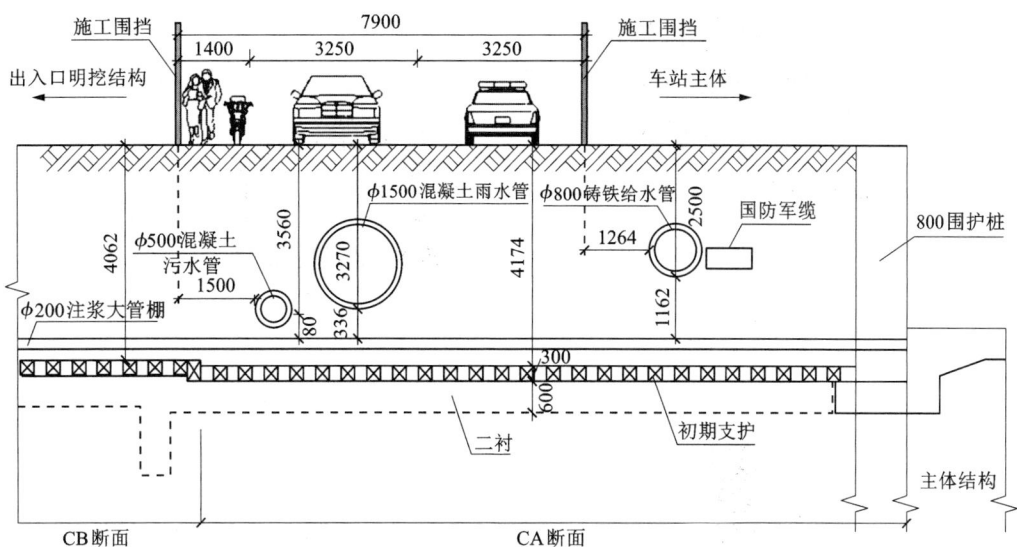

图1-4 邓埠站附属1号出入口管线分布剖面示意图(单位：mm)

1.1.2 地质概况

地质钻探揭露，邓埠站附属1号出入口结构施工范围内第四系地层厚度为23.8～27.1 m，成因类型以河流冲积为主，沉积物粗细韵律变化明显，具有典型的二元结构，地层岩性都具有下部粗(以中砂为主)、上部细(以黏性土为主)的韵律变化特点；土层自下而上由中密至松散变化，上部黏性土多为可塑状态，与沉积时间早晚及成因有关，老地层沉积时间早，为力学性质较好的土层。

勘探深度内，场地地层上部为人工填土(Q^{ml})、第四系上更新统冲积层(Q_{al}^3)，下部为第三系新余群(E_{xn})基岩。按照岩性及其工程特性，自上而下依次划分为①$_1$杂填土、①$_2$素填土、③$_1$粉质黏土、③$_3$中砂、③$_4$粗砂、③$_5$砾砂，地层剖面图如图1-5所示。

根据地质时代、成因类型、分布范围及岩性特征，自上而下分述如下：

①$_1$杂填土：埋深0.60～1.00 m，层厚0.60～0.70 m，松散，全场地分布，灰色、灰褐色，干，主要成分为碎石、砂砾等，结构较松散，局部顶部0.3 m为混凝土石块，稳定性和均匀性差。

①$_2$素填土：埋深1.20～5.00 m，层厚0.60～4.00 m，松散，全场地分布，棕褐色、灰褐色，稍湿，主要由粉黏粒、砂砾及少量碎石组成，结构较松散，实测标贯平均锤击数为6击，稳定性和均匀性差。

③$_1$粉质黏土：埋深2.00～11.00 m，层厚0.80～7.80 m，全场地分布，褐黄色、棕黄色，可塑，成分以粉黏粒为主，刀切面较光滑，韧性中等，干强度中等，压缩性中等，无摇振反应，实测标贯平均锤击数为11击，稳定性和均匀性较好。

③$_3$中砂：埋深9.50～16.10 m，层厚2.00～11.50 m，松散～稍密，全场地分布，棕黄色、褐黄色，介于干燥与稍湿之间，成分以石英、云母、长石及硅质岩等为主，粒径大于0.25 mm的含量约占60%，实测标贯平均锤击数为11击，稳定性和均匀性较差。

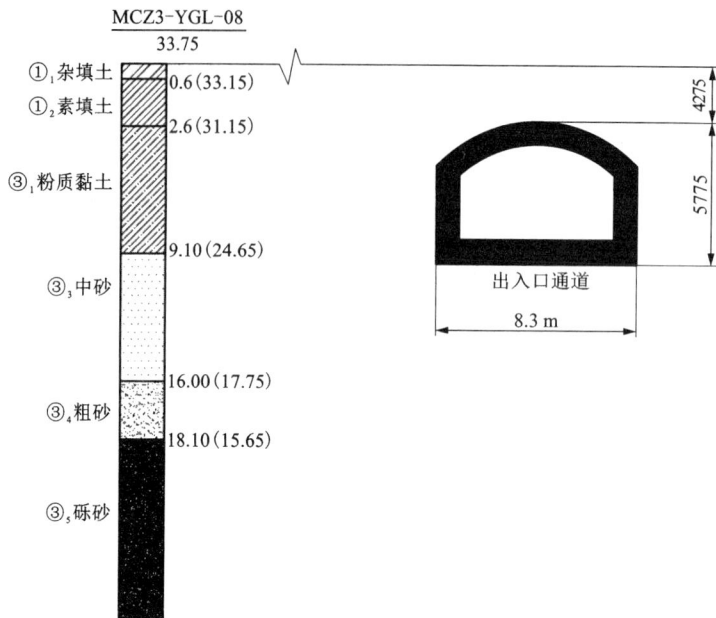

图 1-5　地层剖面图（单位：mm）

③₄ 粗砂：埋深 13.00~20.10 m，层厚 1.40~7.50 m，稍密，全场地分布，棕黄色、褐黄色，稍湿~饱和，稍密，成分以石英、云母、长石及硅质岩等为主，粒径大于 0.5 mm 的含量约占 65%，实测标贯平均锤击数为 15 击，稳定性和均匀性较差。

③₅ 砾砂：埋深 23.80~27.10 m，层厚 4.50~12.20 m，中密，全场地分布，褐黄色、灰黄色，饱和，中密，成分以石英、云母、长石及硅质岩为主，粒径大于 2 mm 的含量约占 40%，含少量卵石，磨圆度较好，多呈圆状，修正后圆锥动力触探试验平均击数为 10 击，稳定性较好，均匀性较差。

1.1.3　设计概况

（1）暗挖通道断面设计。

1 号出入口暗挖通道标准段（CA 断面）设计通道内净空为 6.5 m×3.925 m，人防段（CB 断面）设计通道内净空为 8.0 m×4.144 m，均采用直墙拱顶断面，结构覆土厚度约 4.2 m。暗挖通道断面示意图如图 1-6 所示，CA 通道和 CB 通道设计断面图如图 1-7 和图 1-8 所示。

（2）暗挖通道结构设计。

1 号出入口暗挖通道由附属明挖段向主体方向支护开挖，采用 CRD（交叉中隔壁）工法施工，导洞开挖采用台阶法。暗挖通道人防段（CB 断面）开挖宽度 9.8 m，开挖最大高度 5.937 m，开挖长度 9.8 m；标准段（CA 断面）开挖宽度 8.3 m，开挖最大高度 5.775 m，开挖长度 12.8 m。

暗挖通道采用复合式衬砌结构。超前支护由大管棚注浆+袖阀管原地面注浆+WSS 无收缩后退式深孔注浆+超前小导管注浆组成；初期支护结构由格栅钢架+锁脚锚杆+喷射混凝土+初期支护背后回填注浆组成，中隔壁和中隔板（仰拱）采用型钢临时支撑；二次衬砌由模筑钢筋混凝土组成，初期支护与二次衬砌之间设柔性防水层，二次衬砌施作后须进行二次衬砌背后回填注浆施工。

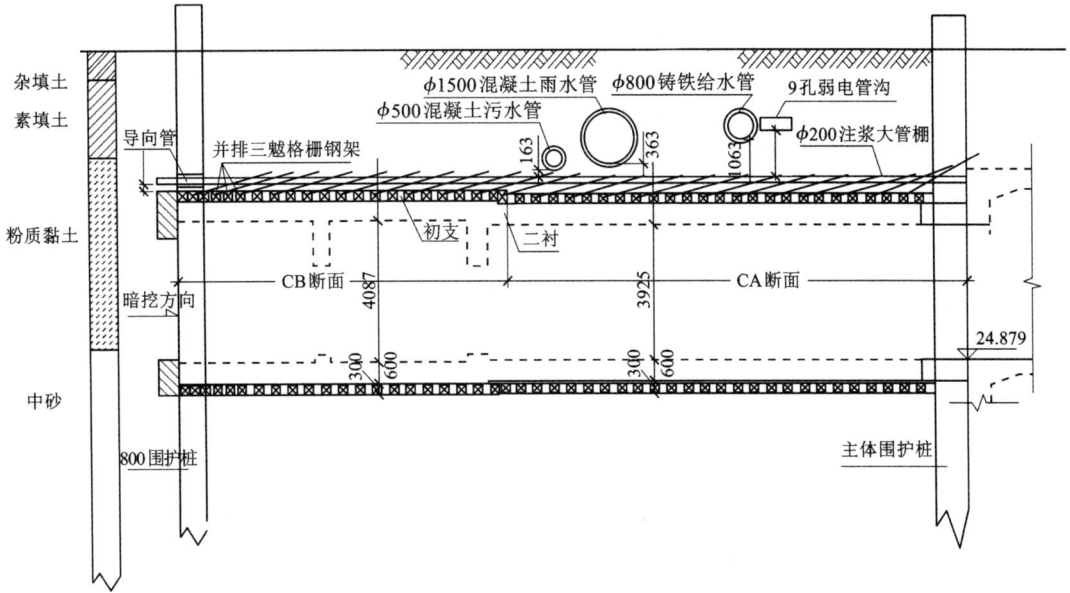

图 1-6　暗挖通道断面示意图（单位：mm）

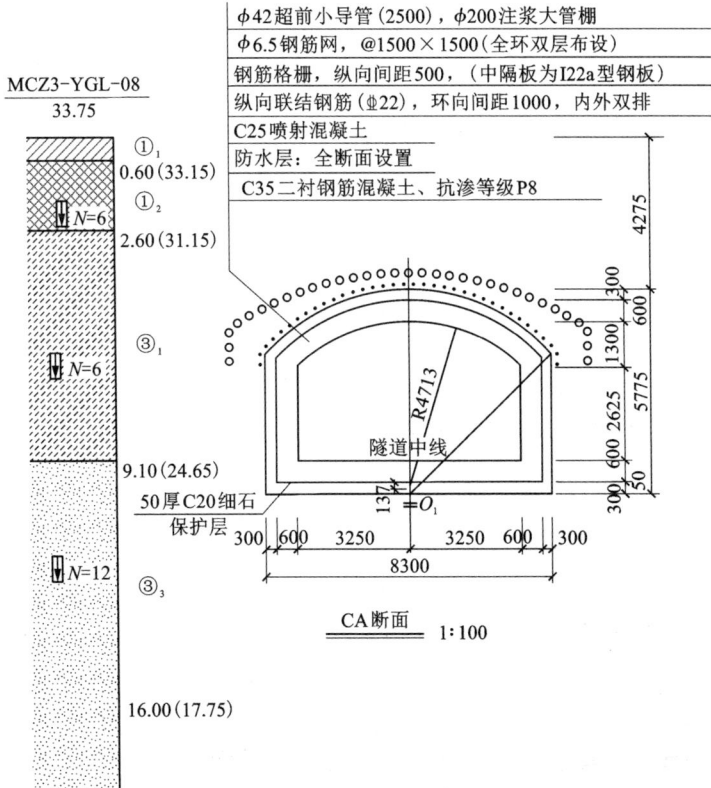

图 1-7　CA 通道设计断面图（单位：mm）

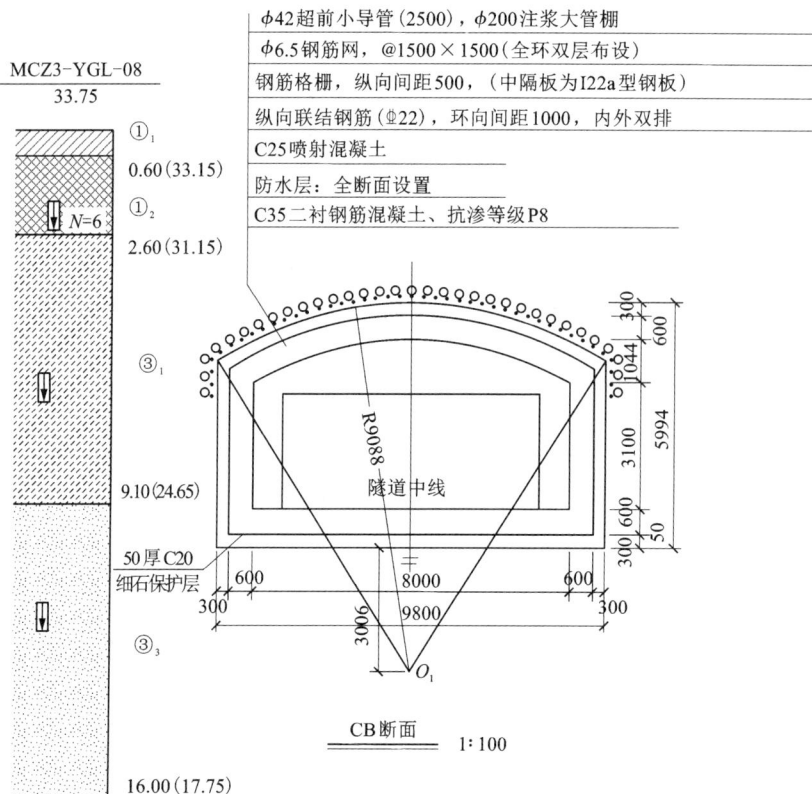

$\phi42$超前小导管(2500)，$\phi200$注浆大管棚

$\phi6.5$钢筋网，@1500×1500(全环双层布设)

钢筋格栅，纵向间距500，(中隔板为I22a型钢板)

纵向联结钢筋(φ22)，环向间距1000，内外双排

C25喷射混凝土

防水层：全断面设置

C35二衬钢筋混凝土、抗渗等级P8

图 1-8　CB 通道设计断面图(单位：mm)

1.1.4　管线监测方案

地下管线因种类多样而作用各异，对地下管线的监测主要分为两种：直接监测点与间接监测点。直接监测点是指通过直接监测管线轴线周围的土体的变形来分析管线的变形，适用于风险等级比较高、邻近轨道交通工程或对工程危害程度较大或刚度较大的管线，其埋设方法一般采用位移杆法；间接监测点是指通过监测管线上部地表的变形来间接分析管线的变形，适用于刚度较小或与周围土体刚度差异不大的管线。

本工程涉及的管线有给水管、雨水管、污水管、通信电缆(9 孔弱电管沟)，其中前三者的刚度较大且破坏后容易对工程产生较大的危害(监测点布置图如图 1-9 所示)，通信电缆的作用也非常重要(监测点布置图如图 1-10 所示)。

根据管线竖向变形监测要求，在通信电缆上等距布置了 5 个直接监测点(GXC6-1~GXC6-5)，其中 GXC6-3 位于通道中轴线正上方；在 DN800 铸铁给水管所在地层上等距布置了 3 个直接监测点(GXC5-1~GXC5-3)，其中 GXC5-2 位于通道中轴线正上方；在 DN1500 混凝土雨水管所在地层上等距布置了 5 个直接监测点(GXC7-1~GXC7-5)，其中 GXC7-3 位于通道中轴线正上方；在 DN500 混凝土污水管所在地层上等距布置了 5 个直接监测点(GXC8-1~GXC8-5)，其中 GXC8-3 位于通道中轴线正上方。管线沉降监测点分布图如图 1-11 所示。

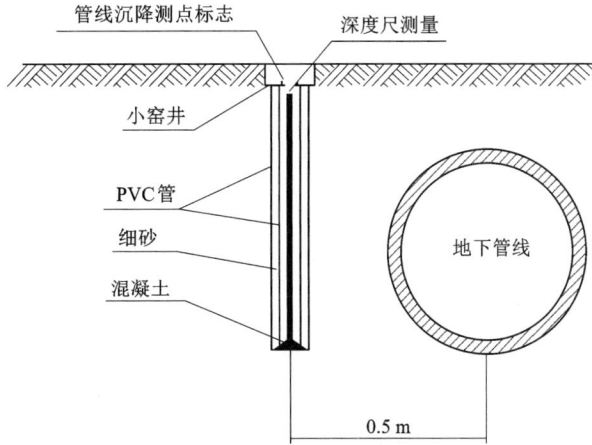

图 1-9　带压管沉降监测点布置图

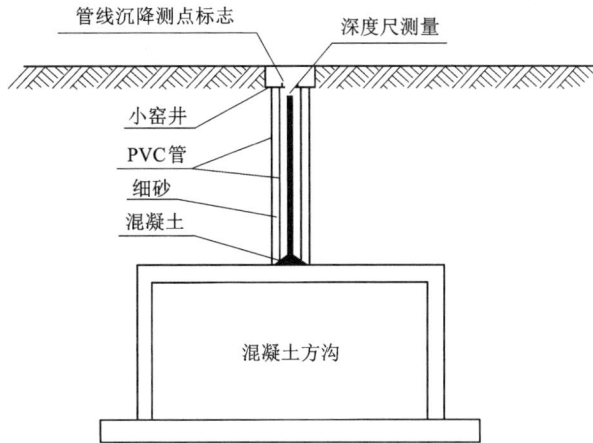

图 1-10　无压管沉降监测点布置图

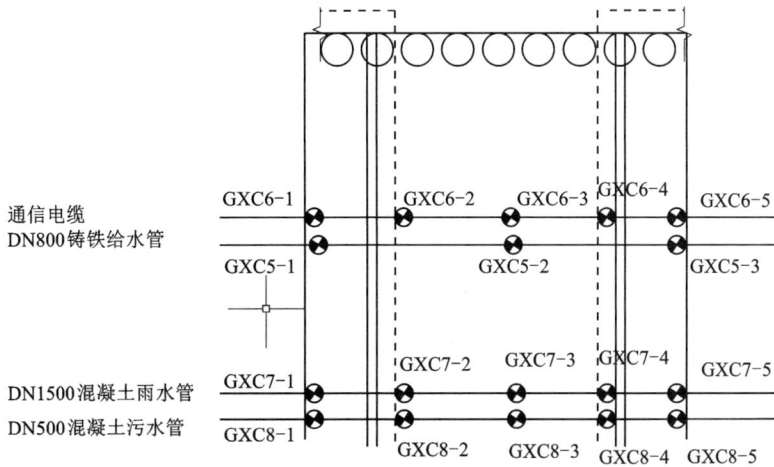

图 1-11　管线沉降监测点分布图

1.2 国内外研究现状

1.2.1 关于隧道开挖对邻近管线影响研究

地下管线在隧道未开挖前处于一个平衡状态，当隧道断面土体开挖完成后，此时应力由上部土体向下作用，变形由开挖断面向上部传递，位于上部土体中的管线由此产生变形。隧道开挖对管线的影响研究主要有三个方法。

（1）理论分析法。

Attewell 等[1]基于 Peck 曲线结合 Winkler 弹性地基梁模型，计算出了管线挠曲线曲率与地层沉降参数的表达式，同时估算出带接头管线的转角。

Klar 等[2-5]将土体与管线都视为弹性材料，建立了一种新的模型——弹性连续地基梁模型，以此模型为基础计算管线在隧道下穿影响下的节点位移，并与 Winkler 弹性地基梁模型进行对比，后在此基础上推导出管线与土体发生破坏作用下的变形塑性解。

Vorster 等[6]将弹性连续地基梁模型与 Peck 曲线修正的地层变形结合，得到管线最大弯矩计算方法。

张坤勇等[7, 8]基于 Winkler 弹性地基梁模型将管线分作 3 段，对控制微分方程进行求解得到任意荷载作用下的解答形式。

张陈蓉等[9]等考虑上部土体对管线的影响与管线接口非连续性，基于改进 Winkler 弹性地基梁模型得到刚性管线在隧道开挖影响下的理论分析方法和位移与弯矩的解析解。

谷拴成等[10]基于 Winkler 弹性地基梁经典理论，分析了隧道工程开挖影响下的地下管线受力情况，推导出了地下管线的沉降、弯矩和剪力的表达式。

史超凡[11]基于 Winkler 弹性地基梁模型推导出了管线的剪力、弯矩、转角及管线最外侧纤维应变与应力的表达式。

马亚航[12]基于 Peck 公式提出了一种新的描述隧道开挖引起的地层变形的经验公式与管线沉降曲率半径的解法。

Wang 等[13]推导出大刚度管线分段在荷载作用下接头的挠度、转角与剪力的表达式。

王春梅等[14]将既有管线视为连续长梁，结合小孔扩张理论，推导出管线在下穿盾构隧道施工作用下的竖向位移计算式。

程霖等[15]基于 Winkler 弹性地基梁模型，采用傅里叶级数解，求解匀质管线的变形控制微分方程，得到管线接头相对转角的微分方程组。

蔡诗淇等[16]基于随机介质理论推导出土体沉降计算公式，得到类矩形盾构隧道施工对垂直交叉地下管线变形、弯矩、应力和应变的计算公式。

魏纲等[17]基于能量法，以土体沉降计算公式建立能量变分方程，推导出双圆盾构隧道影响下的管线沉降计算公式。

林存刚等[18]基于 Pasternak 地基模型推导得到了盾构隧道开挖地层损失引起非连续管线挠曲的有限差分解。

程霖[19]基于管线轴力结合几何非线性的管线变形计算模型，推导出管线在轴向与竖向的变形控制微分方程组，采用最优化方法对其求解。

邓皇适等[20]将既有管线视为放置在 Pasternak 地基上的 Euler-Bernoulli 梁，基于镜像汇源法和 Mindlin 解，推导出盾构机在曲线段掘进时引发既有管线变形的计算公式。

陶连金[21]等基于双参数 Pasternak 地基模型结合管线—地基间的非线性相互作用，推导出断层错动下地下管线结构纵向响应解析解。

（2）模型试验法。

Singhai[22]对柔性接头进行了许多基础性研究工作，采用模型试验进行了球墨铸铁管橡胶接头的轴向拉伸、弯曲和扭转，研究了柔性接头的变形机制，研究表明管线埋深和土体性质是影响管线变形的主要因素。

Trautmann 等[23]利用模型试验模拟土体向上位移时，得到了管土之间相互作用的参数和管土相对位移关于荷载的关系。

吴波等[24]利用离心模型试验研究了隧道开挖对地下煤气管线的影响，实验中对注浆加固效果采用提高岩土体参数、用铝片替代初支、用紫铜管替代煤气管线，试验结果表明管线的变形在容许值范围之内，处于安全状态。

Vorster 等[25]利用离心模型试验研究了管线材质、埋深、与隧道净距等因素对管土相互作用的影响，结果表明管线的变形受到地层与管土局部共同作用的影响。

Marshall 等[26, 27]利用离心模型试验研究了隧道在与管线呈垂直交叉状态下穿时管线的变形。

王正兴等[28]利用模型试验研究了不同直径、埋深、抗弯刚度管线在与盾构隧道垂直状态下的变形规律，得出 Vorster 修正高斯公式能较好地拟合沙土隧道土体的沉降，管线的埋深对其变形有着较大的影响。

张伦政[29]考虑管土脱空与大变形，利用离心模型试验研究了隧道在与管线呈垂直交叉状态下穿时管线的变形。

刘晓强等[30]利用离心模型试验研究了隧道在与管线正交状态下隧道开挖对管线的影响，并用其验证了提出的求解隧道穿越地下管线竖向位移的能量变分解法，试验结果比计算结果大 12.7%。

朱叶艇等[31]利用模型试验研究了盾构隧道施工对与其垂直的地下管线的影响，结果表明管线的竖向位移反弯点与隧道的水平距离约等于洞径，管线的刚度对其竖向位移的影响相对较小。

马程昊等[32]利用模型试验研究了盾构隧道施工对与其垂直的地下管线的影响，结果表明盾构扰动对其邻近上方土体的影响最大，管线的弯矩曲线基本呈现"W"形，并且随着地层损失的增加弯矩响应逐渐增大。

魏超等[33]利用模型试验研究了地下管线平行于盾构隧道时，施工对其的影响，结果表明地层的沉降随初始开挖面距离的增大而减小，管线在开挖末段的弯矩值最大。

黄晓康等[34]利用模型试验研究了管隧垂直、斜交和平行工况下盾构开挖对管线变形的影响，结果表明管线对土体二次扰动更为敏感，管线环向变形大于轴向变形，其下方出现荷载临空区，边缘处应力增大。

马少坤等[35]利用离心模型试验研究了不同位置下盾构双隧道对地下管线的影响，结果表明管线产生"遮拦"效应，其正上方地表沉降随着自由场最大地表沉降的增大而增大。

魏纲等[36]利用模型试验研究了类矩形盾构隧道对正常完好管线、非连续管线完好与破坏状态下在不同埋深处的变形影响，结果表明所有管线变形均呈"V"形分布，非连续管线的沉降与最大正负弯矩均小于连续管线。

程霖等[37]利用离心模型试验研究了地铁隧道开挖对管线的影响，试验中采用不同壁厚的管线与套筒进行模拟，结果表明管线下方会存在土体脱空效应。

（3）数值模拟法。

Nath[38]利用三维有限元模拟沟渠开挖对近邻不同管径的铸铁管线的影响，计算结果表明同一工况下管线的位移随管径的增大而减小，口径大于 150 mm 的铸铁管线对变形存在较强抵抗作用。

O'Rourke 等[39]利用三维有限元模拟沟槽开挖对近邻铸铁管线的影响，得出结论：管土之间没有发生相对位移，可忽略沟槽开挖对管线造成的影响。

彭基敏等[40]利用有限元软件 ANSYS 研究了盾构隧道的刀盘推力、净距与注浆参数对垂直交叉管线的位移影响。

吴为义等[41]研究了 Winkler 弹性地基梁模型与管线—土—盾构耦合作用下盾构隧道对地下管线的影响，结果表明盾构隧道左右线施工造成管线变形不符合高斯曲线分布，此时管线变形更大。

蒋小锐[42]利用有限差分软件 FLAC3D 模拟地铁区间暗挖大断面隧道下穿对上部管线的影响，基于 Winkler 弹性地基梁模型与 Peck 沉降公式对管线的最大变形曲率进行计算，并对管线安全状态进行预测评估。

关永平等[43]利用有限差分软件 FLAC3D 模拟地铁隧道对相邻管线的影响，结合实测值与模拟值进行对比分析，结果表明管线最大竖向位移发生在管线与隧道的相交点。

邱美丽[44]利用有限元软件 ANSYS 考虑了管土分离，研究了隧道开挖对管线的影响，结果表明考虑管土分离计算得到的管线沉降、弯矩和轴力均较不考虑管土分离时要小。

王洪德等[45]利用有限差分软件 FLAC3D 模拟盾构隧道开挖对管线的影响，结果表明管线 X、Y 方向上的位移远小于 Z 方向上的，X 方向上的位移来自于刀盘转动；Y 方向上的位移来自于作业面的推力；Z 方向上的位移来自于围岩沉降。

张义伟[46]利用有限元软件 PLAXIS 考虑土体小应变特性的地下通道开挖对地下管线的影响，并与莫尔—库仑模型的数值结果进行比较，得出结论：考虑土体小应变特性的结果更准确。

高海通[47]利用有限元软件 MIDAS/GTS 模拟了三台阶法隧道施工对不同埋深管线的影响，结果表明管线的土层荷载及隧道施工对管线的影响随管线埋深的增大而增大。

肖昭然等[48]利用有限元软件 ABAQUS，研究隧道洞径、埋深、管线埋深、净距等几种因素对近邻管线的变形影响，结果表明管线最大沉降值位于隧道中心线，管线沉降大于地层沉降。

林思[49]利用有限元软件 PLAXIS 3D，建立了考虑土体收缩率和开挖面支撑力的三维有限元模型，研究了综合管廊顶管施工对近邻地下管线的影响。

基于应变软化本构模型，Fadaee 等[50]采用有限元软件研究了地下管线在沉积物厚度、埋深与管线自身厚度不同时，断层破裂对管线的影响。

Yu 等[51]运用有限元软件研究了海底输油管道在含砂层中地层发生断裂时对管线的影

响，结果表明地层断管线大变形时管线通常为"S"形，外压比内压对管线更为不利，更易导致管线破裂。

Dong 等[52]利用小应变网格重划分与插值技术开发耦合大变形有限元框架，基于修正 Cam-Clay 模型，研究了海底管道在内外荷载作用下的变形影响。

卜旭东[53]利用有限差分软件 FLAC3D 模拟地铁隧道开挖对管线的影响，考虑了管线不同材质、管径、埋深、净距、土层参数、交叉角度等因素的影响，结果表明水平管线沿轴向变形增大，正交管线在隧道中心线处变形最大，管线位移随土层刚度的增大而减小，附加应力与弯矩则随土层刚度的增大而逐渐减小。

运用 FLAC3D 有限差分软件，陈志敏等[54]模拟斜交状态下不同工法隧道施工对近邻管线的影响，结果表明三台阶法、CD 法和双侧壁导坑法中，双侧壁导坑法对控制沉降变形的作用更加显著。

考虑复合地层特征，焦宁等[55]运用有限元软件 PLAXIS 模拟基坑开挖对地下管线的影响，结果表明管线最终沉降表现为凹槽型，在上土下岩的复合地层中施工比在单一地层中施工的管线变形要小。

1.2.2 关于隧道工程影响分区研究

1997 年，日本发布《接近既有隧道施工对策指南》[56]，其将近接度划分为三个范围（无条件范围、要注意范围、限制范围），明确了隧道并行、交叉近接施工影响分区。

2013 年，我国发布的《城市轨道交通工程监测技术规范》（GB 50911—2013）[57]中总结其他地方规范给出了如下几种划分隧道工程的影响分区的方法：

（1）根据 Peck 沉降曲线特点将浅埋隧道划分成 I 级、II 级、III 级影响分区（图 1-12）。

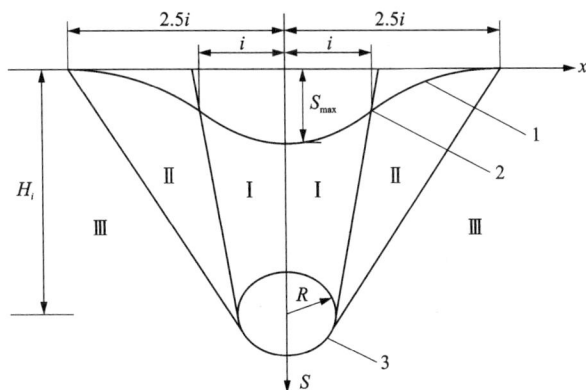

1—沉降曲线；2—反弯点；3—浅埋隧道；i—隧道地表沉降曲线 Peck 计算公式中的沉降槽宽度系数；
H_i—隧道中心埋深；S_{max}—隧道中线上方地表沉降；R—隧道半径；
I — I 级影响区（强烈影响区）；II — II 级影响区（显著影响区）；III — III 级影响区（一般影响区）。

图 1-12 浅埋隧道影响分区图

（2）根据施工方法不同将隧道影响分区划分成 I 级、II 级、III 级影响分区（图 1-13）。
（3）将埋深小于 3D 的隧道影响分区划分为一般影响区与强烈影响区（图 1-14）。

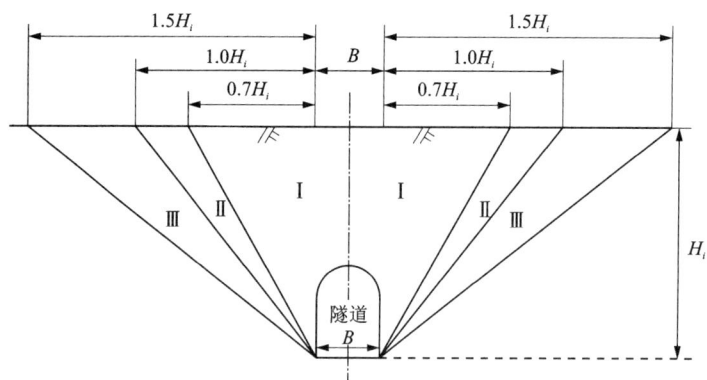

(a) 矿山法隧道影响分区

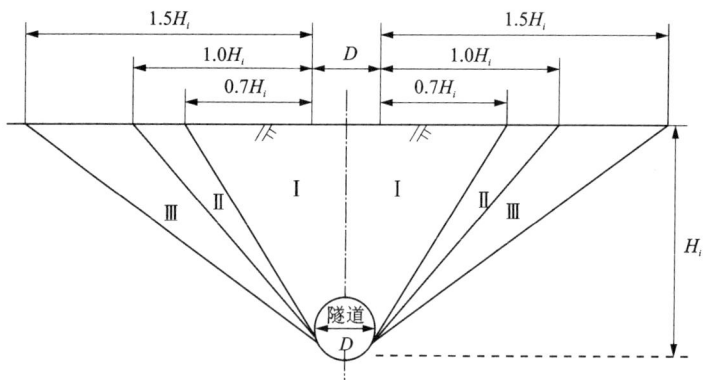

(b) 盾构法隧道影响分区

H_i—隧道底部埋深；B—矿山法隧道跨度；D—隧道直径。

图 1-13　不同施工方法的隧道影响分区图

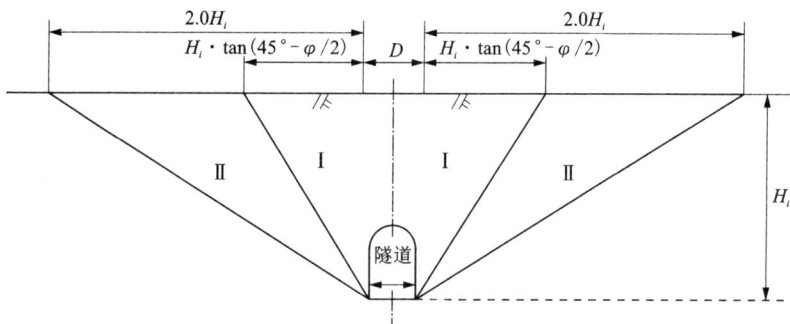

H_i—隧道底部埋深；D—隧道洞径；φ—围岩内摩擦角。

图 1-14　隧道综合影响分区图

仇文革[58]在系统分析和归纳总结国内外相关研究成果的基础上，提出了隧道近接施工的相关定义和影响分区的理论，并用数学表达式定义了分区指标。

郑余朝[59]在仇文革的基础上完善了地下工程近接施工的力学理论，定义了几何近接度和近邻影响度的概念，提出了近邻影响度和近邻影响分区的表达式，并以三孔并行盾构隧道为对象，得到了不同影响度或分区的地表沉降阈值。

郑余朝等[60]、袁竹[61]利用有限元软件 ANSYS 建立"有碴轨道—弹簧—路基"系统静力模型模拟轨道交通区间隧道下穿铁路工程，研究了基于位移准则的影响分区的相关阈值。

康立鹏[62]基于隧道—围岩体系振动理论，以高速列车荷载作用下的交叉隧道为研究对象，从隧道竖向位移、衬砌结构拉应力和压应力的响应增量分析围岩级别、列车速度、列车通过方式、交叉角度和岩柱高度对交叉隧道动力响应的影响，提出交叉隧道动力响应影响分区标准。

何永成[63]利用 FLAC3D 有限差分软件，针对两平行隧道近接施工建立数值分析模型，通过强度折减法求得的安全系数等值线，建立两平行隧道近接施工影响分区。

Zhou 等[64]研究了水下隧道水平、上下近邻既有隧道影响分区，将近邻既有隧道影响区分为极强影响区、强影响区、较强影响区、弱影响区、无影响区。

利用 FLAC3D 有限差分软件，牟智恒[65]针对两平行与正交隧道近接施工建立数值分析模型，研究了相对尺寸、覆跨比与围岩等级对隧道近接施工的影响，提出相应的分区管控措施。

杨小龙等[66]基于随机介质理论推导了单孔、双孔圆形隧道开挖下地表的沉降公式，且对变形进行了预测，基于双孔圆形隧道影响分区划分，结果表明双孔隧道比单孔隧道影响分区有所扩大。

王志杰等[67]利用有限元软件对浅埋偏压双侧隧道近接施工的影响分区展开研究，分别以结构位移准则和结构刚度准则进行影响分区划分，结果表明前者划分的强影响区范围小于后者划分的强影响区范围。

石波等[68]基于强度折减法分析隧道渐进破坏模式，定义了近邻分区的静态、动态指标，利用数值模拟计算在不同工况下，以不同安全系数确定Ⅴ、Ⅳ级围岩隧道邻近高层建筑物的强影响区、弱影响区、无影响区分区界线，并建立了隧道邻近高层建筑物的影响分区计算公式。

周征昊[69]针对隧道近邻建筑物施工，基于强度折减法计算得到安全系数，以安全系数 1 作为分区阈值，划分出强、弱影响区，并利用最小二乘法得到影响分区拟合曲线。

魏纲等[70]利用模型试验研究了类矩形盾构隧道对近邻隧道的影响，试验中以双套筒分别模拟隧道开挖与衬砌，套筒之间的间隙为底层损失，结果表明隧道间距增大，已有隧道变形减小，正交工况中旧隧道的拱顶变形最大。

郭成祥[71]利用 FLAC3D 有限差分软件研究了砂卵石地层中地铁隧道下穿对既有隧道的影响，根据规范划分强影响区、弱影响区、无影响区 3 个影响分区，并提出相应措施。

吴贤国等[72]利用 FLAC3D 有限差分软件研究了不同地层参数与弹性模量下盾构隧道施工对既有隧道的影响，结果表明随中间地层弹性模量与土仓压力增大，既有隧道横向应力增量与水平位移增大，并利用参数分析了近邻隧道的强影响区、弱影响区、无影响区的影响分区，同时提出相应的改善措施。

基于 Peck 影响分区，侯晗[73]利用数值模拟对盾构隧道开挖进行了影响分区划分研究，模拟结果与理论计算结果高度一致。

马建[74]利用理论方程、模拟计算、模型试验和现场实测研究了盾构隧道下穿对管线的影响，并根据盾构隧道的影响分区提出相应措施。

崔光耀等[75]利用数值模拟软件，研究了不同埋深与净距下新建隧道对既有隧道的影响，基于隧道位移拱顶控制标准划分强影响区、弱影响区、无影响区 3 个影响分区，并提出有针对性的加固措施。

孔杰等[76]基于数值模拟数据和实测数据，根据给排水施工验收相关规范，将管线沉降值作为分区指标，以 5 mm 作为分区阈值，将盾构隧道近邻管线影响分区划分为强影响区、弱影响区、无影响区。

纵观国内外现有研究成果，针对暗挖通道(隧道)近邻管线的研究较多，对存在密集管线状况的研究较少，且在近邻工程的影响分区研究中，对管线的研究极少。有必要在考虑围岩条件、近接距离、交叉角度和施工工法的影响下，对密集管线的变形规律进行研究，进而得出密集管线的影响分区标准。

1.2.3　关于交通荷载作用下管线动力响应研究

一般而言，作用于地下管线上的荷载主要有管线自重、土压力、交通荷载及地面堆载。土压力是地下管线最主要的恒载，交通荷载则是地下管线上最主要和最频繁的活荷载之一。虽然交通荷载不直接作用于地下管线，但是其引起的振动效应会通过土介质传递至管线，这也给地下管线的安全运行带来了挑战。Davies 等通过调查影响管道老化的因素，发现建筑工地周围繁重的地面交通负荷影响显著[77]。Trott 和 Gaunt 指出在刚性路面尚未完工时，由于大量施工交通工具经过管道上方，此时交通荷载影响最大[78]。Lester 和 Farrar 通过研究发现，重型车辆通行的主干道下产生裂缝和断裂的管道数量远高于次要道路[79]。因此，交通荷载对地下管线的影响不可忽视。当前，国内外研究交通荷载作用下管线动力响应采用的主要方法包括解析法、数值模拟法和模型试验法。

(1)解析法。

19 世纪中期，人们才认识到移动荷载的动力效应，普遍认为 1847 年英格兰切斯特的史蒂芬森大桥倒塌引发了对移动载荷问题的研究[80]。Timoshenko 被认为是第一个正式分析移动荷载问题的研究人员[81]。Frýba 在撰写的专著中描述了许多简单移动载荷问题及其解析解[82]。最早的移动荷载问题主要是列车对铁路桥梁的激励问题，由于其在铁路工程的许多实际领域(如噪声产生、波传播和轨道设计优化)中的广泛应用，故在这一领域开展了大量研究工作。

Kargarnovin 等基于 Euler - Bernoulli 梁和 Timoshenko 梁理论建立分析模型，利用 Lindstedt-Poincare 摄动法与傅里叶积分变换法计算了非线性黏弹性地基上无限长梁在谐波移动荷载作用下的动力响应[83]。

Metrikine 和 Popp 研究了均匀运动谐波载荷作用下弹性半空间上周期支撑梁的稳态振动[84]。

Andersen 等在对流坐标系中建立有限元公式，并用于分析黏弹性地基上的梁受移动载荷作用下的动力响应[85]。

Vostroukhov 和 Metrikine 分析了铁路轨道对行驶列车的稳态动力响应[86]。

Koziol 等针对二维黏弹性地基上无限长梁受时域谐波荷载作用下的振动问题，分析得到模型由 Euler-Bernoulli 梁方程、弹性介质的 Navier 弹性动力学运动方程及适当的边界和连续条件构成，从而得到了梁位移幅值和幅值谱的积分式解析闭形式解[87, 88]。

Koziol 等研究了列车荷载作用于黏弹性地基上无限长梁的振动问题，提出基于 Coiflet 型小波滤波器的一种有效近似分析方法求解与移动荷载问题有关的复杂动态非线性模型[89]。

郑小平等研究了脉冲激励及运动荷载作用下 Winkler 弹性地基上 Euler-Bernoulli 梁的振动问题，基于积分变换方法推导了振动方程[90]。

Femando 等通过傅里叶变换法研究了车辆荷载作用下车轮接地几何形状和材料参数变化对管道的影响[91]。

吴小刚对简谐交通荷载作用下 Euler-Bernonulli 梁和 Timosimko 梁振动问题进行了研究，并初步探讨了埋地管道受交通荷载作用下剩余可靠度的计算方法[92]。

（2）数值模拟法。

采用地基梁模型分析管道受动力作用的力学特性虽然较为简便，但与实际情况有一定差异。管线铺设于土层中，管线周边土体的弹塑性特征使得交通荷载作用下管线动力响应问题转换为包含材料非线性和具有复杂边界条件的圆柱壳的振动问题，采用上述理论分析方法得到此问题的精确解十分困难。有限元方法在此类问题中发挥着越来越重要的作用，是目前研究交通荷载作用下地下管线动力响应的重要分析方法。

王直民建立三维有限元模型研究了管线在交通荷载作用下的内力分布规律[93]。

李洵采用有限元方法研究了交通荷载作用下钢管 Mises 应力及沉降的变化规律[94]。

李新亮等基于线弹性理论，并采用静力计算方法分析了车辆荷载作用下管线的力学特性[95]。

王复明等建立道路结构与带承插口管道相互作用三维有限元模型，在综合考虑管土接触非线性、材料非线性及材料阻尼的基础上，设置无限元边界，研究了承插口橡胶圈的影响及脉冲荷载作用下管道的动力响应[96]。

赵龙飞采用有限元方法模拟交通荷载，并对冲击荷载作用下管线变形特性进行了研究[97]。

（3）模型试验法。

Lay 等采用足尺物理试验方法对混凝土管道受单一车轮静载作用下力学特性进行了研究[98]。

Becerril 等通过模型试验和数值模拟方法，研究了荷载作用位置及管径变化对具有承插口钢筋混凝土管管节处沉降和转动的影响[99]。

Rakitin 等进行土工离心试验，研究了多种交通荷载组合形式作用下钢筋混凝土管竖向位移和管节处转动问题[100]。Xu 在此研究的基础上，采用数值模拟方法研究了静载作用下管线沉降和管节处转动问题[101]。

通过以上分析可知，国内外学者在提出地基上无限长梁受各类形式荷载作用下动力响应求解方法、采用数值模拟方法分析交通荷载作用下管线动力响应及通过模型试验研究多种荷载作用形式下混凝土管接头的变形特性等方面取得了许多研究成果。

需要指出的是，尚存在如下有待研究的方面：从管线动力响应角度，系统考虑管线力学参数、地基力学参数和交通荷载参数对软土地基上管线振动的影响；针对管线受隧道开挖影响及路面交通荷载双重扰动下的力学特性研究。

1.3　研究内容和方法

1.3.1　研究内容

本书紧密结合南昌地铁 3 号线邓埠站出入口暗挖通道的具体工程情况，通过数值模拟结合现场实测对近邻密集管线的力学特性展开研究；利用数值模拟法研究地铁通道暗挖对近邻管线在不同净距、交叉角度、围岩参数与施工工法等方面的影响；通过规范与理论分析确定影响分区阈值，利用函数拟合得出影响分区划分方法，针对不同分区提出控制措施，再结合工程案例加以验证，具体内容如下：

(1)运用有限差分软件建立大型三维数值仿真模型，分析地铁通道暗挖对近邻密集管线的扰动规律，并结合现场实测数据与数值模拟数据，验证数值模型的可靠性和准确性，对比密集管线的变形控制标准，分析管线的安全状态。

(2)基于建立的三维数值仿真模型，针对净距、交叉角度、围岩参数与施工参数等关键因素，量化分析各因素对密集管线力学特性的影响程度；拟合出管线在不同因素(净距、交叉角度、围岩参数与施工参数)下的位移响应函数，并基于位移准则，结合规范制定密集管线的强弱影响分区标准。

(3)利用拟合函数与影响分区标准，提出不同管线影响分区的控制措施，并以邓埠站出入口暗挖通道工程为例，分析影响分区控制措施的效果。

(4)基于 Timoshenko 梁理论建立路面交通荷载作用下管线动力响应解析模型，研究管线类型、管线剪切刚度、车辆轴重、车速、车轴数、轴距、荷载频率及地基阻尼对管线振动的影响。

(5)研究城市软土中通道 CRD 法施工引起管线变形和内力的变化规律，并对管线与通道的空间位置关系、管线构造及材质影响下管线变形和内力进行分析，确定各项因素的影响规律。

(6)研究通道施工完成后上方路面作用车辆荷载下通道围岩和管线的动力响应，进一步分析车辆轴重、车速和路面平整度对管线动力响应的影响，得出不同类型车辆荷载作用下管线动力响应规律。

(7)针对管线在通道暗挖影响和路面交通荷载双重扰动作用下的保护问题，提出相应保护措施。

1.3.2　研究方法

基于实际工程，运用文献调研、数值模拟、现场监测与函数拟合等方法研究地铁通道暗挖对近邻密集管线的影响。

(1)基于 Timoshenko 梁理论建立路面交通荷载作用下管线动力响应解析模型、路面交通荷载模型采用时域谐波荷载，采用 Adomian 分解、傅里叶变换和基于 Coiflet 型小波滤波器相结合的方法进行模型求解，并用 Python 语言编写相应计算与后处理程序。

（2）采用有限元法进行通道 CRD 法施工下穿密集管线三维数值仿真，并将有限元解与现场实测数据进行对比，检验有限元模型的可靠性；基于控制变量法建立单因素工况三维有限元模型并进行参数分析。

（3）基于路面交通荷载模型与动力计算理论，采用 Fortran 语言编写可反映车辆轴重、车速及路面平整度的多参数车辆荷载程序。地铁通道穿越主干道下密集管线真实物理力学变化规律十分复杂，在通道施工三维有限元模型基础上，将有限元软件二次开发与重启动分析相结合，开展地铁通道暗挖与路面交通荷载作用下管线力学特性研究。

第 2 章　地铁通道暗挖对近邻密集管线的影响因素研究

密集管线与暗挖通道的净距、交叉角度，围岩参数与施工参数都会对管线产生较大影响，本章通过建立多工况数值模型分析上述关键因素对管线的影响程度，主要从密集管线的竖向位移、最大主应力与最小主应力三个力学指标分析不同影响因素下通道暗挖对近邻密集管线的影响，并以此为理论依据优化地铁暗挖通道设计和施工参数。

▶ 2.1　施工响应计算模型

2.1.1　暗挖通道结构型式

在通常条件下，地铁车站出入口通道一般为横断面设计形式。通道的断面形状、支护类型、净空面积需要考虑地质环境因素、使用功能、消防安全等的影响。地铁车站出入口通道设计一般采用复合式衬砌结构，在初期支护与二次衬砌之间一般会加设一层防水层。此外，复合式衬砌结构具有两次支护，在软弱围岩条件下，第一次支护结构承担了围岩绝大部分的变形能，使得第二次支护结构受力减小，且第二次支护结构会对第一次支护产生径向抗力，两种支护共同承担围岩变形带来的压力，且复合式衬砌结构因具有更高的安全性与优良的防水与通风条件而在国内城市地铁工程建设中广泛应用。出入口暗挖通道设计断面图如图 2-1 所示。

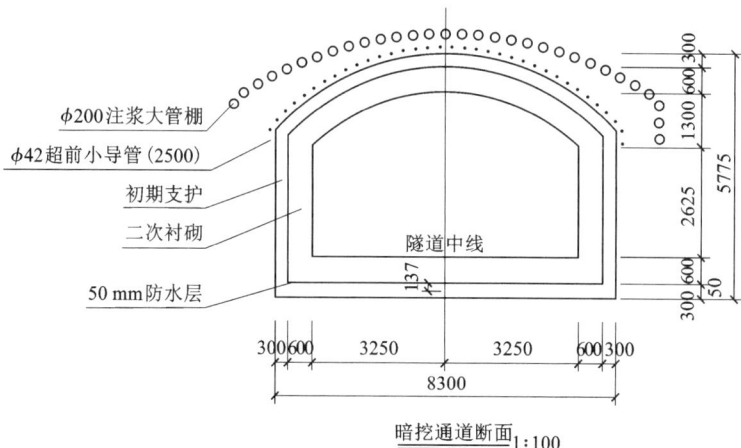

ϕ200 注浆大管棚
ϕ42 超前小导管（2500）
初期支护
二次衬砌
50 mm 防水层
隧道中线

300 300
600
1300
2625
5775
1137
300 600
50

300 600　3250　3250　600 300
8300

暗挖通道断面 1:100

图 2-1　出入口暗挖通道设计断面图（单位：mm）

2.1.2　计算工况

地铁车站出入口通道暗挖近邻密集管线的变形响应因素主要有管线与通道的净距、交叉角度、围岩参数与施工工法四种，各个影响因素中又包含不同的影响水平。以图 2-1 出入口暗挖通道设计断面图与南昌地铁三号线邓埠站实际工程信息为基础，建立数值计算模型，分析各因素对近邻密集管线力学特性的影响规律，具体工况如表 2-1 所示，所有工况都不考虑额外的注浆加固措施。

表 2-1　模拟工况

工况	计算条件		备注
1	密集管线与暗挖通道的净距	0.05D	各管线间距按照实际工程，D 为通道跨度，交叉角度 90°，围岩为类型 1，CRD 法施工
2		0.1D	
3		0.15D	
4		0.2D	
5	密集管线与暗挖通道的交叉角度	0°	各管线间距按照实际工程，净距为实际值，围岩为类型 1，CRD 法施工
6		30°	
7		60°	
8		90°	
9	围岩参数	类型 1	各管线间距按照实际工程，净距为实际值，交叉角度 90°，CRD 法施工
10		类型 2	
11		类型 3	
12	施工工法	全断面法	各管线间距按照实际工程，净距为实际值，交叉角度 90°，围岩为类型 1
13		上下台阶法	
14		CRD 法	

注：各管线与暗挖通道净距分别为通信电缆 1.895 m；给水管 1.725 m；污水管 0.725 m；雨水管 1.005 m。

2.1.3　计算模型

（1）单元建立与网格划分。

基于工程实例模型基础，以六面体实体单元网格为主，并结合密集管线与暗挖通道不同的净距、交叉角度及施工工法分别建立围岩、初期支护、二次衬砌、雨水管、污水管等各管线的网格模型。其中，注浆大管棚与超前小导管被等效为单独的加固区域进行网格模型的建立。

材料中围岩土体与注浆加固层采用 Mohr-Coulomb 屈服准则和弹塑性本构模型；初期支护与二次衬砌及污水管、雨水管、给水管、通信电缆均采用线弹性本构模型。

模型的计算尺寸需要满足各种工况的要求，当密集管线与暗挖通道的交叉角度作为影响因素考虑的时候，管线与通道的相交部分必须完整，所有模型长度即通道的暗挖长度确定为 40 m，宽度为 30 m，高度为 25 m，部分工况计算模型网格如图 2-2 所示。

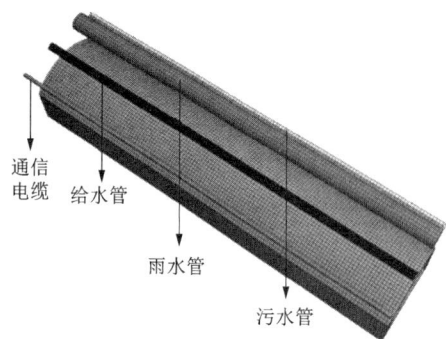

（a）交叉角度0°

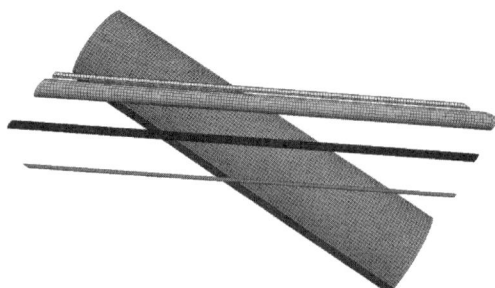

（b）交叉角度30°

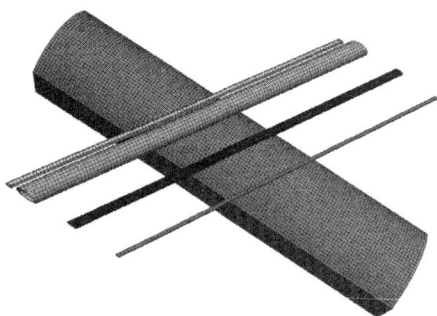

（c）交叉角度60°

（d）交叉角度90°

（e）CRD法网格模型断面

（f）上下台阶法网格模型断面

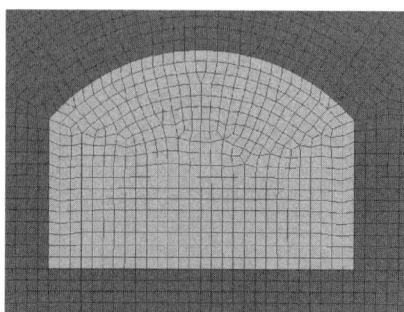

（g）全断面法网格模型断面

图2-2　计算模型网格

（2）模型材料参数。

计算模型中的围岩假设为连续且均匀，结合实际工程中埋置管线的围岩条件设立三种不同参数，围岩力学参数见表 2-2，通道支护结构力学参数见表 2-3，根据《给水排水工程管道结构设计规范》[102]等相关规范确定管线力学参数见表 2-4。

表 2-2　围岩力学参数

围岩级别	重度 /(kN·m⁻³)	弹性模量 /MPa	泊松比	黏聚力 /kPa	内摩擦角 /(°)
类型 1	17	15	0.25	10	15
类型 2	18	30	0.20	20	20
类型 3	19	60	0.10	30	25

表 2-3　支护结构力学参数

材料	重度 /(kN·m⁻³)	弹性模量 /MPa	泊松比	黏聚力 /kPa	内摩擦角 /(°)
临时支撑	22	2.3×10^4	0.25	—	—
一次衬砌	25	3.013×10^4	0.22	—	—
二次衬砌	25	3.013×10^4	0.22	—	—

表 2-4　管线力学参数

材料	重度 /(kN·m⁻³)	弹性模量 /MPa	泊松比	直径(边长) /mm	管壁厚度 /mm
PVC 通信电缆	13.8	3.14×10^3	0.40	300	2
铸铁给水管	73.4	1.2×10^5	0.25	800	11.7
混凝土污水管	24	3.45×10^4	0.20	500	50
混凝土雨水管	24	3.45×10^4	0.20	1500	150

（3）分析特征点选择。

为了方便分析地铁出入口通道暗挖对近邻密集管线的影响，选取相应的特征点进行研究。如图 2-3 所示，图中竖向为暗挖通道，上部横向的为与通道交叉角度为 90°的密集管线，取通道中线对应于各个管线下部的点为中点(也是 X 轴的 0 点)，取管线上 X=0、±2.5、±5、±7.5、±10 一共 9 个点作为分析研究的特征点，所有特征点均在管线底部。当管线与通道的交叉角度为 0°、30°、60°的时候，其分析特征点的选择与交叉角度为 90°的时候做法一致。

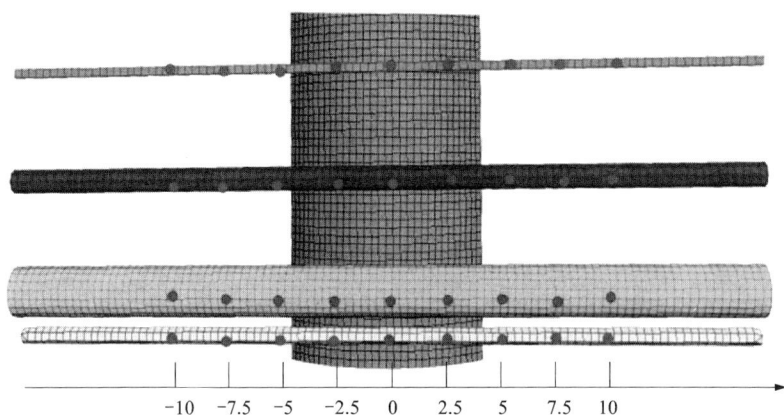

图 2-3 特征点选取示意图

2.2 密集管线与暗挖通道的净距对密集管线的影响

此节从密集管线的竖向位移、最大主应力、最小主应力这三个方面的响应来分析密集管线与暗挖通道的净距对密集管线的影响，计算模型工况分别对应于表 2-1 中的工况 1、工况 2、工况 3、工况 4。

2.2.1 密集管线竖向位移云图分析

图 2-4 为密集管线在与暗挖通道拱顶相隔净距为 $0.05D$、$0.1D$、$0.15D$、$0.2D$（D 为暗挖通道的跨度，本书为 8.3 m）时，采用 CRD 法开挖完成后管线的竖向位移云图。

分析图 2-4 中密集管线的竖向位移云图可知，采用 CRD 法（本书中开挖顺序为：左上导洞→左下导洞→右上导洞→右下导洞）进行施工，密集管线的竖向位移未呈现出对称分布，其竖向位移最大值也未出现在拱顶的正上方，而是位于拱顶靠右上导洞一侧。密集管线在与暗挖通道拱顶相隔不同净距下呈现出的变形规律基本一致：所有管线在两侧往暗挖通道轴线方向的竖向变形逐渐增大，在两个上开挖的导洞上方出现一个极大值，其中，在右上导洞出现最大值。

在密集管线与暗挖通道拱顶净距为 $0.05D$ 时，密集管线竖向位移的最大值约为 55.24 mm，最小值约为 7.54 mm；在密集管线与暗挖通道拱顶净距为 $0.1D$ 时，密集管线竖向位移的最大值约为 54.06 mm，最小值约为 7.21 mm；在密集管线与暗挖通道拱顶净距为 $0.15D$ 时，密集管线竖向位移的最大值约为 53.96 mm，最小值约为 7.38 mm；在密集管线与暗挖通道拱顶净距为 $0.2D$ 时，密集管线竖向位移的最大值约为 53.04 mm，最小值约为 7.37 mm。

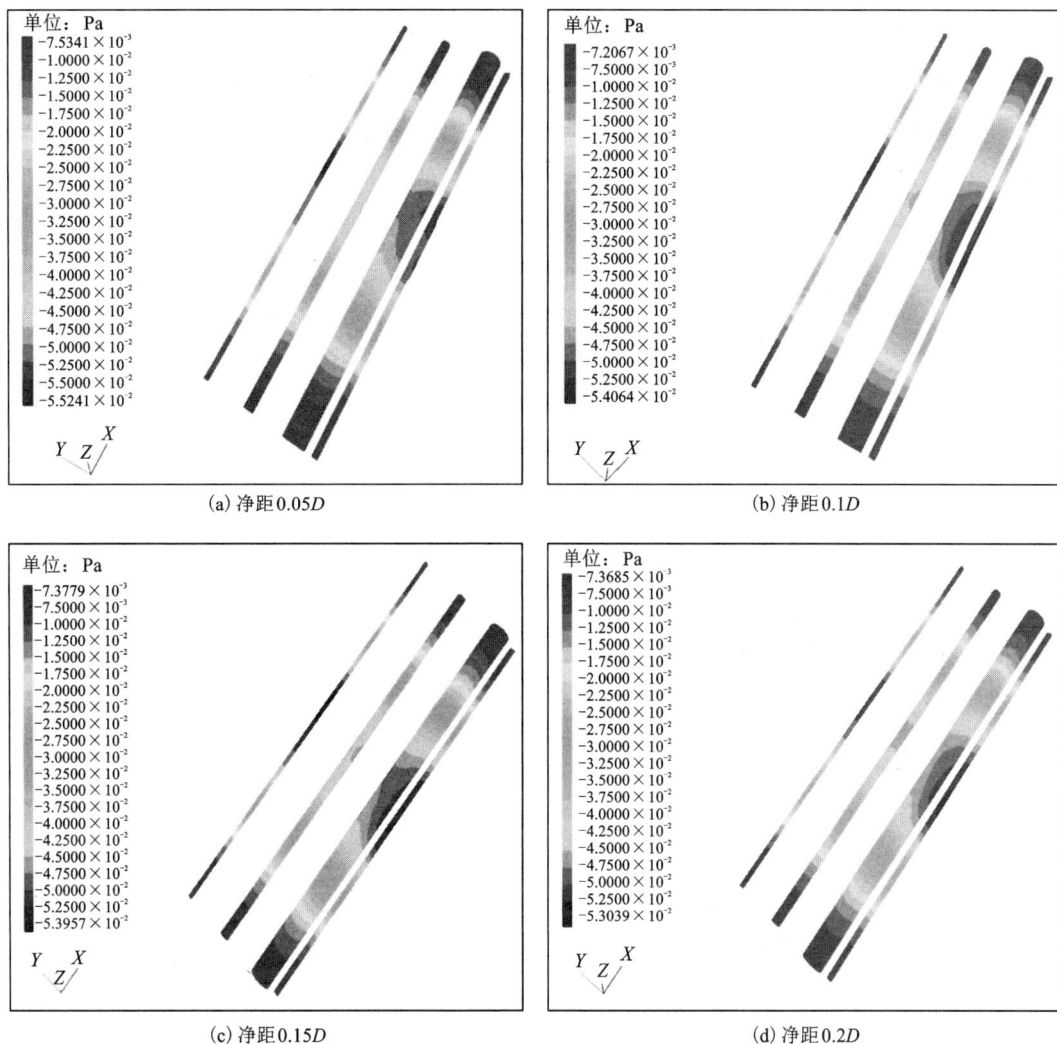

图 2-4 不同净距下各管线的竖向位移云图

2.2.2 各管线特征点竖向位移响应特征

图 2-5 为各管线的各特征点在与地铁出入口通道不同的净距（0.05D、0.1D、0.15D、0.2D，其中 D 为暗挖通道的跨度，本书为 8.3 m）下暗挖施工过程中的竖向位移曲线图。

分析图 2-5 可知：

（1）在净距为 0.05D、0.1D、0.15D、0.2D（D 为暗挖通道的跨度）时，通信电缆各特征点中竖向位移最大值分别为 49.50 mm、48.85 mm、47.45 mm、45.05 mm；给水管各特征点中竖向位移最大值分别为 47.43 mm、46.98 mm、46.08 mm、44.96 mm；污水管各特征点中竖向位移最大值分别为 55.29 mm、54.81 mm、53.92 mm、51.91 mm；雨水管各特征点中竖向位移最大值分别为 53.61 mm、52.20 mm、51.26 mm、49.42 mm。

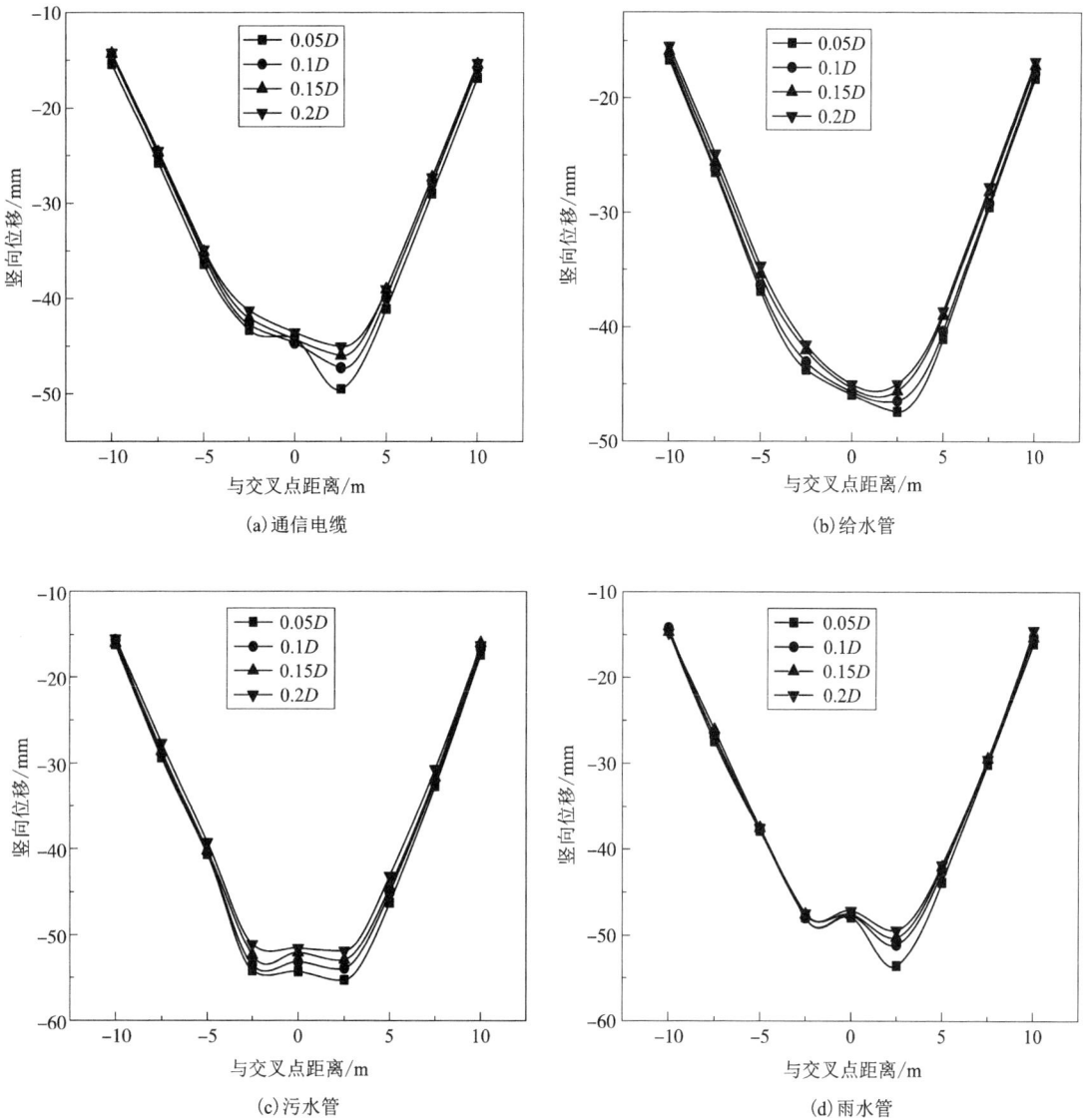

(a) 通信电缆

(b) 给水管

(c) 污水管

(d) 雨水管

图 2-5 各管线的各特征点在不同净距下的竖向位移曲线图

(2) 在同一围岩参数、交叉角度与施工参数条件下，管线的竖向位移随净距的减小而增大。

2.2.3 密集管线最大主应力云图分析

图 2-6 为密集管线在与暗挖通道拱顶相隔净距为 0.05D、0.1D、0.15D、0.2D(D 为暗挖通道的跨度，本书为 8.3 m) 时，采用 CRD 法开挖完成后的最大主应力云图。

分析图 2-6 中密集管线的最大主应力云图可知，在密集管线中，材料为铸铁的给水管最大主应力数值最大，远远超过了材料为混凝土的污水管与雨水管，以及 PVC 材质的通信电缆。位于暗挖通道拱顶上方管线底部的最大主应力比其他部位高出许多，右上导洞上方所对

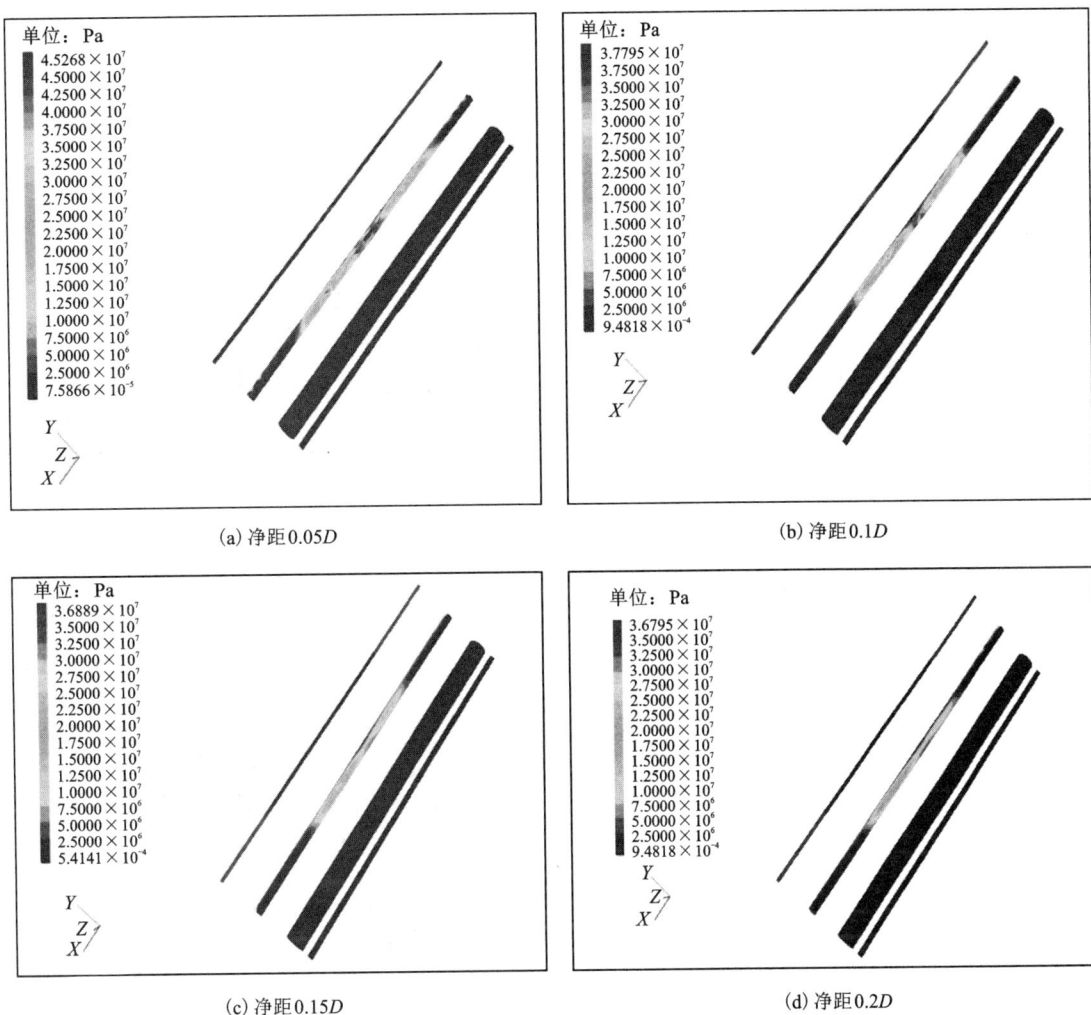

(a) 净距 0.05*D*　　　　　　　　　　　　　(b) 净距 0.1*D*

(c) 净距 0.15*D*　　　　　　　　　　　　　(d) 净距 0.2*D*

图 2-6　不同净距下各管线的最大主应力云图

应的管线底部的最大主应力比左上导洞上方所对应的管线底部的最大主应力大, 这一点与管线的竖向位移规律较为符合。

在密集管线与暗挖通道拱顶净距为 0.05*D* 时, 密集管线最大主应力的最大值约为 45.27 MPa; 在密集管线与暗挖通道拱顶净距为 0.1*D* 时, 密集管线最大主应力的最大值约为 37.80 MPa; 在密集管线与暗挖通道拱顶净距为 0.15*D* 时, 密集管线最大主应力的最大值约为 36.89 MPa; 在密集管线与暗挖通道拱顶净距为 0.2*D* 时, 密集管线最大主应力的最大值约为 36.80 MPa。

2.2.4　各管线特征点最大主应力响应特征

图 2-7 为各管线的各特征点在与地铁出入口通道不同的净距(0.05*D*、0.1*D*、0.15*D*、0.2*D*, 其中 *D* 为暗挖通道的跨度, 本书为 8.3 m)下暗挖施工过程中的最大主应力曲线图。

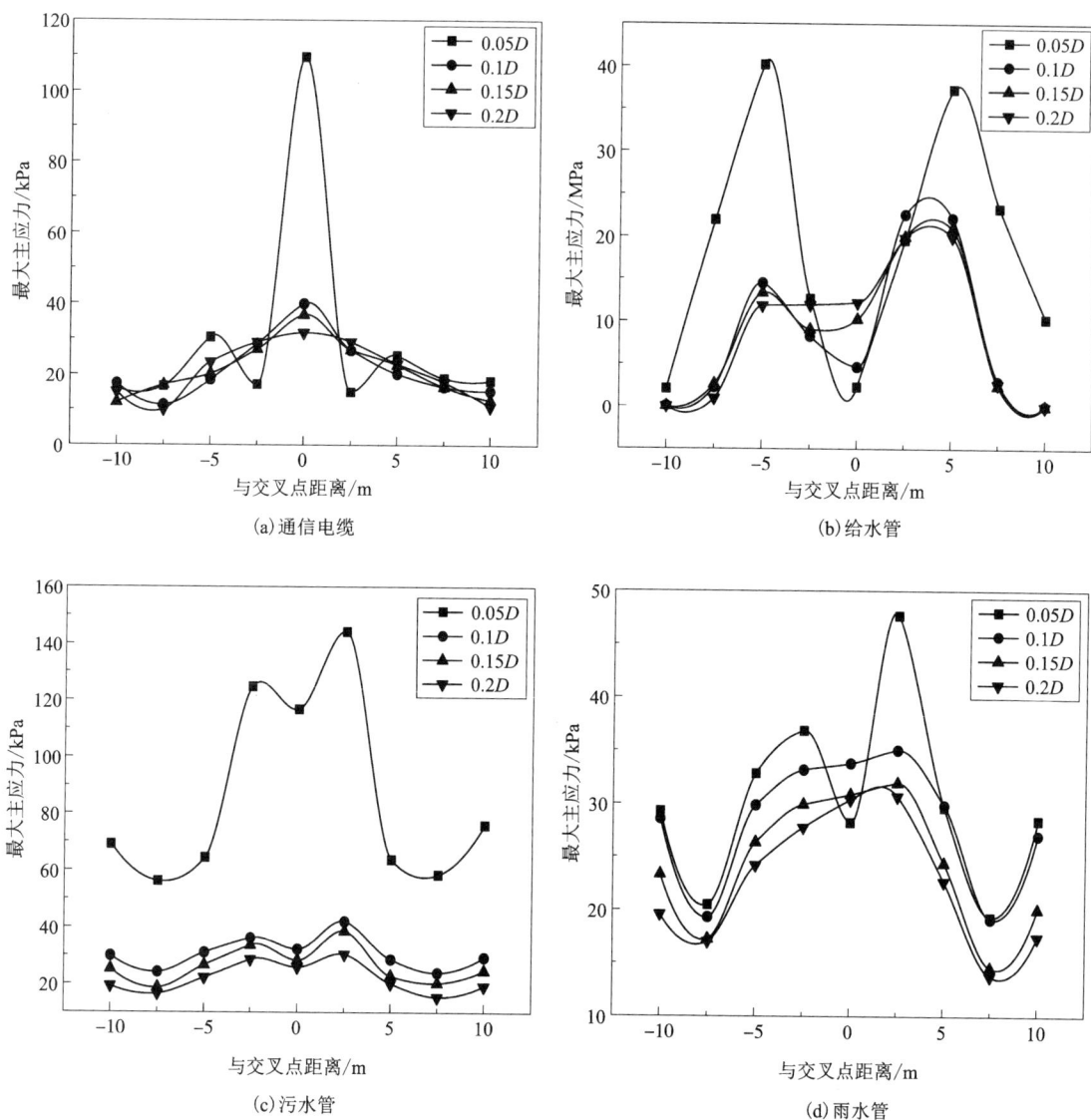

(a) 通信电缆

(b) 给水管

(c) 污水管

(d) 雨水管

图 2-7　各管线的各特征点在不同净距下的最大主应力曲线图

分析图 2-7 可知:

(1)在净距为 0.05D、0.1D、0.15D、0.2D(D 为暗挖通道的跨度,本书为 8.3 m)时,通信电缆各特征点最大主应力的最大值分别为 109.53 kPa、39.87 kPa、36.72 kPa、31.28 kPa;给水管各特征点最大主应力的最大值分别为 40.18 MPa、22.59 MPa、20.88 MPa、19.99 MPa;污水管各特征点最大主应力的最大值分别为 144.11 kPa、42.01 kPa、38.58 kPa、30.39 kPa;雨水管各特征点最大主应力的最大值分别为 47.67 kPa、35.01 kPa、31.94 kPa、30.70 kPa。

(2)在密集管线与暗挖通道拱顶净距为 0.05D 时,各个管线的特征点最大主应力值远远高于净距为 0.1D、0.15D 与 0.2D 的时候,原因是在净距为 0.05D 的时候,各管线所穿越暗挖通道上部土体正好有一部分为注浆大管棚与注浆小导管的加固区域。

(3) 在同一围岩参数、交叉角度与施工工法条件下,管线最大主应力随净距增大而减小。

2.2.5　密集管线最小主应力云图分析

图 2-8 为密集管线在与通道拱顶相隔净距为 0.05D、0.1D、0.15D、0.2D(D 为暗挖通道的跨度,本书为 8.3 m)时,采用 CRD 法开挖完成后的最小主应力云图。

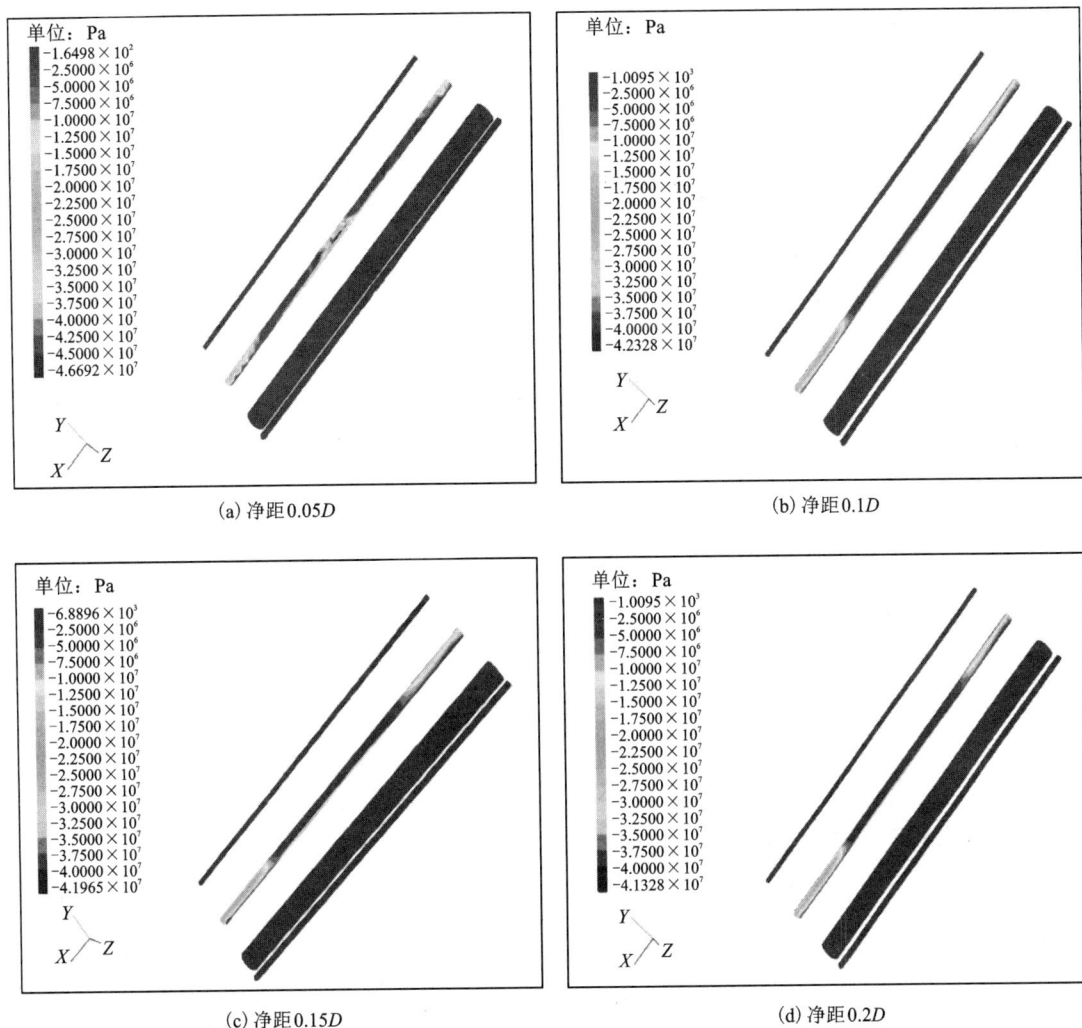

(a) 净距 0.05D　　　　　　　　　　　(b) 净距 0.1D

(c) 净距 0.15D　　　　　　　　　　　(d) 净距 0.2D

图 2-8　不同净距下各管线的最小主应力云图

分析图 2-8 中密集管线的最小主应力云图可知,在密集管线中,材料为铸铁的给水管最小主应力数值最大,远远超过了材料为混凝土的污水管与雨水管,以及 PVC 材质的通信电缆。在通道施工中,管线的破坏区域往往发生在其底部,因此,主要研究的是管线底部。对于铸铁材料的给水管,其刚性较大,在暗挖通道上方土体管底的最小主应力小于未开挖处管线两侧底部的最小主应力,且管线顶部的最小主应力大于底部的最小主应力。

在密集管线与暗挖通道拱顶净距为 0.05D 时,密集管线最小主应力的最大绝对值约为 46.69 MPa;在密集管线与暗挖通道拱顶净距为 0.1D 时,密集管线最小主应力的最大绝对值约为 42.33 MPa;在密集管线与暗挖通道拱顶净距为 0.15D 时,密集管线最小主应力的最大绝对值约为 41.97 MPa;在密集管线与暗挖通道拱顶净距为 0.2D 时,密集管线最小主应力的最大绝对值约为 41.33 MPa。

2.2.6 各管线特征点最小主应力响应特征

图 2-9 为各管线的各特征点在与地铁出入口通道不同的净距(0.05D、0.1D、0.15D、0.2D,其中 D 为暗挖通道的跨度,本书为 8.3 m)下,暗挖施工过程中的最小主应力曲线图。

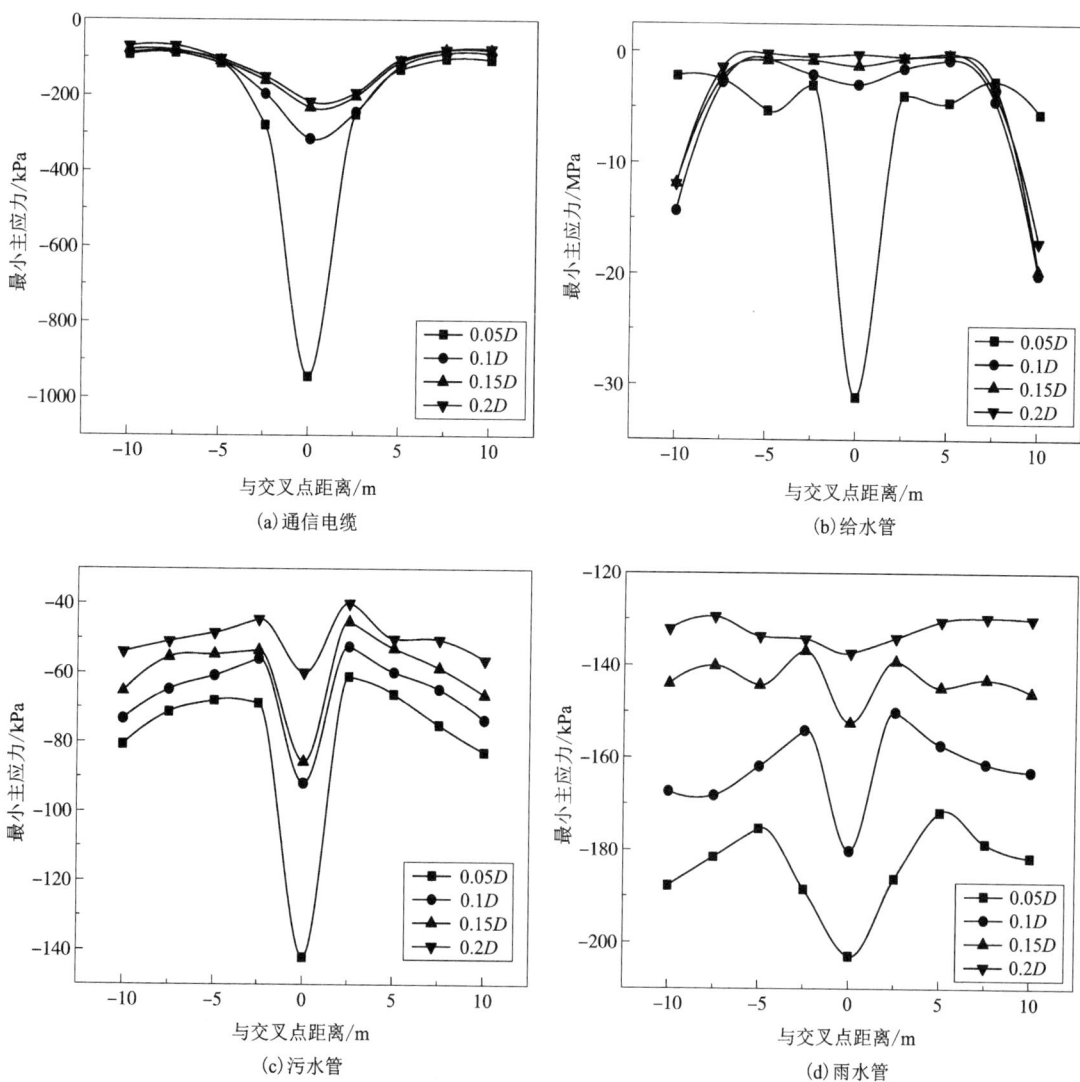

图 2-9 各管线的各特征点在不同净距下的最小主应力曲线图

由图 2-9 可知：

(1)在净距为 0.05D、0.1D、0.15D、0.2D(D 为暗挖通道的跨度，本书为 8.3 m)时，通信电缆各特征点最小主应力的最大绝对值分别为 943.80 kPa、314.28 kPa、232.20 kPa、216.36 kPa；给水管各特征点最小主应力的最大绝对值分别为 31.18 MPa、20.11 MPa、19.75 MPa、17.17 MPa；污水管各特征点最小主应力的最大绝对值分别为 142.10 kPa、91.86 kPa、85.66 kPa、59.97 kPa；雨水管各特征点最小主应力的最大绝对值分别为 202.97 kPa、180.14 kPa、152.48 kPa、137.34 kPa。

(2)分析各管线的特征点最小主应力值曲线可知，在密集管线与暗挖通道拱顶净距为 0.05D 时，各管线的特征点最小主应力值远远高于净距为 0.1D、0.15D 与 0.2D 的时候，原因是在净距为 0.05D 的时候，各管线所穿越暗挖通道上部土体正好有一部分为注浆大管棚与注浆小导管的加固区域。

(3)给水管的特征点最小主应力曲线(净距为 0.05D 时除外)与其他几种管线的最小主应力曲线的形式有所不同，原因是给水管的材料为强度更大的铸铁，使它对围岩的变形的抵抗效果大于其他强度更小的管线，同时造成其管线底部的最小主应力远小于其顶部区域和两侧未开挖区域。

(4)在同一围岩参数、交叉角度与施工工法条件下，管线的最小主应力随净距减小而增大。

▶ 2.3　密集管线与暗挖通道的交叉角度对密集管线的影响

此节从密集管线的竖向位移、最大主应力、最小主应力这三个方面的响应来分析密集管线与暗挖通道的交叉角度对密集管线的影响，计算模型工况分别对应于表 2-1 中的工况 5、工况 6、工况 7、工况 8。

2.3.1　密集管线竖向位移云图分析

图 2-10 为密集管线在与地铁出入口通道不同的交叉角度(0°、30°、60°、90°)下，采用 CRD 法开挖完成后的竖向位移云图。

分析图 2-10 中密集管线的竖向位移云图可知，在交叉角度为 0°时，各管线的整体竖向位移较大，但变化范围不大，竖向位移最大区域位于暗挖通道入口端，竖向位移最小区域位于暗挖通道出口端；在交叉角度分别为 30°、60°与 90°时，各管线竖向位移最大区域位于穿越通道的部分，竖向位移最小区域位于密集管线两侧。

在密集管线与暗挖通道交叉角度为 0°时，密集管线竖向位移的最大值约为 60.63 mm，最小值约为 44.50 mm；在密集管线与暗挖通道交叉角度为 30°时，密集管线竖向位移的最大值约为 51.64 mm，最小值约为 4.65 mm；在密集管线与暗挖通道交叉角度为 60°时，密集管线竖向位移的最大值约为 50.59 mm，最小值约为 3.95 mm；在密集管线与暗挖通道交叉角度为 90°时，密集管线竖向位移的最大值约为 49.24 mm，最小值约为 3.25 mm。

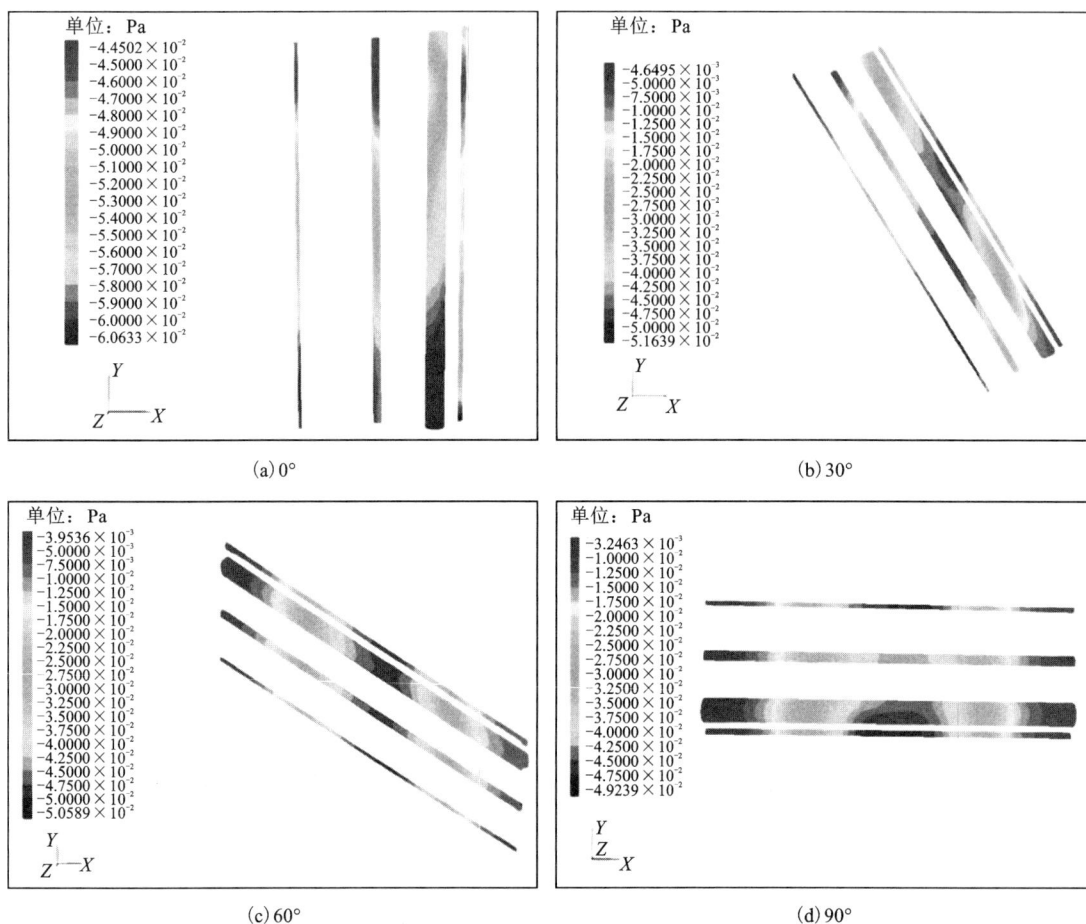

(a) 0°

(b) 30°

(c) 60°

(d) 90°

图 2-10 不同交叉角度下各管线的竖向位移云图

2.3.2 各管线特征点竖向位移响应特征

图 2-11 为各管线的各特征点在与地铁出入口通道不同的交叉角度(0°、30°、60°、90°)下暗挖施工过程中的竖向位移曲线图。

分析图 2-11 可知:

(1)在交叉角度分别为 0°、30°、60°、90°时,通信电缆各特征点中竖向位移最大值分别为 52.33 mm、51.62 mm、50.84 mm、50.26 mm;给水管各特征点中竖向位移最大值分别为 47.92 mm、45.67 mm、45.46 mm、43.64 mm;污水管各特征点中竖向位移最大值分别为 50.67 mm、47.91 mm、47.14 mm、47.08 mm;雨水管各特征点中竖向位移最大值分别为 48.22 mm、47.78 mm、47.37 mm、47.02 mm。

(2)通信电缆在交叉角度为 0°~90°时的最大值变化量为 2.07 mm;给水管在交叉角度为 0°~90°时的最大值变化量为 4.28 mm;污水管在交叉角度为 0°~90°时的最大值变化量为 3.59 mm;雨水管在交叉角度为 0°~90°时的最大值变化量为 1.20 mm。

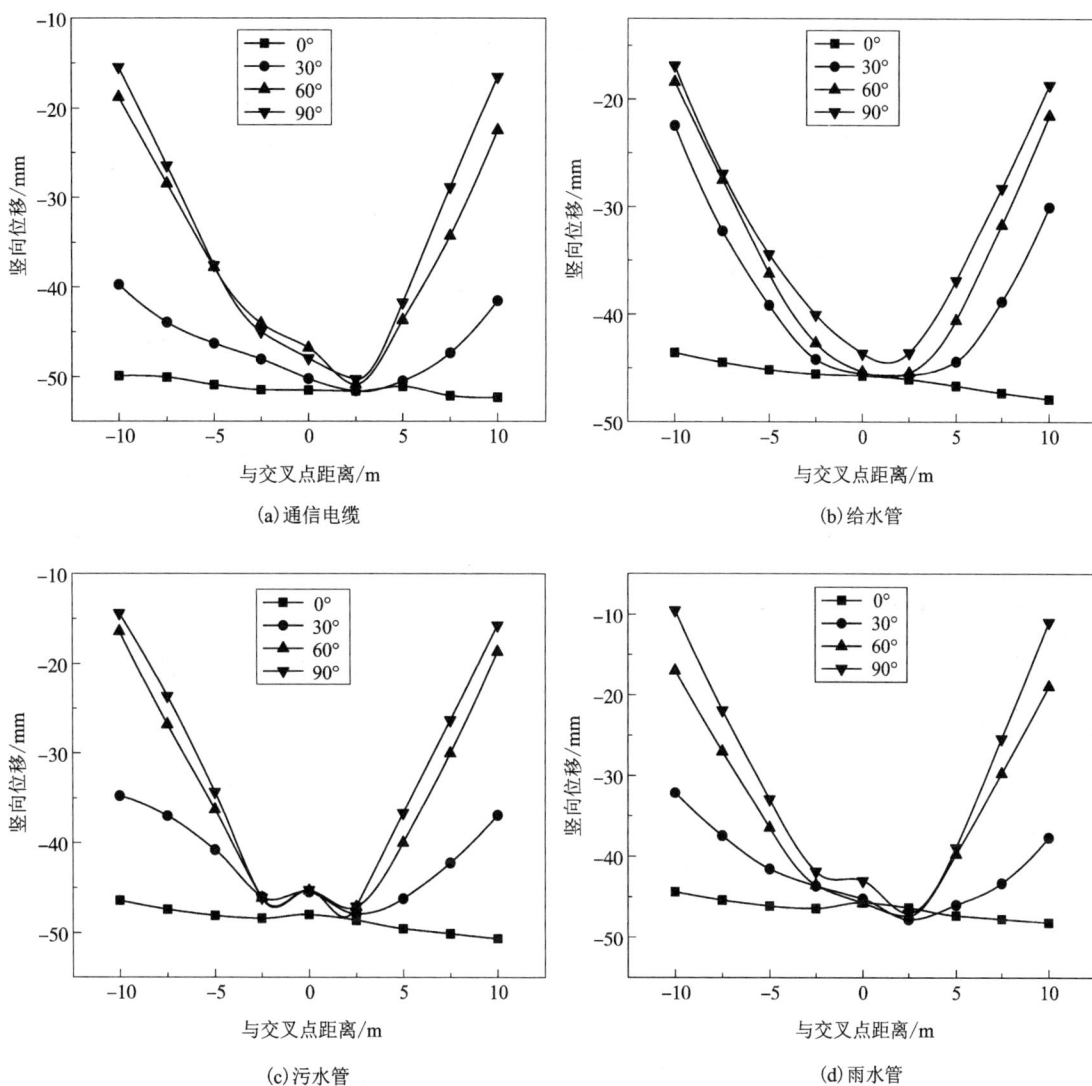

(a) 通信电缆　　　　　　　　　　　　　　　(b) 给水管

(c) 污水管　　　　　　　　　　　　　　　(d) 雨水管

图 2-11　各管线的各特征点在不同交叉角度下的竖向位移曲线图

（3）在管线与暗挖通道平行的时候，其整体竖向位移值接近于同一数值，即竖向位移的最大值。

（4）在同一围岩参数、净距与施工工法条件下，管线竖向位移随交叉角度减小而增大；交叉角度对管线的竖向位移的最大值影响较小，对管线整体沉降影响较大。

2.3.3　密集管线最大主应力云图分析

图 2-12 为密集管线在与地铁出入口通道不同的交叉角度（0°、30°、60°、90°）下，采用 CRD 法开挖完成后的最大主应力云图。

分析图 2-12 中密集管线的最大主应力云图可知，在密集管线中，材料为铸铁的给水管

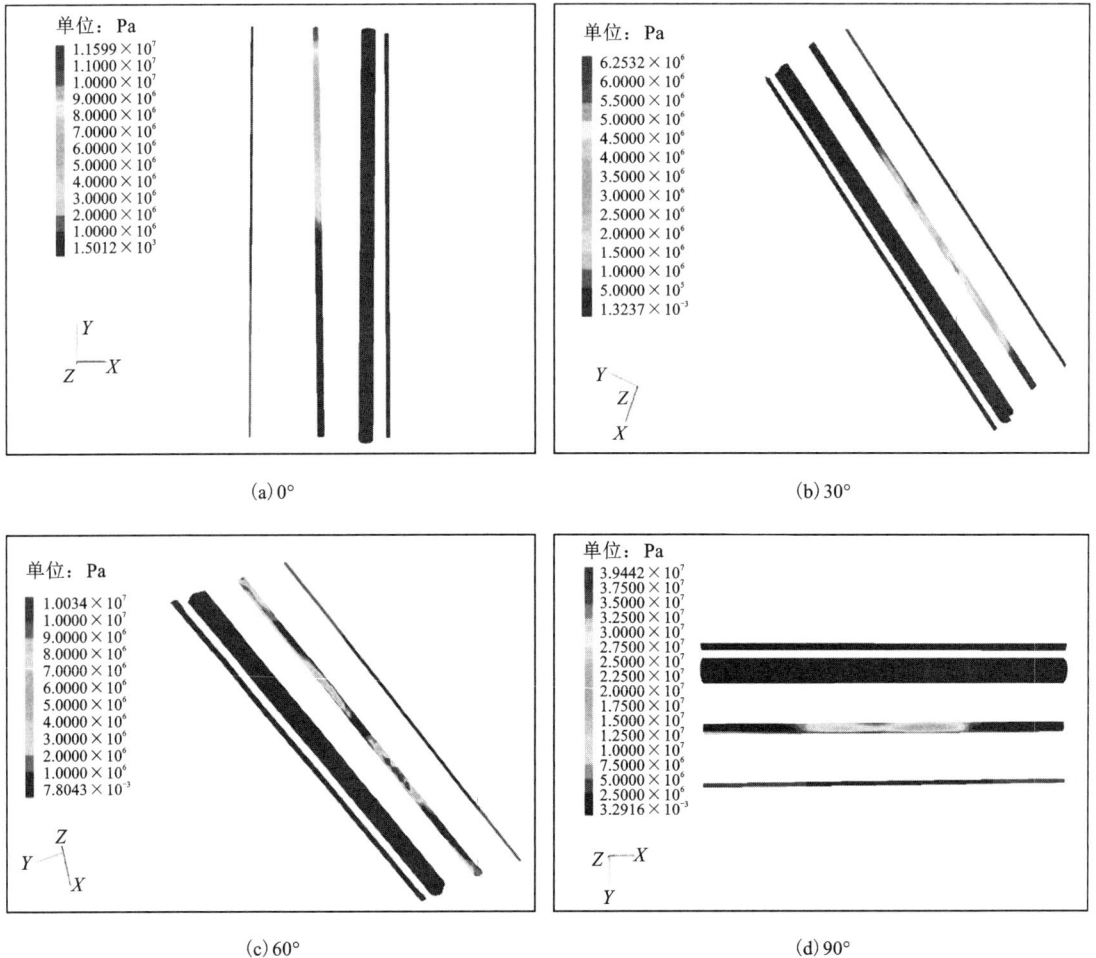

(a) 0°

(b) 30°

(c) 60°

(d) 90°

图 2-12　不同交叉角度下各管线的最大主应力云图

最大主应力值最大,远远超过了材料为混凝土的污水管与雨水管,以及 PVC 材质的通信电缆。位于暗挖通道拱顶上方管线底部的最大主应力值高于其他部位,右上导洞上方所对应的管线底部的最大主应力值高于左上导洞上方。

在密集管线与暗挖通道交叉角度为 0°时,密集管线最大主应力的较大区域位于暗挖通道出口端,其最大值约为 11.60 MPa;在密集管线与暗挖通道交叉角度为 30°时,密集管线最大主应力的较大区域位于右上导洞上部,其最大值约为 6.25 MPa;在密集管线与暗挖通道交叉角度为 60°时,密集管线最大主应力的较大区域位于右上导洞上部,其最大值约为 10.03 MPa;在密集管线与暗挖通道交叉角度为 90°时,密集管线最大主应力的较大区域位于右上导洞上部,其最大值约为 39.44 MPa。

2.3.4　各管线特征点最大主应力响应特征

图 2-13 为各管线的各特征点在与地铁出入口通道不同的交叉角度(0°、30°、60°、90°)下暗挖施工过程中的最大主应力曲线图。

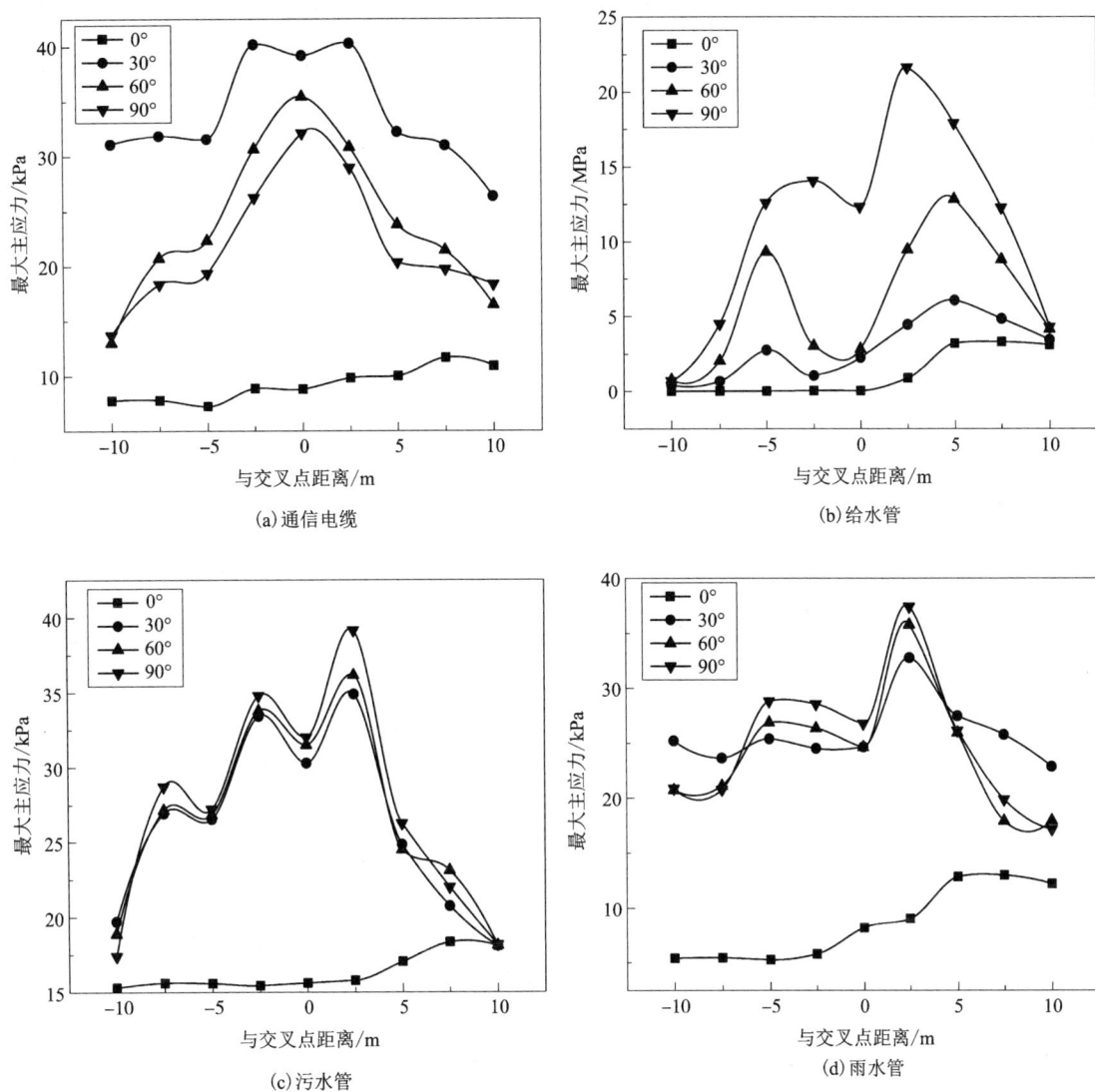

图 2-13　各管线的各特征点在不同交叉角度下的最大主应力曲线图

分析图 2-13 可知：

（1）在交叉角度分别为 0°、30°、60°、90°时，通信电缆各特征点最大主应力的最大值分别为 10.92 kPa、40.29 kPa、35.46 kPa、32.11 kPa；给水管各特征点最大主应力的最大值分别为 3.31 MPa、6.07 MPa、12.84 MPa、21.64 MPa；污水管各特征点最大主应力的最大值分别为 18.08 kPa、36.08 kPa、36.15 kPa、39.16 kPa；雨水管各特征点最大主应力的最大值分别为 12.96 kPa、32.74 kPa、35.77 kPa、37.41 kPa。

（2）通信电缆为 PVC 材质的柔性管线，其最大主应力特征值随交叉角度的变化规律与铸铁给水管、混凝土材质的污水管与雨水管的最大主应力特征值随交叉角度的变化规律稍有差异：所有管线在交叉角度为 0°时，最大主应力值最小；在交叉角度为 30°时，通信电缆最大主应力值最大，而其他刚性管线则在交叉角度为90°时最大主应力值最大。

（3）在同一围岩参数、净距与施工工法条件下，对于刚性管线而言，管线的最大主应力随着交叉角度的增大而增大，对于柔性管线而言，管线的最大主应力随着交叉角度的增大而减小（0°时除外）。

2.3.5　密集管线最小主应力云图分析

图2-14为密集管线在与地铁出入口通道呈不同的交叉角度（0°、30°、60°、90°）下，采用CRD法开挖完成后的最小主应力云图。

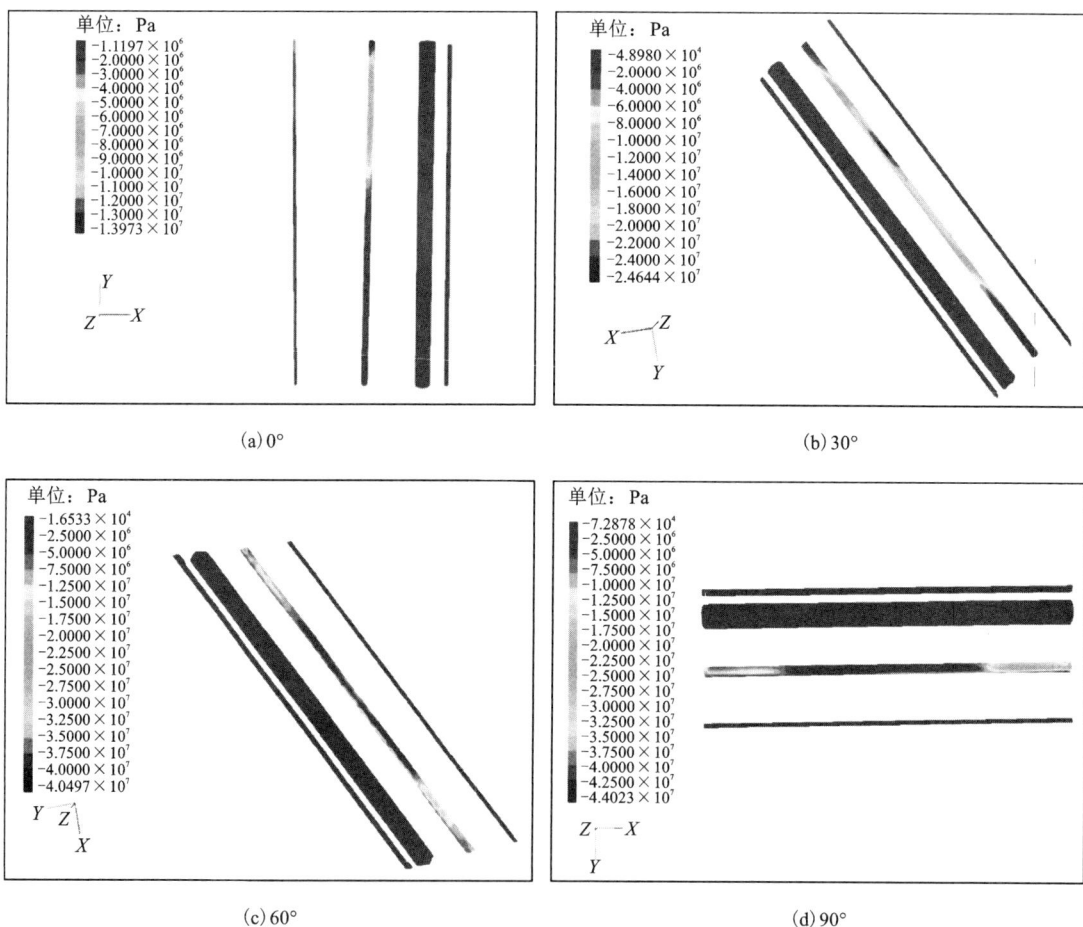

(a) 0°　　(b) 30°　　(c) 60°　　(d) 90°

图2-14　不同交叉角度下各管线的最小主应力云图

分析图2-14中密集管线的最小主应力云图可知，在密集管线中，材料为铸铁的给水管最小主应力数值最大，远远超过了材料为混凝土的污水管与雨水管，以及PVC材质的通信电缆。在通道施工中，管线的破坏区域往往发生在其底部，因此，主要研究的是管线底部。对于铸铁材料的给水管，其刚性较大，在暗挖通道上方土体中管底的最小主应力小于未开挖处管线两侧底部的最小主应力，且管线顶部的最小主应力大于底部的最小主应力。

在密集管线与暗挖通道交叉角度为 0°时，密集管线最小主应力的较大区域位于暗挖通道出口端，其值的最大绝对值约为 13.97 MPa；在密集管线与暗挖通道交叉角度为 30°时，密集管线最小主应力的较大区域位于右上导洞上部，其值的最大绝对值约为 24.64 MPa；在密集管线与暗挖通道交叉角度为 60°时，密集管线最小主应力的较大区域位于右上导洞上部，其值的最大绝对值约为 40.50 MPa；在密集管线与暗挖通道交叉角度为 90°时，密集管线最小主应力的较大区域位于右上导洞上部，其值的最大绝对值约为 44.02 MPa。

2.3.6　各管线特征点最小主应力响应特征

图 2-15 为各管线的各特征点在与地铁出入口通道不同的交叉角度（0°、30°、60°、90°）下暗挖施工过程中的最小主应力曲线图。

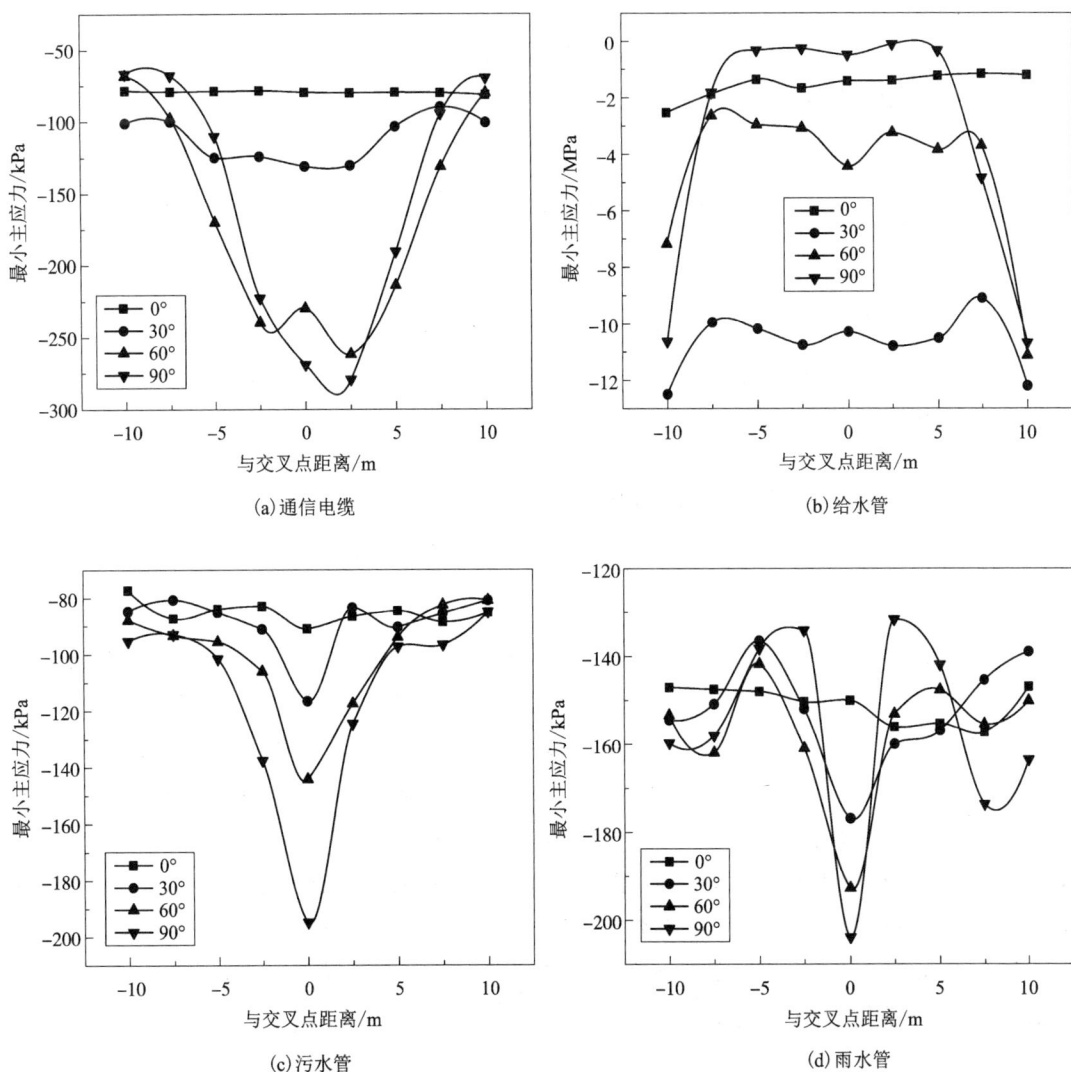

(a) 通信电缆

(b) 给水管

(c) 污水管

(d) 雨水管

图 2-15　各管线的各特征点在不同交叉角度下的最小主应力曲线图

分析图 2-15 可知：

(1)在密集管线与暗挖通道的交叉角度为 0°、30°、60°、90°时，通信电缆各特征点最小主应力的最大绝对值分别为 81.47 kPa、130.99 kPa、261.35 kPa、279.24 kPa；给水管各特征点最小主应力的最大绝对值分别为 2.53 MPa、22.80 MPa、38.75 MPa、41.35 MPa；污水管各特征点最小主应力的最大绝对值分别为 90.94 kPa、116.52 kPa、144.18 kPa、194.90 kPa；雨水管各特征点最小主应力的最大绝对值分别为 157.30 kPa、176.88 kPa、192.78 kPa、203.94 kPa。

(2)刚性最大的铸铁材质给水管，其最小主应力随交叉角度的变化规律与 PVC 通信电缆、混凝土材质的污水管与雨水管的最小主应力随交叉角度的变化规律稍有差异；所有管线在交叉角度为 0°时，最小主应力稳定在一个较小的值；在交叉角度为 90°时，铸铁给水管最小主应力最小，而在交叉角度为 0°时，其他刚性较小或者柔性管线最小主应力最小。

(3)在同一围岩参数、净距与施工工法条件下，对于刚性较小或者柔性管线而言，管线的最小主应力随着交叉角度的增大而增大，对于刚性较大的管线而言，管线的最小主应力随着交叉角度的增大而减小(0°时除外)。

▶ 2.4　围岩参数对密集管线的影响

此节从密集管线的竖向位移、最大主应力、最小主应力这三个方面的响应来分析围岩参数(参数的不同体现在围岩的重度、弹性模量、泊松比、黏聚力与内摩擦角等几个方面)对密集管线的影响，计算模型工况分别对应于表 2-1 中的工况 9、工况 10、工况 11。

2.4.1　密集管线竖向位移云图分析

图 2-16 为密集管线在不同参数围岩(围岩参数比较：类型 1<类型 2<类型 3)下，采用 CRD 法开挖完成后的竖向位移云图。

分析图 2-16 中密集管线的竖向位移云图可知，在围岩为类型 1 时，从密集管线的竖向位移云图可以清晰地看见通道因 CRD 法开挖造成上方的管线左右两侧响应值不同；在围岩参数增加为类型 2 时，从密集管线的竖向位移云图上只能略微看见通道因 CRD 法开挖造成上方的管线左右两侧响应值不同；在围岩参数增加为类型 3 时，从密集管线的竖向位移云图上几乎不能分辨通道因 CRD 法开挖造成上方的管线左右两侧响应值不同。

在密集管线所处围岩为类型 1 时，密集管线竖向位移的最大值约为 49.24 mm，最小值约为 8.11 mm；在密集管线所处围岩为类型 2 时，密集管线竖向位移的最大值约为 14.91 mm，最小值约为 0.94 mm；在密集管线所处围岩为类型 3 时，密集管线竖向位移的最大值约为 6.29 mm，最小值约为 0.23 mm。

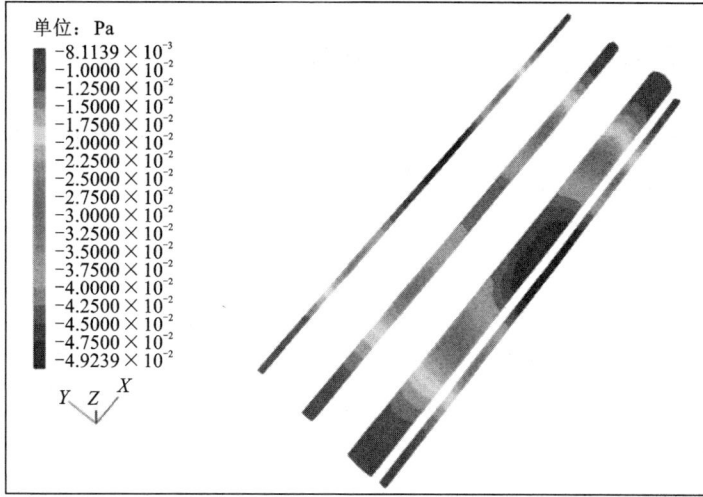

（a）类型 1

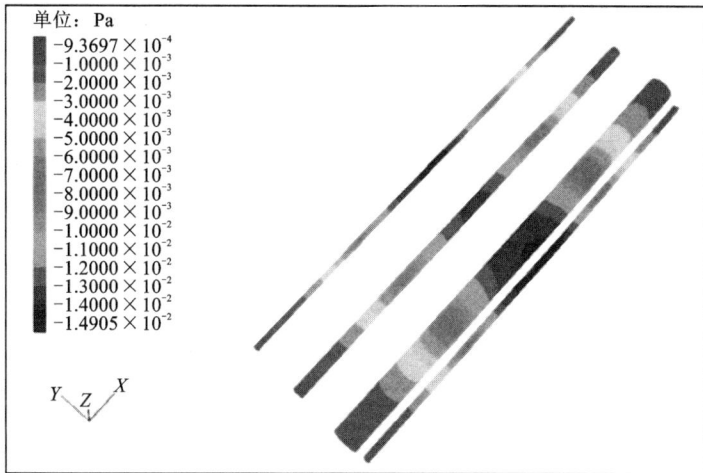

（b）类型 2

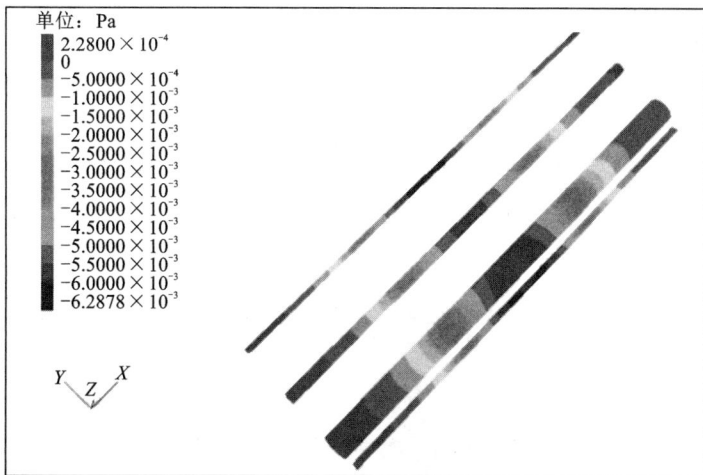

（c）类型 3

图 2-16　不同参数围岩下各管线的竖向位移云图

2.4.2 各管线特征点竖向位移响应特征

图 2-17 为各管线的各特征点在与地铁出入口通道不同参数围岩下，暗挖施工过程中的竖向位移曲线图(围岩参数比较：类型 1<类型 2<类型 3)。

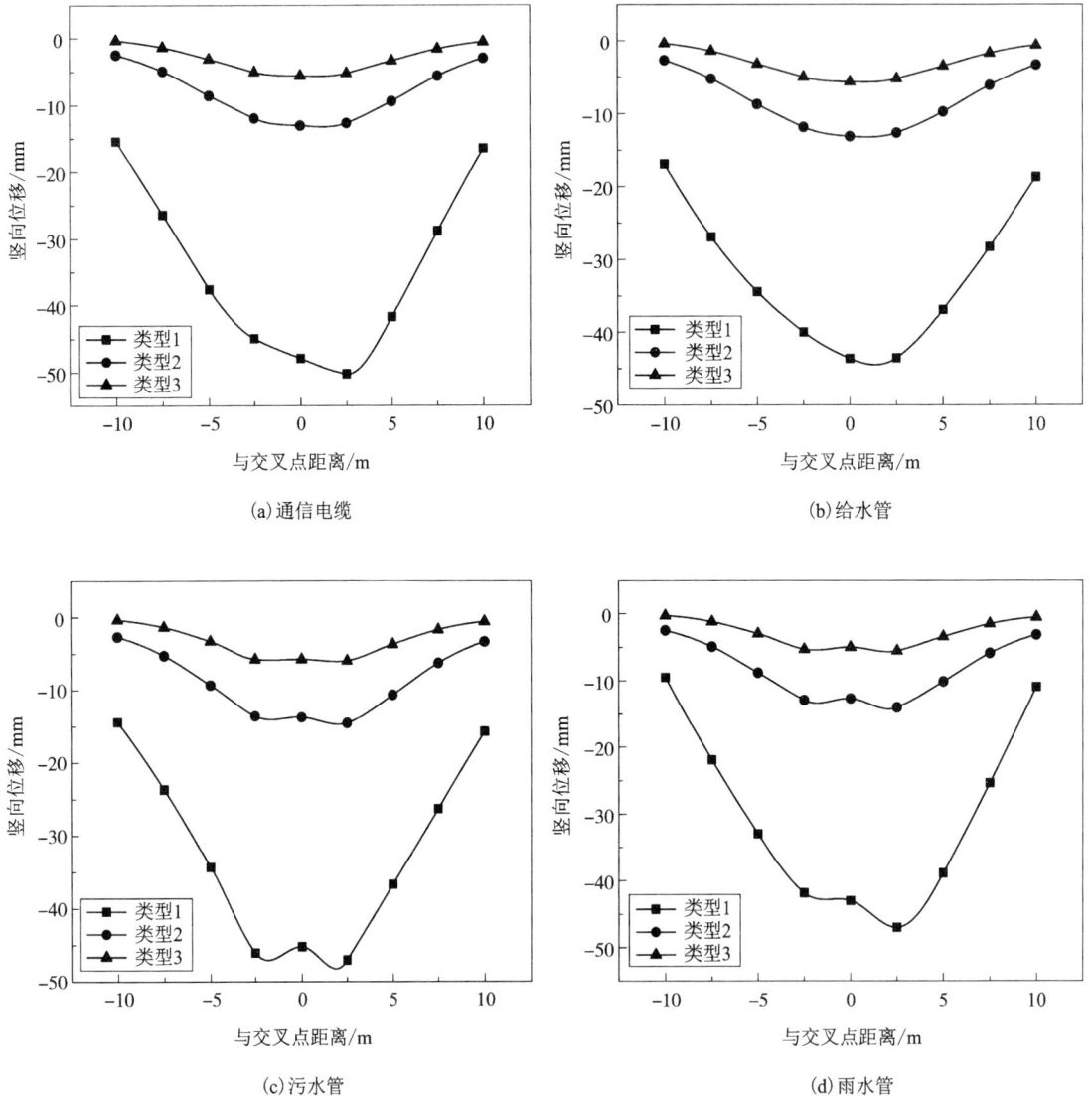

图 2-17 各管线的各特征点在不同参数围岩下的竖向位移曲线图

分析图 2-17 可知：

(1)在围岩参数分别为最弱的类型 1、次中的类型 2、较大的类型 3 时，通信电缆各特征点中竖向位移最大值分别为 50.26 mm、13.05 mm、5.63 mm；给水管各特征点中竖向位移最大值分别为 43.64 mm、13.15 mm、5.67 mm；污水管各特征点中竖向位移最大值分别为

47.08 mm、14.56 mm、5.96 mm；雨水管各特征点中竖向位移最大值分别为 47.02 mm、14.05 mm、5.58 mm。

（2）管线种类不同，其因暗挖通道施工而产生的竖向位移值也不同，但是，随着围岩参数的增强，这种差异会越来越小；CRD 法施工所造成竖向位移曲线不对称现象也会随着围岩参数的增强而逐渐变对称。

（3）在同一净距、交叉角度与施工工法条件下，管线的竖向位移随围岩参数的增强而减小。

2.4.3 密集管线最大主应力云图分析

图 2-18 为密集管线在不同参数围岩（围岩参数比较：类型 1<类型 2<类型 3）下，采用 CRD 法开挖完成后的最大主应力云图。

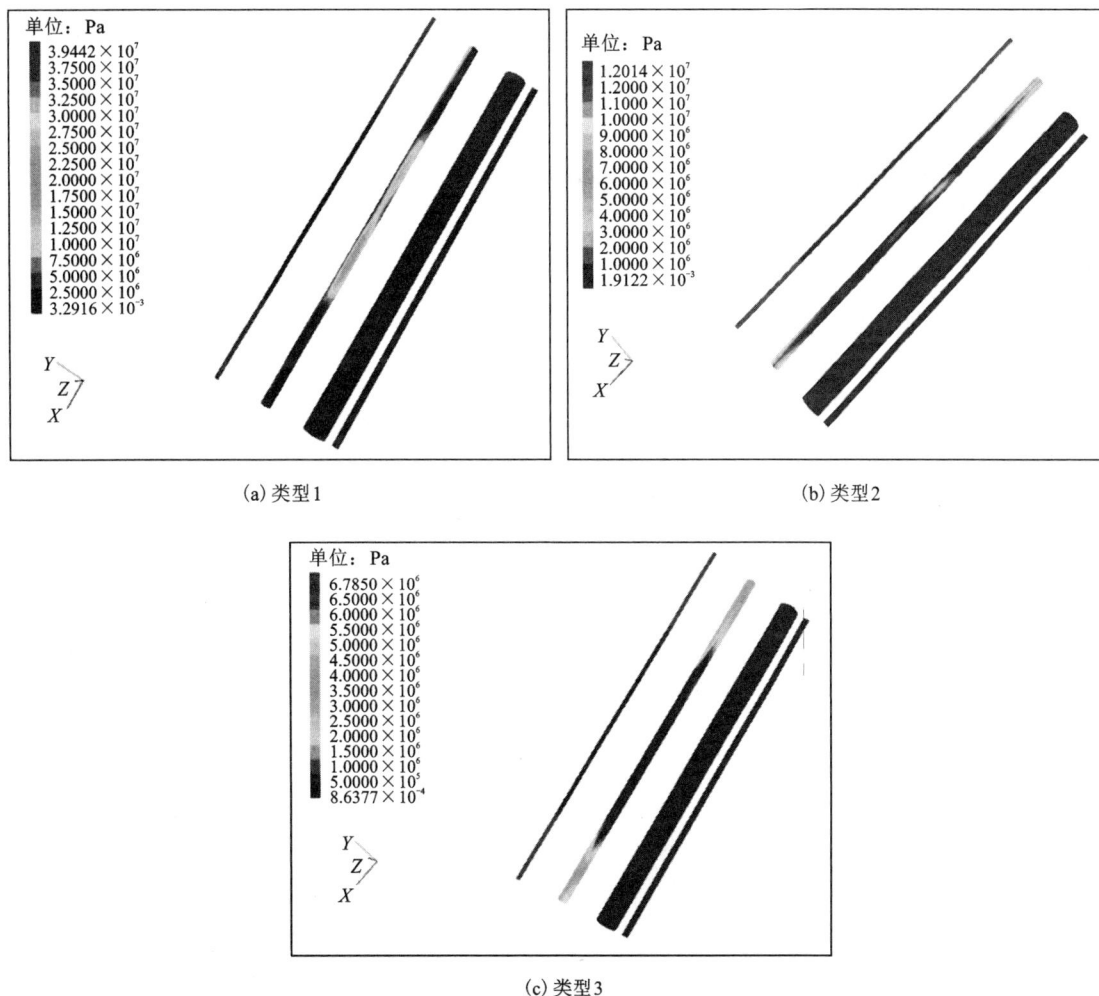

(a) 类型 1

(b) 类型 2

(c) 类型 3

图 2-18 不同参数围岩下各管线的最大主应力云图

分析图 2-18 所示密集管线的最大主应力云图可知，在密集管线中，材料为铸铁的给水管最大主应力数值最大，远远超过了材料为混凝土的污水管与雨水管，以及 PVC 材质的通信电缆。位于暗挖通道拱顶上方管线底部的最大主应力比其他部位高，右上导洞上方所对应的管线底部的最大主力比左上导洞上方所对应的管线底部的最大主应力大。

在围岩参数为最弱的类型 1 时，云图中穿越暗挖通道上方的管线底部有较大的最大主应力集中区域，以及明显的 CRD 法施工所造成的管线左右两侧应力值差异；在围岩参数为次中的类型 2 时，云图中穿越暗挖通道上方的管线底部可见较大的最大主应力集中区域，以及较小的 CRD 法施工所造成的管线左右两侧应力值差异；在围岩参数为较大的类型 3 时，云图中穿越暗挖通道上方的管线底部未见较大的最大主应力集中区域，以及不明显的 CRD 法施工所造成的管线左右两侧应力值差异。

在围岩参数为最弱的类型 1 时，密集管线底部最大主应力的较大区域位于右上导洞上部，其最大值约为 39.44 MPa；在围岩参数为次中的类型 2 时，密集管线底部小部分最大主应力的较大区域位于右上导洞上部，其最大值约为 12.01 MPa；在围岩参数为较大的类型 3 时，密集管线底部最大主应力的较大区域位于管线两端，其最大值约为 6.79 MPa。

2.4.4　各管线特征点最大主应力响应特征

图 2-19 为各管线的各特征点在与地铁出入口通道不同参数围岩下，暗挖施工过程中的最大主应力曲线图(围岩参数比较：类型 1<类型 2<类型 3)。

分析图 2-19 可知：

(1)在围岩参数分别为最弱的类型 1、次中的类型 2、较大的类型 3 时，通信电缆各特征点中最大主应力最大值分别为 32.11 kPa、35.90 kPa、42.49 kPa；给水管各特征点最大主应力的最大值分别为 21.64 MPa、3.10 MPa、1.64 MPa；污水管各特征点最大主应力的最大值分别为 39.16 kPa、24.41 kPa、13.83 kPa；雨水管各特征点最大主应力的最大值分别为 37.41 kPa、30.58 kPa、27.62 kPa。

(2)在同一净距、交叉角度与施工工法条件下，柔性管线的最大主应力随围岩参数的增大而增大；刚性管线的最大主应力随围岩参数的增大而减小。

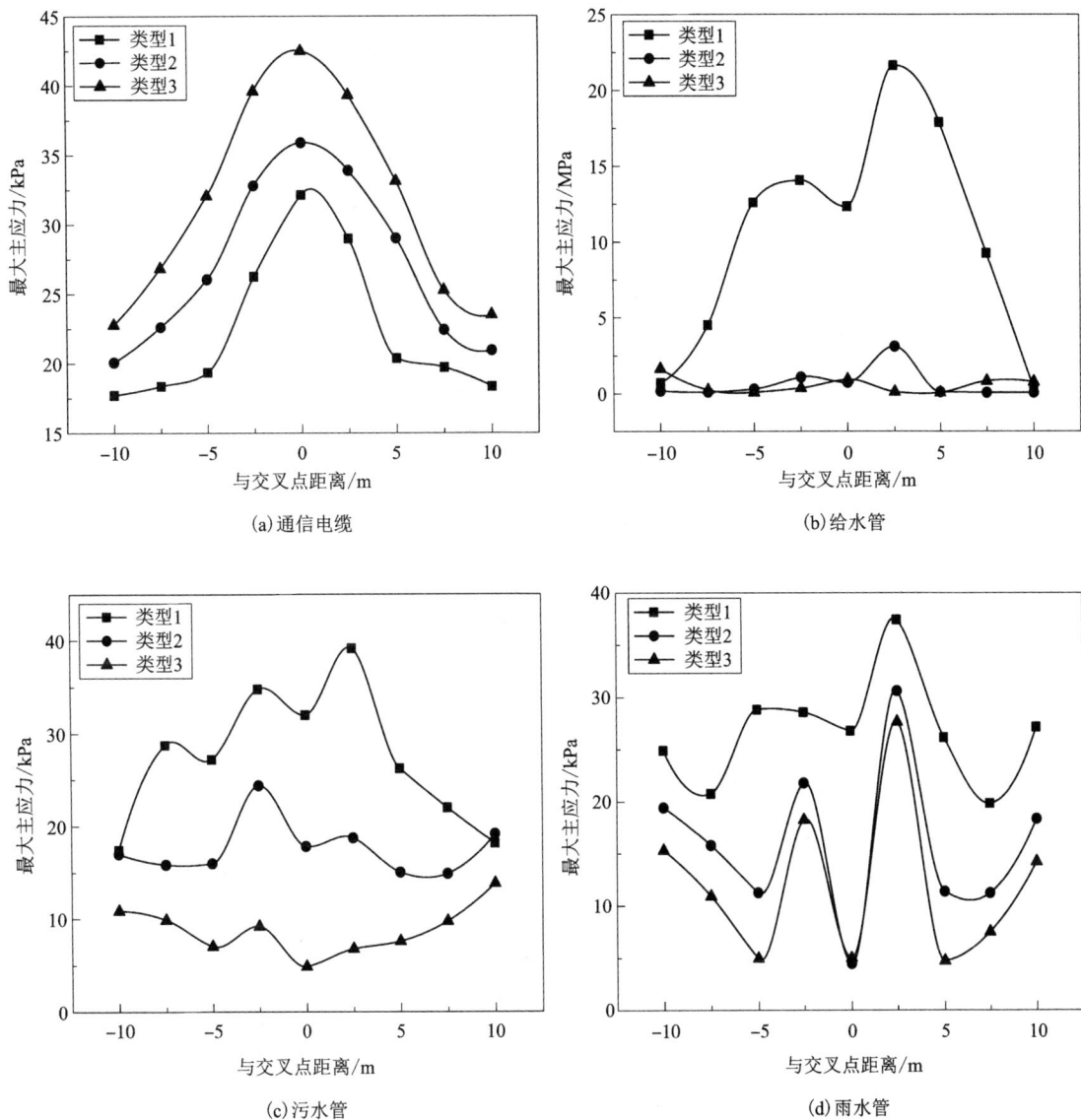

(a)通信电缆　　　　　　　　　　　(b)给水管

(c)污水管　　　　　　　　　　　(d)雨水管

图 2-19　各管线的各特征点在不同参数围岩下的最大主应力曲线图

2.4.5　密集管线最小主应力云图分析

图 2-20 为密集管线在不同参数围岩(围岩参数比较:类型 1<类型 2<类型 3)下,采用 CRD 法开挖完成后的最小主应力云图。

分析上述密集管线的最小主应力云图可知,在密集管线中,材料为铸铁的给水管最小主应力数值最大,远远超过了材料为混凝土的污水管与雨水管,以及 PVC 材质的通信电缆。在通道施工中,管线的破坏区域往往发生在其底部,因此,主要研究的是管线底部。对于铸铁材料的给水管,其刚性较大,在暗挖通道上方土体中管底的最小主应力小于未开挖处管线两侧底部的最小主应力,且管线顶部的最小主应力大于底部的最小主应力。

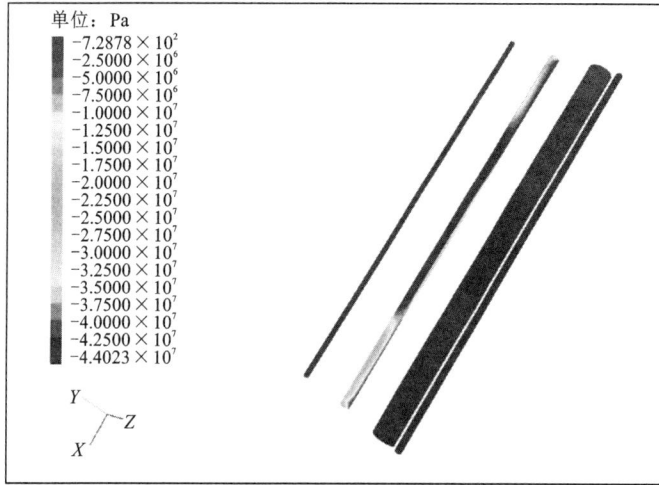

(a) 类型1

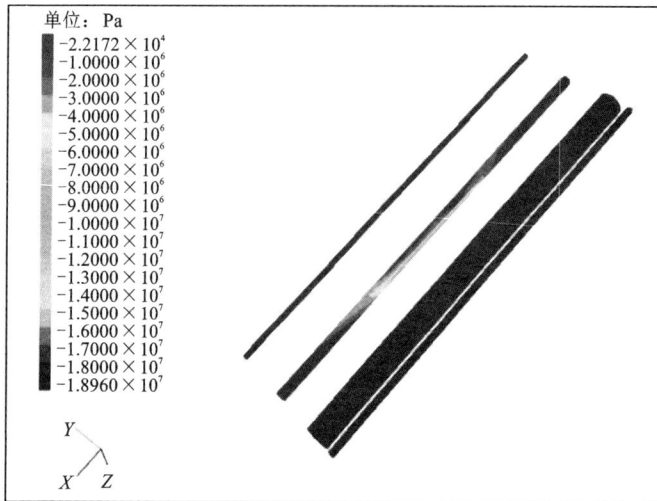

(b) 类型2

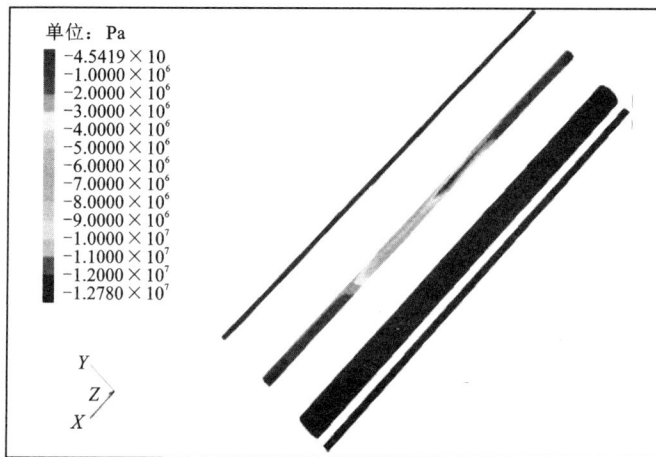

(c) 类型3

图 2-20　不同参数围岩下各管线的最小主应力云图

在围岩参数为最弱的类型 1 时，密集管线最小主应力的最大值约为 44.02 MPa；在围岩参数为次中的类型 2 时，密集管线最小主应力的最大值约为 18.96 MPa；在围岩参数为较强的类型 3 时，密集管线最小主应力的最大值约为 12.78 MPa。

2.4.6　各管线特征点最小主应力响应特征

图 2-21 为各管线的各特征点在与地铁出入口通道不同参数围岩下，暗挖施工过程中的最小主应力曲线图(围岩参数比较：类型 1<类型 2<类型 3)。

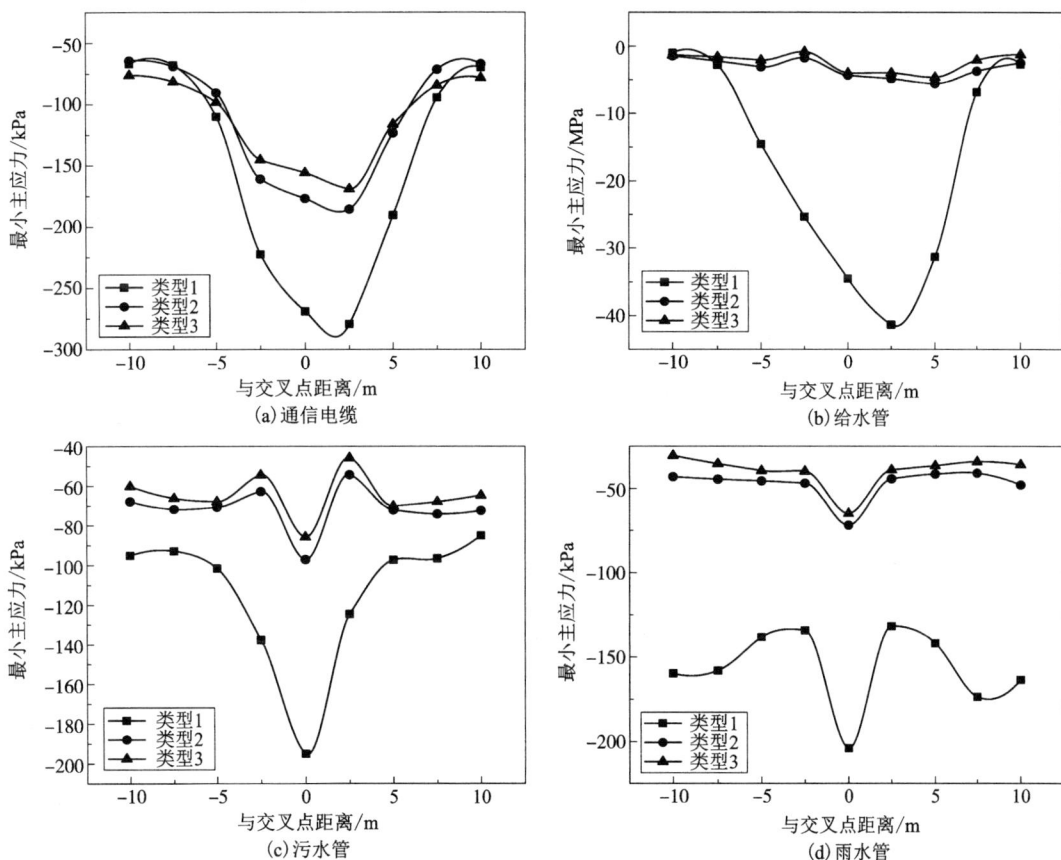

图 2-21　各管线的各特征点在不同参数围岩下的最小主应力曲线图

分析图 2-21 可知：

(1)在围岩参数分别为最弱的类型 1、次中的类型 2、较大的类型 3 时，通信电缆各特征点最小主应力的最大绝对值分别为 279.24 kPa、185.66 kPa、169.05 kPa；给水管各特征点最小主应力的最大绝对值分别为 41.35 MPa、5.59 MPa、4.62 MPa；污水管各特征点最小主应力的最大绝对值分别为 194.9 kPa、97.14 kPa、85.8 kPa；雨水管各特征点最小主应力的最大绝对值分别为 203.94 kPa、71.95 kPa、65.05 kPa。

(2)在同一净距、交叉角度与施工工法条件下，管线的最小主应力随围岩参数的增强而减小。

▶ 2.5 施工工法对密集管线的影响

此节从密集管线的竖向位移、最大主应力、最小主应力这三个方面的响应来分析暗挖通道不同施工工法对密集管线的影响,计算模型工况分别对应于表 2-1 中的工况 12、工况 13、工况 14。

2.5.1 密集管线竖向位移云图分析

图 2-22 为在地铁出入口通道以不同的工法(CRD 法、上下台阶法、全断面法)开挖完成后的密集管线竖向位移云图。

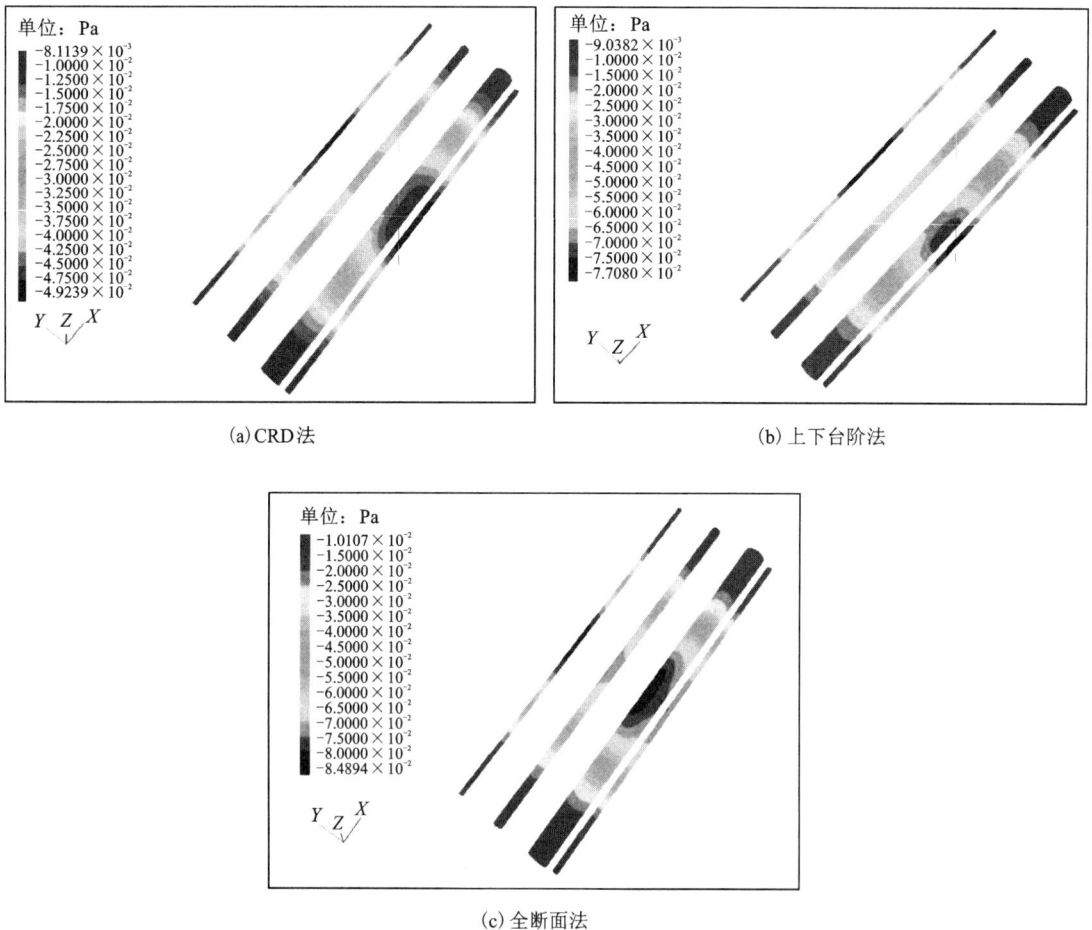

(a) CRD 法

(b) 上下台阶法

(c) 全断面法

图 2-22 不同施工工法下各管线的竖向位移云图

分析上述密集管线的竖向位移云图可知,在以 CRD 法进行施工开挖时,从密集管线的竖向位移云图中可以清晰地看见通道因 CRD 法开挖造成的上方管线左右两侧竖向位移的差异,而上下台阶法与全断面法则没有出现这种现象。

在暗挖通道以 CRD 法进行施工时,密集管线竖向位移的最大值约为 49.24 mm,最小值约为 8.11 mm;在暗挖通道以上下台阶法进行施工时,密集管线竖向位移的最大值约为 77.08 mm,最小值约为 9.04 mm;在密集管线以全断面法进行施工时,密集管线竖向位移的最大值约为 84.89 mm,最小值约为 10.11 mm。

2.5.2　各管线特征点竖向位移响应特征

图 2-23 为各管线的各特征点在地铁出入口通道以不同的工法(CRD 法、上下台阶法、全断面法)进行施工过程中的竖向位移曲线图。

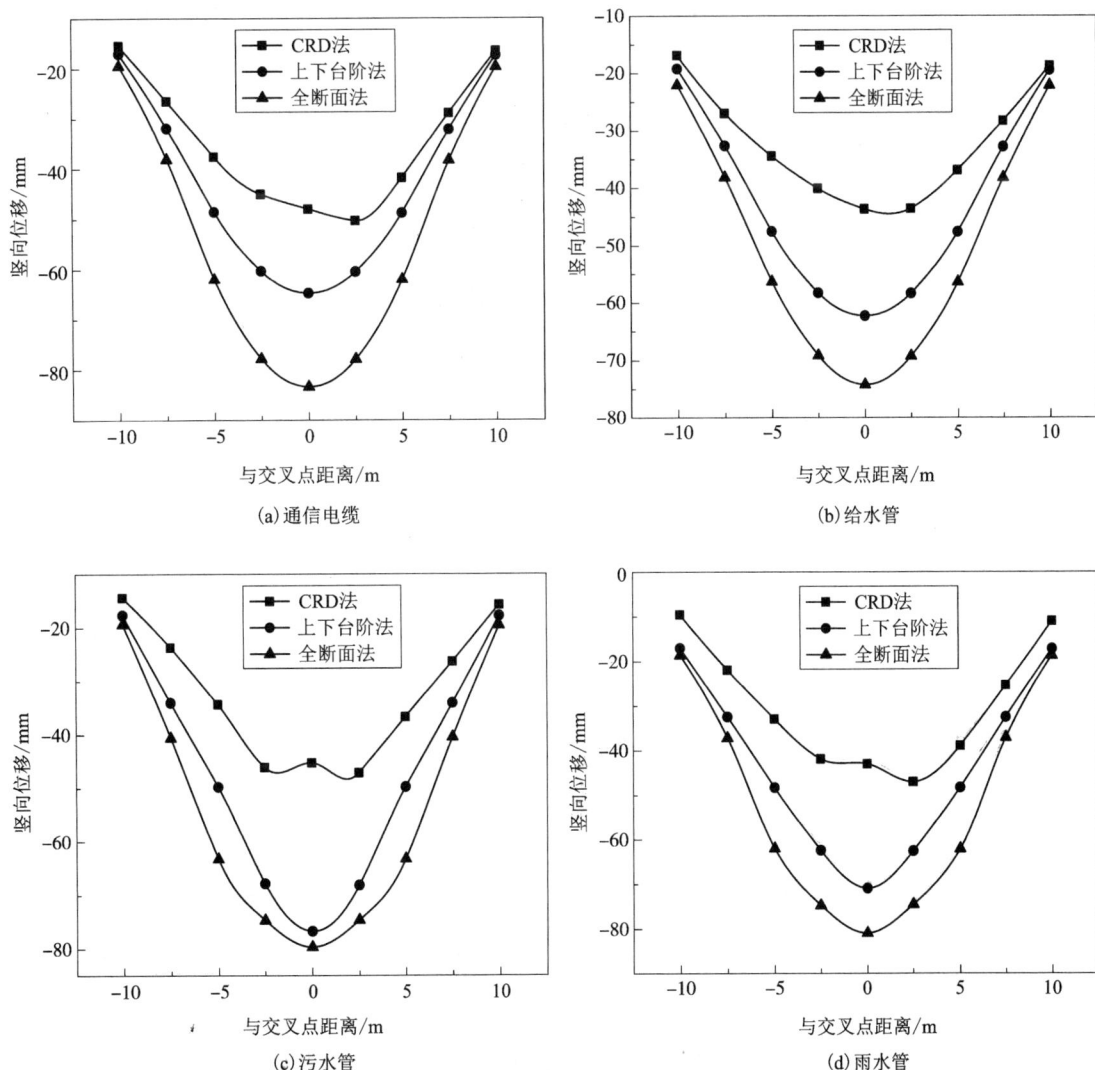

图 2-23　各管线的各特征点在不同施工工法下的竖向位移曲线图

分析图 2-23 可知：

（1）在暗挖通道以不同的工法（CRD 法、上下台阶法、全断面法）施工时，通信电缆各特征点中竖向位移最大值分别为 50.26 mm、64.71 mm、83.30 mm；给水管各特征点中竖向位移最大值分别为 43.64 mm、62.24 mm、74.21 mm；污水管各特征点中竖向位移最大值分别为 47.08 mm、76.67 mm、79.67 mm；雨水管各特征点中竖向位移最大值分别为 47.02 mm、62.55 mm、80.91 mm。

（2）在同一围岩参数、净距与交叉角度条件下，管线的竖向位移随工法对土体扰动的增大而增大。

2.5.3 密集管线最大主应力云图分析

图 2-24 为在地铁出入口通道以不同的工法（CRD 法、上下台阶法、全断面法）开挖完成后的密集管线最大主应力云图。

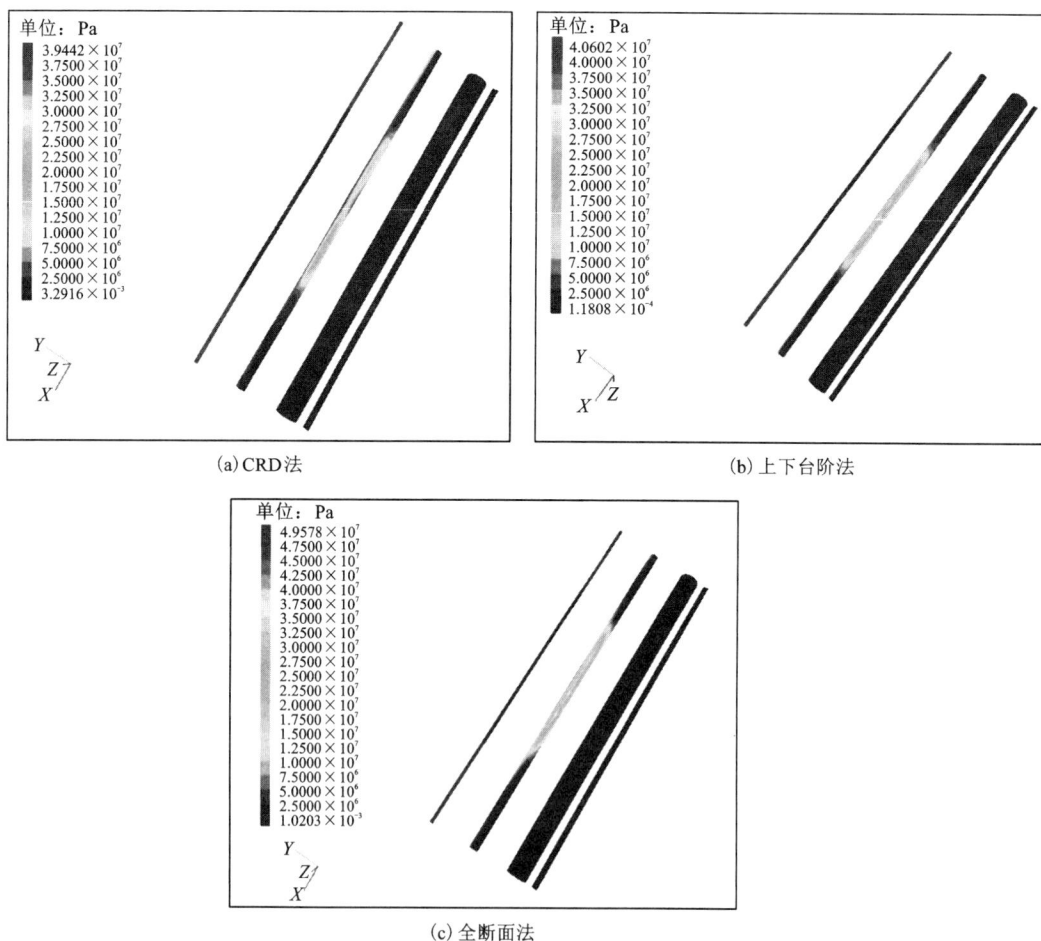

（a）CRD法

（b）上下台阶法

（c）全断面法

图 2-24 不同施工工法下各管线的最大主应力云图

分析图 2-24 所示密集管线的最大主应力云图可知，在密集管线中，材料为铸铁的给水管最大主应力数值最大，远远超过了材料为混凝土的污水管与雨水管，以及 PVC 材质的通信电缆。

在施工方法为对土体扰动最小的 CRD 法时，位于暗挖通道拱顶上方管线底部的最大主应力比其他部位高出许多，右上导洞上方所对应的管线底部的最大主应力比左上导洞上方所对应的管线底部的最大主应力大，可以看到管线左右两侧明显的应力值差异；在施工方法为扰动比 CRD 法更强的上下台阶法时，云图中穿越暗挖通道上方的管线底部能看出大部分有较大的最大主应力集中区域，管线左右两侧应力值基本无差异；在施工方法为扰动比上下台阶法更强的全断面法时，云图中穿越暗挖通道上方的管线底部能看出大部分有较大的最大主应力集中区域，管线左右两侧应力值基本无差异。

在施工方法为对土体扰动最小的 CRD 法时，密集管线底部最大主应力的较大区域位于右上导洞上部，其最大值约为 39.44 MPa；在施工方法为对土体扰动较大的上下台阶法时，密集管线底部最大主应力的较大区域位于整个暗挖通道上部，其最大值约为 40.60 MPa；在施工方法为对土体扰动最大的全断面法时，密集管线底部最大主应力的较大区域位于整个暗挖通道上部，其最大值约为 49.58 MPa。

2.5.4　各管线特征点最大主应力响应特征

图 2-25 为各管线的各特征点在地铁出入口通道以不同的工法（CRD 法、上下台阶法、全断面法）进行施工过程中的最大主应力曲线图。

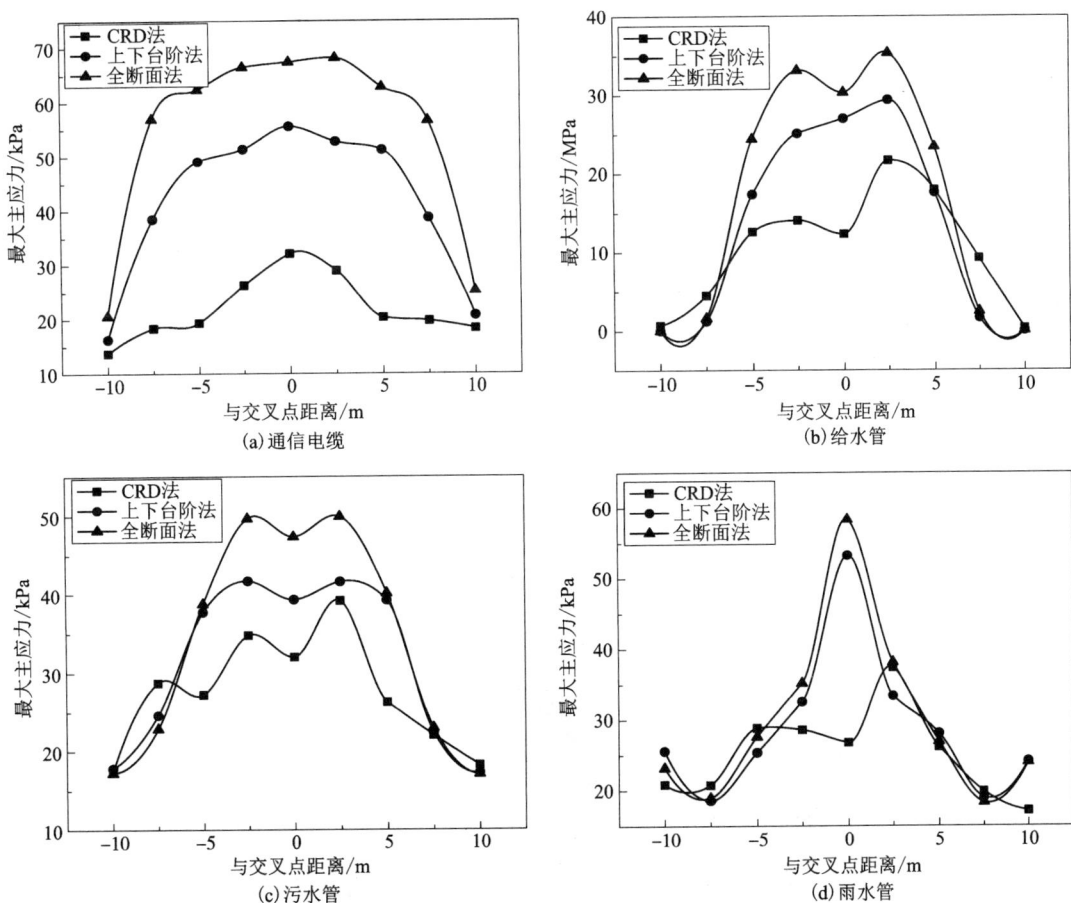

图 2-25　各管线的各特征点在不同施工工法下的最大主应力曲线图

分析图 2-25 可知：

（1）在暗挖通道以不同的工法（CRD 法、上下台阶法、全断面法）施工时，通信电缆各特征点中最大主应力最大值分别为 32.11 kPa、55.58 kPa、68.17 kPa；给水管各特征点最大主应力的最大值分别为 21.64 MPa、29.37 MPa、35.34 MPa；污水管各特征点最大主应力的最大值分别为 34.78 kPa、41.68 kPa、49.68 kPa；雨水管各特征点最大主应力的最大值分别为 37.41 kPa、53.25 kPa、58.34 kPa。

（2）在同一围岩参数、净距与交叉角度条件下，管线的最大主应力随工法对土体扰动的增大而增大。

2.5.5 密集管线最小主应力云图分析

图 2-26 为在地铁出入口通道以不同的工法（CRD 法、上下台阶法、全断面法）开挖完成后的密集管线最小主应力云图。

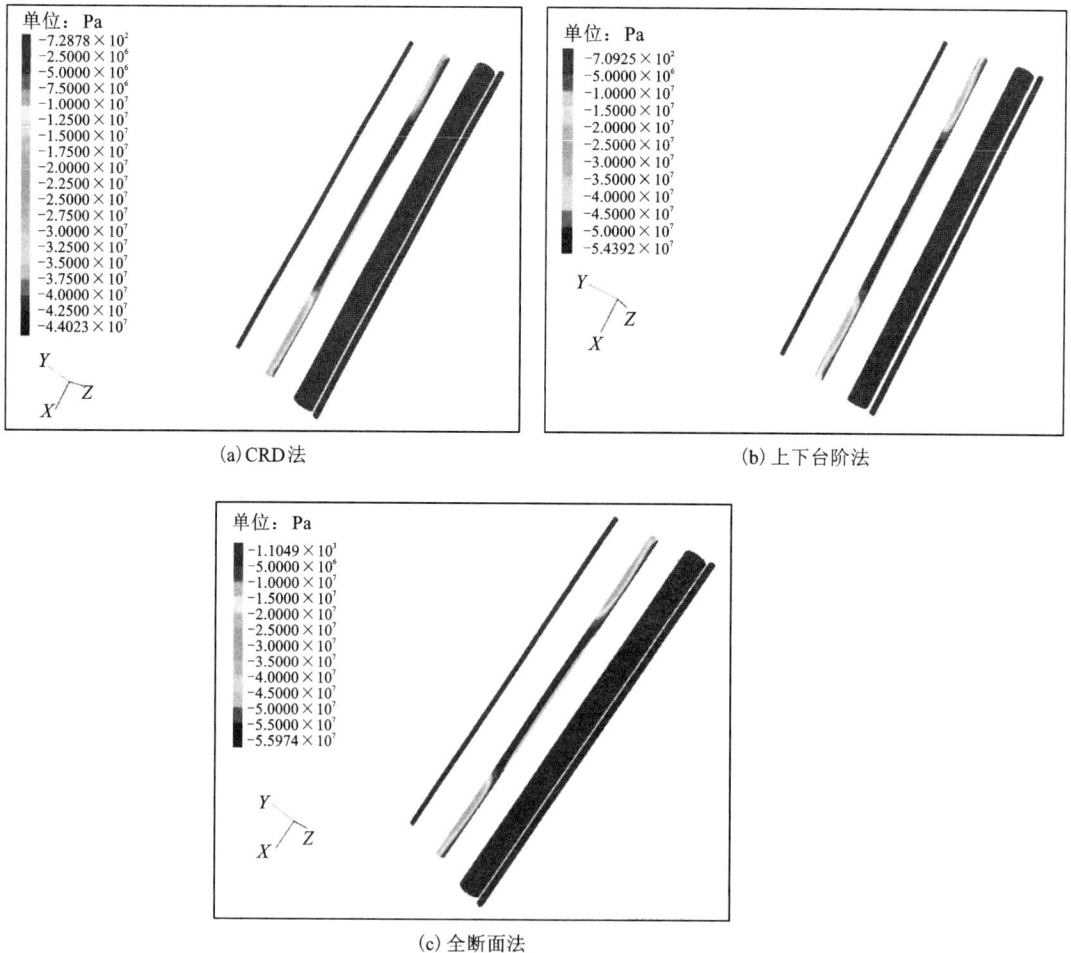

（a）CRD 法

（b）上下台阶法

（c）全断面法

图 2-26 不同施工工法下各管线的最小主应力云图

分析图 2-26 所示密集管线的最小主应力云图可知，在密集管线中，材料为铸铁的给水管最小主应力数值最大，远远超过了材料为混凝土的污水管与雨水管，以及 PVC 材质的通信电缆。在通道施工中，管线的破坏区域往往发生在其底部，因此，主要研究的是管线底部。对于铸铁材料的给水管，其刚性较大，在暗挖通道上方土体中管线底部的最小主应力小于未开挖处管线两侧底部的最小主应力，且管线顶部的最小主应力大于底部的最小主应力。

在施工方法为对土体扰动最小的 CRD 法时，密集管线最小主应力的最大绝对值约为 44.02 MPa；在施工方法为对土体扰动较大的上下台阶法时，密集管线最小主应力的最大绝对值约为 54.39 MPa；在施工方法为对土体扰动最大的全断面法时，密集管线最小主应力的最大绝对值约为 55.97 MPa。

2.5.6　各管线特征点最小主应力响应特征

图 2-27 为各管线的各特征点在地铁出入口通道以不同的工法（CRD 法、上下台阶法、全断面法）进行施工过程中的最小主应力曲线图。

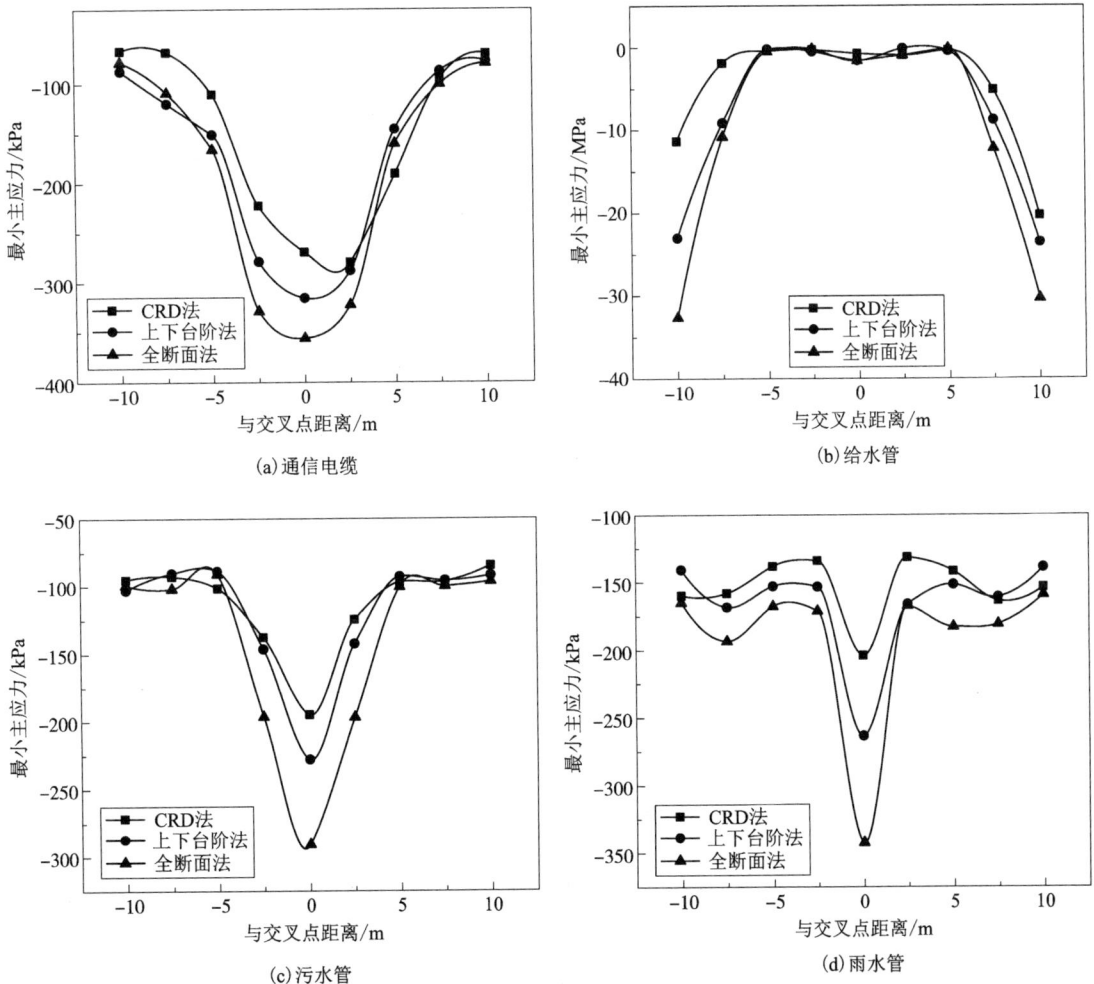

(a) 通信电缆

(b) 给水管

(c) 污水管

(d) 雨水管

图 2-27　各管线的各特征点在不同施工工法下的最小主应力曲线图

分析图 2-27 可知：

（1）在暗挖通道以不同的工法（CRD 法、上下台阶法、全断面法）施工时，通信电缆各特征点最小主应力的最绝对大值分别为 279.24 kPa、315.49 kPa、355.85 kPa；给水管各特征点最小主应力的最大绝对值分别为 20.28 MPa、23.56 MPa、32.64 MPa；污水管各特征点最小主应力的最大绝对值分别为 194.90 kPa、227.82 kPa、290.66 kPa；雨水管各特征点最小主应力的最大绝对值分别为 203.94 kPa、263.49 kPa、342.25 kPa。

（2）给水管的特征点最小主应力曲线与其他几种管线的最小主应力曲线的形式有所不同，给水管的材料为强度更大的铸铁，它对围岩的变形的抵抗效果大于其他强度较小的管线，同时造成其管线底部的最小主应力远小于其顶部区域和两侧未开挖区域。

（3）在同一围岩参数、净距与交叉角度条件下，管线的最小主应力随工法对土体扰动的增大而增大。

▶ 2.6 本章小结

通过建立多工况数值模型，考虑净距、交叉角度、围岩参数、施工工法等关键影响因素，研究地铁通道暗挖对近邻密集管线力学特性的影响，研究结果表明：

（1）当交叉角度固定为90°，位于围岩类型 1 中，以 CRD 法施工，各管线的竖向位移最大值都位于右上导洞上方所对应的管底，竖向位移、最大主应力及最小主应力均随净距的增大而减小。

（2）当净距为固定值时，位于围岩类型 1 中，以 CRD 法施工，各管线的竖向位移均随交叉角度的减小而增大；刚性管线的最大主应力随着交叉角度的增大而增大，柔性管线的最大主应力随着交叉角度的增大而减小（0°时除外）；管线的最小主应力随着管线与暗挖通道的交叉角度的减小而增大。

（3）当交叉角度为90°，净距为固定值时，以 CRD 法施工，各管线的竖向位移与最小主应力随着围岩参数的增强而减小；柔性管线最大主应力随围岩参数的增强而增大，刚性管线最大主应力随围岩参数的增强而减小。

（4）当交叉角度为90°，位于围岩类型 1，净距为固定值时，各管线的竖向位移、最大主应力与最小主应力随施工工法对土体扰动的增大而增大。

第 3 章

地铁通道暗挖对近邻密集管线的影响分区研究

本章基于多工况数值计算结果,采用多元非线性函数进行拟合,建立管线影响分区的计算方法,结合管线位移控制标准提出影响分区阈值。针对 CRD 法施工暗挖隧道的近邻密集管线进行影响分区的划分,提出主、被动控制措施,并通过工程实例分析验证采取主、被动控制措施可改变影响分区。

▶ 3.1 管线影响分区阈值的确定

在地铁通道暗挖近接施工的条件下,管线的最大主应力响应和最小主应力响应皆有规律可循,但考虑到实际工程中对最大主应力与最小主应力的监测获取极其困难,因此,本章只选取了管线的竖向位移响应值作为影响分区的划分的标准值。

管线的沉降因素与其自身的材质有关,根据《城市轨道交通工程监测技术规范》(GB 50911—2013)[57]与《给水排水工程管道结构设计规范》(GB 50332—2002)[102]等标准,确定了本书中不同材料、管径(边长)的管线竖向位移控制标准(表 3-1)。

表 3-1 管线竖向位移控制标准

管线类型	管线材质	管径(边长)/mm	竖向位移标准/mm	变化速率/(mm·d^{-1})
通信电缆	PVC	300	30	2
给水管	铸铁	800	10	1
污水管	混凝土	500	20	2
雨水管	混凝土	1500	20	2

影响分区的划分可参考工程监测预警等级的划分,要与工程所在城市的工程特点、施工经验等相适应,具体的预警等级可根据工程实际需要确定,一般取监测控制值的 70%、85% 和 100% 划分为三级[57]。目前北京市轨道交通工程监测预警体系较为成熟,其工程监测预警分级标准参见表 3-2。

表 3-2　北京市轨道交通工程监测预警分级标准

预警级别	预警状态描述
黄色预警	变形监测的绝对值和速率值双控指标均达到控制值的 70%；或双控指标之一达到控制值的 85%
橙色预警	变形监测的绝对值和速率值双控指标均达到控制值的 85%；或双控指标之一达到控制值
红色预警	变形监测的绝对值和速率值双控指标均达到控制值

分析 Peck[103] 沉降曲线特点，沉降槽横向分布图如图 3-1 所示，以曲线的反弯点和最大曲率点作为分界点，利用其经典沉降预估公式 $S = S_{max} e^{\left[-\frac{x^2}{2i^2}\right]}$ 可得出任意一点的沉降值与最大值的比值表达式 $\eta = e^{\left[-\frac{x^2}{2i^2}\right]}$，在反弯点得出 $\eta \approx 0.6$，在最大曲率点得出 $\eta \approx 0.2$。

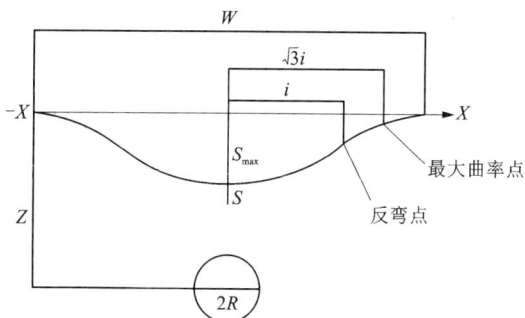

S—地面上任意一点的沉降值，mm；S_{max}—地面上沉降最大值，mm；
i—沉降槽宽度系数，m；Z—地面到隧道中心点的距离，m。

图 3-1　沉降槽横向分布图

结合上面的管线竖向位移控制标准、轨道交通工程监测预警分级标准、近邻影响度判断准则中的位移准则、Peck 沉降曲线分布特点与参考《城市轨道交通工程监测技术规范》（GB 50911—2013）中隧道影响分区的划分方法，提出地铁通道暗挖对近邻密集管线影响分区标准（表 3-3）。当管线的竖向位移未达到控制标准值的 20%，此时则为无影响区；当管线的竖向位移未达到控制标准值的 60%，此时则为弱影响区；当管线的竖向位移超过控制标准值的 60%，此时则为强影响区，管线影响分区图如图 3-2 所示。

表 3-3　基于位移准则的影响分区标准

管线类型	强影响区/mm	弱影响区/mm	无影响区/mm
通信电缆	$w \geq 18$	$6 \leq w \leq 18$	$w \leq 6$
给水管	$w \geq 6$	$2 \leq w \leq 6$	$w \leq 2$
污水管	$w \geq 12$	$4 \leq w \leq 12$	$w \leq 4$
雨水管	$w \geq 12$	$4 \leq w \leq 12$	$w \leq 4$

注：w 为沉降模宽度。

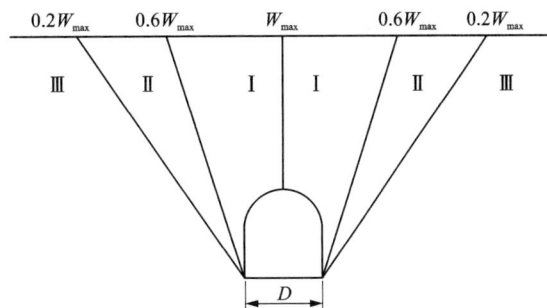

W_{max}—管线竖向位移控制标准值；D—隧道跨度；

Ⅰ—Ⅰ级影响区(强影响区)；Ⅱ—Ⅱ级影响区(弱影响区)；Ⅲ—Ⅲ级影响区(无影响区)。

图 3-2　管线影响分区图

▶ 3.2　各因素下管线竖向位移分析

在地铁车站出入口通道近邻暗挖施工作用下，管线的竖向位移响应可以视为一个与近接度 $A\left(A=\dfrac{H}{D}，即近接距离与通道跨度的比值\right)$、交叉角度 θ、围岩参数 λ 和施工工法 κ 的有关的多元非线性函数 $w_{(A,\theta,\lambda,\kappa)}$。为求出此函数，可以采用先求出单一影响因素的函数 $w_{(A)}$、$w_{(\theta)}$、$w_{(\lambda)}$ 与 $w_{(\kappa)}$，然后可以得到管线的竖向位移响应关于多个影响因素的多元非线性函数 $w_{(A,\theta,\lambda,\kappa)}$。各工况下各管线的竖向位移最大值见表 3-4。

表 3-4　各工况下各管线的竖向位移最大值

工况	计算条件		各管线竖向位移最大值/mm
1	密集管线与暗挖通道的净距	0.05D	49.50，47.43，55.29，53.61
2		0.1D	48.85，46.98，54.81，52.72
3		0.15D	47.45，46.08，53.92，51.28
4		0.2D	45.05，44.96，51.91，49.42
5	密集管线与暗挖通道的交叉角度	0°	52.33，47.92，50.67，48.22
6		30°	51.62，45.67，47.91，47.78
7		60°	50.84，45.46，47.14，47.37
8		90°	50.26，43.64，47.08，47.02
9	围岩参数	类型 1	50.26，43.64，47.08，47.02
10		类型 2	13.05，13.15，14.56，14.05
11		类型 3	5.63，5.67，5.96，5.58

续表3-4

工况	计算条件		各管线竖向位移最大值/mm
12		CRD 法	50.26, 43.64, 47.08, 47.02
13	施工工况	上下台阶法	64.71, 62.24, 76.67, 62.55
14		全断面法	83.30, 74.21, 79.67, 80.91

注：地铁车站出入口暗挖 D 为通道跨度 8.3 m；围岩参数比较：类型 1 < 类型 2 < 类型 3；竖向位移值从左到右依次为通信电缆、给水管、污水管、雨水管。

3.2.1 管线沉降值关于单因素分析

(1)管线竖向位移关于净距的函数拟合。

不同净距下密集管线各竖向位移最大值见表 3-4。此时密集管线与暗挖通道的交叉角度为 90°，围岩参数为类型 1，施工工法采用 CRD 法，管线竖向位移关于净距的条件函数为 $w_{(H, \theta=90°, \lambda=1, \kappa=\mathrm{CRD})}$。

①通信电缆竖向位移关于净距的函数拟合。

以非线性指数函数 $y = Ce^{bx} + y_0$ 为拟合函数，得到：

$$w_{电缆(A, \theta=90°, \lambda=1, \kappa=\mathrm{CRD})} = -0.46329e^{\frac{A}{0.08186}} + 50.37548 \tag{3-1}$$

式中：A 为近接度，$A = \dfrac{H}{D}$，即近接距离与通道跨度的比值。

图 3-3 为通信电缆竖向位移关于近接度的拟合曲线，其相关系数高达 0.99，代表拟合的精确程度极高。

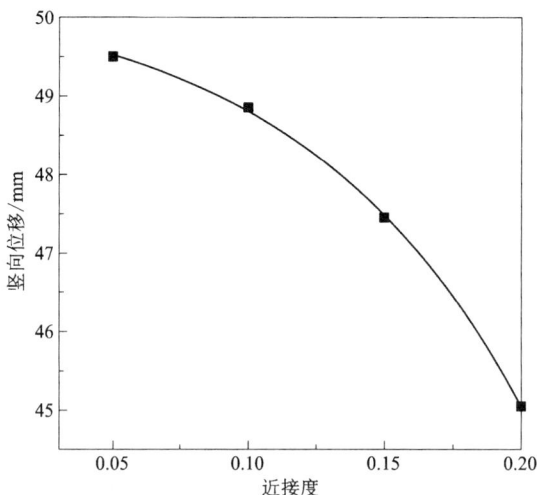

图 3-3 通信电缆竖向位移关于近接度的拟合曲线

②给水管竖向位移关于净距的函数拟合。

以非线性指数函数 $y = Ce^{bx} + y_0$ 为拟合函数，得到：

$$w_{给水(A, \theta=90°, \lambda=1, \kappa=CRD)} = -0.74749e^{\frac{A}{0.12688}} + 48.56405 \tag{3-2}$$

式中：A 为近接度，$A = \dfrac{H}{D}$，即近接距离与通道跨度的比值。

图 3-4 为给水管竖向位移关于近接度的拟合曲线，其相关系数高达 0.99，代表拟合的精确程度极高。

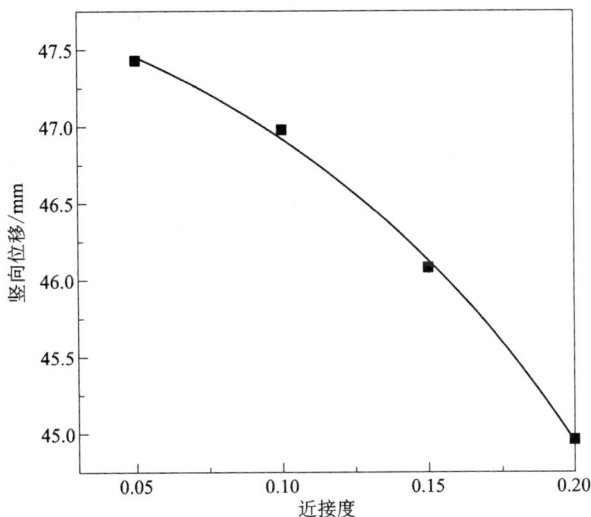

图 3-4　给水管竖向位移关于近接度的拟合曲线

③污水管竖向位移关于净距的函数拟合。

以非线性指数函数 $y = Ce^{bx} + y_0$ 为拟合函数，得到：

$$w_{污水(A, \theta=90°, \lambda=1, \kappa=CRD)} = -0.18182^{\frac{A}{0.06608}} + 55.66327 \tag{3-3}$$

式中：A 为近接度，$A = \dfrac{H}{D}$，即近接距离与通道跨度的比值。

图 3-5 为污水管竖向位移关于近接度的拟合曲线，其相关系数高达 0.99，代表拟合的精确程度极高。

④雨水管竖向位移关于净距的函数拟合。

以非线性指数函数 $y = Ce^{bx} + y_0$ 为拟合函数，得到：

$$w_{雨水(A, \theta=90°, \lambda=1, \kappa=CRD)} = -1.65333e^{\frac{A}{0.14523}} + 55.96293 \tag{3-4}$$

式中：A 为近接度，$A = \dfrac{H}{D}$，即近接距离与通道跨度的比值。

图 3-6 为雨水管竖向位移关于近接度的拟合曲线，其相关系数高达 0.99，代表拟合的精确程度极高。

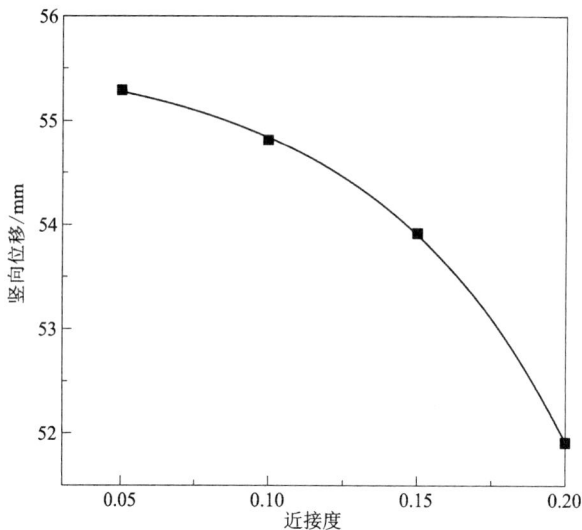

图 3-5　污水管竖向位移关于近接度的拟合曲线

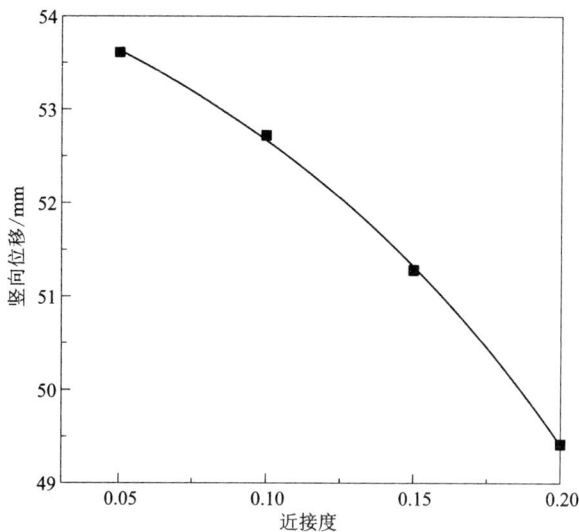

图 3-6　雨水管竖向位移关于近接度的拟合曲线

（2）管线竖向位移关于交叉角度的函数拟合。

不同交叉角度下密集管线各竖向位移最大值见表 3-4。此时密集管线与暗挖通道的净距按照实际工程中的距离考虑，围岩参数为类型 1，施工工法采用 CRD 法，管线竖向位移关于净距的条件函数为 $w_{(A=工程值,\ \theta,\ \lambda=1,\ \kappa=CRD)}$。

①通信电缆竖向位移关于交叉角度的函数拟合。

以非线性指数函数 $y = Ce^{bx} + y_0$ 为拟合函数，得到：

$$w_{电缆(A=0.222,\ \theta,\ \lambda=1,\ \kappa=CRD)} = 8.90349e^{\frac{\theta}{-334.99784}} + 43.43909 \tag{3-5}$$

式中：A 为近接度，$A = \dfrac{H}{D}$，即近接距离与通道跨度的比值。

图 3-7 为通信电缆竖向位移关于交叉角度的拟合曲线，其相关系数高达 0.99，代表拟合的精确程度极高。

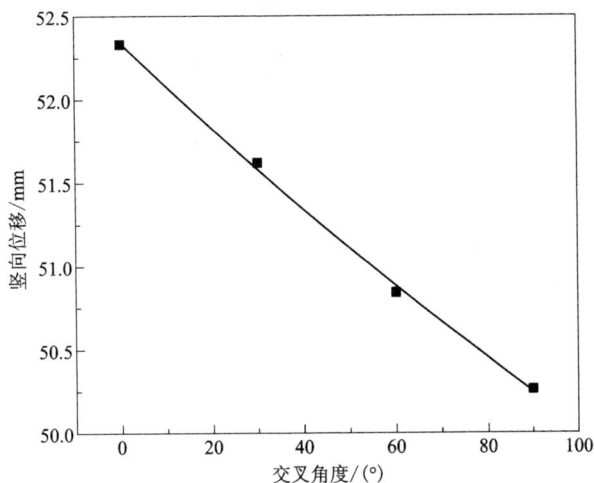

图 3-7　通信电缆竖向位移关于交叉角度的拟合曲线

②给水管竖向位移关于交叉角度的函数拟合。

以非线性指数函数 $y = Ce^{bx} + y_0$ 为拟合函数，得到：

$$w_{给水(A=0.218,\, \theta,\, \lambda=1,\, \kappa=\mathrm{CRD})} = 7.86682 e^{-\frac{\theta}{130.66749}} + 39.91231 \tag{3-6}$$

式中：A 为近接度，$A = \dfrac{H}{D}$，即近接距离与通道跨度的比值。

图 3-8 为给水管竖向位移关于交叉角度的拟合曲线，其相关系数高达 0.95，代表拟合的精确程度较高。

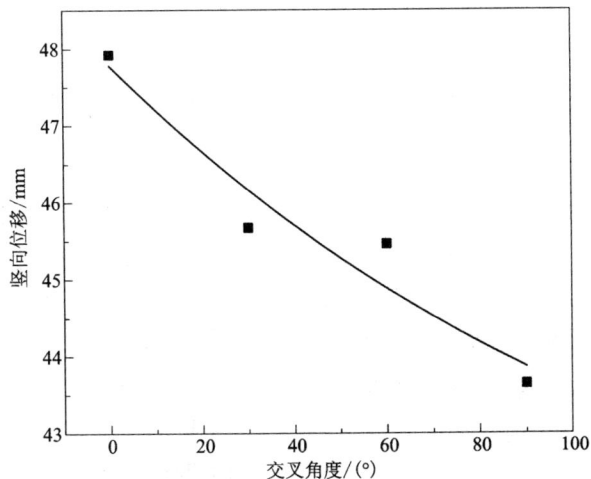

图 3-8　给水管竖向位移关于交叉角度的拟合曲线

③污水管竖向位移关于交叉角度的函数拟合。

以非线性指数函数 $y = Ce^{bx} + y_0$ 为拟合函数，得到：

$$w_{污水(A=0.148,\ \theta,\ \lambda=1,\ \kappa=\mathrm{CRD})} = 3.68977e^{-\frac{\theta}{21.3221}} + 46.98281 \qquad (3-7)$$

式中：A 为近接度，$A = \dfrac{H}{D}$，即近接距离与通道跨度的比值。

图 3-9 为污水管竖向位移关于交叉角度的拟合曲线，其相关系数高达 0.99，代表拟合的精确程度极高。

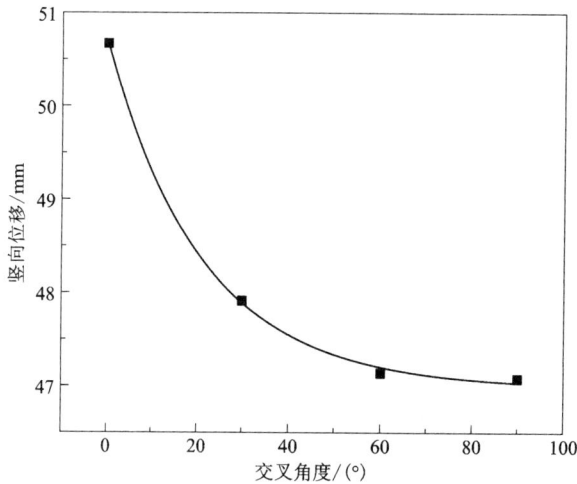

图 3-9 污水管竖向位移关于交叉角度的拟合曲线

④雨水管竖向位移关于交叉角度的函数拟合。

以非线性指数函数 $y = Ce^{bx} + y_0$ 为拟合函数，得到：

$$w_{雨水(A=0.087,\ \theta,\ \lambda=1,\ \kappa=\mathrm{CRD})} = 4.23538e^{-\frac{\theta}{269.22467}} + 43.98618 \qquad (3-8)$$

式中：A 为近接度，$A = \dfrac{H}{D}$，即近接距离与通道跨度的比值。

图 3-10 为雨水管竖向位移关于交叉角度的拟合曲线，其相关系数高达 0.99，代表拟合的精确程度极高。

（3）管线竖向位移关于围岩参数的函数拟合。

不同围岩参数下密集管线各竖向位移最大值见表 3-4。工况 8、工况 9 与工况 14 为同一种工况，此时密集管线与暗挖通道的净距按照实际工程中的距离考虑，密集管线与暗挖通道的交叉角度为 90°，施工工法采用 CRD 法，以围岩参数为类型 1 即工况 9 的管线竖向位移最大值为标准值，则可以得到管线竖向位移关于围岩参数的条件函数 $w_{(A=工程值,\ \theta=90°,\ \lambda_i,\ \kappa=\mathrm{CRD})}$。

①通信电缆竖向位移关于围岩参数的函数拟合：

$$w_{电缆(A=0.222,\ \theta=90°,\ \lambda_i,\ \kappa=\mathrm{CRD})} = \begin{cases} 1.0w_t, & i=1 \\ 0.26w_t, & i=2 \\ 0.112w_t, & i=3 \end{cases} \qquad (3-9)$$

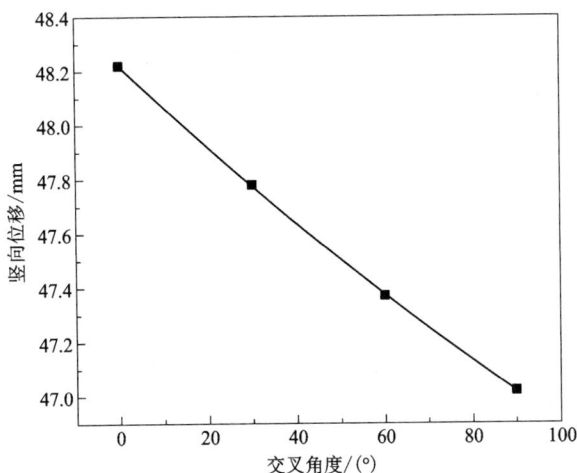

图 3-10　雨水管竖向位移关于交叉角度的拟合曲线

式中：w_t 为工况 9 中的通信电缆竖向位移值，$w_t = 50.26$ mm；$i = 1, 2, 3$ 分别表示围岩参数为类型 1，类型 2，类型 3；A 为近接度，$A = \dfrac{H}{D}$，即近接距离与通道跨度的比值。

　　②给水管竖向位移关于围岩参数的函数拟合：

$$w_{给水(A=0.218, \theta=90°, \lambda_i, \kappa=CRD)} = \begin{cases} 1.0w_t, & i=1 \\ 0.301w_t, & i=2 \\ 0.130w_t, & i=3 \end{cases} \quad (3-10)$$

式中：w_t 为工况 9 中的给水管竖向位移值，$w_t = 43.64$ mm；$i = 1, 2, 3$ 分别表示围岩参数为类型 1，类型 2，类型 3；A 为近接度，$A = \dfrac{H}{D}$，即近接距离与通道跨度的比值。

　　③污水管竖向位移关于围岩参数的函数拟合：

$$w_{污水(A=0.148, \theta=90°, \lambda_i, \kappa=CRD)} = \begin{cases} 1.0w_t, & i=1 \\ 0.309w_t, & i=2 \\ 0.126w_t, & i=3 \end{cases} \quad (3-11)$$

式中：w_t 为工况 9 中的污水管竖向位移值，$w_t = 47.08$ mm；$i = 1, 2, 3$ 分别表示围岩参数为类型 1，类型 2，类型 3；A 为近接度，$A = \dfrac{H}{D}$，即近接距离与通道跨度的比值。

　　④雨水管竖向位移关于围岩参数的函数拟合：

$$w_{雨水(A=0.087, \theta=90°, \lambda_i, \kappa=CRD)} = \begin{cases} 1.0w_t, & i=1 \\ 0.299w_t, & i=2 \\ 0.119w_t, & i=3 \end{cases} \quad (3-12)$$

式中：w_t 为工况 9 中的雨水管竖向位移值，$w_t = 47.02$ mm；$i = 1, 2, 3$ 分别表示围岩参数为类型 1，类型 2，类型 3；A 为近接度，$A = \dfrac{H}{D}$，即近接距离与通道跨度的比值。

（4）管线竖向位移关于施工工法的函数拟合。

地铁通道暗挖不同施工工法下密集管线各竖向位移最大值见表3-4。此时密集管线与暗挖通道的净距按照实际工程中的距离考虑，密集管线与暗挖通道的交叉角度为90°，围岩参数为最弱围岩类型1，以施工工法采用CRD法（即工况9）的管线竖向位移最大值为标准值，则可以得到管线竖向位移关于施工工法的条件函数 $w_{(A=\text{工程值},\theta=90°,\lambda=1,\kappa_i)}$。

①通信电缆竖向位移关于施工工法的函数拟合：

$$w_{\text{电缆}(A=0.222,\theta=90°,\lambda=1,\kappa_i)}=\begin{cases}1.0w_t, & i=1\\1.288w_t, & i=2\\1.657w_t, & i=3\end{cases}\tag{3-13}$$

式中：w_t 为工况9中的通信电缆竖向位移值，$w_t=50.26$ mm；$i=1,2,3$分别表示地铁车站出入口通道的施工工法为CRD法、上下台阶法、全断面法。

②给水管竖向位移关于施工工法的函数拟合：

$$w_{\text{给水}(A=0.218,\theta=90°,\lambda=1,\kappa_i)}=\begin{cases}1.0w_t, & i=1\\1.426w_t, & i=2\\1.701w_t, & i=3\end{cases}\tag{3-14}$$

式中：w_t 为工况9中的给水管竖向位移值，$w_t=43.64$ mm；$i=1,2,3$分别表示地铁车站出入口通道的施工工法为CRD法、上下台阶法、全断面法。

③污水管竖向位移关于施工工法的函数拟合：

$$w_{\text{污水}(A=0.148,\theta=90°,\lambda=1,\kappa_i)}=\begin{cases}1.0w_t, & i=1\\1.623w_t, & i=2\\1.692w_t, & i=3\end{cases}\tag{3-15}$$

式中：w_t 为工况9中的污水管竖向位移值，$w_t=47.08$ mm；$i=1,2,3$分别表示地铁车站出入口通道的施工工法为CRD法、上下台阶法、全断面法。

④雨水管竖向位移关于施工工法的函数拟合：

$$w_{\text{雨水}(A=0.087,\theta=90°,\lambda=1,\kappa_i)}=\begin{cases}1.0w_t, & i=1\\1.33w_t, & i=2\\1.721w_t, & i=3\end{cases}\tag{3-16}$$

式中：w_t 为工况9中的雨水管竖向位移值，$w_t=47.02$ mm；$i=1,2,3$分别表示地铁车站出入口通道的施工工法为CRD法、上下台阶法、全断面法。

3.2.2　管线竖向位移关于多因素分析

（1）各管线拟合函数转化。

上一小节分别求出了密集管线中各管线关于不同影响因素的拟合函数，其中管线竖向位移关于围岩参数与施工工法的拟合曲线采用的是工况9，即密集管线与暗挖通道的净距按照实际工程中的距离考虑，密集管线与暗挖通道的交叉角度为90°，围岩参数为最弱围岩类型1，以施工工法采用CRD法时的竖向位移值为标准值进行函数拟合。后续为了得出管线竖向位移关于多因素的拟合函数，现将各管线竖向位移关于净距与交叉角度的拟合函数转化为标准工况（工况9）的竖向位移值为固定参数的函数。

①通信电缆竖向位移关于净距与交叉角度的拟合函数转化后的函数分别为：

$$w_{电缆(A, \theta=90°, \lambda=1, \kappa=CRD)} = (-0.00922e^{\frac{A}{0.08186}} + 1.0023) \times w_t \tag{3-17}$$

式中：w_t 为工况 9 中的通信电缆竖向位移值，$w_t = 50.26$ mm；A 为近接度，$A = \dfrac{H}{D}$，即近接距离与通道跨度的比值。

$$w_{电缆(A=0.222, \theta, \lambda=1, \kappa=CRD)} = (0.17715e^{\frac{\theta}{-334.99784}} + 0.86429) \times w_t \tag{3-18}$$

式中：w_t 为工况 9 中的通信电缆竖向位移值，$w_t = 50.26$ mm。

②给水管竖向位移关于净距与交叉角度的拟合函数转化后的函数分别为：

$$w_{给水(A, \theta=90°, \lambda=1, \kappa=CRD)} = (-0.01713e^{\frac{A}{0.12688}} + 1.11283) \times w_t \tag{3-19}$$

式中：w_t 为工况 9 中的给水管竖向位移值，$w_t = 43.64$ mm。

$$w_{给水(A=0.218, \theta, \lambda=1, \kappa=CRD)} = (0.18027e^{\frac{\theta}{-130.66749}} + 0.91458) \times w_t \tag{3-20}$$

式中：w_t 为工况 9 中的给水管竖向位移值，$w_t = 43.64$ mm。

③污水管竖向位移关于净距与交叉角度的拟合函数转化后的函数分别为：

$$w_{污水(A, \theta=90°, \lambda=1, \kappa=CRD)} = (-0.00386e^{\frac{A}{0.06608}} + 1.18231) \times w_t \tag{3-21}$$

式中：w_t 为工况 9 中的污水管竖向位移值，$w_t = 47.08$ mm。

$$w_{污水(A=0.148, \theta, \lambda=1, \kappa=CRD)} = (0.07837e^{\frac{\theta}{-21.3221}} + 0.99794) \times w_t \tag{3-22}$$

式中：w_t 为工况 9 中的污水管竖向位移值，$w_t = 47.08$ mm。

④雨水管竖向位移关于净距与交叉角度的拟合函数转化后函数的函数分别为：

$$w_{雨水(A, \theta=90°, \lambda=1, \kappa=CRD)} = (-0.03516e^{\frac{A}{0.14523}} + 1.19019) \times w_t \tag{3-23}$$

式中：w_t 为工况 9 中的雨水管竖向位移值，$w_t = 47.02$ mm。

$$w_{雨水(A=0.087, \theta, \lambda=1, \kappa=CRD)} = (0.09008e^{\frac{\theta}{-269.22467}} + 0.93548) \times w_t \tag{3-24}$$

式中：w_t 为工况 9 中的雨水管竖向位移值，$w_t = 47.02$ mm。

（2）各管线多因素拟合函数。

将前面各管线竖向位移单因素转化后的拟合函数分别与前面关于围岩参数和施工工法的系数相乘，则得到管线竖向位移关于多因素的拟合函数。

①通信电缆竖向位移关于多因素的拟合函数：

$$w_{电缆(A, \theta, \lambda, \kappa)} = \lambda_i \kappa_j (-0.00922e^{\frac{A}{0.08186}} + 1.0023)(0.17715e^{\frac{\theta}{-334.99784}} + 0.86429) \times w_t \tag{3-25}$$

式中：w_t 为工况 9 中的通信电缆竖向位移值，$w_t = 50.26$ mm；A 为近接度，$A = \dfrac{H}{D}$，即近接距离与通道跨度的比值；θ 为管线与暗挖通道交叉角度；λ_i 为围岩参数，$i = 1, 2, 3$ 分别表示围岩参数为类型 1，类型 2，类型 3，$\lambda_1 = 1.0$，$\lambda_2 = 0.26$，$\lambda_3 = 0.112$；κ_j 为施工工法，$j = 1, 2, 3$ 分别表示地铁车站出入口通道的施工工法为 CRD 法，上下台阶法，全断面法，$\kappa_1 = 1.0$，$\kappa_2 = 1.288$，$\kappa_3 = 1.657$。

②给水管竖向位移关于多因素的拟合函数：

$$w_{给水(A, \theta, \lambda, \kappa)} = \lambda_i \kappa_j (-0.01713e^{\frac{A}{0.12688}} + 1.11283)(0.18027e^{\frac{\theta}{-130.66749}} + 0.91458) \times w_t \tag{3-26}$$

式中：w_t 为工况 9 中的给水管竖向位移值，$w_t = 43.64$ mm；A 为近接度，$A = \dfrac{H}{D}$，即近接距离与通道跨度的比值；θ 为管线与暗挖通道交叉角度；λ_i 为围岩参数，$i = 1, 2, 3$ 分别表示围岩参数为类型 1，类型 2，类型 3，$\lambda_1 = 1.0$，$\lambda_2 = 0.301$，$\lambda_3 = 0.13$；κ_j 为施工工法，$j = 1, 2, 3$ 分别表示地铁车站出入口通道的施工工法为 CRD 法、上下台阶法、全断面法，$\kappa_1 = 1.0$，$\kappa_2 = 1.426$，$\kappa_3 = 1.701$。

③污水管竖向位移关于多因素的拟合函数：

$$w_{污水(A, \theta, \lambda, \kappa)} = \lambda_i \kappa_j (-0.00386 e^{\frac{A}{0.06608}} + 1.18231)(0.07837 e^{\frac{\theta}{-21.3221}} + 0.99855) \times w_t \quad (3-27)$$

式中：w_t 为工况 9 中的污水管竖向位移值，$w_t = 47.08$ mm；A 为近接度，$A = \dfrac{H}{D}$，即近接距离与通道跨度的比值；θ 为管线与暗挖通道交叉角度；λ_i 为围岩参数，$i = 1, 2, 3$ 分别表示围岩参数为类型 1，类型 2，类型 3，$\lambda_1 = 1.0$，$\lambda_2 = 0.309$，$\lambda_3 = 0.126$；κ_j 为施工工法，$j = 1, 2, 3$ 分别表示地铁车站出入口通道的施工工法为 CRD 法、上下台阶法、全断面法，$\kappa_1 = 1.0$，$\kappa_2 = 1.623$，$\kappa_3 = 1.692$。

④雨水管竖向位移关于多因素的拟合函数：

$$w_{雨水(A, \theta, \lambda, \kappa)} = \lambda_i \kappa_j (-0.03516 e^{\frac{A}{0.14523}} + 1.19019)(0.09008 e^{\frac{\theta}{-269.22467}} + 0.93548) \times w_t \quad (3-28)$$

式中：w_t 为工况 9 中的雨水管竖向位移值，$w_t = 47.02$ mm；A 为近接度，$A = \dfrac{H}{D}$，即近接距离与通道跨度的比值；θ 为管线与暗挖通道交叉角度；λ_i 为围岩参数，$i = 1, 2, 3$ 分别表示围岩参数为类型 1，类型 2，类型 3，$\lambda_1 = 1.0$，$\lambda_2 = 0.299$，$\lambda_3 = 0.119$；κ_j 为施工工法，$j = 1, 2, 3$ 分别表示地铁车站出入口通道的施工工法为 CRD 法、上下台阶法、全断面法，$\kappa_1 = 1.0$，$\kappa_2 = 1.33$，$\kappa_3 = 1.721$。

▶ 3.3 地铁通道暗挖对近邻密集管线的影响分区划分

密集管线在地铁通道暗挖时的竖向位移响应基于管线竖向位移控制标准与近邻影响度判断准则中的位移准则分区标准见表 3-3，地铁车站出入口通道暗挖影响下各管线的竖向位移响应值关于多个影响因素的拟合函数见式(3-25)~式(3-28)。

若已知某暗挖通道(隧道)工程采用 CRD 法施工且已知其他的影响因子的设计值，将其代入拟合函数式(3-25)~式(3-28)，得到上部土体中的管线竖向位移响应值，根据表 3-3 进行影响分区的划分。

在地铁隧道工程建设中，因其建设场地的特殊性，施工工法优先考虑对土体扰动较小的 CRD 法，参照影响分区方法就可以得到在施工工法与围岩参数不变的情况下，通道(隧道)暗挖对管线影响的强弱随交叉角度与近接度变化的二维影响分区。表 3-5~表 3-8 分别为通信电缆、给水管、污水管、雨水管在同种施工工法下其他因素(围岩参数、交叉角度)不同的影响分区表。

(1)通信电缆影响分区划分。

通信电缆在暗挖通道以 CRD 法施工时的影响分区划分见表3-5。

表3-5　通信电缆在暗挖通道以 CRD 法施工时的影响分区划分

施工工法	围岩参数	交叉角度/(°)	近接度(A)		
			强影响区	弱影响区	无影响区
CRD 法	类型1	0~30	$A<0.37$	$0.37 \leqslant A \leqslant 0.38$	$A>0.38$
		30~60	$A<0.35$	$0.35 \leqslant A \leqslant 0.38$	$A>0.38$
		60~90	$A<0.35$	$0.35 \leqslant A \leqslant 0.38$	$A>0.38$
	类型2	0~30	—	$A<0.34$	$A>0.34$
		30~60	—	$A<0.34$	$A>0.34$
		60~90	—	$A<0.36$	$A>0.36$
	类型3	0~30	—	—	$A>0$
		30~60	—	—	$A>0$
		60~90	—	—	$A>0$

(2)给水管影响分区划分。

给水管在暗挖通道以 CRD 法施工时的影响分区划分见表3-6。

表3-6　给水管在暗挖通道以 CRD 法施工时的影响分区划分

施工工法	围岩参数	交叉角度/(°)	近接度(A)		
			强影响区	弱影响区	无影响区
CRD 法	类型1	0~30	$A<0.52$	$0.52 \leqslant A \leqslant 0.53$	$A>0.53$
		30~60	$A<0.52$	$0.52 \leqslant A \leqslant 0.53$	$A>0.53$
		60~90	$A<0.52$	$0.52 \leqslant A \leqslant 0.53$	$A>0.53$
	类型2	0~30	$A<0.47$	$0.47 \leqslant A \leqslant 0.52$	$A>0.52$
		30~60	$A<0.47$	$0.47 \leqslant A \leqslant 0.53$	$A>0.53$
		60~90	$A<0.47$	$0.47 \leqslant A \leqslant 0.52$	$A>0.52$
	类型3	0~30	$A<0.28$	$0.28 \leqslant A \leqslant 0.49$	$A>0.49$
		30~60	$A<0.24$	$0.24 \leqslant A \leqslant 0.49$	$A>0.49$
		60~90	$A<0.21$	$0.21 \leqslant A \leqslant 0.49$	$A>0.49$

（3）污水管影响分区划分。

污水管在暗挖通道以 CRD 法施工时的影响分区划分见表 3-7。

表 3-7　污水管在暗挖通道以 CRD 法施工时的影响分区划分

施工工法	围岩参数	交叉角度 /(°)	近接度(A)		
			强影响区	弱影响区	无影响区
CRD 法	类型 1	0~30	A<0.37	0.37≤A≤0.38	A>0.38
		30~60	A<0.37	0.37≤A≤0.38	A>0.38
		60~90	A<0.37	0.37≤A≤0.38	A>0.38
	类型 2	0~30	A<0.31	0.31≤A≤0.37	A>0.37
		30~60	A<0.31	0.31≤A≤0.37	A>0.37
		60~90	A<0.31	0.31≤A≤0.37	A>0.37
	类型 3	0~30	—	A<0.33	A>0.33
		30~60	—	A<0.33	A>0.33
		60~90	—	A<0.33	A>0.33

（4）雨水管影响分区划分。

雨水管在暗挖通道以 CRD 法施工时的影响分区划分见表 3-8。

表 3-8　雨水管在暗挖通道以 CRD 法施工时的影响分区划分

施工工法	围岩参数	交叉角度 /(°)	近接度(A)		
			强影响区	弱影响区	无影响区
CRD 法	类型 1	0~30	A<0.48	0.48≤A≤0.51	A>0.51
		30~60	A<0.48	0.48≤A≤0.51	A>0.51
		60~90	A<0.48	0.48≤A≤0.51	A>0.51
	类型 2	0~30	A<0.34	0.34≤A≤0.48	A>0.48
		30~60	A<0.34	0.34≤A≤0.48	A>0.48
		60~90	A<0.34	0.34≤A≤0.48	A>0.48
	类型 3	0~30	—	A<0.39	A>0.39
		30~60	—	A<0.39	A>0.39
		60~90	—	A<0.39	A>0.39

由上面 4 个影响分区表可以得出：

①采用 CRD 法施工，作为柔性材质的通信电缆的强影响区与弱影响区范围，均比刚性材质的其他管线小。

②密集管线在围岩类型都为参数 1 时，同时存在强影响区、弱影响区与无影响区；密集管线在围岩参数都为类型 2 时，给水管、污水管和雨水管存在强影响区、弱影响区与无影响区，而通信电缆只存在弱影响区与无影响区；密集管线在围岩参数都为类型 3 时，给水管仍然存在强影响区、弱影响区与无影响区，污水管与雨水管存在弱影响区与无影响区，而通信电缆只存在无影响区。

③在同为 CRD 法施工且围岩参数都为类型 1 的条件下，交叉角度在 0°至 90°之间变化时，只有通信电缆的强影响区分别减少了 0.02D；给水管、污水管和雨水管的影响分区几乎没有改变。

④密集管线各管线在交叉角度为 0°~90°时，围岩参数由类型 1 到类型 3，随着围岩参数的提高，各管线的强影响区减少或消失，当围岩参数为类型 3 时，大部分管线的强影响区都消失，由此可知近接距离后，通道暗挖影响密集管线竖向位移响应最大的因素为围岩参数，然后是引起围岩扰动大小的施工工法，最后为交叉角度。

▶ 3.4　密集管线影响分区的控制措施

上一节已经对地铁通道暗挖近邻对密集管线的影响分区进行了划分，根据分区标准与对策（表 3-9）需要对管线不同影响分区综合考虑控制措施。

表 3-9　分区标准与对策

影响分区	特征	对策
强影响区	新建工程对既有构筑物影响较强，通常产生危害	施工方法采取措施，既有构筑物也采取相应措施，加强量测管理
弱影响区	新建工程对既有构筑物有影响，但通常不会产生危害，但需注意	以施工方法采取措施为主，根据既有构筑物的强度、变形量容许值进行判断，进行量测管理
无影响区	一般不用考虑新建工程对既有构筑物的影响	一般可不用采取措施

城市地下遍布着各种管网，其功能、材质、尺寸、安全性等各有异同，且与人们的日常生活乃至生命财产安全息息相关。在工程建设过程中，必须确保通信电缆、给水、污水等重要市政管线的正常使用。因此，我们在建设施工或日常管理运营中要保证管线的安全，采取相应的安全保障措施，使管线能正常使用。地下管线的强影响区与弱影响区保护措施可以分为两大类：第一类是主动措施，第二类则是被动措施。

（1）主动措施。

主动措施为在进行开挖时，选用合理的施工工法、施工顺序、开挖进尺和支护方式等有效措施来减小工程建设过程对围岩的扰动作用。

城市地铁车站工程建设中的通道常常采用浅埋暗挖法，而浅埋暗挖法的开挖方法又分

CRD 法、上下台阶法和全断面法等。根据研究人员与从业者们大量的研究资料与工程实践可以得出，对土体的扰动作用由小到大分别是 CRD 法、上下台阶法和全断面法，而施工工序的难易程度与造价成本排序由高到低也是如此。

通道的开挖进尺大小对围岩的扰动影响较大，开挖进尺越小，围岩扰动就越小，引起管线的位移响应就越小。

通道采取的支护方式也是一个可以决定对围岩扰动影响大小的重要因素。常用的支护方式有超前小导管注浆支护、大管棚注浆支护、初期支护背后注浆、二次支护背后注浆和增设的各种临时支护结构等。采用各种支护方式组合成为一个较强的支护体系共同承担围岩压力，可使围岩的变形速率减缓、变形量减小，以保障土中的管线安全。

地下管线中给水管、污水管和雨水管等含水管线较多，管线渗漏导致围岩参数变小，而后可能导致管线下部土体位移响应变大，甚至发生暗挖通道塌陷等事故。因此，对待此类管线，一定要注意加强支护，做好应对措施，注意防水排水设施保障。

对存在较大强影响区的管线，我们可以对通道的开挖方式做出调整，选择扰动较小的施工工法、更短的开挖进尺及更强的支护措施。此外，在施工期间还要加强管线及暗挖通道的监测，以确保工程顺利进行和管线正常使用。

（2）被动措施。

被动措施为通过在地表或者地层使用某些方法后，让管线及其周围的土体强度升高，抗变形能力增大。在地铁工程建设中，针对管线的被动措施通常有以下几种。

①改迁法：将工程中风险预估较大的管线暂时或者永久改迁。

②衬管法：在输送液体的管道内部加衬一条塑料管道。

③隔离法：顾名思义就是把管线从扰动影响区域隔离开来的一种方法。隔离法具体可以分为两种：施加隔离桩墙与挖空管线周围土体。若管线埋深较大，又与隧道距离较近，施工影响较大，处于强影响区时，可以用钢板桩、混凝土搅拌桩等设施将其从扰动影响区域隔离开来；若管线埋深较浅，综合考虑周边环境因素将管线周围土体挖去可达到卸载和减小变形的目的。

④支撑法：通常是在使用隔离法将管线周围土体挖去后，对悬空的管线可以考虑增加临时支撑设施。

⑤悬吊法：通常是在使用隔离法将管线周围土体挖去后，对不能够使用刚性支撑的管线，可以用吊索来作为管线的支撑。

⑥卸载法：对于管线上部的土体，可以在隧道工程施工之前挖去一部分，减小管线的变形。

⑦注浆加固法：通过在地表注浆或者洞内注浆两种方法，使围岩的强度提高、承载力增加以达到减小管线变形的目的，确保其安全。

对于位于较强影响区的管线，我们可以采用隔离法、支撑法、卸载法和注浆加固法等，其中注浆加固法应用最为广泛。

3.5　工程应用分析

在南昌地铁 3 号线邓埠站 1 号出入口暗挖工程中，以粉质黏土层为主的暗挖通道上方填土层中存在 1 条 DN500 混凝土污水管埋深 3.55 m，1 条 DN1500 混凝土雨水管埋深 3.27 m，1 条 DN800 铸铁给水管埋深 2.5 m，1 条 300 mm×300 mm 的 PVC 9 孔弱电管沟(通信电缆)埋深 2.38 m。暗挖通道覆土厚约为 4.275 m，密集管线与暗挖通道的拱顶最近距离仅为 0.725 m，施工难度较大。

由表 3-5 ~ 表 3-8，围岩参数综合考虑为类型 1，交叉角度为 90°，施工工法为 CRD 法，得到：通信电缆的强影响区为 $A<0.37$，而其实际近接度 $A=0.222$；给水管的强影响区为 $A<0.52$，而其实际近接度 $A=0.218$；污水管的强影响区为 $A<0.37$，而其实际近接度 $A=0.148$；雨水管的强影响区为 $A<0.48$，而其实际近接度 $A=0.087$。由此可知，密集管线均处于强影响区之内，必须采取对策以保障管线安全。

3.5.1　工程中采取的措施

为了保障施工与管线安全，于实际工程中采取的措施如下。

(1)主动措施。

①组织专门的管线调查小组，专门负责管线的排摸、调查和协调工作，避免错漏；

②采用的注浆加固措施：超前小导管注浆加固、大管棚注浆加固、WSS 注浆加固网；

③通道的开挖方式采用的是扰动最小的 CRD 法，严格控制开挖进尺为 0.5 m，各导洞开步距为 4 m；

④开挖后及时安装钢拱架使其封闭成环，并及时进行混凝土喷射；

⑤初期支护与二次衬砌背后回填注浆。

(2)被动措施

为了确保密集管线的安全使用，采用了以水泥-水玻璃双液浆为主的袖阀管地面注浆加固，加固范围如图 3-11 所示。

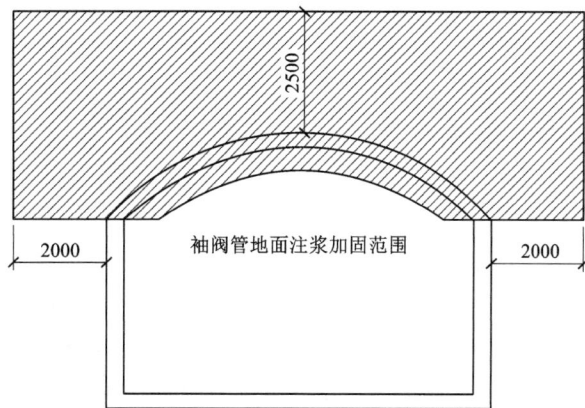

图 3-11　袖阀管地面注浆加固范围示意图(单位：mm)

注浆加固措施参数见表 3-10。

表 3-10　注浆加固措施参数

注浆类型	注浆材料	浆液类型	水灰比	压力/MPa	范围
小导管注浆	φ42 无缝钢管	超细水泥浆	0.6:1~1:1	0.6~1.0	开挖线轮廓外 0.1 m
大管棚注浆	φ200 无缝钢管	超细水泥浆	0.6:1~1:1	0.6~1.0	开挖线轮廓外 0.2 m
WSS 注浆网	二重管	超细水泥浆+水玻璃+化学浆液	1:1.5~1:1	1.0~2.0	开挖线外拱及两侧 2 m 内
袖阀管注浆	φ76 袖阀管	超细水泥浆+水玻璃	1:1.2~1:1	0.5~1.5	开挖线外 2.5 m ~ 开挖线内 0.5 m

采取措施后各管线的最大沉降值见表 3-11。

表 3-11　采取措施后各管线最大沉降值

管线类型	最大沉降值/mm	控制标准值/mm	采取措施前所处影响分区	采取措施后所处影响分区
通信电缆	8.81	30	强影响区	弱影响区
给水管	6.66	10	强影响区	弱影响区
污水管	5.27	20	强影响区	弱影响区
雨水管	9.36	20	强影响区	弱影响区

采取措施前穿越暗挖通道的密集管线皆处于强影响分区中，采取措施后的密集管线将不存在强影响分区，效果对比(因密集管线的控制值不同，影响分区也不同，特选最敏感的管线进行示意)如图 3-12 所示：

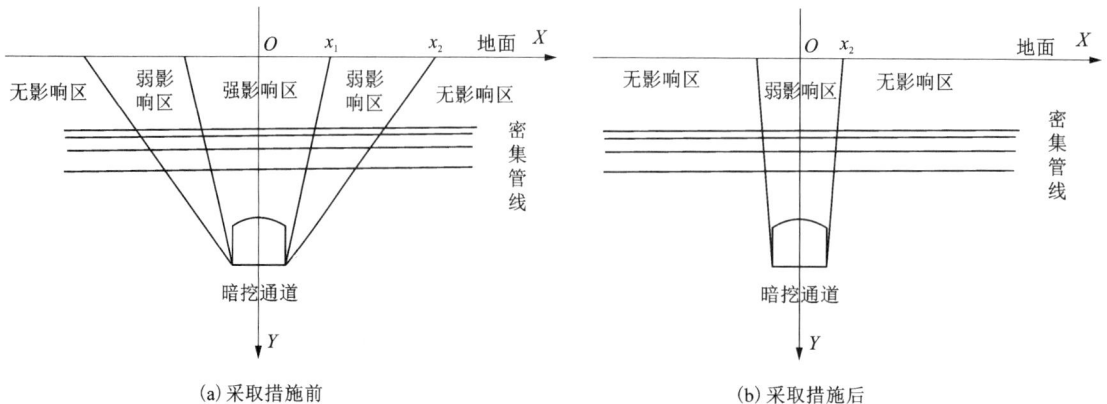

(a) 采取措施前　　　　　　　　　　(b) 采取措施后

图 3-12　采取措施前后密集管线影响分区对比示意图

图 3-12 中有：

$$x_1 = \sqrt{-2i^2\ln\left(\frac{0.6S_{控制值}}{S_{\max}}\right)} \tag{3-29}$$

$$x_2 = \sqrt{-2i^2\ln\left(\frac{0.2S_{控制值}}{S_{\max}}\right)} \tag{3-30}$$

式中：i 为沉降槽宽度系数；$S_{控制值}$ 为管线沉降控制值；$S_{\max}$ 为暗挖通道拱顶中线对应的沉降值，可由 Peck 经验公式计算。

3.5.2　采取措施前后效果分析

分别建立采取措施前后的数值模型，运用 FLAC3D 软件进行计算，分析采取措施前后对密集管线的影响。

（1）建立模型。

模型长为 30 m，宽为 12.8 m，高为 25 m，立面图如图 3-13 所示；未采取措施的模型只有暗挖断面设计中所带的大管棚注浆与超前小导管注浆加固，如图 3-14 所示；采取的措施为 WSS 注浆加固与袖阀管注浆加固，如图 3-15、图 3-16 所示。

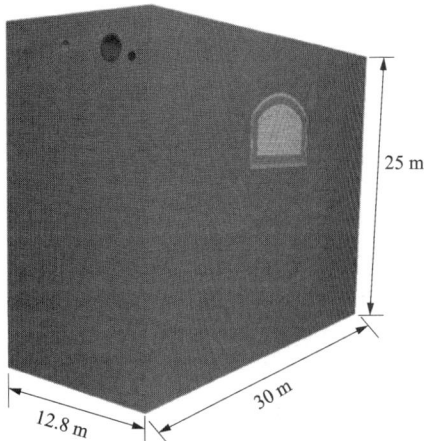

图 3-13　模型立面图

图 3-14　大管棚注浆+超前小导管注浆加固区

图 3-15　WSS 注浆加固区

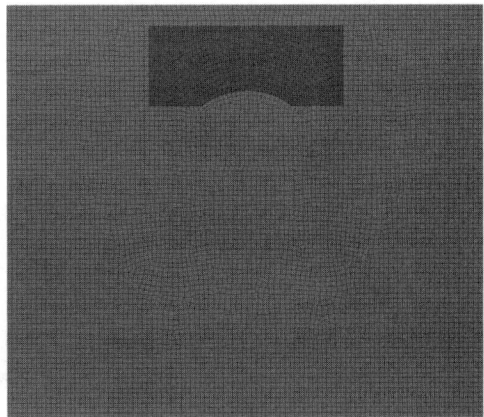

图 3-16　袖阀管注浆加固区

（2）施工模拟。

实际工程中采用 CRD 法进行施工，开挖顺序为左上导洞→左下导洞→右上导洞→右下导洞，控制开挖进尺为 0.5 m，各导洞步距为 4 m，在模型中的施工示意图如图 3-17~图 3-20 所示。

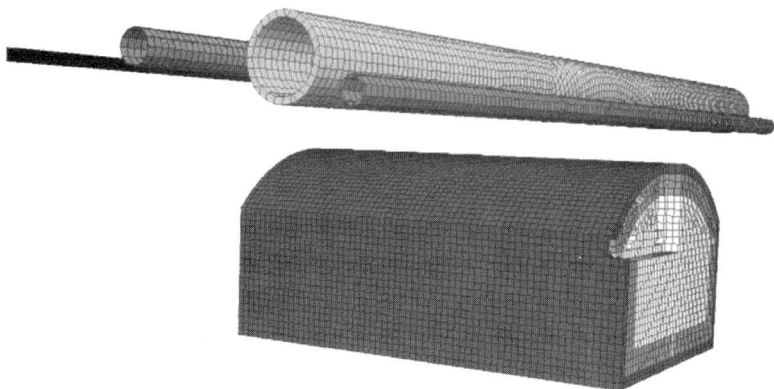

图 3-17　左上导洞开挖

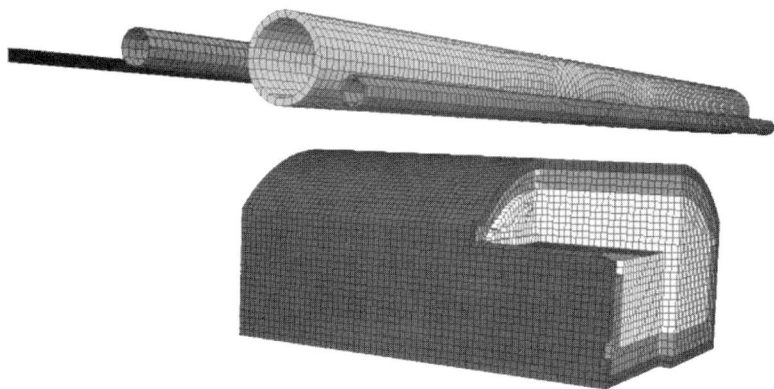

图 3-18　左下导洞开挖

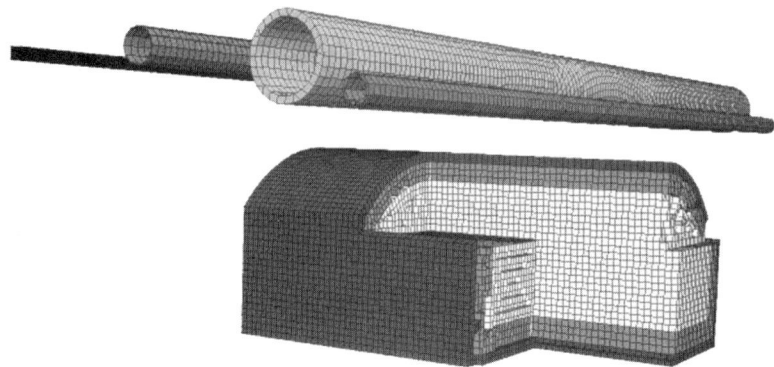

图 3-19　右上导洞开挖

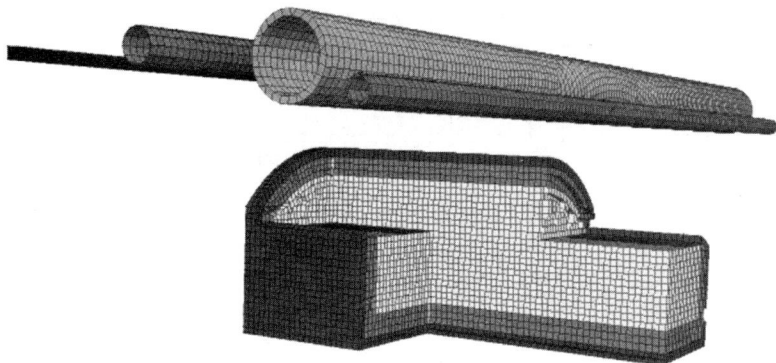

图 3-20　右下导洞开挖

(3)计算参数选取。

岩土层与注浆加固范围等效替代范围都视为弹塑性材料,管线与支护结构则视为弹性材料,具体物理力学参数见表 3-12~表 3-15。

表 3-12　土层物理力学参数

材料	重度 /(kN·m⁻³)	弹性模量 /MPa	泊松比	黏聚力 /kPa	内摩擦角 /(°)
杂填土	17.2	3.2	0.32	10	10
素填土	17.3	3.5	0.32	12	10
粉质黏土	19.3	18	0.30	40.34	18.69
中砂	19.6	67	0.27	—	32

表 3-13　注浆加固区物理力学参数

材料	重度 /(kN·m⁻³)	弹性模量 /MPa	泊松比	黏聚力 /kPa	内摩擦角 /(°)
袖阀管注浆加固区	20	30	0.30	40	26
WSS 注浆加固区	21	40	0.30	60	32
大管棚注浆+超前小导管注浆加固区	22	50	0.20	80	42

表 3-14　支护结构物理力学参数

材料	重度 /(kN·m⁻³)	弹性模量 /MPa	泊松比	黏聚力 /kPa	内摩擦角 /(°)
临时支撑	22	23000	0.25	—	—
初期支护	25	30130	0.22	—	—
二次衬砌	25	30130	0.22	—	—

表 3-15　管线物理力学参数

材料	重度 /(kN·m⁻³)	弹性模量 /MPa	泊松比	直径(边长) /mm	管壁厚度 /mm
PVC 通信电缆	13.8	3140	0.40	300	2
铸铁给水管	73.4	$1.2×10^5$	0.25	800	11.7
混凝土污水管	24	34500	0.20	500	50
混凝土雨水管	24	34500	0.20	1500	150

（4）计算结果对比。

从管线的竖向位移响应来分析采取措施前后管线影响分区的变化。未采取措施的管线竖向位移云图如图 3-21 所示，各管线的最大位移基本在靠近通道轴线的位置，越靠近两边越小，控制点最大位移超过 50 mm，均已超过控制标准；采取 WSS 注浆加固与袖阀管注浆加固后的管线竖向位移云图如图 3-22 所示，各管线的最大位移同样也是在靠近通道轴线的位置，越靠近两边越小，控制点最大位移为 10 mm 左右，均未超过控制标准。

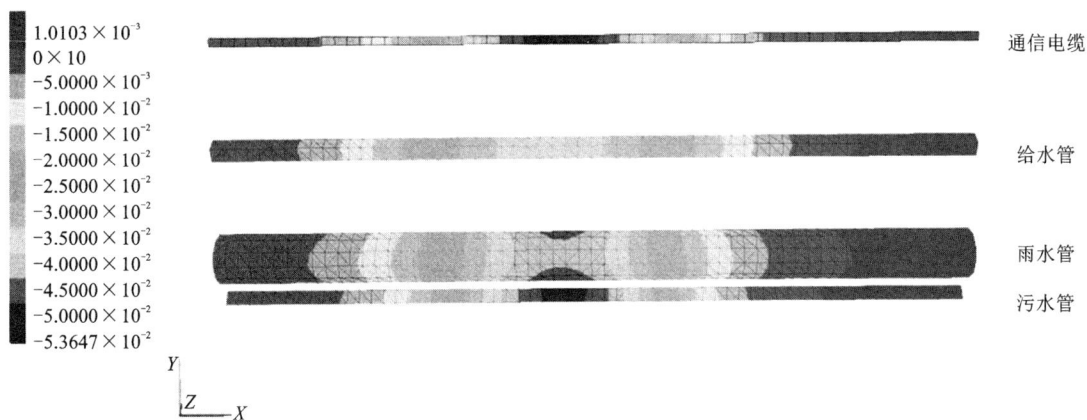

图 3-21　未采取加固措施的管线竖向位移云图

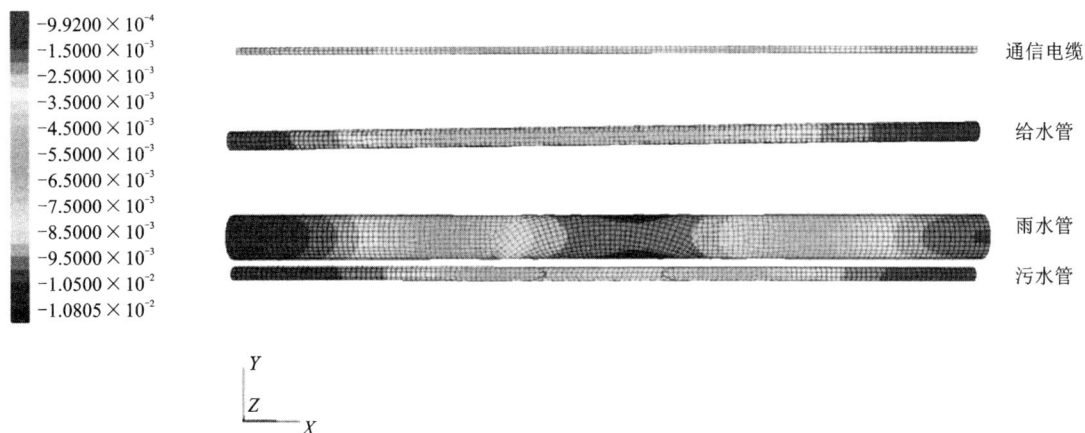

图 3-22　采取加固措施后的管线竖向位移云图

分析图 3-23 管线采取加固措施前后的竖向位移曲线图可得：通信电缆、给水管、污水管和雨水管在未采取 WSS 注浆加固与袖阀管注浆加固的时候，其控制点的最大竖向位移分别为 51.31 mm、42.98 mm、49.46 mm、47.00 mm；采取加固措施后各管线控制点的最大竖向位移分别为 9.81 mm、7.54 mm、5.50 mm、10.16 mm；各管线控制的实测值分别为 7.97 mm、6.66 mm、5.60 mm、9.36 mm。采取加固措施后管线的竖向位移远小于未加固的时候，管线由强影响区变为无影响区或弱影响区，处于安全状态。

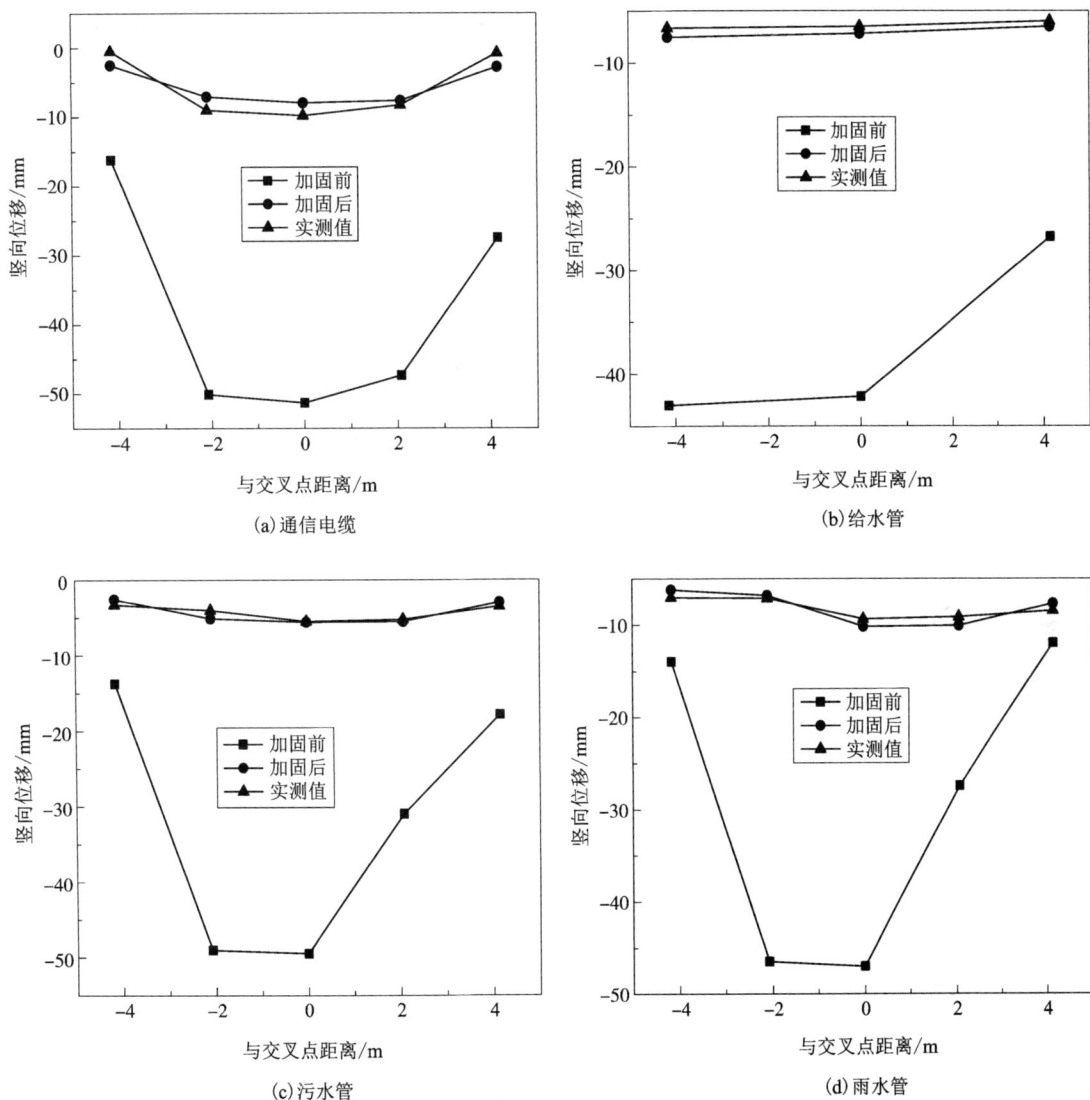

图 3-23　各管线采取加固措施前后与实测值的竖向位移曲线图

邓埠站 1 号出入口暗挖工程施工中对管线的强影响区采取了合理有效的措施，根据监测数据分析，在保证密集管线安全状态下使车站出入口通道施工完满结束，也印证了所采取的措施的合理。

▶ 3.6 本章小结

基于多工况数值仿真计算结果，通过理论分析、多元非线性函数拟合等方法，建立了地铁通道暗挖对近邻密集管线的影响分区计算方法，并进行了工程案例分析，得到主要结论如下：

（1）基于规范中管线位移控制标准，结合 Peck 曲线分布规律确定出以控制值的 60% 与 20% 作为强影响区、弱影响区、无影响区的划分阈值。

（2）通过分析数值仿真计算结果得出各因素下管线的竖向位移按照影响大小依次为：围岩参数、施工工法、净距、交叉角度。

（3）基于多工况数值模型中管线竖向位移计算结果，以多元非线性函数进行拟合，得到管线竖向位移与多因素(净距、交叉角度、围岩参数、施工工法)的关系函数，可预测管线位移和影响分区的划分。

（4）通过工程案例分析，计算得到了不同围岩参数、交叉角度下，各管线的强、弱影响分区范围，可为类似工程采取针对性施工及加固措施提供有益参考。

（5）基于建立的地铁通道暗挖对近邻密集管线强弱影响分区方法研究了强影响区中密集管线的保护措施(主动措施与被动措施)，结果表明采取有效措施后密集管线强影响区转变为弱影响区和无影响区，保障了施工安全。

第 4 章　地铁通道暗挖对近邻密集管线的施工力学特性研究

4.1　有限元模型

4.1.1　模型建立

通道施工三维有限元模型采用 ABAQUS 软件建立，模型尺寸为 80 m×52 m×23 m，通道标准段断面尺寸为 8.3 m×6 m，如图 4-1 所示。通道埋深与实际一致，通道两侧取通道跨度的 3.5 倍，通道下方取通道净高的 7 倍；在平衡计算资源基础上，尽可能减小模型边界效应影响[104]。管线与通道空间位置关系，如图 4-2 所示。南昌地铁 3 号线邓埠站 1 号出入口暗挖通道采用 CRD 法施工，专项施工方案中通道支护措施包括大管棚注浆、超前小导管注浆、锁脚锚杆、初期支护及二次衬砌，通道各开挖面的施工步距为 4 m，如图 4-3 所示。

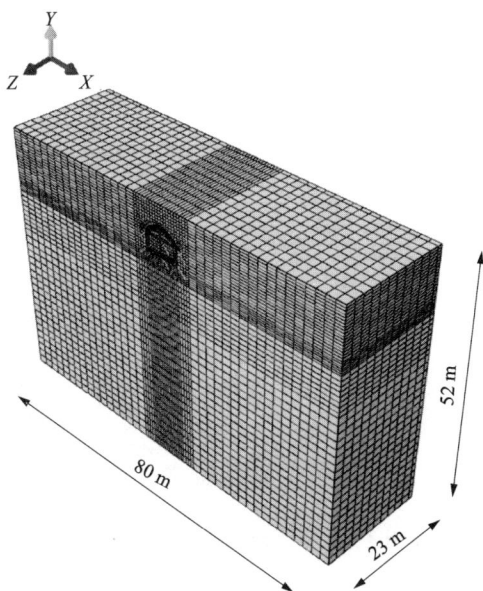

图 4-1　通道施工三维有限元模型

管沟
给水管
雨水管
污水管

23 m
8.3 m
6 m

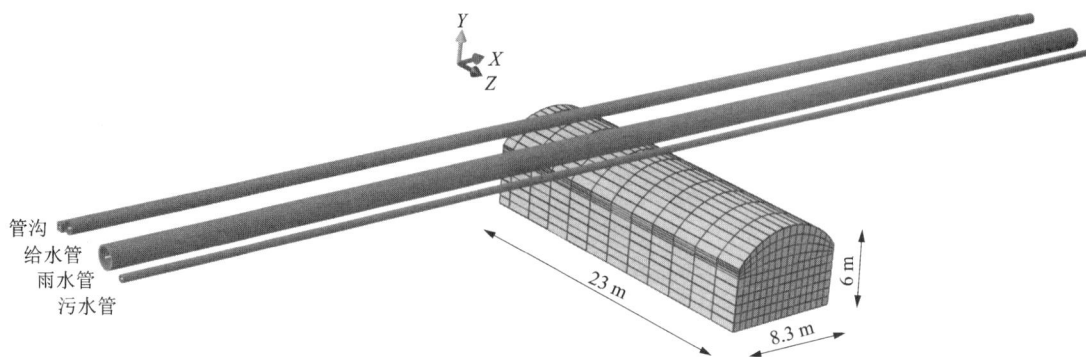

图 4-2　管线与通道空间位置关系

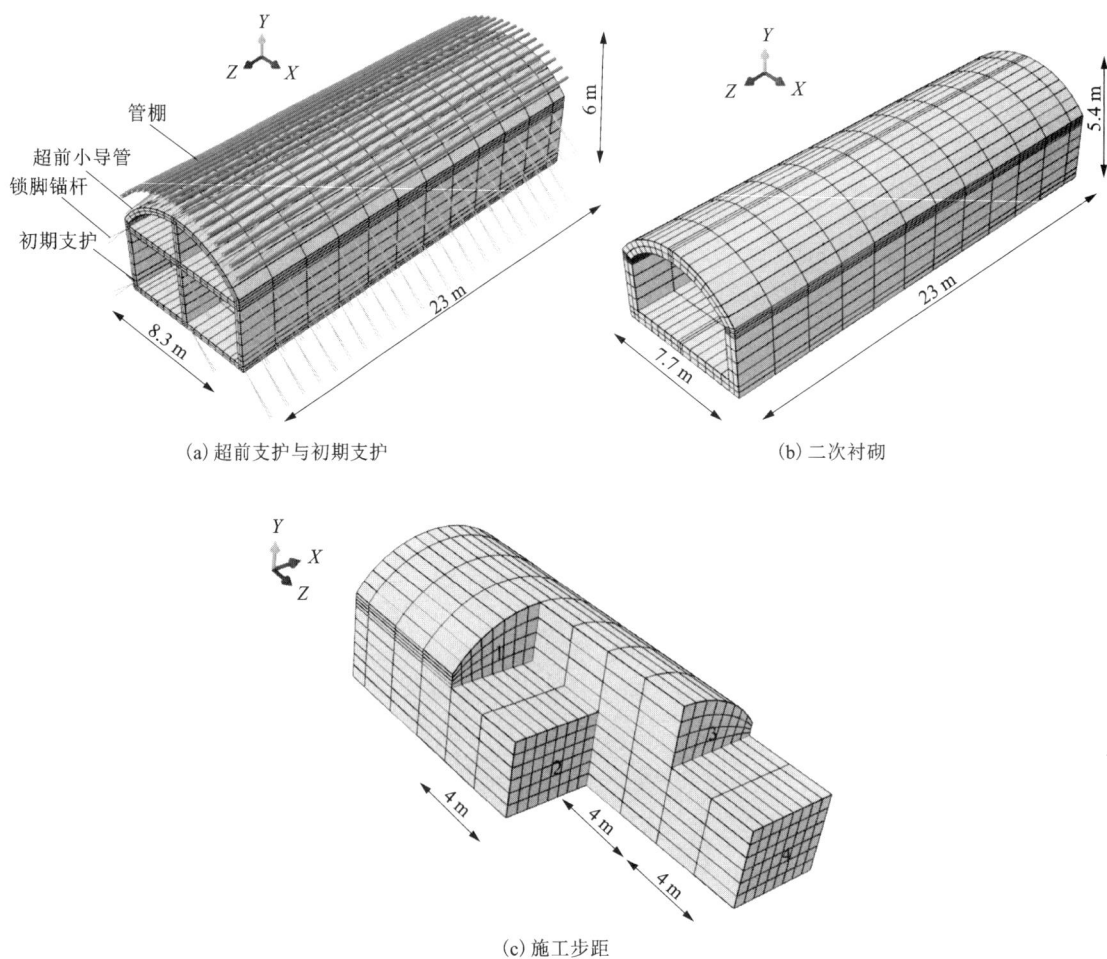

管棚
超前小导管
锁脚锚杆
初期支护

6 m
8.3 m
23 m

（a）超前支护与初期支护

5.4 m
7.7 m
23 m

（b）二次衬砌

4 m
4 m
4 m

（c）施工步距

图 4-3　通道支护及施工步距示意图

有限元模型建立过程：在部件模块中分别创建土体、管线、管棚、超前小导管、锁脚锚杆、初期支护及二次衬砌，之后在属性模块中赋予各部件材料属性。在装配模块中按照实际工程中各部件之间的几何关系，装配成整体，部件位置关系与实际工程一致。通道施工模拟分为两部分：分析步创建与相互作用创建。按照施工专项方案中 CRD 法施工顺序和施工步距，在分析步模块中创建相应分析步，在相互作用模块中建立部件之间的相互作用。管线、管棚、超前小导管及锁脚锚杆采用嵌入的方式建立与土体之间的相互作用；根据工程实际，锁脚锚杆一端采用绑定的方式建立与格栅拱架的连接；初期支护采用绑定的方式建立与土体之间的相互作用；二次衬砌采用绑定的方式建立与初期支护之间的相互作用。完成分析步创建和相互作用创建后，在载荷模块中施加模型边界条件。

4.1.2　物理力学参数

有限元模型物理力学参数对计算结果有较大影响，科学合理地获得与实际接近的参数则是数值模拟中的关键步骤。根据工程实际，选取土工试验报告中多组天然快剪试验所得参数的平均值作为模型计算参数。文献[105]统计了南昌城区范围岩土层的力学参数，与确定的粉质黏土力学参数相近。初期支护、二次衬砌及混凝土管线参数根据工程所采用混凝土强度等级查阅混凝土结构设计规范[106]取值，铸铁管参数查阅规范[107]取值。有限元模型物理力学参数见表 4-1。

表 4-1　有限元模型物理力学参数

材料单元	模型	密度 /(kg·m⁻³)	弹性模量 /MPa	泊松比	黏聚力 /kPa	内摩擦角 /(°)
回填土	摩尔-库伦	1720	3.2	0.32	10	10
粉质黏土		1930	18	0.30	37.7	18.85
砂土		1970	35	0.27	0.1	33
初期支护	弹性	2400	28000	0.2	—	—
二次衬砌		2400	31500	0.2	—	—
污水管		2400	30000	0.2	—	—
雨水管		2400	30000	0.2	—	—
给水管		7200	127000	0.3	—	—
管沟		2400	30000	0.2	—	—

4.1.3　边界条件

模型的边界条件分为载荷边界和位移边界两类，载荷边界考虑重力作用；位移边界根据暗挖工程为浅埋通道，将模型上表面设置为自由面，其余各面均施加法向位移约束。

▶ 4.2 计算结果分析

4.2.1 通道围岩变形和应力

通道围岩水平位移云图如图 4-4(a) 所示，最大水平位移为 9.1 mm，位于通道边墙中部。图 4-4(b) 为地表至拱顶处水平位移沿通道横向分布曲线，可知地表至拱顶处水平位移逐渐减小。

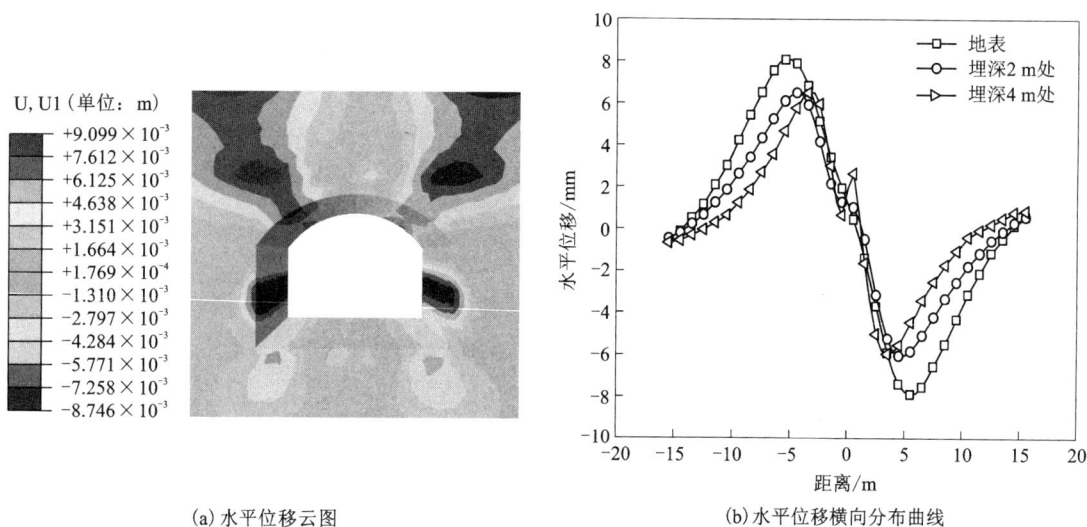

| (a) 水平位移云图 | (b) 水平位移横向分布曲线 |

图 4-4 通道围岩水平位移

由图 4-5(a) 可知，最大拱顶沉降为 22.74 mm，位于通道右导洞拱顶处。整体变形趋势为通道上半断面沉降，通道基底隆起。从图 4-5(b) 可以看出，地表至拱顶处的沉降逐渐增大。拱顶沉降值小于规范[108]给出的沉降限值 30 mm，最大地表沉降值为 10.19 mm，位于通道右导洞拱顶上方。通道断面两侧土体沉降呈减小趋势，距离通道中轴线 7 m 左右土体出现较小隆起。计算结果表明，通道围岩变形满足规范给出的控制限值要求[108]，通道围岩变形规律与实际施工情况基本一致[109]。

通道围岩等效应力分布云图如图 4-6(a) 所示，通道两侧底角等效应力最大，通道两侧边墙等效应力次之，通道左右导洞拱顶处等效应力也较大。直墙拱顶断面通道在两侧底角处有较为明显的应力集中现象，施工过程中需要避免在这些区域发生破坏。

如图 4-6(b) 所示为通道围岩塑性区分布云图，塑性区主要出现在通道拱顶、左右导洞拱顶、两侧边墙中部、通道两侧底角及通道底板中心处，最大塑性变形位于两侧边墙中部。由此可知，在通道开挖过程中，应重点关注上述区域的变形情况，加强对这些区域的监测与支护，以保证施工安全。

(a) 沉降云图

(b) 沉降横向分布曲线

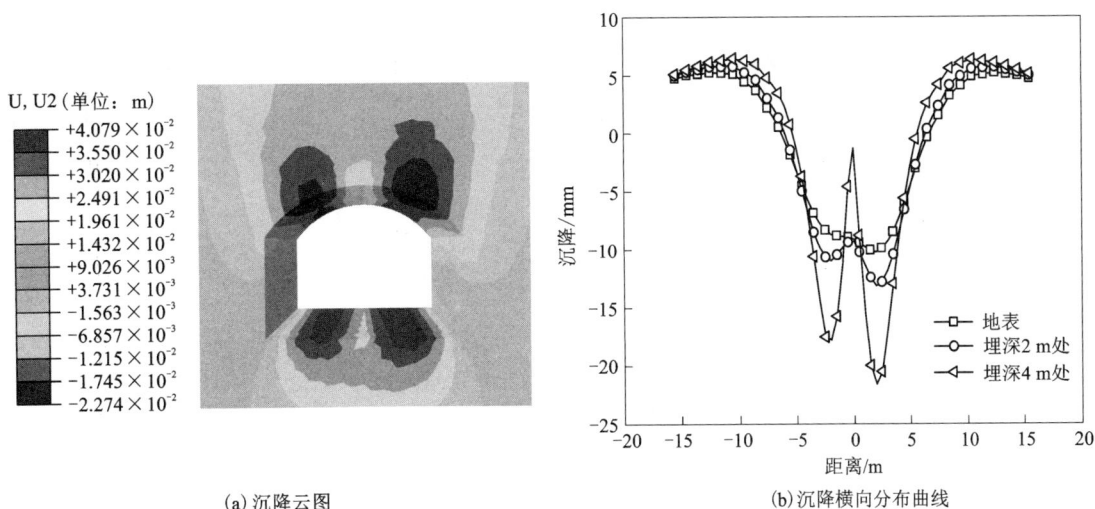

图 4-5　通道围岩沉降

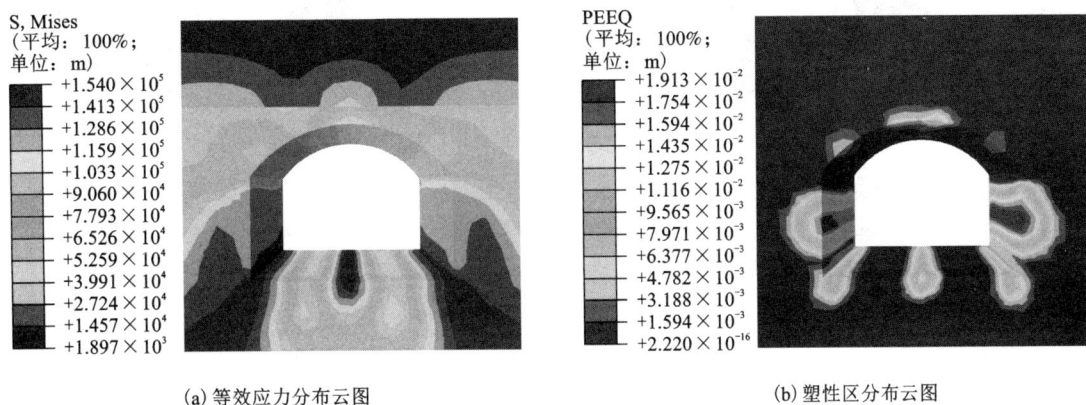

(a) 等效应力分布云图

(b) 塑性区分布云图

图 4-6　通道围岩等效应力与塑性区

4.2.2　管线变形和内力

如图 4-7(a) 所示为通道开挖完成后管线沉降变化情况，污水管沉降最大；由图 4-7(b) 可知，雨水管截面弯矩最大。图 4-8 显示给水管第一主应力和第三主应力均为最大。通道开挖引起管线水平位移较小，管线变形以沉降为主。根据管线应力分布情况可知，管线第一主应力为拉应力，起着控制作用。下面结合管线沉降、管线第一主应力两项指标对通道开挖引起的管线变形和内力变化展开进一步分析。

污水管沉降云图及沉降沿轴向分布曲线如图 4-9 所示，污水管第一主应力云图及第一主应力沿轴向分布曲线如图 4-10 所示。

U, U2（单位：m）

+5.716×10⁻³
+4.552×10⁻³
+3.387×10⁻³
+2.222×10⁻³
+1.058×10⁻³
−1.066×10⁻⁴
−1.271×10⁻³
−2.436×10⁻³
−3.600×10⁻³
−4.765×10⁻³
−5.929×10⁻³
−7.094×10⁻³
−8.259×10⁻³

（a）沉降云图

SM, SM1
（平均：100%；单位：m）

+4.537×10⁵
+3.410×10⁵
+2.282×10⁵
+1.154×10⁵
+2.579×10³
−1.102×10⁵
−2.230×10⁵
−3.358×10⁵
−4.486×10⁵
−5.614×10⁵
−6.742×10⁵
−7.870×10⁵
−8.998×10⁵

（b）弯矩云图

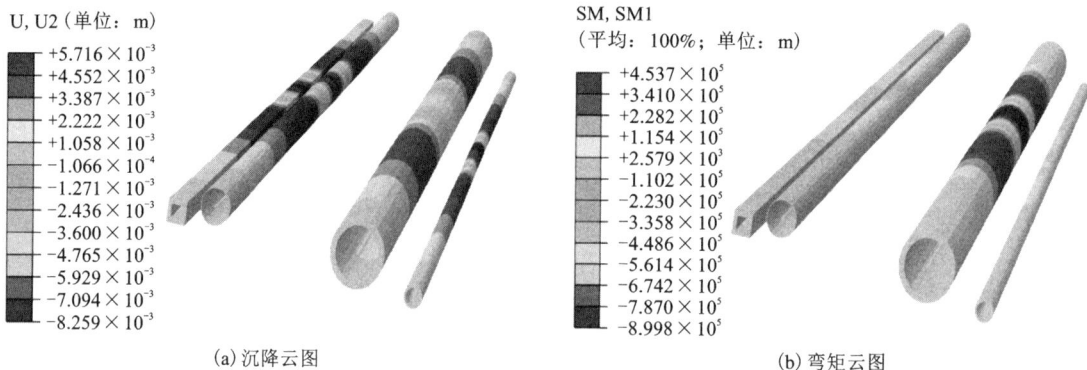

图 4-7　管线沉降与弯矩

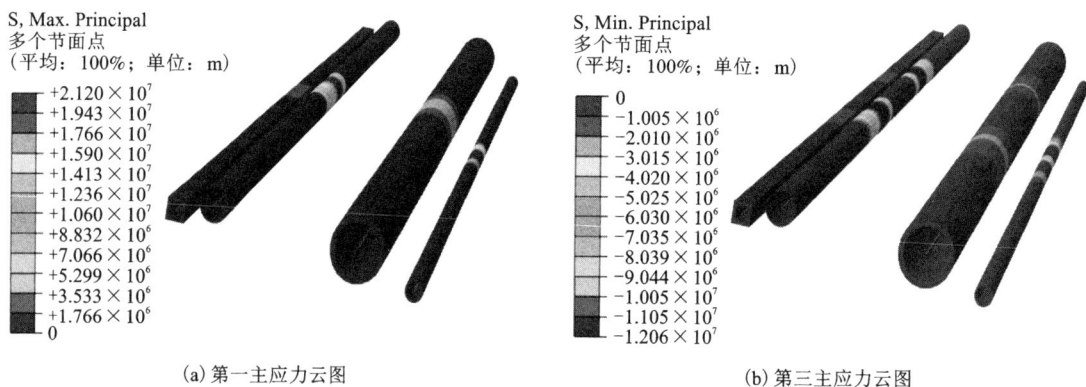

S, Max. Principal
多个节面点
（平均：100%；单位：m）

+2.120×10⁷
+1.943×10⁷
+1.766×10⁷
+1.590×10⁷
+1.413×10⁷
+1.236×10⁷
+1.060×10⁷
+8.832×10⁶
+7.066×10⁶
+5.299×10⁶
+3.533×10⁶
+1.766×10⁶
0

（a）第一主应力云图

S, Min. Principal
多个节面点
（平均：100%；单位：m）

0
−1.005×10⁶
−2.010×10⁶
−3.015×10⁶
−4.020×10⁶
−5.025×10⁶
−6.030×10⁶
−7.035×10⁶
−8.039×10⁶
−9.044×10⁶
−1.005×10⁷
−1.105×10⁷
−1.206×10⁷

（b）第三主应力云图

图 4-8　管线主应力

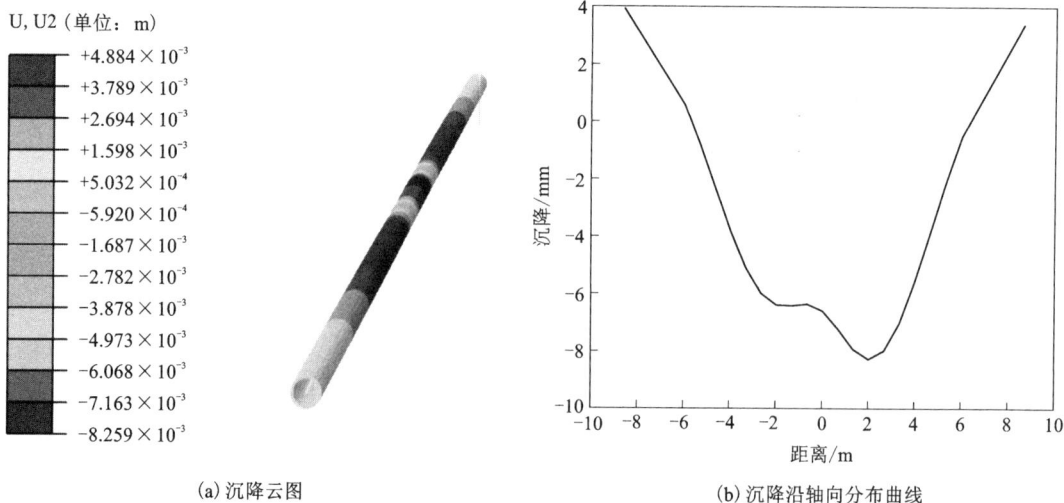

U, U2（单位：m）

+4.884×10⁻³
+3.789×10⁻³
+2.694×10⁻³
+1.598×10⁻³
+5.032×10⁻⁴
−5.920×10⁻⁴
−1.687×10⁻³
−2.782×10⁻³
−3.878×10⁻³
−4.973×10⁻³
−6.068×10⁻³
−7.163×10⁻³
−8.259×10⁻³

（a）沉降云图

（b）沉降沿轴向分布曲线

图 4-9　污水管沉降

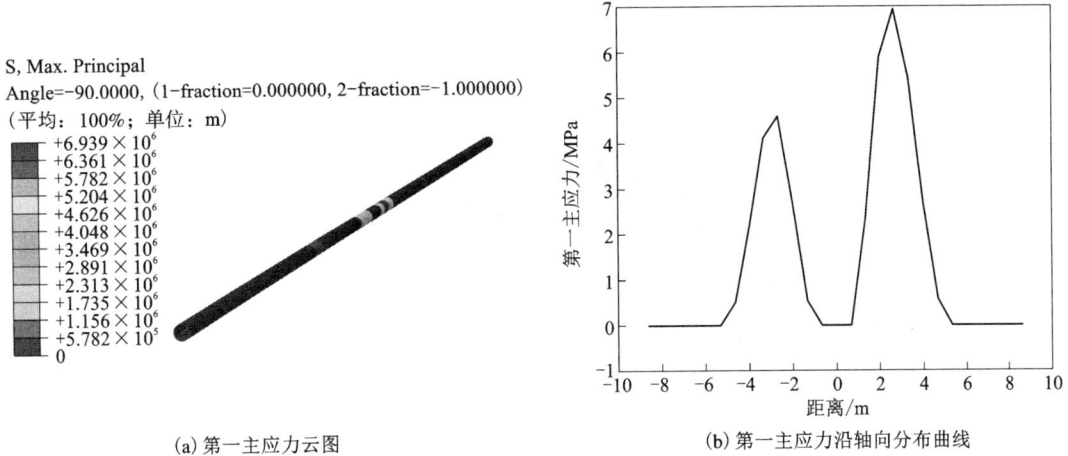

S, Max. Principal
Angle=−90.0000, (1-fraction=0.000000, 2-fraction=−1.000000)
（平均：100%；单位：m）

$+6.939 \times 10^6$
$+6.361 \times 10^6$
$+5.782 \times 10^6$
$+5.204 \times 10^6$
$+4.626 \times 10^6$
$+4.048 \times 10^6$
$+3.469 \times 10^6$
$+2.891 \times 10^6$
$+2.313 \times 10^6$
$+1.735 \times 10^6$
$+1.156 \times 10^6$
$+5.782 \times 10^5$
0

(a) 第一主应力云图

(b) 第一主应力沿轴向分布曲线

图 4-10　污水管第一主应力

　　由图 4-9 可知,最大沉降位于管线中部偏右处,所处区域与通道沉降最大处相对应,最大沉降值为 8.26 mm,管线两侧沉降值逐渐减小。从污水管的沉降变化情况可知通道右导洞上方管段是危险区域,在通道施工过程中应注意对此区域的保护。

　　图 4-10 表明,污水管中部偏右处应力最大,污水管两侧第一主应力逐渐减小。从管线应力角度看,通道右导洞上方管段同样是危险区域。通道与污水管的空间位置关系为垂直下穿,污水管中部区域沉降和应力均较大,需要注意对污水管中部进行保护。

　　雨水管沉降云图及沉降沿轴向分布曲线如图 4-11 所示,雨水管第一主应力云图及第一主应力沿轴向分布曲线如图 4-12 所示。

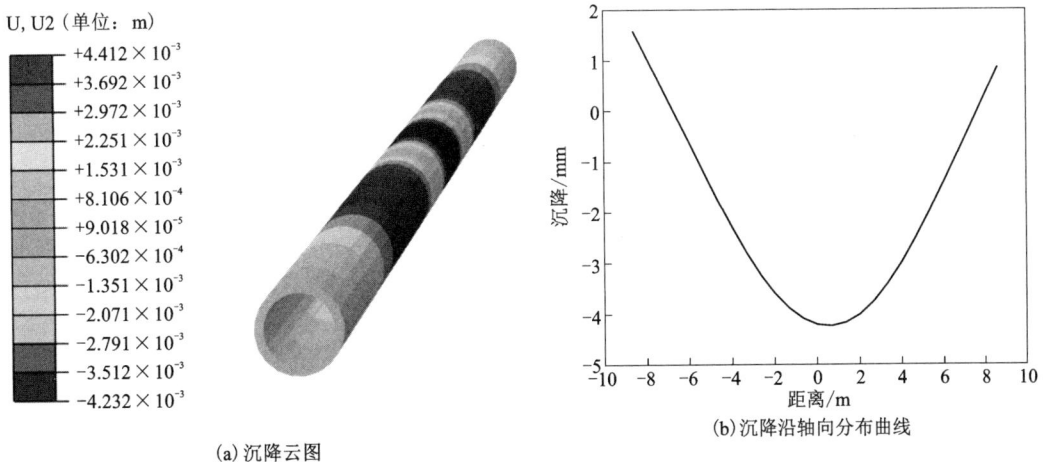

U, U2 （单位：m）

$+4.412 \times 10^{-3}$
$+3.692 \times 10^{-3}$
$+2.972 \times 10^{-3}$
$+2.251 \times 10^{-3}$
$+1.531 \times 10^{-3}$
$+8.106 \times 10^{-4}$
$+9.018 \times 10^{-5}$
-6.302×10^{-4}
-1.351×10^{-3}
-2.071×10^{-3}
-2.791×10^{-3}
-3.512×10^{-3}
-4.232×10^{-3}

(a) 沉降云图

(b) 沉降沿轴向分布曲线

图 4-11　雨水管沉降

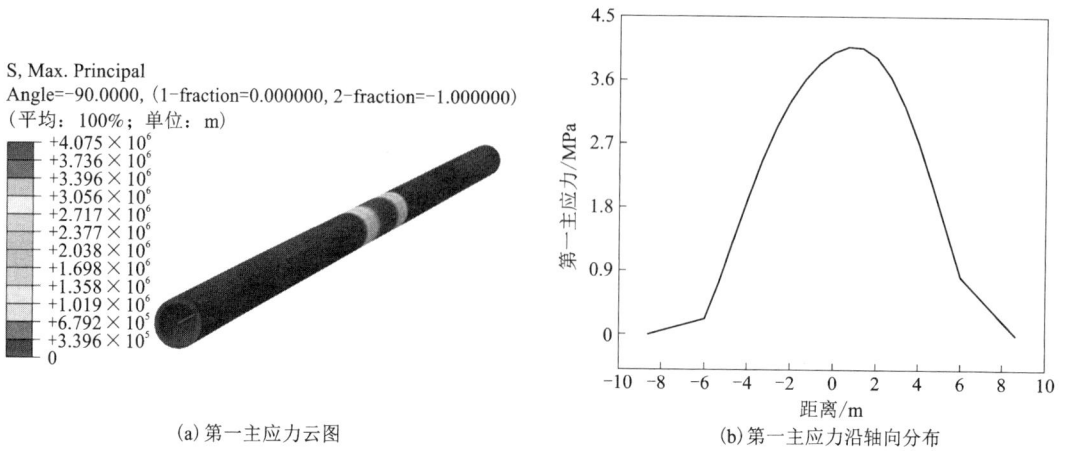

S, Max. Principal
Angle=-90.0000, （1-fraction=0.000000, 2-fraction=-1.000000）
（平均：100%；单位：m）

$+4.075 \times 10^{6}$
$+3.736 \times 10^{6}$
$+3.396 \times 10^{6}$
$+3.056 \times 10^{6}$
$+2.717 \times 10^{6}$
$+2.377 \times 10^{6}$
$+2.038 \times 10^{6}$
$+1.698 \times 10^{6}$
$+1.358 \times 10^{6}$
$+1.019 \times 10^{6}$
$+6.792 \times 10^{5}$
$+3.396 \times 10^{5}$
0

(a) 第一主应力云图

(b) 第一主应力沿轴向分布

图 4-12　雨水管第一主应力

从图 4-11 可以看出，雨水管最大沉降同样位于管线中部偏右处，其沉降变化规律与污水管类似。

由图 4-12 可知，雨水管最大第一主应力也出现在中部偏右处，雨水管最大第一主应力比污水管小，最大沉降也小于污水管。两种管线材质一致，且与通道的空间位置关系高度接近，但雨水管管径与壁厚均大于污水管。

给水管沉降云图及沉降沿轴向分布曲线如图 4-13 所示，给水管第一主应力云图及第一主应力沿轴向分布曲线如图 4-14 所示。

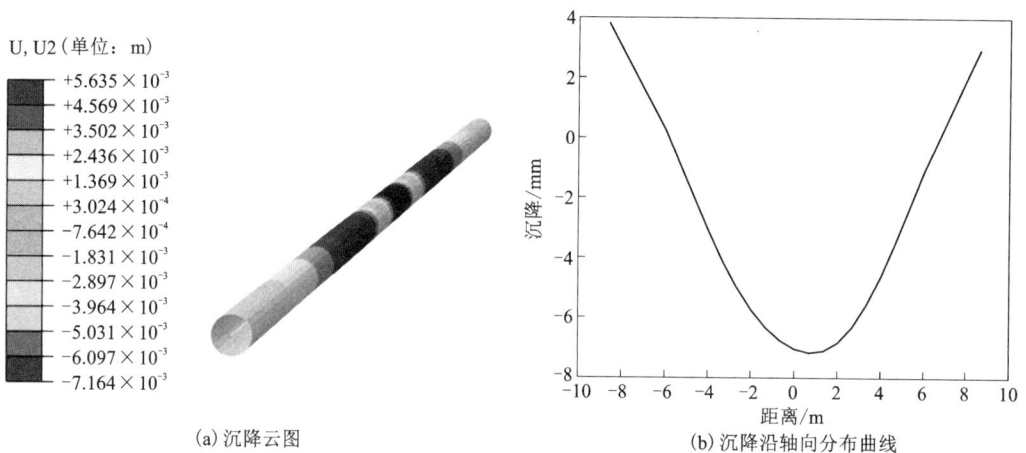

U, U2（单位：m）

$+5.635 \times 10^{-3}$
$+4.569 \times 10^{-3}$
$+3.502 \times 10^{-3}$
$+2.436 \times 10^{-3}$
$+1.369 \times 10^{-3}$
$+3.024 \times 10^{-4}$
-7.642×10^{-4}
-1.831×10^{-3}
-2.897×10^{-3}
-3.964×10^{-3}
-5.031×10^{-3}
-6.097×10^{-3}
-7.164×10^{-3}

(a) 沉降云图

(b) 沉降沿轴向分布曲线

图 4-13　给水管沉降

从图 4-13 可以看出，给水管最大沉降介于雨水管和污水管之间，最大沉降区域也位于管线中部偏右处。图 4-14 表明，给水管第一主应力较大区域位于管线中部偏右处，其最大

(a) 第一主应力云图

(b) 第一主应力沿轴向分布曲线

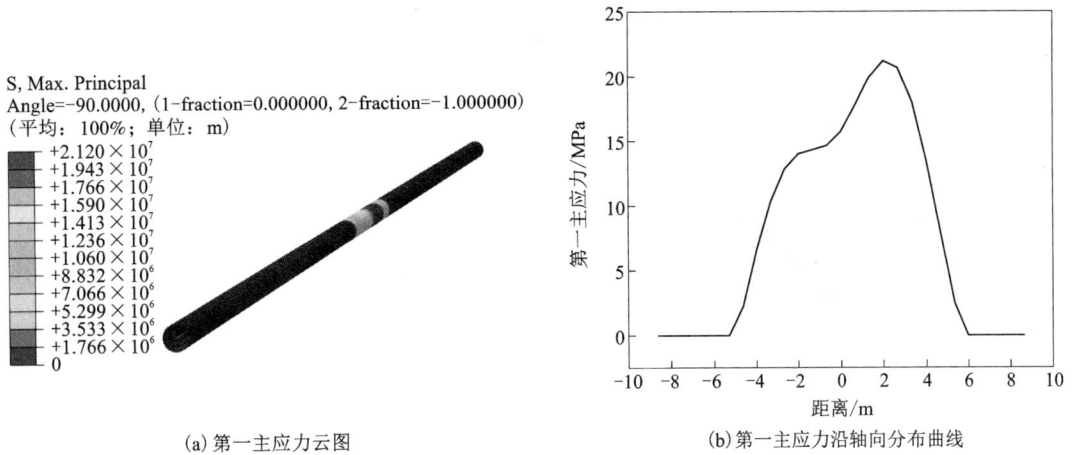

图 4-14　给水管第一主应力

值比污水管更大，达到 21.2 MPa。给水管材质为铸铁，与污水管、雨水管均不同，管段应力远大于污水管和雨水管。

管沟材质为混凝土，截面为矩形。由图 4-15 和图 4-16 可知，管沟的最大沉降仅次于污水管，所受最大应力小于污水管。管沟与通道的空间位置关系与给水管几乎一致，最大沉降比给水管更大。管沟沉降最大值为 7.22 mm，同样位于管线中部偏右处。管沟第一主应力分布与给水管、雨水管较为接近，管线中部偏右处应力最大。

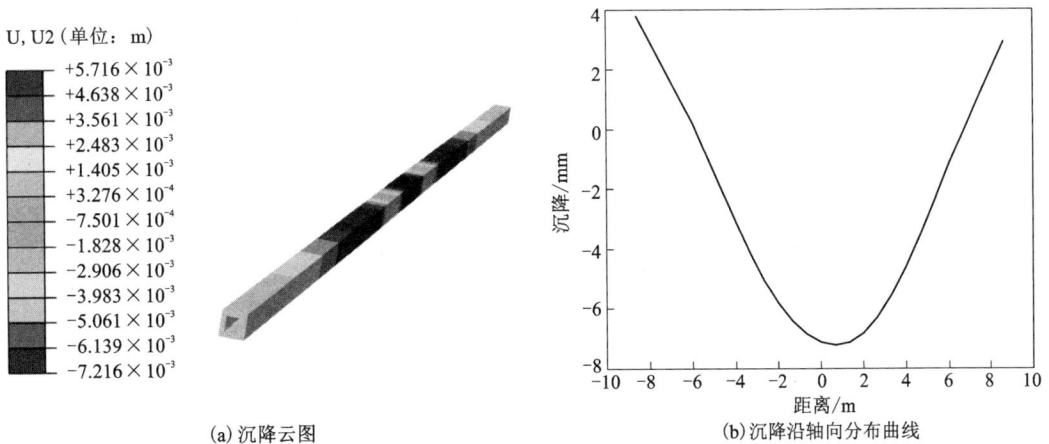

(a) 沉降云图

(b) 沉降沿轴向分布曲线

图 4-15　管沟沉降

综合以上分析可知，通道开挖对地下管线产生的影响与多种因素相关，包括管线与通道的空间位置关系、管线材质、管线几何特性、管线截面类型等。为此，要确定各种因素对管线变形和内力的影响规律，需设计单因素工况做进一步讨论。

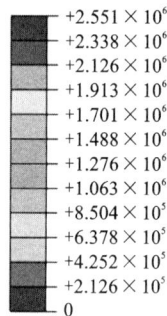

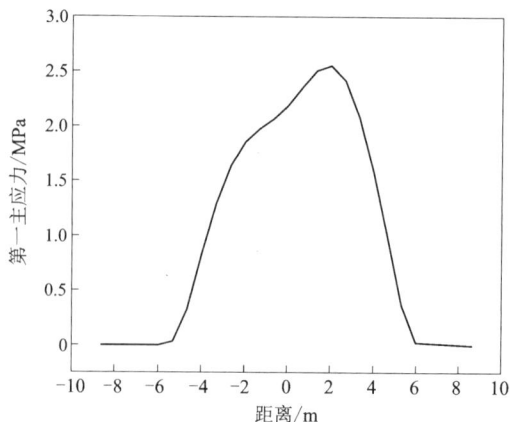

| (a) 第一主应力云图 | (b) 第一主应力沿轴向分布曲线 |

图 4-16　管沟第一主应力

▶ 4.3　有限元解与实测数据对比分析

4.3.1　工程现场监测点布置

南昌轨道交通地铁车站暗挖出入口通道施工现场监测点布置如图 4-17 所示。

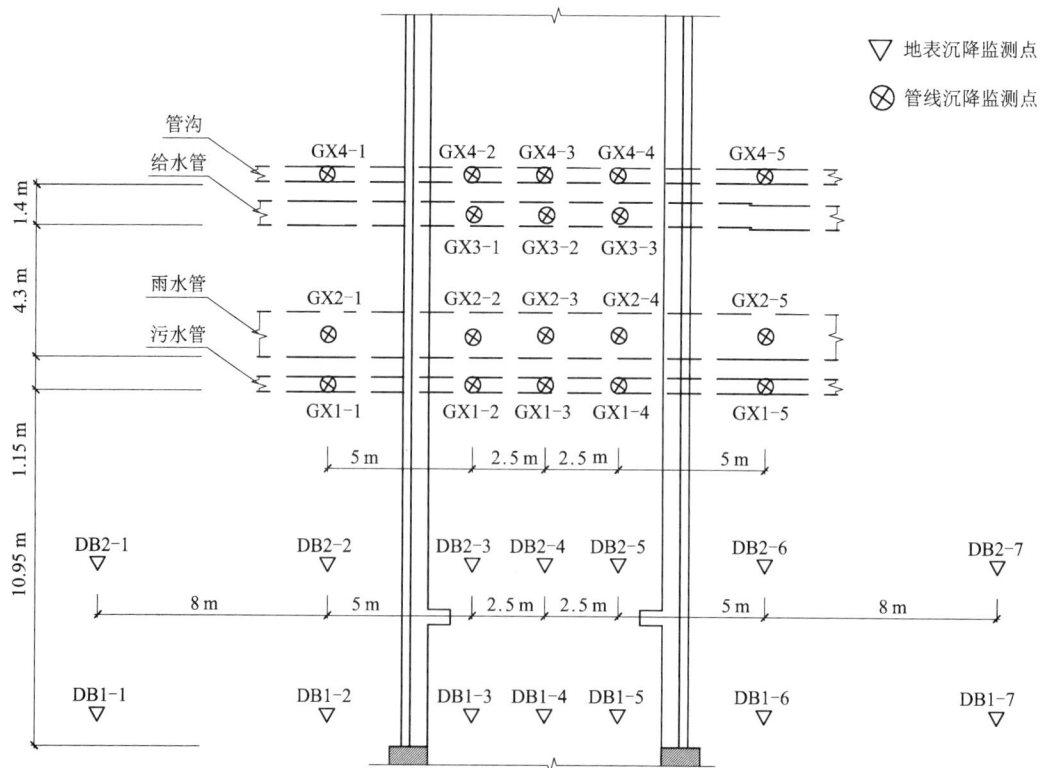

图 4-17　暗挖段监测点

通道初始开挖面上方总计布置地表沉降监测点 14 个，总计布置管线沉降监测点 18 个。DB 代表地表沉降监测点，GX1 代表污水管沉降监测点，GX2 代表雨水管沉降监测点，GX3 代表给水管沉降监测点，GX4 代表管沟沉降监测点。污水管、雨水管和管沟沉降监测点均为 5 个，给水管沉降监测点为 3 个。

4.3.2　地表沉降对比分析

地表沉降监测点 DB1-1 至 DB1-7 布置情况如图 4-17 所示，邓埠站 1 号出入口暗挖段开挖完成后，根据 DB1-1 至 DB1-7 的监测数据所绘制的地表沉降数值模拟结果与实测数据曲线如图 4-18 所示。

数值模拟结果中对应地表沉降监测点变化规律与现场实测数据呈现出的变化规律基本一致。数值模拟结果中地表沉降最大值略小于实测数据，且实测数据显示距通道断面较远处两侧土体并无明显隆起现象。考虑实际工程施工的复杂性及土体力学参数的变异性，数值模拟结果与实测数据之间的差异不可避免。沉降变化规律符合工程实际，表明数值模拟结果是可靠的。城市软弱地层中通道采用 CRD 法开挖，并辅以超前加固措施与支护措施，能够有效控制地层沉降。

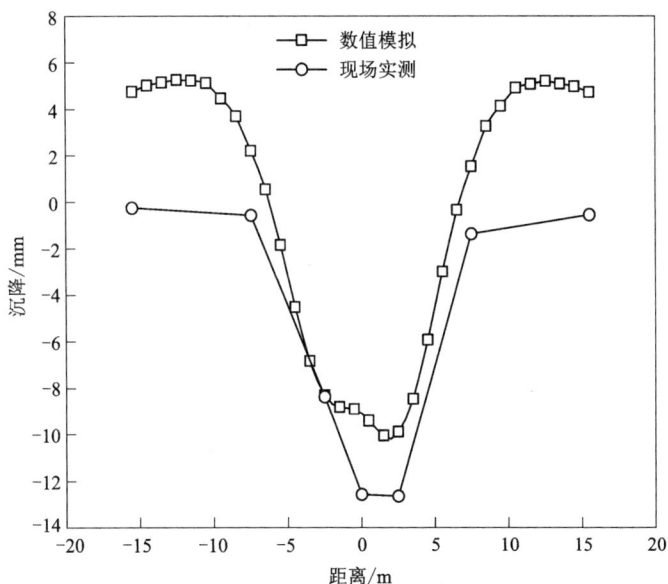

图 4-18　地表沉降数值模拟结果与实测数据曲线

4.3.3　地下管线沉降对比分析

如图 4-19(a) 和图 4-19(b) 所示为污水管与雨水管沉降情况曲线，数值模拟结果与实测数据变形趋势相同，各监测点的具体沉降值有一定差异。在数值模拟中，未考虑管线与土体之间的摩擦，时间效应、实际施工复杂性均是造成差异的原因。由图 4-19(c) 和图 4-19(d) 可知，

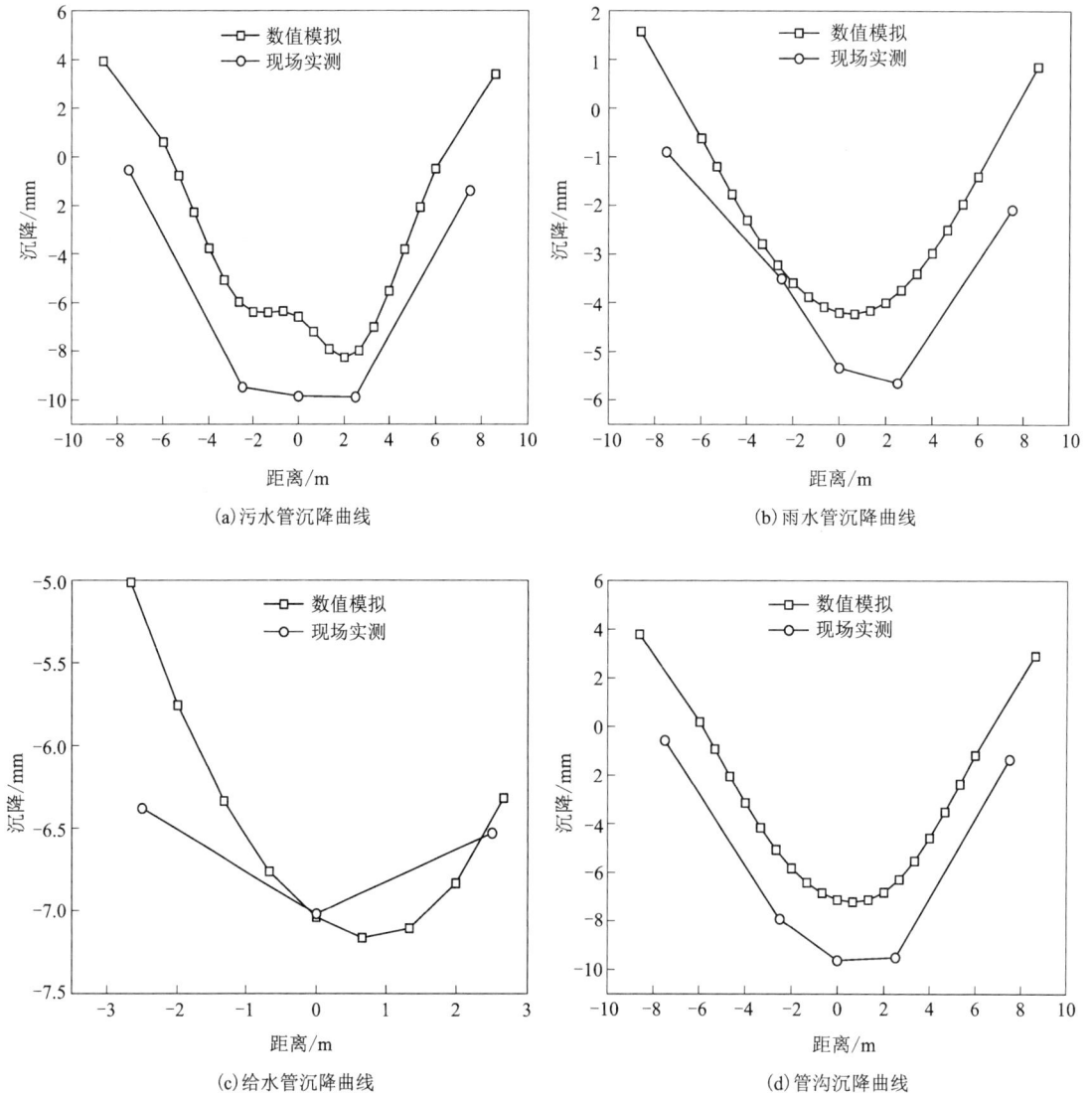

(a)污水管沉降曲线

(b)雨水管沉降曲线

(c)给水管沉降曲线

(d)管沟沉降曲线

图 4-19 管线沉降数值模拟结果与实测数据曲线

给水管、管沟的数值模拟结果与实测数据变形规律同样表现出一致性。管沟的数值模拟沉降值与实测数据较为接近，相较而言，给水管的数值模拟沉降值与实测数据存在一定差异，但给水管的数值模拟结果也反映出了给水管实际沉降的变化趋势。

数值模拟结果与实测数据对比分析是检验有限元模型可靠性的重要手段，通过管线沉降变化趋势对比分析，表明有限元模型是可靠的，能够客观反映实际工程施工对地下管线产生的影响。下面将以此模型为基准模型，建立单因素工况有限元模型研究直墙拱顶断面通道CRD法施工对管线变形和内力的影响。

▶ 4.4　管线与通道空间位置关系影响

前面已提及通道开挖对管线变形和内力的影响涉及多种因素,可概括为管线与通道的空间位置关系、管线构造与材质等。本节将设计单因素工况,在前一小节的基础上建立相应有限元模型,采用控制变量法研究管线与通道的空间位置关系对管线变形和内力的影响。

4.4.1　管线与通道的交角

管线与通道的交角可分为垂直、平行和斜交三种情况,保持其余因素不变,对交角为90°、45°和0°情况进行分析。管线与通道交角因素工况设计见表4-2。

表 4-2　管线与通道交角因素工况设计

工况	交角/(°)	竖直距离/m	管径/m	壁厚/m	截面类型	管线材质
3-1	90	0.8	0.5	0.05	圆形	混凝土
3-2	45	0.8	0.5	0.05	圆形	混凝土
3-3	0	0.8	0.5	0.05	圆形	混凝土

工况 3-1 管线沉降、工况 3-1 管线第一主应力和工况 3-1 管线第三主应力如图 4-20～图 4-22 所示。

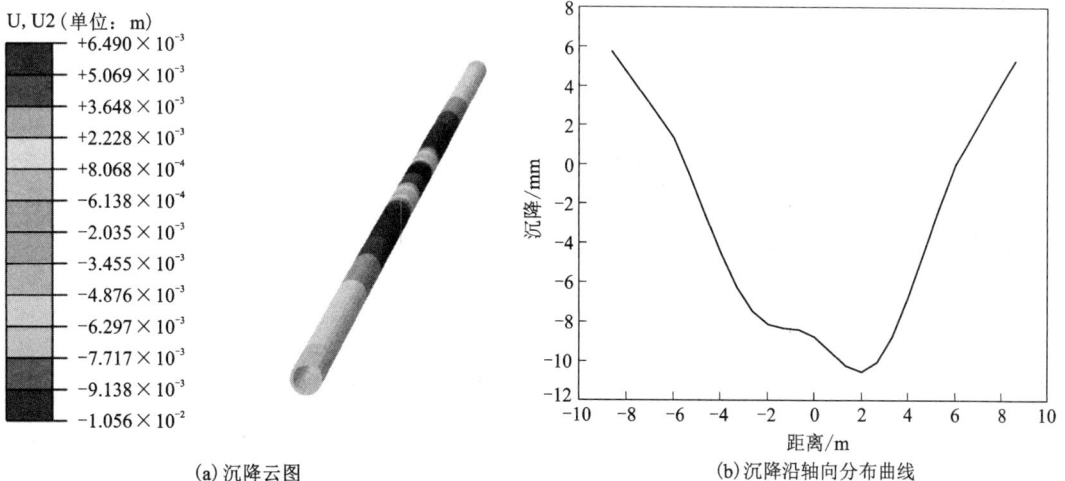

U, U2(单位: m)

	$+6.490 \times 10^{-3}$
	$+5.069 \times 10^{-3}$
	$+3.648 \times 10^{-3}$
	$+2.228 \times 10^{-3}$
	$+8.068 \times 10^{-4}$
	-6.138×10^{-4}
	-2.035×10^{-3}
	-3.455×10^{-3}
	-4.876×10^{-3}
	-6.297×10^{-3}
	-7.717×10^{-3}
	-9.138×10^{-3}
	-1.056×10^{-2}

(a)沉降云图

(b)沉降沿轴向分布曲线

图 4-20　工况 3-1 管线沉降

S, Max. Principal
Angle=-90.0000, (1-fraction=0.000000, 2-fraction=-1.000000)
（平均：100%；单位：m）
```
+8.861×10⁶
+8.123×10⁶
+7.384×10⁶
+6.646×10⁶
+5.907×10⁶
+5.169×10⁶
+4.431×10⁶
+3.692×10⁶
+2.954×10⁶
+2.215×10⁶
+1.477×10⁶
+7.384×10⁵
0
```

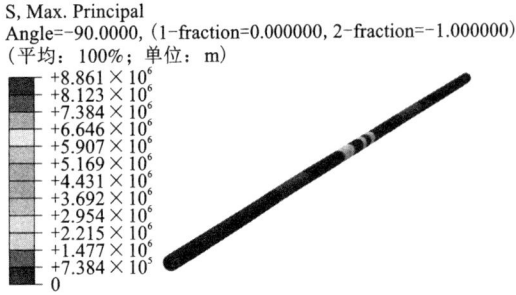

(a) 第一主应力云图

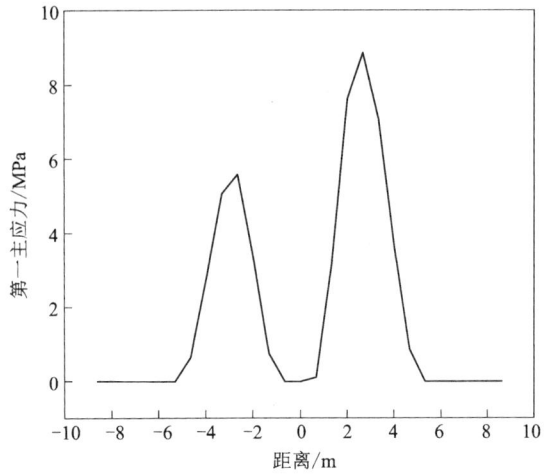

(b) 第一主应力沿轴向分布曲线

图 4-21　工况 3-1 管线第一主应力

图 4-20 为管线与通道交角为 90°时管线沉降情况，通道采用 CRD 法开挖引起的管线沉降最大区域为通道右导洞上方管段，最大沉降为 10.56 mm。由图 4-21 和图 4-22 可知，管线第一主应力较大区域为通道右导洞上方管段，第一主应力最大值为 8.861 MPa；管线第三主应力较大区域为通道中部上方管段，管线第三主应力最大值为 6.119 MPa。

工况 3-2 管线沉降、工况 3-2 管线第一主应力和工况 3-2 管线第三主应力如图 4-23~图 4-25 所示。

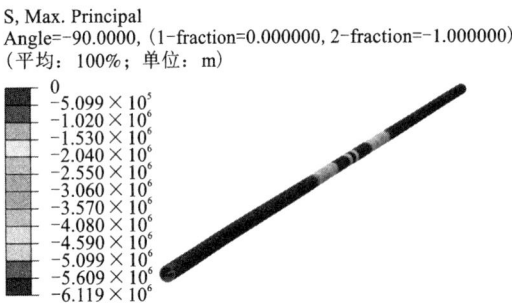

S, Max. Principal
Angle=-90.0000, (1-fraction=0.000000, 2-fraction=-1.000000)
（平均：100%；单位：m）
```
0
-5.099×10⁵
-1.020×10⁶
-1.530×10⁶
-2.040×10⁶
-2.550×10⁶
-3.060×10⁶
-3.570×10⁶
-4.080×10⁶
-4.590×10⁶
-5.099×10⁶
-5.609×10⁶
-6.119×10⁶
```

(a) 第三主应力云图

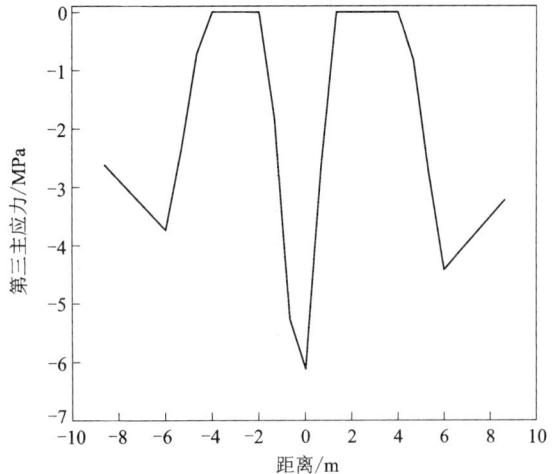

(b) 第三主应力沿轴向分布曲线

图 4-22　工况 3-1 管线第三主应力

U, U2（单位：m）
+6.460×10⁻³
+5.015×10⁻³
+3.569×10⁻³
+2.124×10⁻³
+6.783×10⁻⁴
−7.672×10⁻⁴
−2.213×10⁻³
−3.658×10⁻³
−5.104×10⁻³
−6.549×10⁻³
−7.995×10⁻³
−9.440×10⁻³
−1.089×10⁻²

（a）沉降云图

（b）沉降沿轴向分布曲线

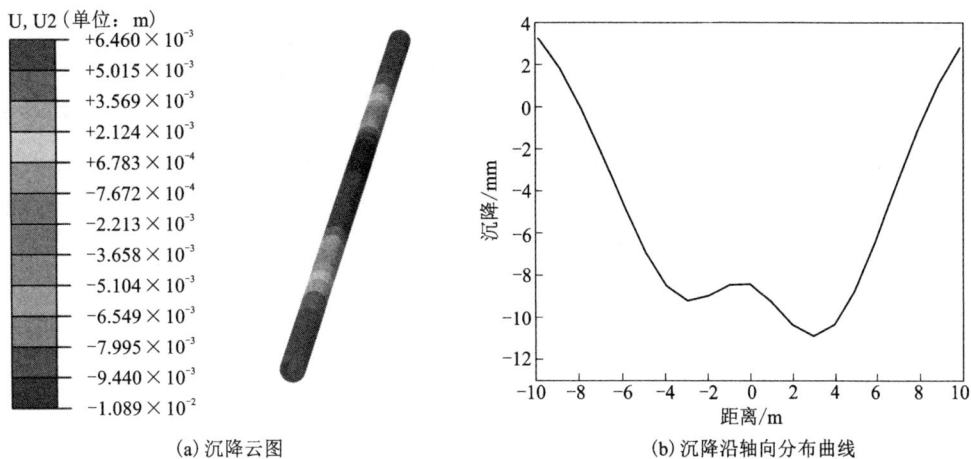

图 4-23　工况 3-2 管线沉降

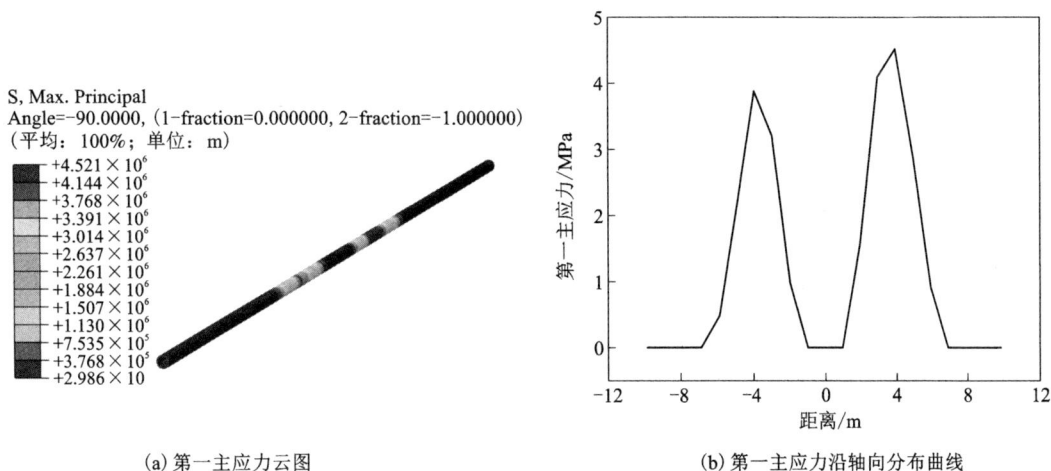

S, Max. Principal
Angle=−90.0000,（1-fraction=0.000000, 2-fraction=−1.000000）
（平均：100%；单位：m）
+4.521×10⁶
+4.144×10⁶
+3.768×10⁶
+3.391×10⁶
+3.014×10⁶
+2.637×10⁶
+2.261×10⁶
+1.884×10⁶
+1.507×10⁶
+1.130×10⁶
+7.535×10⁵
+3.768×10⁵
+2.986×10

（a）第一主应力云图

（b）第一主应力沿轴向分布曲线

图 4-24　工况 3-2 管线第一主应力

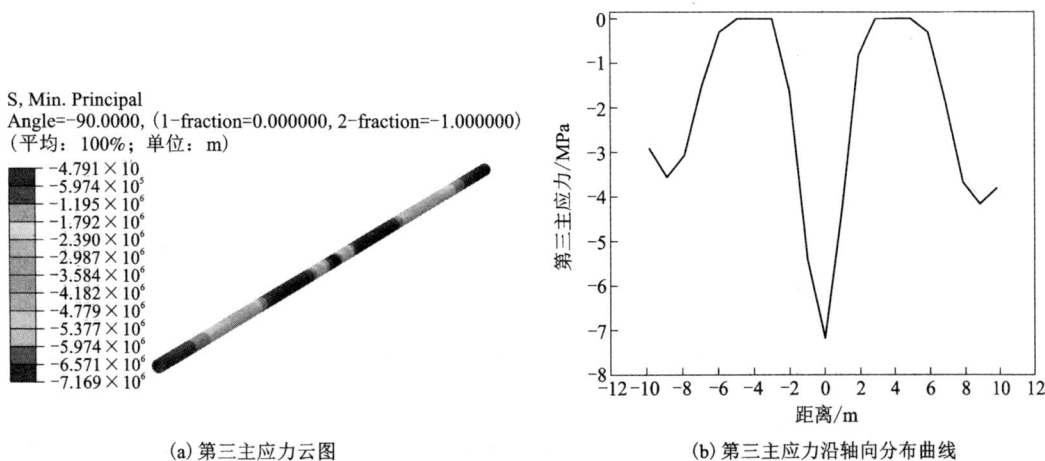

S, Min. Principal
Angle=−90.0000,（1-fraction=0.000000, 2-fraction=−1.000000）
（平均：100%；单位：m）
−4.791×10
−5.974×10⁵
−1.195×10⁶
−1.792×10⁶
−2.390×10⁶
−2.987×10⁶
−3.584×10⁶
−4.182×10⁶
−4.779×10⁶
−5.377×10⁶
−5.974×10⁶
−6.571×10⁶
−7.169×10⁶

（a）第三主应力云图

（b）第三主应力沿轴向分布曲线

图 4-25　工况 3-2 管线第三主应力

图 4-23 为管线与通道交角为 45°时管线沉降情况，与管线与通道交角为 90°类似，管线中部偏右处沉降较大，最大沉降为 10.89 mm。由图 4-24 和图 4-25 可知，管线第一主应力较大区域对应沉降较大管段处，第一主应力最大值为 4.521 MPa；管线中部第三主应力较大，第三主应力最大值为 7.169 MPa。交角为 45°与 90°时管线最大沉降基本一致，管线应力分布也较为接近，但第一主应力值和第三主应力值有较大差异。交角为 90°时第一主应力绝对值大于第三主应力绝对值，而交角为 45°时则与之相反。

工况 3-3 管线沉降、工况 3-3 管线第一主应力和工况 3-3 管线第三主应力如图 4-26～图 4-28 所示。

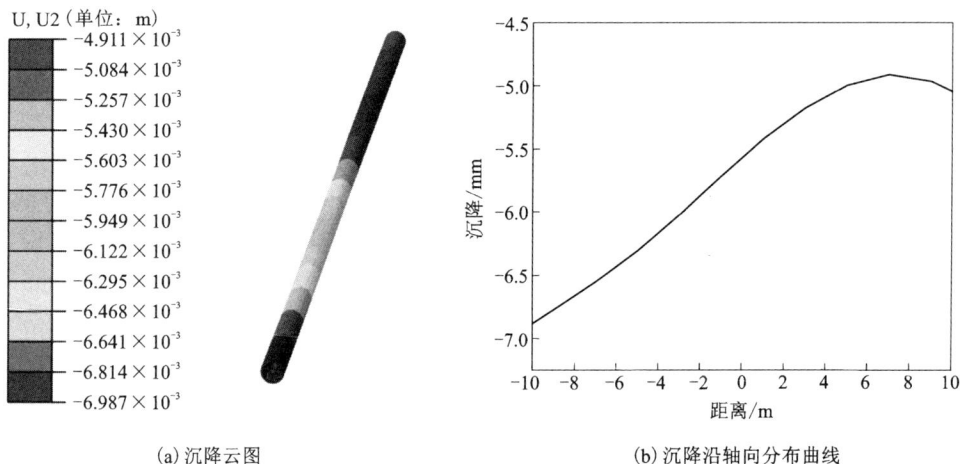

(a) 沉降云图　　　　　　　　　　　(b) 沉降沿轴向分布曲线

图 4-26　工况 3-3 管线沉降

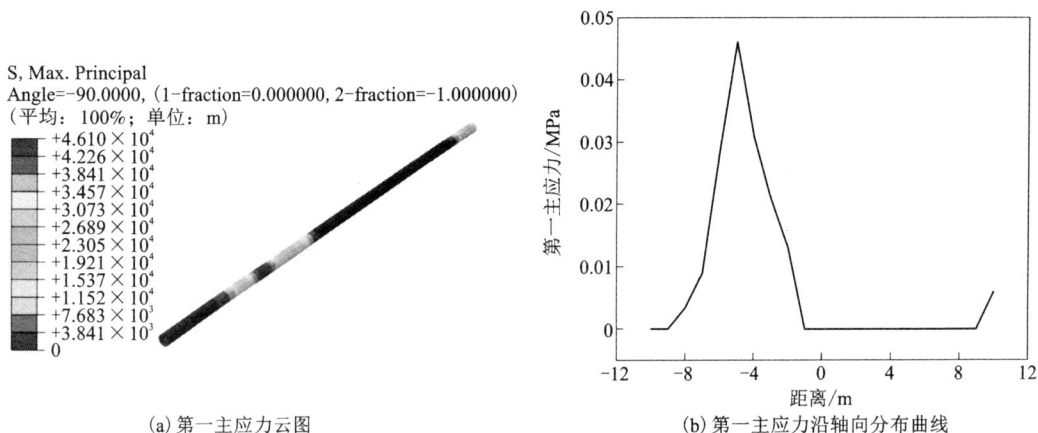

(a) 第一主应力云图　　　　　　　　(b) 第一主应力沿轴向分布曲线

图 4-27　工况 3-3 管线第一主应力

从图 4-26 可以看出，管线与通道交角为 0°时与交角为 90°和 45°时有较大区别，通道初始开挖面上方管段沉降较大，最大沉降为 6.99 mm；管线轴向与通道开挖方向一致，沿管线

S, Min. Principal
Angle=-90.0000, (1-fraction=0.000000, 2-fraction=-1.000000)
（平均：100%；单位：m）

- -3.638×10^{-12}
- -1.798×10^4
- -3.596×10^4
- -5.394×10^4
- -7.192×10^4
- -8.990×10^4
- -1.079×10^5
- -1.259×10^5
- -1.438×10^5
- -1.618×10^5
- -1.798×10^5
- -1.978×10^5
- -2.158×10^5

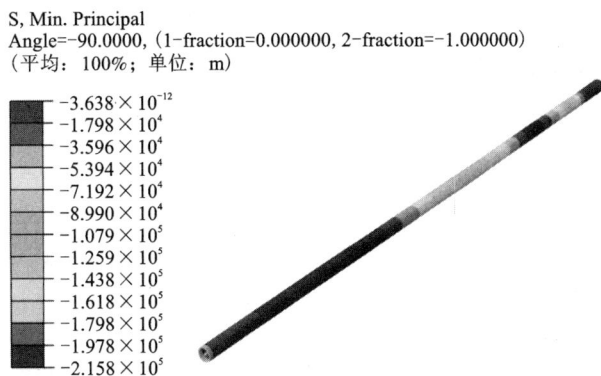

(a) 第三主应力云图

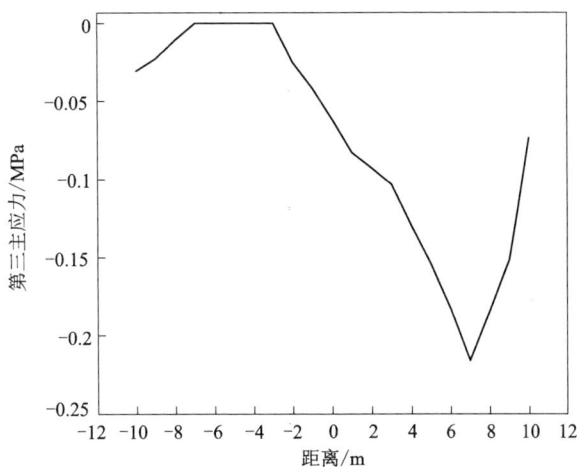

(b) 第三主应力沿轴向分布曲线

图 4-28　工况 3-3 管线第三主应力

轴向沉降逐渐减小。由图 4-27 和图 4-28 可知，管线第一主应力最大值在距离通道开挖面约 4 m 处，第一主应力最大值仅为 0.046 MPa。管线中部及右侧存在第一主应力为 0 MPa 的情况。交角为 0°时管线沉降较小，第一主应力绝对值小于第三主应力绝对值，与交角为 45°时一致。

不同管线与通道交角下管线沉降与主应力曲线如图 4-29 所示。

从图 4-29(a) 中可以看出，管线与通道交角对管线最大沉降值影响较小，最大沉降值之差仅为 3.9 mm。管线与通道交角为 0°时，管线沉降相对均匀，均为下沉趋势。由图 4-29(b) 和图 4-29(c) 可知，随着管线与通道交角的增大，第一主应力值呈增大趋势。当管线与通道交角为 90°时，管线第一主应力值最大。当管线与通道交角为 0°时，第一主应力值和第三主应力值均远小于 45°和 90°的情况。因此，当地铁通道下穿管线以 CRD 法施工时，应尽可能避免通道垂直下穿管线，以较小角度下穿管线可有效减小对管线的影响。

(a)沉降曲线

(b)第一主应力曲线

(c)第三主应力曲线

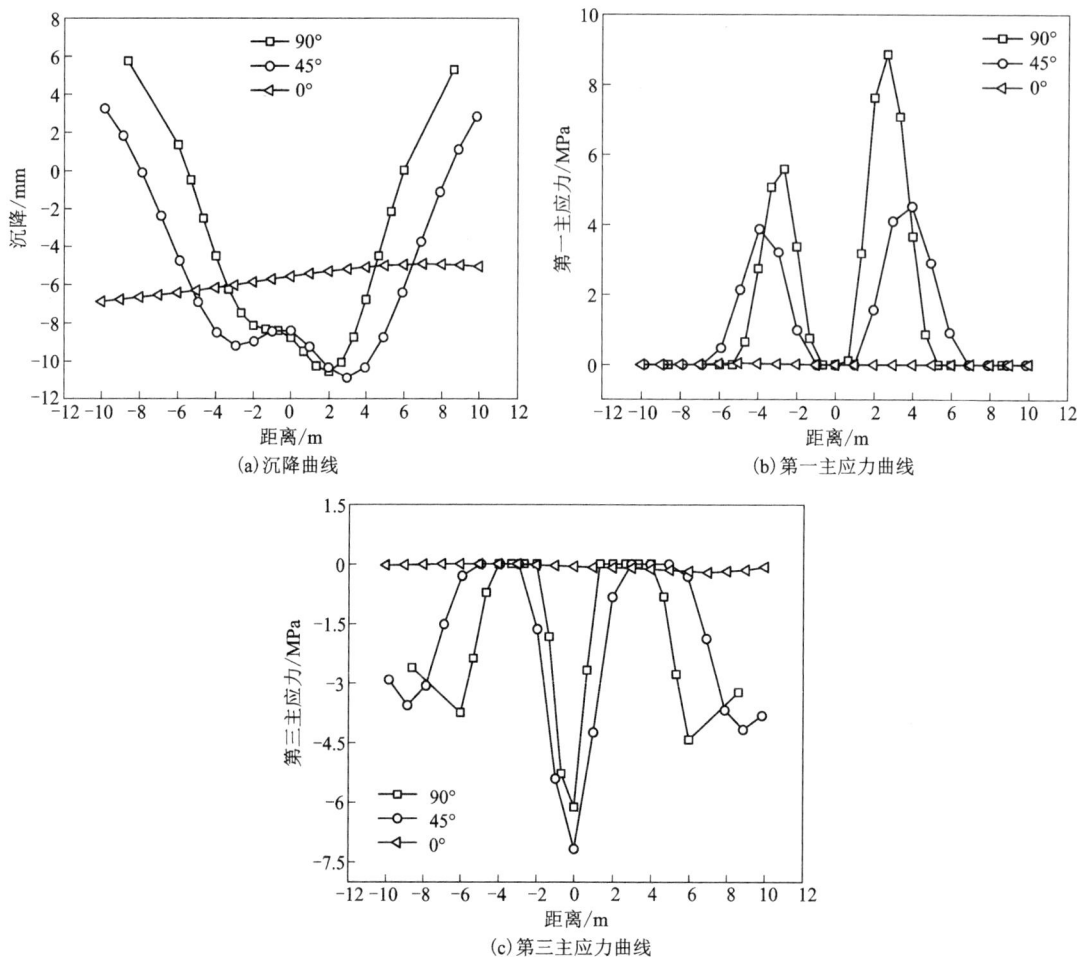

图4-29 不同管线与通道交角下管线沉降与主应力曲线

4.4.2 管线与通道的竖直距离

保持其余因素不变,对管线与通道竖直距离为1.5 m、1.15 m和0.8 m的情况进行分析。管线与通道的竖直距离因素工况设计见表4-3。

表4-3 管线与通道竖直距离因素工况设计

工况	交角/(°)	竖直距离/m	管径/m	壁厚/m	截面类型	管线材质
3-4	90	1.5	0.5	0.05	圆形	混凝土
3-5	90	1.15	0.5	0.05	圆形	混凝土
3-6	90	0.8	0.5	0.05	圆形	混凝土

工况3-4管线沉降、工况3-4管线第一主应力和工况3-4管线第三主应力如图4-30~图4-32所示。

如图 4-30 所示为管线与通道竖直距离为 1.5 m 时的管线沉降情况, 管线沉降较大区域为通道右导洞上方管段, 最大沉降为 9.82 mm。由图 4-31 和图 4-32 可知, 管线第一主应力最大值为 5.162 MPa, 管线第三主应力最大值为 3.247 MPa。

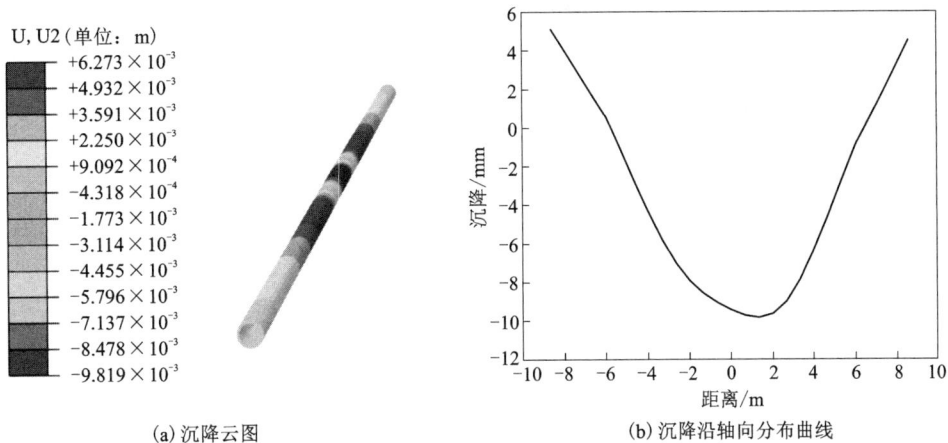

(a) 沉降云图　　　　　　　　　　(b) 沉降沿轴向分布曲线

图 4-30　工况 3-4 管线沉降

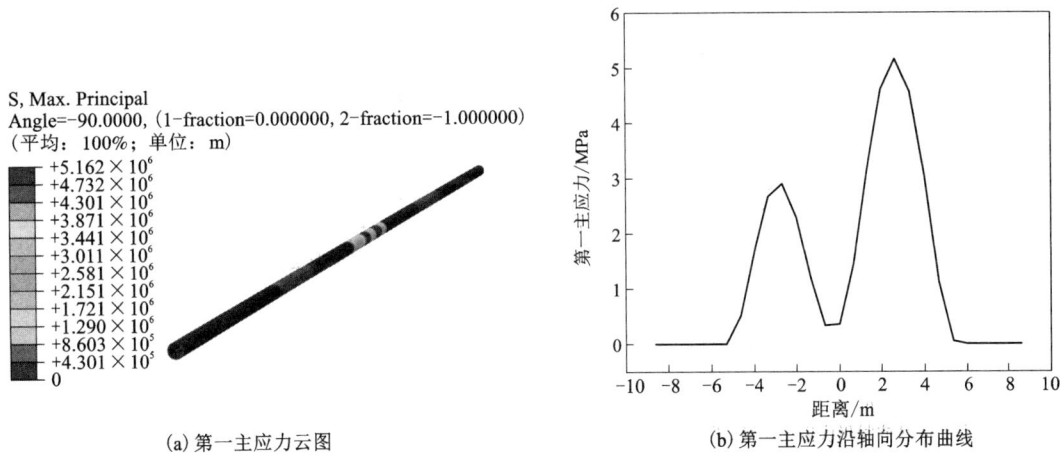

(a) 第一主应力云图　　　　　　　(b) 第一主应力沿轴向分布曲线

图 4-31　工况 3-4 管线第一主应力

工况 3-5 管线沉降、工况 3-5 管线第一主应力和工况 3-5 管线第三主应力如图 4-33 ～图 4-35 所示。

从图 4-33 可以看出, 管线与通道竖直距离为 1.15 m 时的管线沉降与竖直距离为 1.5 m 时较为接近, 管线中部偏右处沉降较大, 最大沉降为 10.15 mm。由图 4-34 和图 4-35 可知, 管线第一主应力较大区域对应沉降较大管段处, 第一主应力最大值为 6.85 MPa, 管线中部存在第一主应力为 0 MPa 的情况; 管线第三主应力最大值为 4.045 MPa。对比管线与通道竖直距离为 1.5 m 和 1.15 m 时的管线变形和内力, 可知管线与通道竖直距离越大, 管线沉降和内力越小。工况 3-6 与工况 3-1 相同。

S, Min. Principal
Angle=-90.0000, (1-fraction=0.000000, 2-fraction=-1.000000)
（平均：100%；单位：m）

```
 0
-2.706 × 10⁵
-5.412 × 10⁵
-8.118 × 10⁵
-1.082 × 10⁶
-1.353 × 10⁶
-1.624 × 10⁶
-1.894 × 10⁶
-2.165 × 10⁶
-2.436 × 10⁶
-2.706 × 10⁶
-2.977 × 10⁶
-3.247 × 10⁶
```

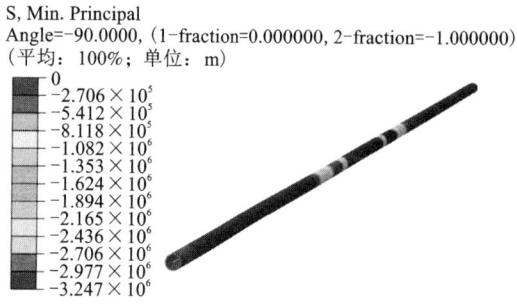

(a) 第三主应力云图

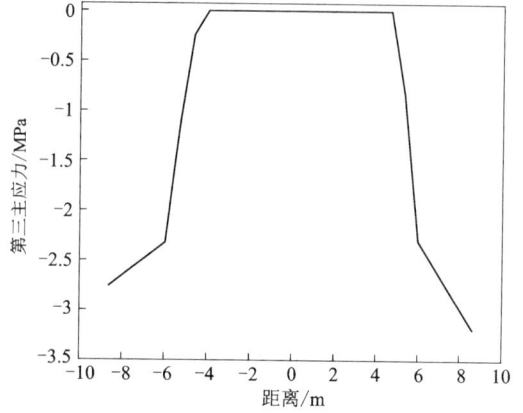

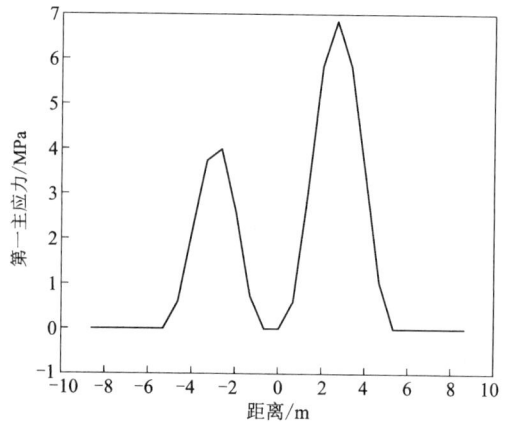

(b) 第三主应力沿轴向分布

图 4-32 工况 3-4 管线第三主应力

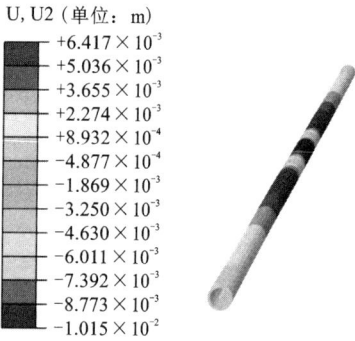

U, U2（单位：m）

```
+6.417 × 10⁻³
+5.036 × 10⁻³
+3.655 × 10⁻³
+2.274 × 10⁻³
+8.932 × 10⁻⁴
-4.877 × 10⁻⁴
-1.869 × 10⁻³
-3.250 × 10⁻³
-4.630 × 10⁻³
-6.011 × 10⁻³
-7.392 × 10⁻³
-8.773 × 10⁻³
-1.015 × 10⁻²
```

(a) 沉降云图

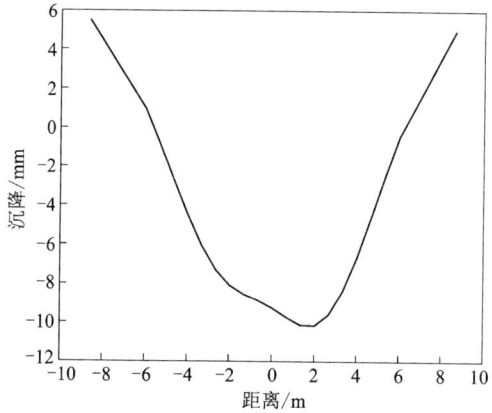

(b) 沉降沿轴向分布

图 4-33 工况 3-5 管线沉降

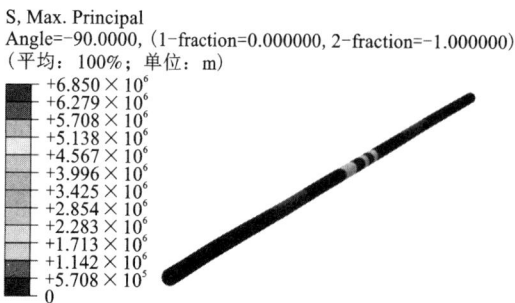

S, Max. Principal
Angle=-90.0000, (1-fraction=0.000000, 2-fraction=-1.000000)
（平均：100%；单位：m）

```
+6.850 × 10⁶
+6.279 × 10⁶
+5.708 × 10⁶
+5.138 × 10⁶
+4.567 × 10⁶
+3.996 × 10⁶
+3.425 × 10⁶
+2.854 × 10⁶
+2.283 × 10⁶
+1.713 × 10⁶
+1.142 × 10⁶
+5.708 × 10⁵
 0
```

(a) 第三主应力云图

(b) 第一主应力沿轴向分布

图 4-34 工况 3-5 管线第一主应力

S, Min. Principal
Angle=-90.0000,（1-fraction=0.000000, 2-fraction=-1.000000)
（平均：100%；单位：m)

```
 0
-3.371×10⁵
-6.742×10⁵
-1.011×10⁶
-1.348×10⁶
-1.686×10⁶
-2.023×10⁶
-2.360×10⁶
-2.697×10⁶
-3.034×10⁶
-3.371×10⁶
-3.708×10⁶
-4.045×10⁶
```

(a) 第三主应力云图

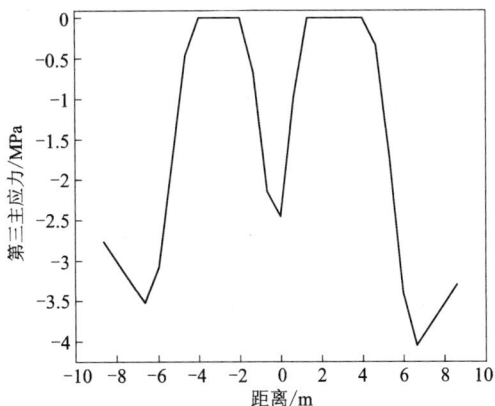

(b) 第三主应力沿轴向分布

图 4-35　工况 3-5 管线第三主应力

不同管线与通道竖直距离下管线沉降与主应力曲线如图 4-36 所示。

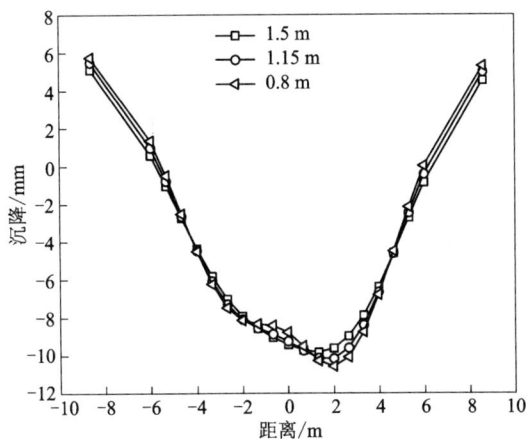

(a) 沉降曲线

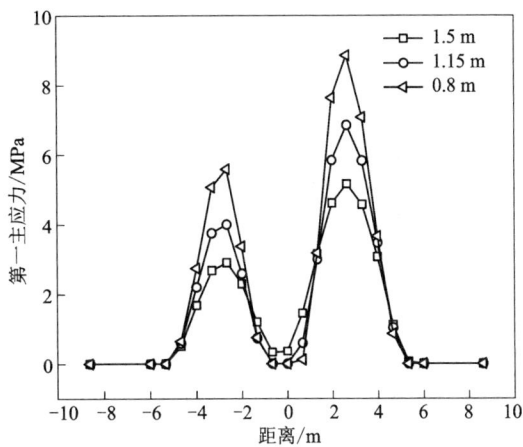

(b) 第一主应力曲线

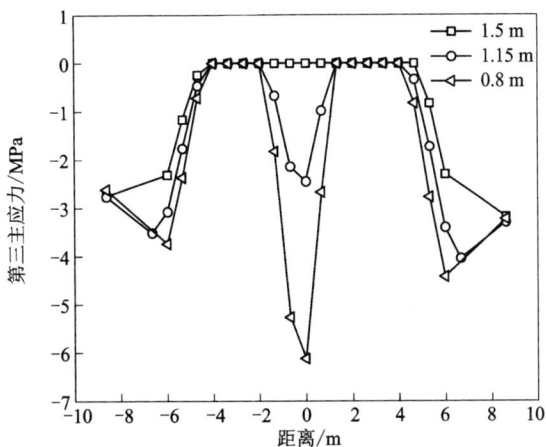

(c) 第三主应力曲线

图 4-36　不同管线与通道竖直距离下管线沉降与主应力曲线

从图 4-36(a)中可以看出,管线沉降随着通道与管线距离的减小而增大,三种工况下管线最大沉降分别为 9.82 mm、10.15 mm 和 10.56 mm,表明管线与通道距离在 0.8 m 至 1.5 m 之间变化对管线沉降的影响并不显著。由图 4-36(b)和图 4-36(c)可知,管线第一主应力和第三主应力值均随着通道与管线距离减小而增大,且变化较为显著。因此在通道下穿管线施工时,应尽量避免以过小净距穿越管线。

▶ 4.5 管线构造与材质影响

管线构造与材质主要包括管径、壁厚、截面类型及管线材质,本节将设计单因素工况,建立相应数值模型,同样采用控制变量法研究管线构造与材质对管线变形和内力的影响规律。

4.5.1 管径

保持其余因素不变,对管径为 1.5 m、1 m 和 0.5 m 情况进行分析。管径因素工况设计见表 4-4。

表 4-4 管径因素工况设计

工况	交角/(°)	竖直距离/m	管径/m	壁厚/m	截面类型	管线材质
3-7	90	0.8	1.5	0.05	圆形	混凝土
3-8	90	0.8	1	0.05	圆形	混凝土
3-9	90	0.8	0.5	0.05	圆形	混凝土

工况 3-7 管线沉降、工况 3-7 管线第一主应力和工况 3-7 管线第三主应力如图 4-37~图 4-39 所示。

图 4-37 为管径为 1.5 m 时的管线沉降情况,管线沉降较大区域为通道右导洞上方管段,最大沉降为 6.4 mm。由图 4-38 和图 4-39 可知,管线第一主应力最大值为 7.487 MPa,管线第三主应力最大值为 4.022 MPa。

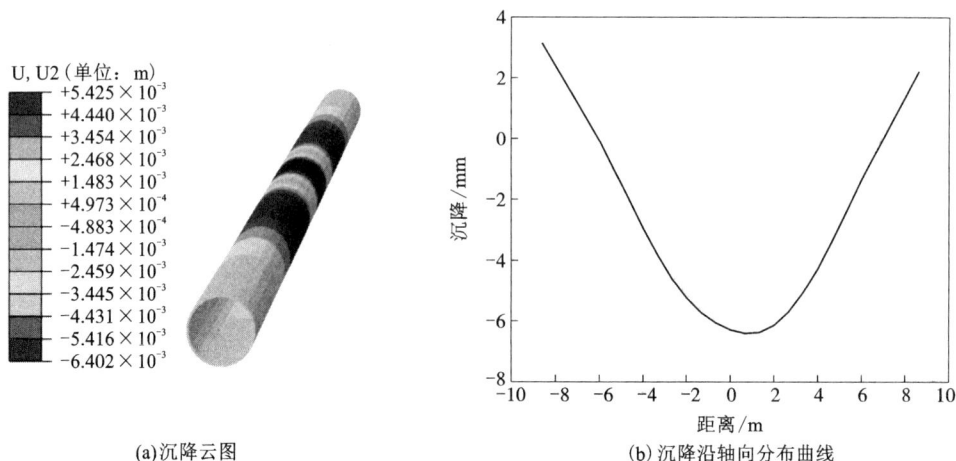

U, U2(单位: m)
+5.425×10⁻³
+4.440×10⁻³
+3.454×10⁻³
+2.468×10⁻³
+1.483×10⁻³
+4.973×10⁻⁴
−4.883×10⁻⁴
−1.474×10⁻³
−2.459×10⁻³
−3.445×10⁻³
−4.431×10⁻³
−5.416×10⁻³
−6.402×10⁻³

(a)沉降云图

(b)沉降沿轴向分布曲线

图 4-37 工况 3-7 管线沉降

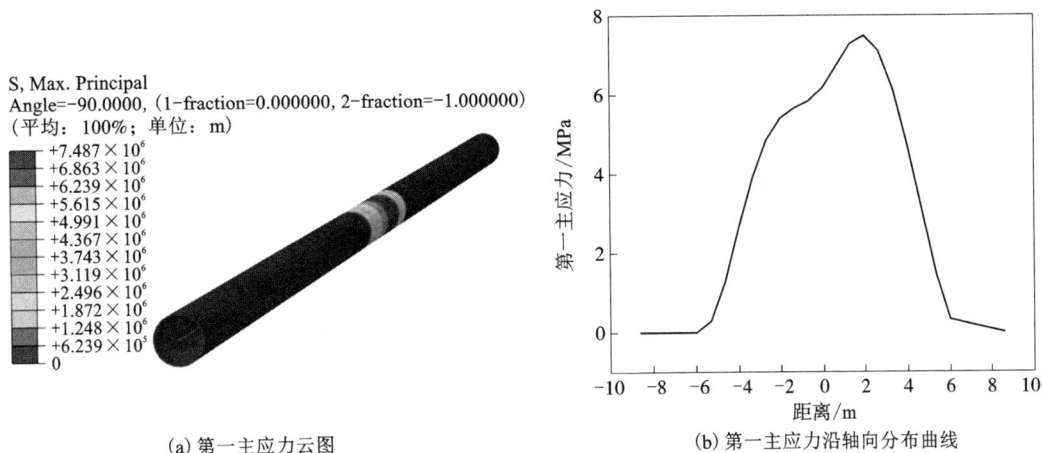

(a) 第一主应力云图

(b) 第一主应力沿轴向分布曲线

图 4-38　工况 3-7 管线第一主应力

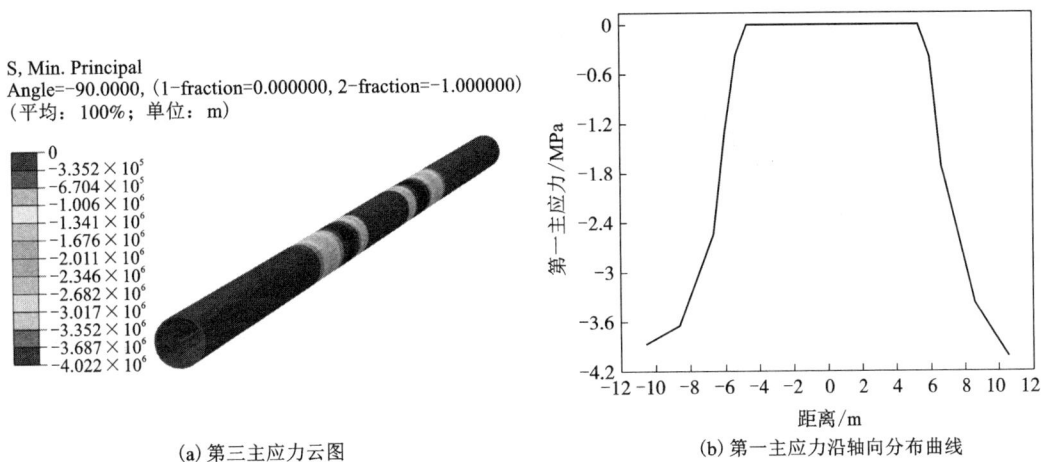

(a) 第三主应力云图

(b) 第一主应力沿轴向分布曲线

图 4-39　工况 3-7 管线第三主应力

工况 3-8 管线沉降、工况 3-8 管线第一主应力和工况 3-8 管线第三主应力如图 4-40~图 4-42 所示。

图 4-40 为管径为 1 m 时的管线沉降情况，与管径为 1.5 m 时类似，管线中部偏右处沉降较大，最大沉降为 8.4 mm。由图 4-41 和图 4-42 可知，管线第一主应力较大处为通道右导洞上方管段，第一主应力最大值为 8.058 MPa，此处管线第三主应力为 0 MPa。对比管径为 1.5 m 和 1 m 时的管线变形和内力可知，管径越大，管线沉降和内力越小。工况 3-9 与工况 3-1 相同。根据工况 3-7~工况 3-9 管线第三主应力分布情况可知，管径为 0.5 m 时，管线中部第三主应力不为 0 MPa；管径为 1 m 和 1.5 m 时，管线中部第三主应力均为 0 MPa。

U, U2（单位：m）
+6.134×10⁻³
+4.923×10⁻³
+3.711×10⁻³
+2.500×10⁻³
+1.289×10⁻³
+7.770×10⁻⁵
−1.134×10⁻³
−2.345×10⁻³
−3.556×10⁻³
−4.767×10⁻³
−5.978×10⁻³
−7.190×10⁻³
−8.401×10⁻³

（a）沉降云图

（b）沉降沿轴向分布曲线

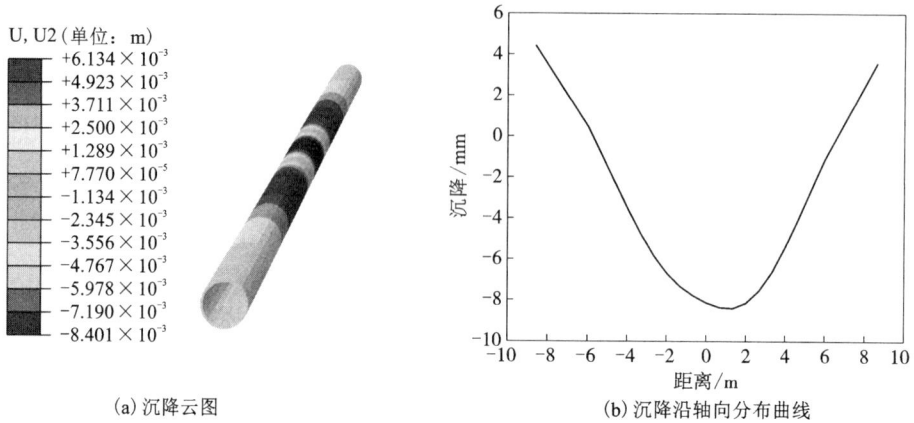

图 4-40　工况 3-8 管线沉降

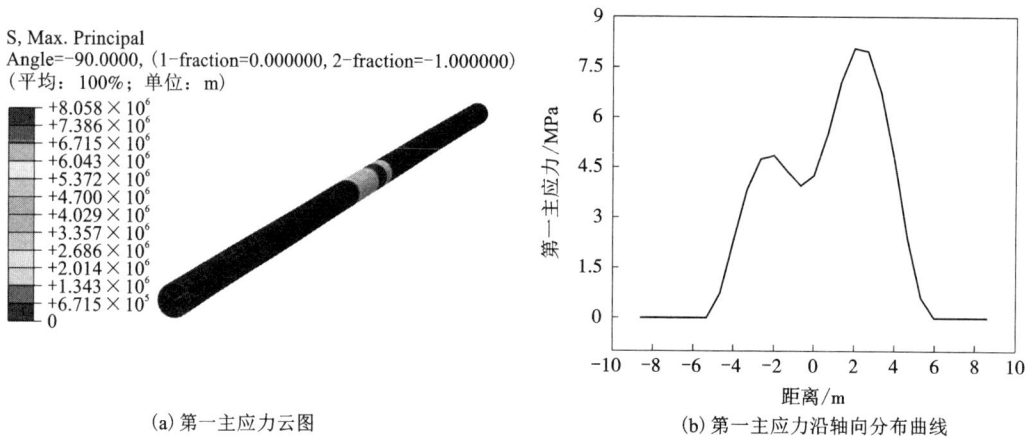

S, Max. Principal
Angle=−90.0000，(1-fraction=0.000000, 2-fraction=−1.000000)
（平均：100%；单位：m）
+8.058×10⁶
+7.386×10⁶
+6.715×10⁶
+6.043×10⁶
+5.372×10⁶
+4.700×10⁶
+4.029×10⁶
+3.357×10⁶
+2.686×10⁶
+2.014×10⁶
+1.343×10⁶
+6.715×10⁵
0

（a）第一主应力云图

（b）第一主应力沿轴向分布曲线

图 4-41　工况 3-8 管线第一主应力

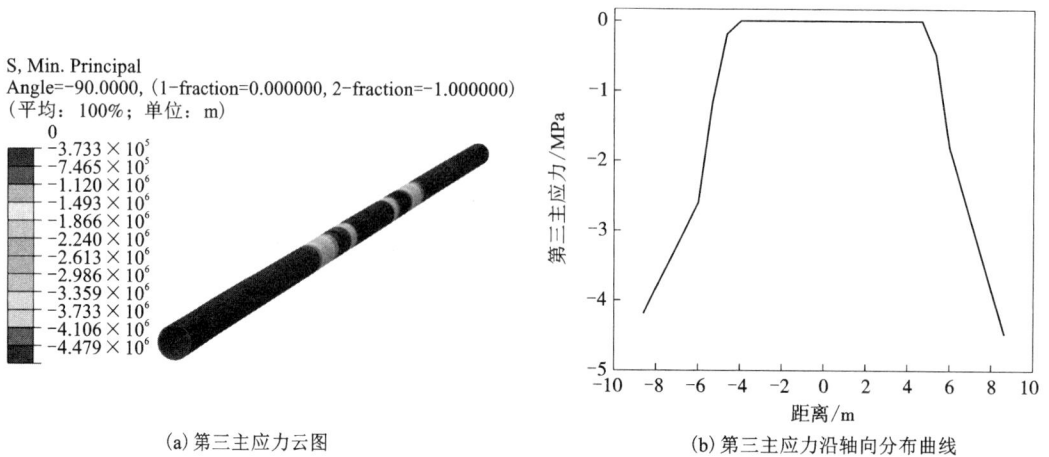

S, Min. Principal
Angle=−90.0000，(1-fraction=0.000000, 2-fraction=−1.000000)
（平均：100%；单位：m）
0
−3.733×10⁵
−7.465×10⁵
−1.120×10⁶
−1.493×10⁶
−1.866×10⁶
−2.240×10⁶
−2.613×10⁶
−2.986×10⁶
−3.359×10⁶
−3.733×10⁶
−4.106×10⁶
−4.479×10⁶

（a）第三主应力云图

（b）第三主应力沿轴向分布曲线

图 4-42　工况 3-8 管线第三主应力

不同管径下管线沉降与主应力曲线如图4-43所示。

从图4-43(a)中可以看出,管线管径越大,则管线沉降越小。三种工况下管线最大沉降分别为6.4 mm、8.4 mm和10.56 mm,说明管径对管线沉降影响较为显著。由图4-43(b)和图4-43(c)可知,管线第一主应力和第三主应力随着管径的减小而增大,管径为1.5 m和1 m时,管线内力值较为接近。管径为0.5 m时,内力最大。上述分析表明,当管线管径增大到一定程度时,对管线内力的影响不大;当管径较小时,管线变形和内力均较大。因此通道下穿管线施工时,应尽可能避免穿越较小管径的管线。当通道线路无法改变时,应加强对此类管线的保护,避免其变形过大和强度不足。

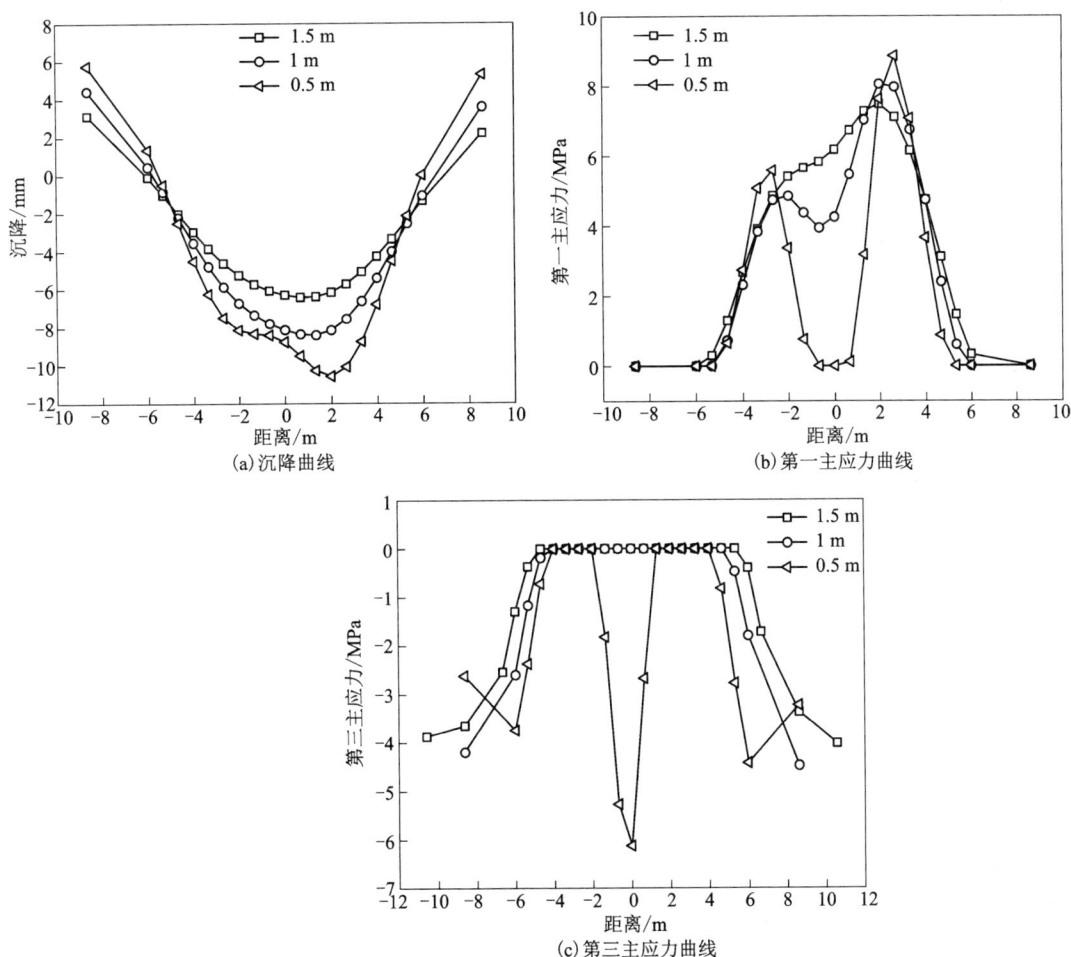

图 4-43　不同管径下管线沉降与主应力曲线

4.5.2　壁厚

保持其余因素不变,对壁厚为0.15 m、0.1 m和0.05 m的情况进行分析。管线壁厚因素工况设计见表4-5。

表4-5 管线壁厚因素工况设计

工况	交角/(°)	竖直距离/m	管径/m	壁厚/m	截面类型	管线材质
3-10	90	0.8	0.5	0.15	圆形	混凝土
3-11	90	0.8	0.5	0.1	圆形	混凝土
3-12	90	0.8	0.5	0.05	圆形	混凝土

工况3-10管线沉降、工况3-10管线第一主应力和工况3-10管线第三主应力如图4-44~图4-46所示。

图4-44为壁厚为0.15 m时的管线沉降情况,管线沉降较大区域仍为通道右导洞上方管段,最大沉降为10.25 mm。由图4-45和图4-46可知,管线第一主应力最大值为6.727 MPa,管线第三主应力最大值为3.418 MPa。

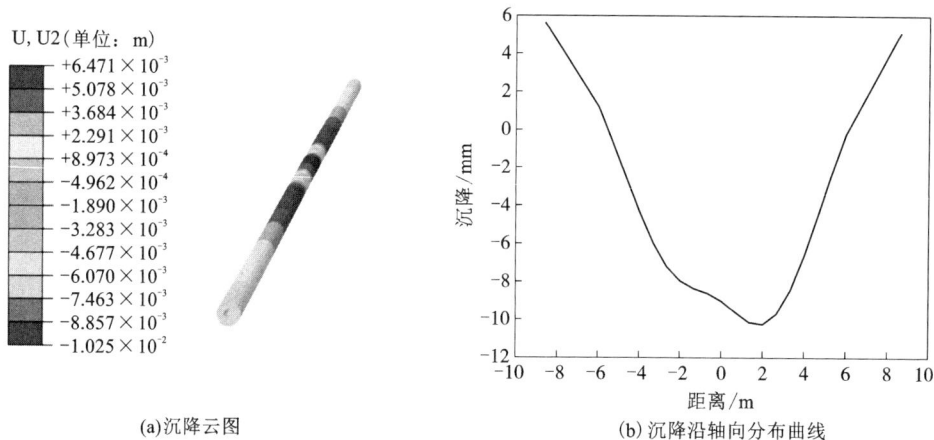

(a)沉降云图

(b)沉降沿轴向分布曲线

图4-44 工况3-10管线沉降

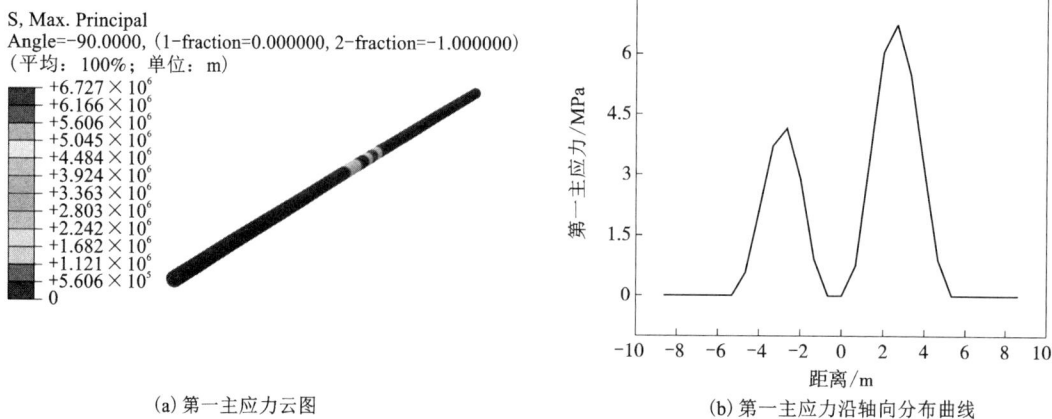

(a)第一主应力云图

(b)第一主应力沿轴向分布曲线

图4-45 工况3-10管线第一主应力

S, Min. Principal
Angle=-90.0000, (1-fraction=0.000000, 2-fraction=-1.000000)
（平均：100%；单位：m）

0
-2.848×10⁵

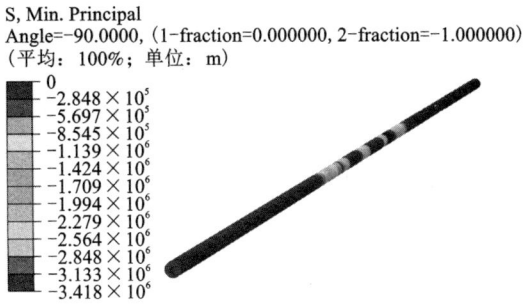

(a) 第三主应力云图

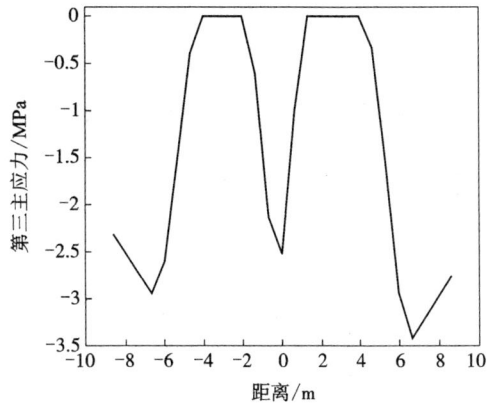

(b) 第三主应力沿轴向分布曲线

图 4-46　工况 3-10 管线第三主应力

工况 3-11 管线沉降、工况 3-11 管线第一主应力和工况 3-11 管线第三主应力如图 4-47~图 4-49 所示。

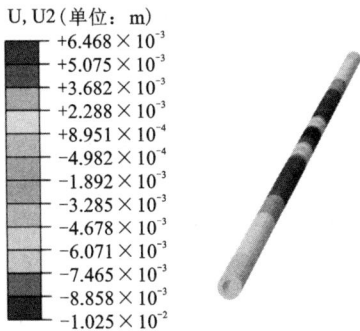

U, U2（单位：m）

(a) 沉降云图

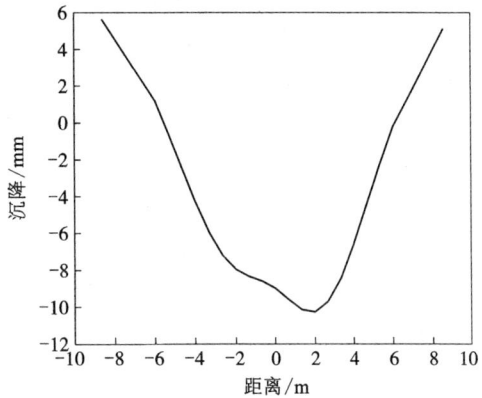

(b) 沉降沿轴向分布曲线

图 4-47　工况 3-11 管线沉降

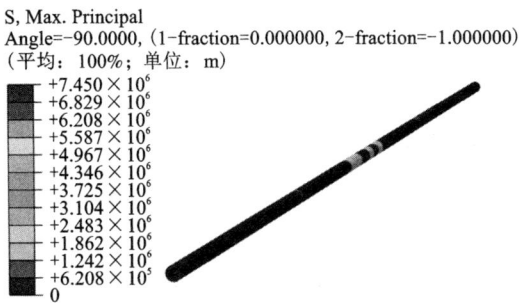

S, Max. Principal
Angle=-90.0000, (1-fraction=0.000000, 2-fraction=-1.000000)
（平均：100%；单位：m）

(a) 第一主应力云图

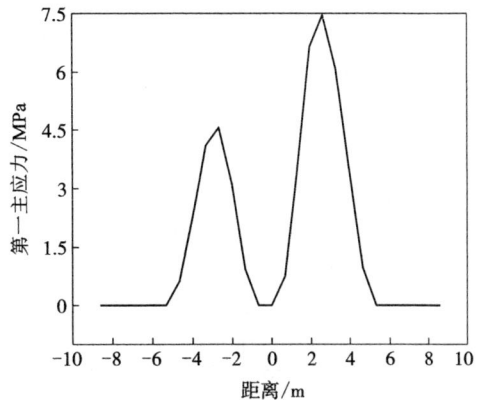

(b) 第一主应力沿轴向分布曲线

图 4-48　工况 3-11 管线第一主应力

S, Min. Principal
Angle=-90.0000, (1-fraction=0.000000, 2-fraction=-1.000000)
（平均：100%；单位：m）

0	
-3.213×10^5	
-6.426×10^5	
-9.640×10^5	
-1.285×10^6	
-1.607×10^6	
-1.928×10^6	
-2.249×10^6	
-2.571×10^6	
-2.892×10^6	
-3.213×10^6	
-3.535×10^6	
-3.856×10^6	

(a) 第三主应力云图

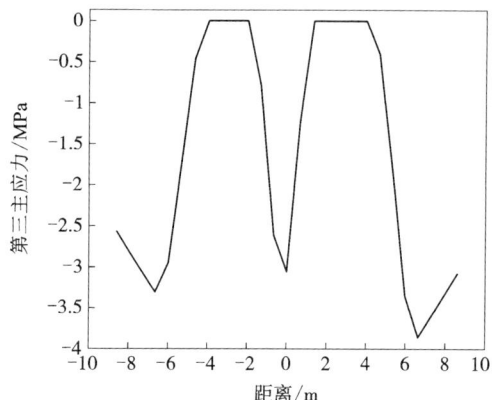

(b) 第三主应力沿轴向分布曲线

图 4-49　工况 3-11 管线第三主应力

从图 4-47 可以看出，壁厚为 0.1 m 时的管线沉降与壁厚为 0.15 m 时类似，管线中部偏右处沉降较大，最大沉降为 10.25 mm。由图 4-48 和图 4-49 可知，管线第一主应力较大处同样为通道右导洞上方管段，第一主应力最大值为 7.45 MPa，第三主应力最大值为 3.856 MPa。工况 3-12 与工况 3-1 相同。

不同壁厚下管线沉降与主应力曲线如图 4-50 所示。

从图 4-50(a) 中可以看出，其余因素保持不变时，管线壁厚对管线的沉降影响较小，三种工况管线沉降分别为 10.25 mm、10.25 mm、10.56 mm。管线沉降最大差值仅为 0.31 mm，管线壁厚在 0.05 m 至 0.15 m 之间变化对管线沉降的影响几乎可以忽略不计。由图 4-50(b) 和图 4-50(c) 可知，管线壁厚对管线内力影响较为显著，随着壁厚减小，管线第一主应力增大。虽然管线壁厚变化对沉降影响较小，但不能忽略壁厚变化对管线内力的影响，在通道下穿管线施工时应根据管线设计资料和超前勘探情况，重点保护此类壁厚较小的管线，避免因管线强度不足而发生破坏。

4.5.3　截面类型

为便于比较分析截面类型对管线的影响，在前述管线壁厚单因素工况基础上仅改变截面类型。管线截面类型因素工况设计见表 4-6。

表 4-6　管线截面类型因素工况设计

工况	交角/(°)	竖直距离/m	横截面长宽/m	壁厚/m	截面类型	管线材质
3-13	90	0.8	0.5	0.15	矩形	混凝土
3-14	90	0.8	0.5	0.1	矩形	混凝土
3-15	90	0.8	0.5	0.05	矩形	混凝土

(a) 沉降曲线

(b) 第一主应力曲线

(c) 第三主应力曲线

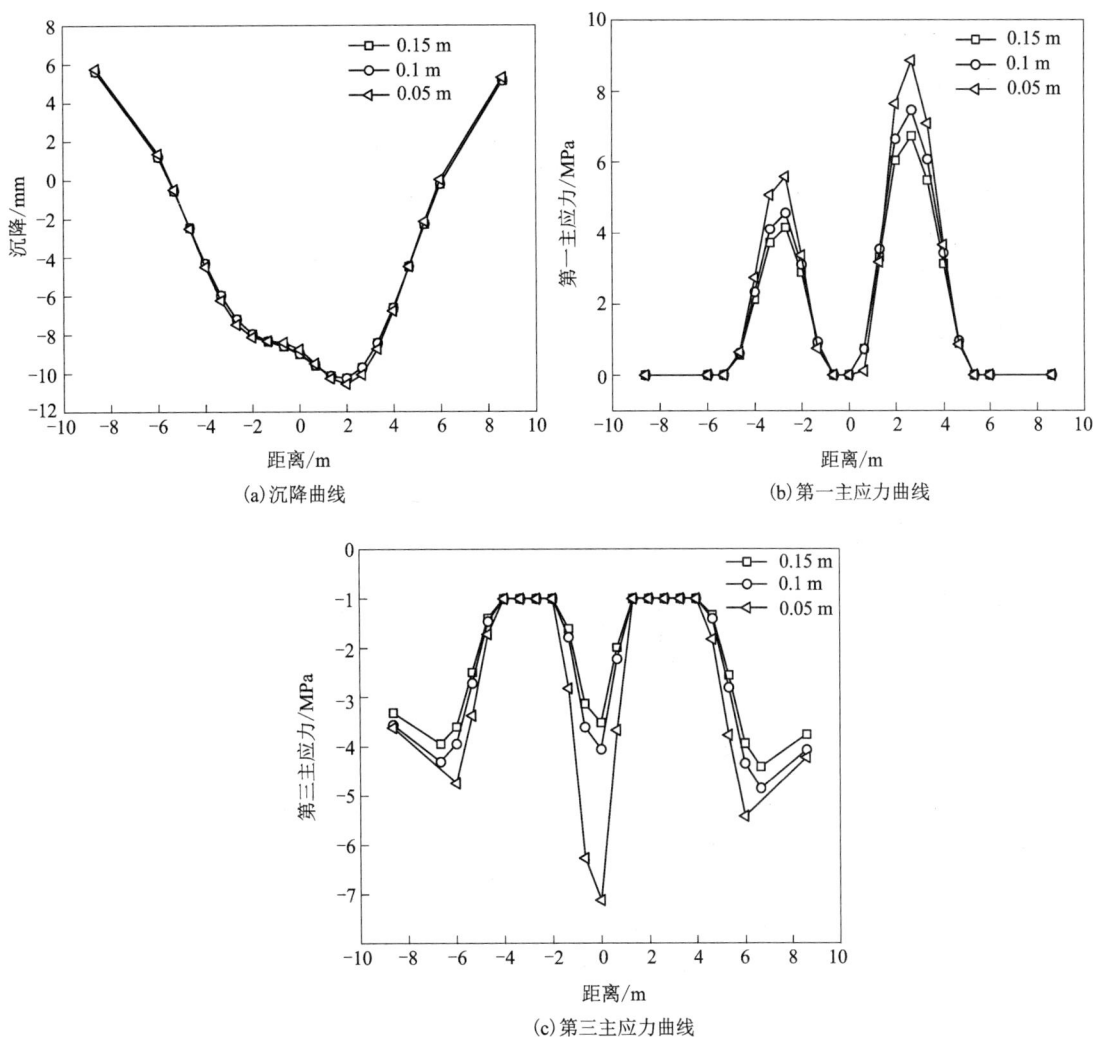

图 4-50 不同壁厚下管线沉降与主应力曲线

工况 3-13 管线沉降、工况 3-13 管线第一主应力和工况 3-13 管线第三主应力如图 4-51~图 4-53 所示。

图 4-51 为矩形截面管壁厚为 0.15 m 时的管线沉降情况，管线沉降较大区域仍为通道右导洞上方管段，最大沉降为 9.85 mm。由图 4-52 和图 4-53 可知，管线第一主应力最大值为 5.431 MPa，管线第三主应力最大值为 2.917 MPa。

工况 3-14 管线沉降、工况 3-14 管线第一主应力和工况 3-14 管线第三主应力如图 4-54~图 4-56 所示。

从图 4-54 可以看出矩形截面管壁厚为 0.1 m 时的管线沉降情况，与壁厚为 0.15 m 时类似，管线中部偏右处沉降较大，最大沉降为 9.82 mm。由图 4-55 和图 4-56 可知，管线第一主应力较大处同样为通道右导洞上方管段，第一主应力最大值为 6.011 MPa，第三主应力最大值为 3.283 MPa。

U, U2 (单位: m)

+6.392×10⁻³
+5.039×10⁻³
+3.685×10⁻³
+2.332×10⁻³
+9.787×10⁻⁴
-3.746×10⁻⁴
-1.728×10⁻³
-3.081×10⁻³
-4.434×10⁻³
-5.788×10⁻³
-7.141×10⁻³
-8.494×10⁻³
-9.848×10⁻³

(a) 沉降云图

(b) 沉降沿轴向分布曲线

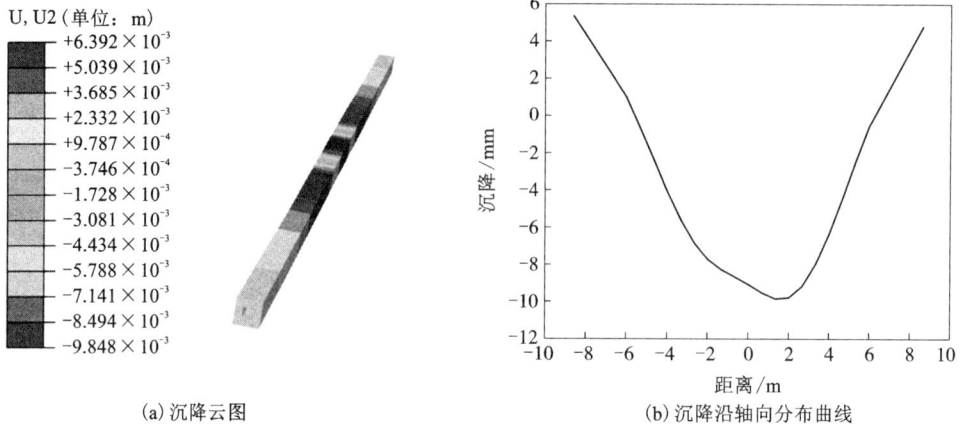

图 4-51 工况 3-13 管线沉降

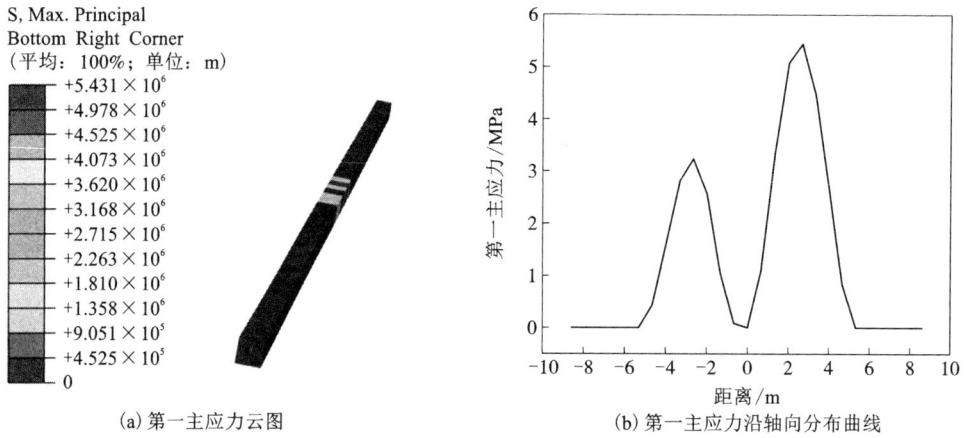

S, Max. Principal
Bottom Right Corner
(平均: 100%; 单位: m)

+5.431×10⁶
+4.978×10⁶
+4.525×10⁶
+4.073×10⁶
+3.620×10⁶
+3.168×10⁶
+2.715×10⁶
+2.263×10⁶
+1.810×10⁶
+1.358×10⁶
+9.051×10⁵
+4.525×10⁵
0

(a) 第一主应力云图

(b) 第一主应力沿轴向分布曲线

图 4-52 工况 3-13 管线第一主应力

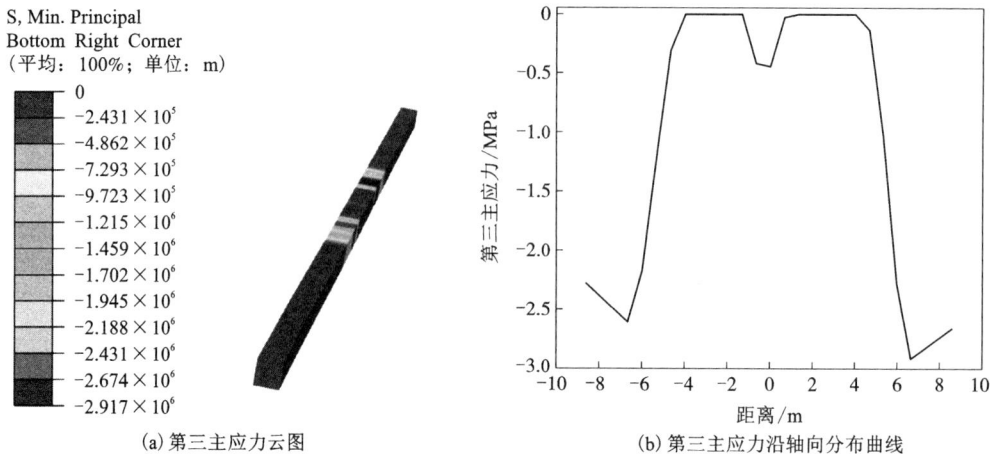

S, Min. Principal
Bottom Right Corner
(平均: 100%; 单位: m)

0
-2.431×10⁵
-4.862×10⁵
-7.293×10⁵
-9.723×10⁵
-1.215×10⁶
-1.459×10⁶
-1.702×10⁶
-1.945×10⁶
-2.188×10⁶
-2.431×10⁶
-2.674×10⁶
-2.917×10⁶

(a) 第三主应力云图

(b) 第三主应力沿轴向分布曲线

图 4-53 工况 3-13 管线第三主应力

U, U2（单位：m）
+6.408×10⁻³
+5.056×10⁻³
+3.704×10⁻³
+2.351×10⁻³
+9.992×10⁻⁴
−3.531×10⁻⁴
−1.705×10⁻³
−3.058×10⁻³
−4.410×10⁻³
−5.762×10⁻³
−7.114×10⁻³
−8.467×10⁻³
−9.819×10⁻³

(a) 沉降云图

(b) 沉降沿轴向分布曲线

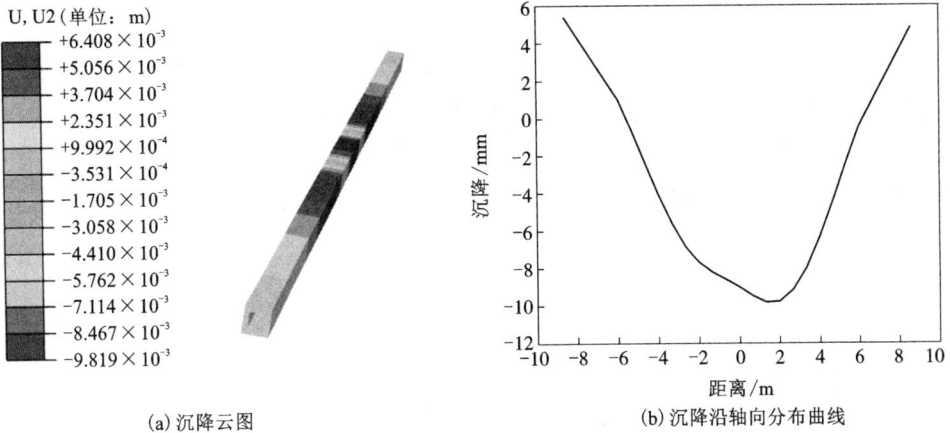

图 4-54　工况 3-14 管线沉降

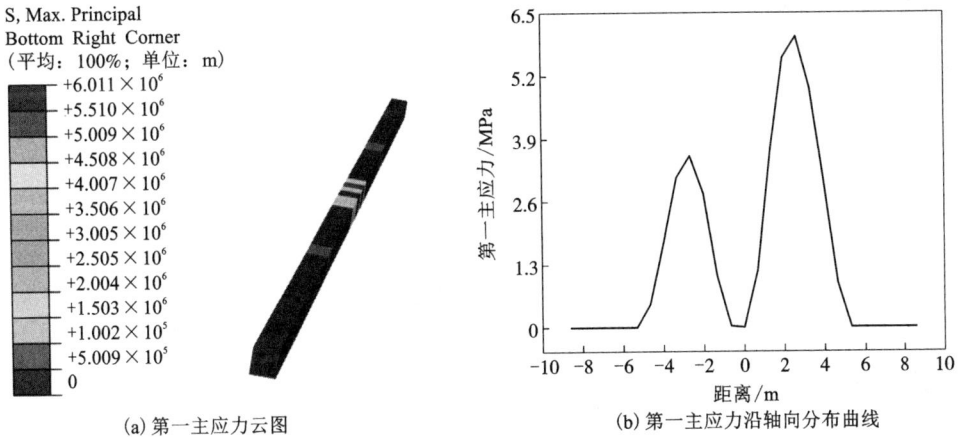

S, Max. Principal
Bottom Right Corner
（平均：100%；单位：m）
+6.011×10⁶
+5.510×10⁶
+5.009×10⁶
+4.508×10⁶
+4.007×10⁶
+3.506×10⁶
+3.005×10⁶
+2.505×10⁶
+2.004×10⁶
+1.503×10⁶
+1.002×10⁵
+5.009×10⁵
0

(a) 第一主应力云图

(b) 第一主应力沿轴向分布曲线

图 4-55　工况 3-14 管线第一主应力

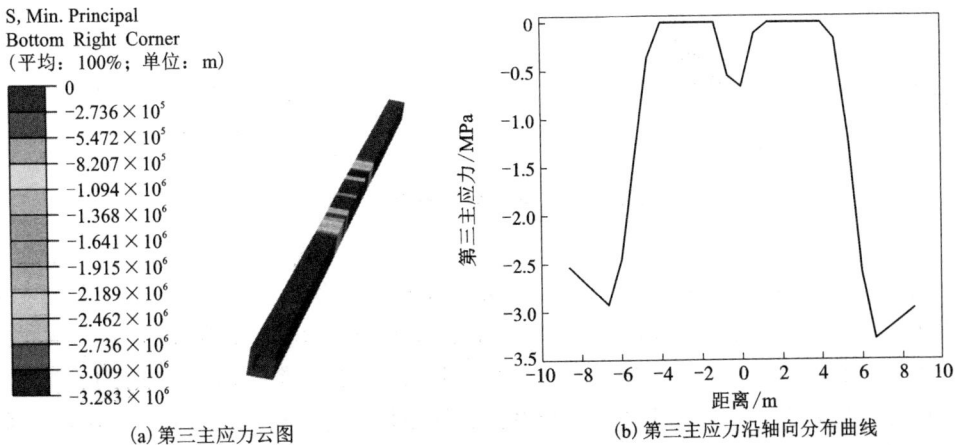

S, Min. Principal
Bottom Right Corner
（平均：100%；单位：m）
0
−2.736×10⁵
−5.472×10⁵
−8.207×10⁵
−1.094×10⁶
−1.368×10⁶
−1.641×10⁶
−1.915×10⁶
−2.189×10⁶
−2.462×10⁶
−2.736×10⁶
−3.009×10⁶
−3.283×10⁶

(a) 第三主应力云图

(b) 第三主应力沿轴向分布曲线

图 4-56　工况 3-14 管线第三主应力

工况 3-15 管线沉降、工况 3-15 管线第一主应力和工况 3-15 管线第三主应力如图 4-57~图 4-59 所示。

从图 4-57 可以看出，矩形截面管壁厚为 0.05 m 时的管线沉降情况与壁厚为 0.1 m 时类似，管线中部偏右处沉降较大，最大沉降为 10.09 mm。由图 4-58 和图 4-59 可知，管线第一主应力较大处为通道右导洞上方管段，第一主应力最大值为 7.146 MPa，管线第三主应力为 4.062 MPa。三种工况沉降和应力分布均类似，仅有数值上的差异。

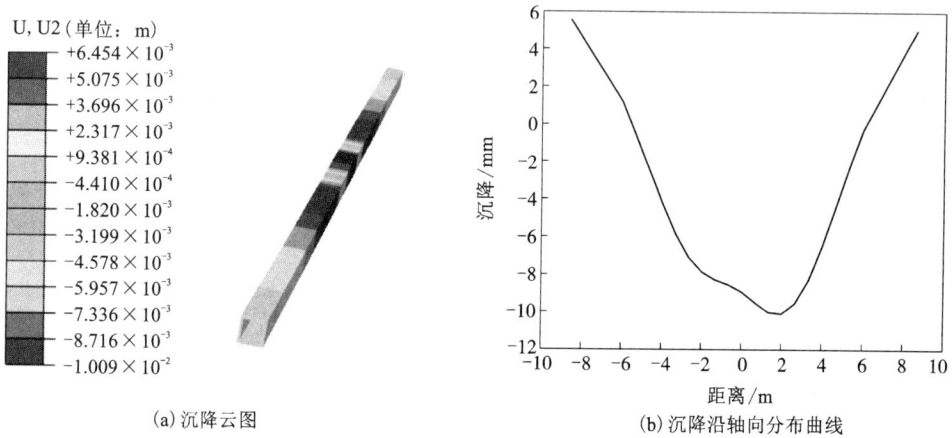

(a) 沉降云图   (b) 沉降沿轴向分布曲线

图 4-57　工况 3-15 管线沉降

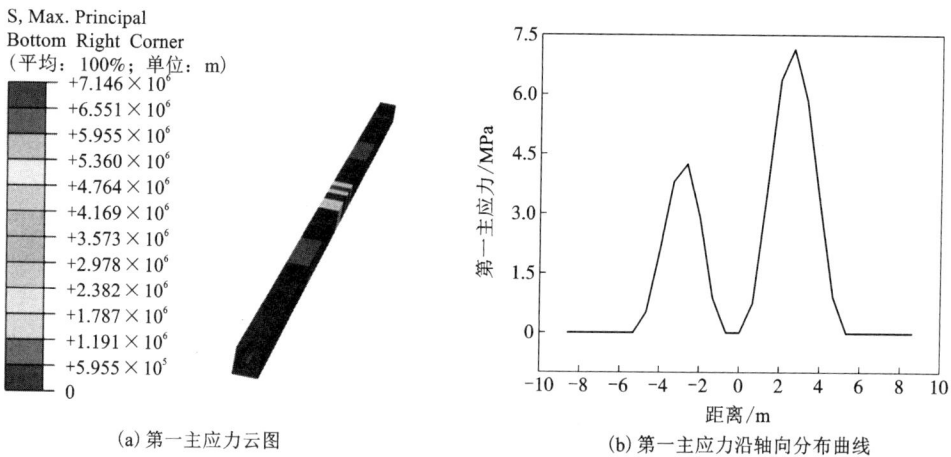

(a) 第一主应力云图   (b) 第一主应力沿轴向分布曲线

图 4-58　工况 3-15 管线第一主应力

不同壁厚下矩形截面管线沉降与主应力曲线如图 4-60 所示。

由图 4-60 可知管线截面为矩形时，壁厚对管线沉降的影响可忽略不计，但对管线内力的影响较为显著。通过对比圆形截面管线和矩形截面管线的沉降及内力，可知矩形截面管线的最大沉降和内力较小。实际工程中圆形截面管线制作工艺简便，且内力分布均匀，因此圆形截面管线使用更为普遍。矩形截面管线角部内力较大，应注意对矩形截面管线角部进行保护，避免上述区域发生破坏。

S, Min. Principal
Bottom Right Corner
（平均：100%；单位：m）

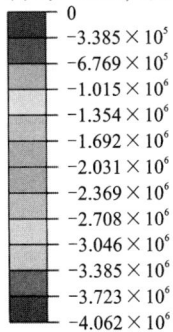

	0
	-3.385×10^5
	-6.769×10^5
	-1.015×10^6
	-1.354×10^6
	-1.692×10^6
	-2.031×10^6
	-2.369×10^6
	-2.708×10^6
	-3.046×10^6
	-3.385×10^6
	-3.723×10^6
	-4.062×10^6

(a) 第三主应力云图

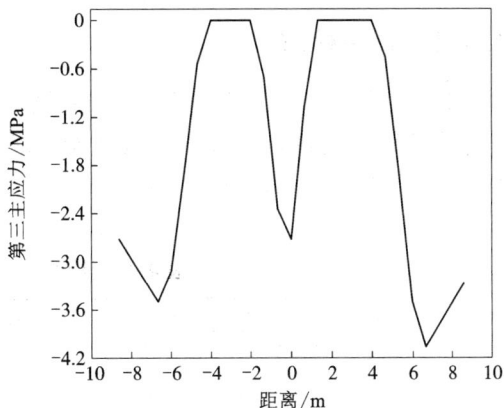

(b) 第三主应力沿轴向分布曲线

图 4-59　工况 3-15 管线第三主应力

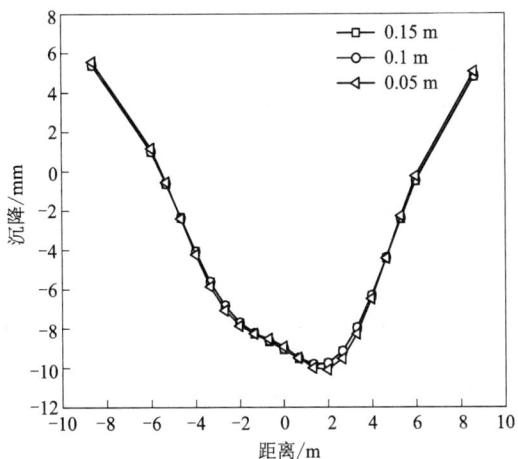

(a) 沉降曲线

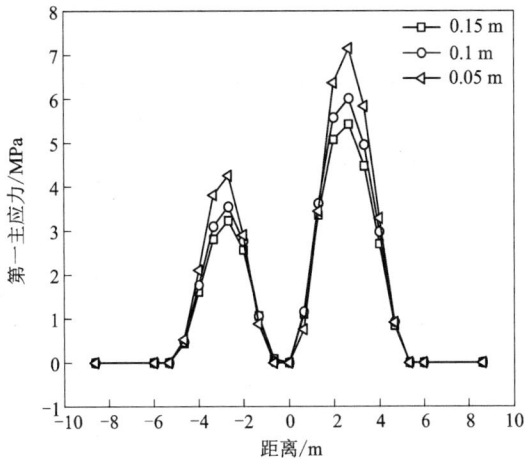

(b) 第一主应力曲线

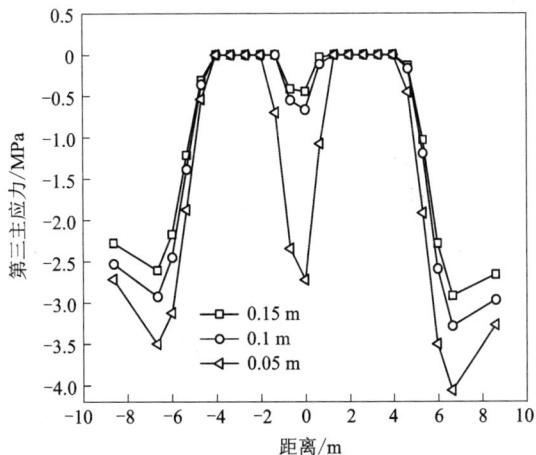

(c) 第三主应力曲线

图 4-60　不同壁厚下矩形截面管线沉降与主应力曲线

4.5.4 管线材质

常见地下管线材质包括混凝土、球墨铸铁、钢及 PVC，保持其余因素不变，仅改变管线材质，设计工况见表 4-7。钢管材料参数参考规范[110]选取，PVC 管材料参数参考文献[111]选取，相应管线物理力学参数见表 4-8。

表 4-7 管线材质因素工况设计

工况	交角/(°)	竖直距离/m	管径/m	壁厚/m	截面类型	管线材质
3-16	90	0.8	0.5	0.05	圆形	球墨铸铁
3-17	90	0.8	0.5	0.05	圆形	钢
3-18	90	0.8	0.5	0.05	圆形	PVC
3-19	90	0.8	0.5	0.05	圆形	混凝土

表 4-8 管线物理力学参数

管线材质	密度/(kg·m⁻³)	弹性模量/GPa	泊松比
球墨铸铁	7200	127	0.3
钢	7850	206	0.3
PVC	1380	2.26	0.32
混凝土	2400	31	0.25

工况 3-16 管线沉降、工况 3-16 管线第一主应力和工况 3-16 管线第三主应力如图 4-61~图 4-63 所示。

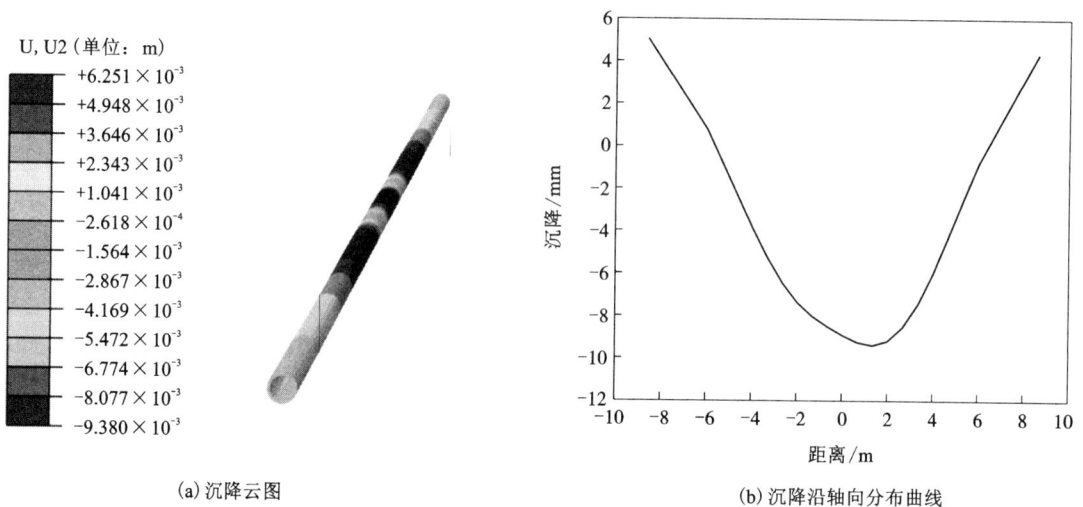

U, U2 (单位：m)
+6.251×10⁻³
+4.948×10⁻³
+3.646×10⁻³
+2.343×10⁻³
+1.041×10⁻³
-2.618×10⁻⁴
-1.564×10⁻³
-2.867×10⁻³
-4.169×10⁻³
-5.472×10⁻³
-6.774×10⁻³
-8.077×10⁻³
-9.380×10⁻³

(a)沉降云图

(b)沉降沿轴向分布曲线

图 4-61 工况 3-16 管线沉降

S, Max. Principal
Angle=-90.0000,（1-fraction=0.000000, 2-fraction=-1.000000）
（平均：100%；单位：m）

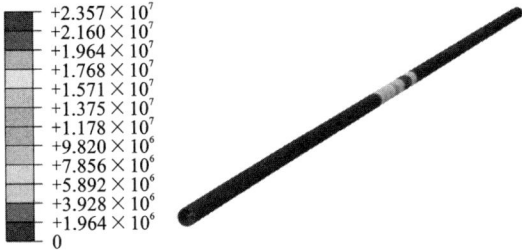

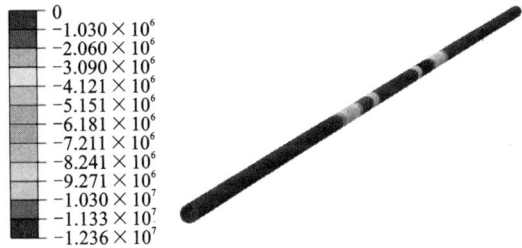

```
+2.357×10⁷
+2.160×10⁷
+1.964×10⁷
+1.768×10⁷
+1.571×10⁷
+1.375×10⁷
+1.178×10⁷
+9.820×10⁶
+7.856×10⁶
+5.892×10⁶
+3.928×10⁶
+1.964×10⁶
0
```

（a）第一主应力云图

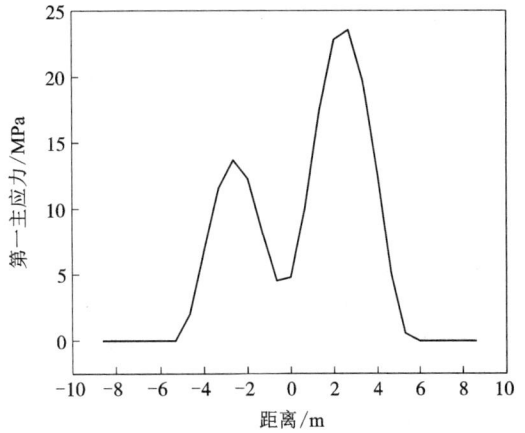

（b）第一主应力沿轴向分布曲线

图 4-62　工况 3-16 管线第一主应力

S, Min. Principal
Angle=-90.0000,（1-fraction=0.000000, 2-fraction=-1.000000）
（平均：100%；单位：m）

```
0
-1.030×10⁶
-2.060×10⁶
-3.090×10⁶
-4.121×10⁶
-5.151×10⁶
-6.181×10⁶
-7.211×10⁶
-8.241×10⁶
-9.271×10⁶
-1.030×10⁷
-1.133×10⁷
-1.236×10⁷
```

（a）第三主应力云图

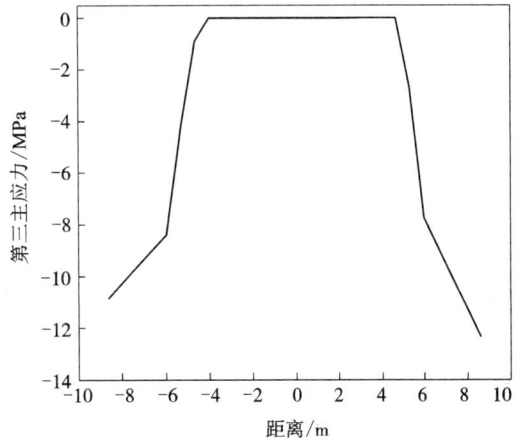

（b）第三主应力沿轴向分布曲线

图 4-63　工况 3-16 管线第三主应力

从图 4-61 可以看出，球墨铸铁管线沉降较大区域仍为通道右导洞上方管段，最大沉降为 9.38 mm。由图 4-62 和图 4-63 可知，管线第一主应力最大值为 23.57 MPa，管线第三主应力最大值为 12.36 MPa。

工况 3-17 管线沉降、工况 3-17 管线第一主应力和工况 3-17 管线第三主应力如图 4-64~图 4-66 所示。

从图 4-64 可以看出，钢管线沉降与球墨铸铁管线沉降分布规律相似，管线中部偏右处沉降较大，最大沉降为 8.85 mm。由图 4-65 和图 4-66 可知，管线第一主应力较大处为通道右导洞上方管段，第一主应力最大值为 32.21 MPa，第三主应力最大值为 17.49 MPa。

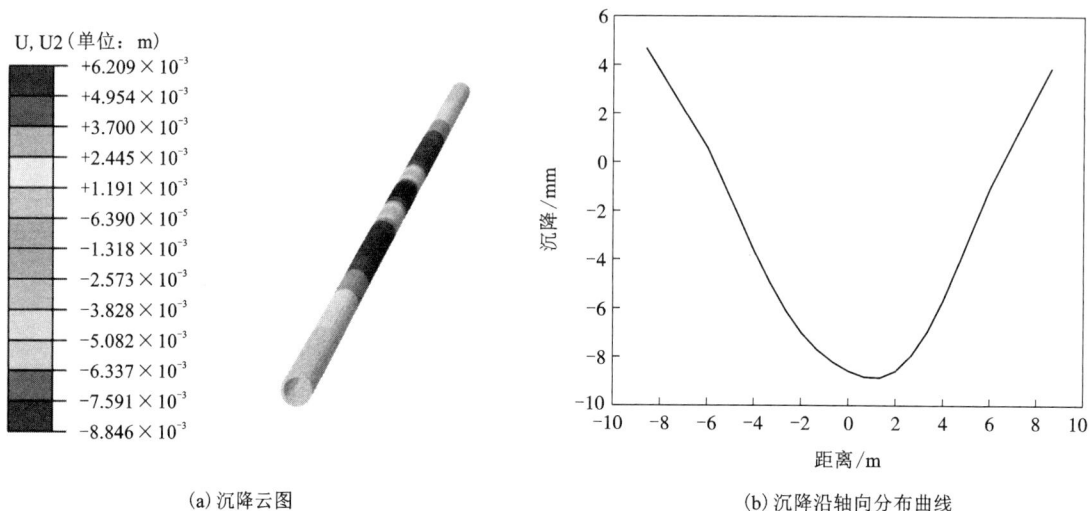

(a) 沉降云图

(b) 沉降沿轴向分布曲线

图 4-64　工况 3-17 管线沉降

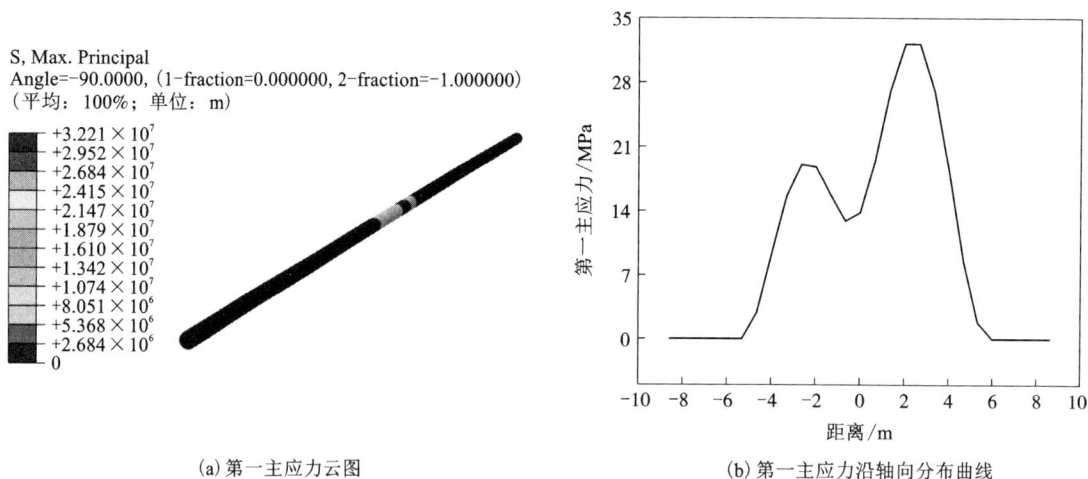

(a) 第一主应力云图

(b) 第一主应力沿轴向分布曲线

图 4-65　工况 3-17 管线第一主应力

工况 3-18 管线沉降、工况 3-18 管线第一主应力和工况 3-18 管线第三主应力如图 4-67~图 4-69 所示。

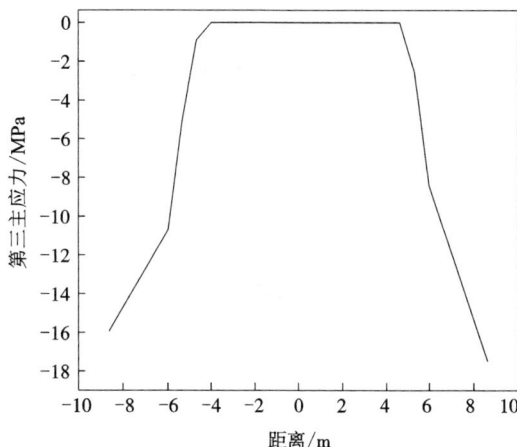

（a）第三主应力云图　　　　　　　　　　（b）第三主应力沿轴向分布曲线

图 4-66　工况 3-17 管线第三主应力

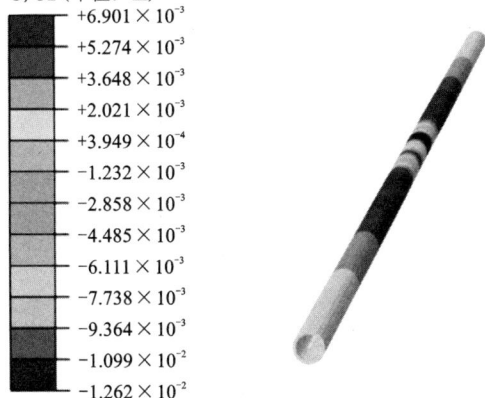

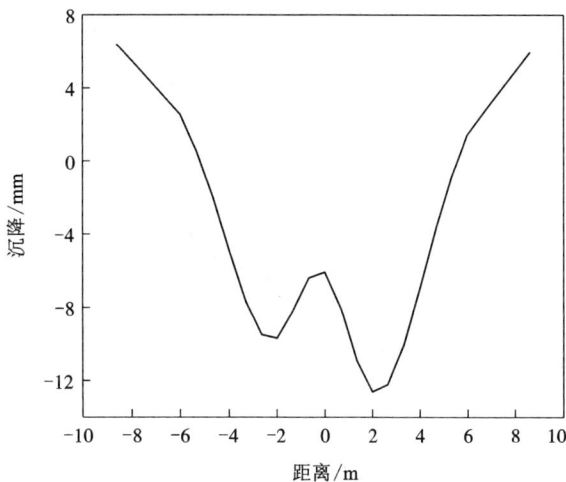

（a）沉降云图　　　　　　　　　　（b）沉降沿轴向分布曲线

图 4-67　工况 3-18 管线沉降

从图 4-67 可以看出，PVC 管线沉降分布与球墨铸铁管线及钢管线沉降分布有显著差异，管线沉降与土体接近，最大沉降为 12.62 mm。由图 4-68 和图 4-69 可知，管线第一主应力较大处为通道右导洞上方管段，第一主应力最大值为 0.606 MPa，管线第三主应力最大值为 2.997 MPa。工况 3-19 与工况 3-1 相同。

S, Max. Principal
Angle=-90.0000, (1-fraction=0.000000, 2-fraction=-1.000000)
（平均：100%；单位：m）

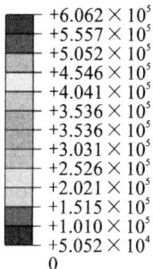

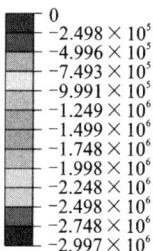

+6.062×10⁵
+5.557×10⁵
+5.052×10⁵
+4.546×10⁵
+4.041×10⁵
+3.536×10⁵
+3.536×10⁵
+3.031×10⁵
+2.526×10⁵
+2.021×10⁵
+1.515×10⁵
+1.010×10⁵
+5.052×10⁴
0

（a）第一主应力云图

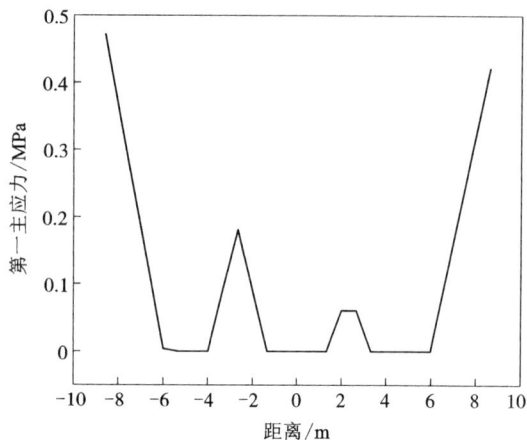

（b）第一主应力沿轴向分布曲线

图 4-68　工况 3-18 管线第一主应力

S, Min. Principal
Angle=-90.0000, (1-fraction=0.000000, 2-fraction=-1.000000)
（平均：100%；单位：m）

0
-2.498×10⁵
-4.996×10⁵
-7.493×10⁵
-9.991×10⁵
-1.249×10⁶
-1.499×10⁶
-1.748×10⁶
-1.998×10⁶
-2.248×10⁶
-2.498×10⁶
-2.748×10⁶
-2.997×10⁶

（a）第三主应力云图

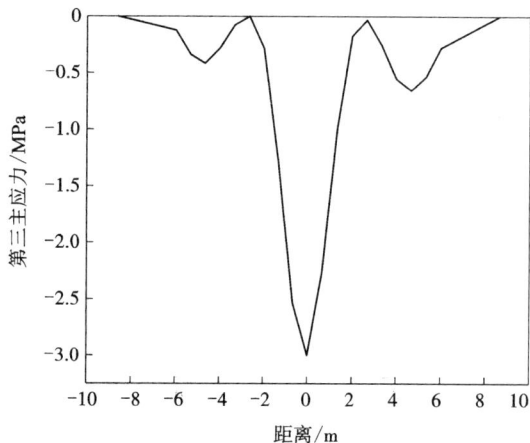

（b）第三主应力沿轴向分布曲线

图 4-69　工况 3-18 管线第三主应力

不同材质下管线沉降与主应力曲线如图 4-70 所示。

由图 4-70 可知，保持其余因素不变，混凝土、球墨铸铁、钢和 PVC 这四种材质下管线最大沉降分别为 10.56 mm、9.38 mm、8.85 mm 和 12.62 mm，球墨铸铁管线与钢管线的沉降较小，混凝土管线和 PVC 管线的沉降相对较大。球墨铸铁管线和钢管线沉降差值仅为 0.53 mm，表明管线刚度增大到一定程度后刚度变化对变形影响不大。管线材质变化对管线内力的影响显著，其余因素不变，管线弹性模量越大，则管线内力也越大。钢管线沉降最小，但其内力显著大于球墨铸铁管线、混凝土管线和 PVC 管线。因此，管线与周边土体的相对刚度对管线内力影响较大，管线抗变形能力越强，对土体变形抵抗能力越强，从而管线会产生较大内力。在通道下穿管线施工时，应注意对刚度较大管线的保护，需重点关注危险区域内力变化情况。对于 PVC 管线此类刚度相对较小的管线，需重点关注危险区域变形情况。

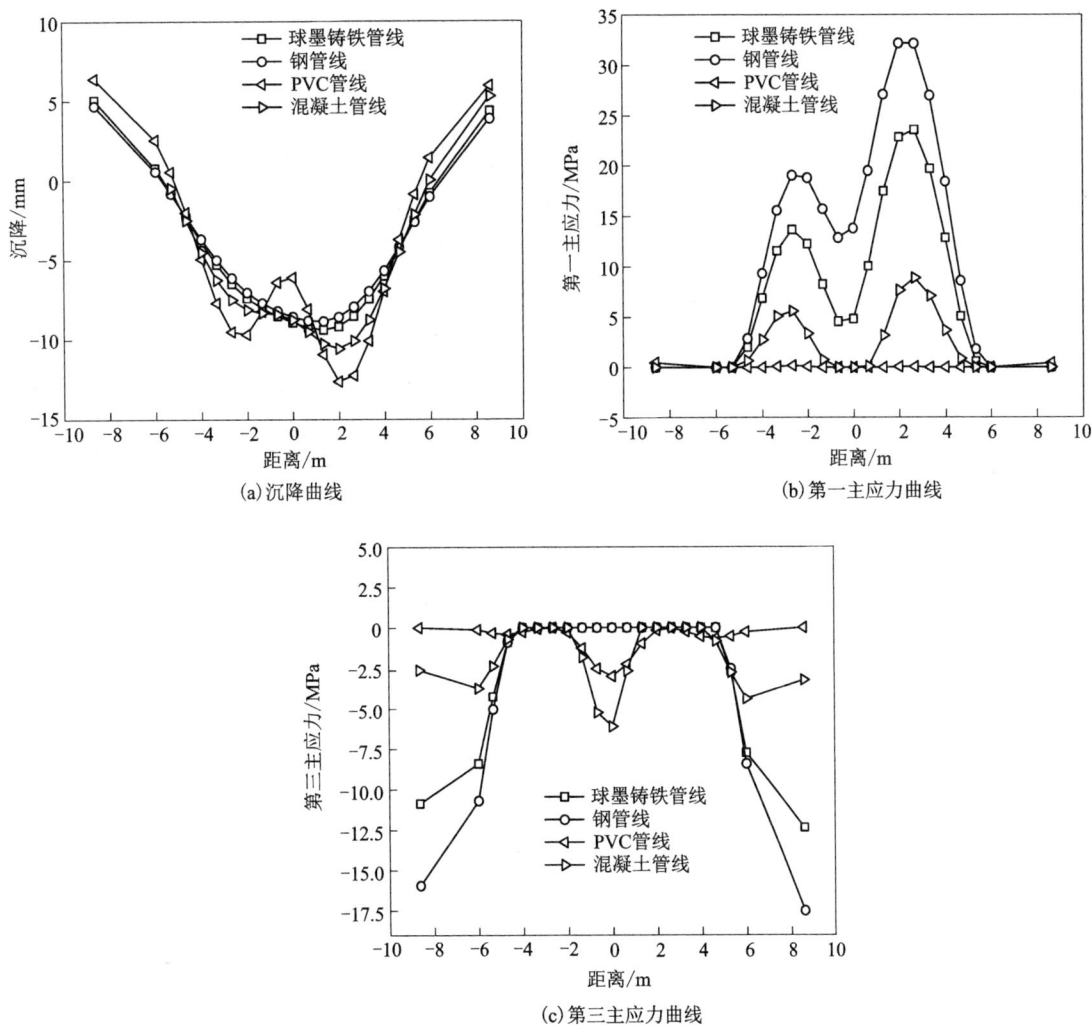

(a) 沉降曲线

(b) 第一主应力曲线

(c) 第三主应力曲线

图 4-70　不同材质下管线沉降与主应力曲线

▶ 4.6　本章小结

本章采用 ABAQUS 通用有限元软件建立了三维数值分析模型，并对软土地层中通道采用 CRD 法施工引起的管线变形和内力变化规律进行了分析，将有限元解与现场实测数据进行对比，检验了模型的可靠性。基于控制变量法建立单因素工况数值分析模型，对管线力学响应关键影响因素进行了系统研究，得到如下结论：

（1）通道开挖引起的管线变形以沉降为主，管线底部会产生拉应力，管线最大沉降和最大拉应力均出现在通道断面上方管段。

（2）管线与通道的交角对沉降影响较小，而对管线内力影响较大。管线底部第一主应力值随交角增大而增大，当交角为 0°、45°、90° 时，管线底部第一主应力最大值分别为 0.046 MPa、4.521 MPa、8.861 MPa。

（3）管线沉降和应力随着通道与管线的竖直距离、管径与壁厚的减小而增大。竖直距离为 0.8 m、管径为 0.5 m 及壁厚为 0.05 m 时，管线最大沉降值为 10.56 mm，相较竖直距离为 1.5 m 时增大 9.82%；管线最大第一主应力值为 8.861 MPa，相较竖直距离为 1.5 m 时增大 72%；相较管径为 1.5 m 时，管线最大沉降和最大第一主应力分别增大 6.4% 和 7.457%；相较壁厚为 0.15 m 时，管线最大沉降和最大第一主应力分别增大 10.25% 和 6.727%。

（4）相同管线材质下，管线抗弯刚度越小，则管线沉降和内力越大。相同几何特性下，管线弹性模量越大，则管线沉降越小，但管线内力越大。在其余因素相同条件下，PVC 管线弹性模量最小，其最大沉降为 12.62 mm，是混凝土管线、铸铁管线和钢管线的 1.2 倍、1.35 倍和 1.43 倍。

第 5 章　路面交通荷载分析及管线动力响应的解析解研究

地下管线除受通道开挖影响外，还受路面交通荷载的反复作用，因此明确路面交通荷载作用形式与变化规律是研究地下管线动力响应的前提。本章主要分析路面交通荷载作用规律，并确定用于解析计算和后续三维数值分析的路面交通荷载函数表达式。基于 Timoshenko 梁理论，将路面交通荷载作用下管线动力响应解析模型简化为黏弹性地基上无限长梁受移动荷载作用，运用解析法与数值法相结合的方法进行模型求解，采用 Python 语言编写相应计算与后处理程序，并进行参数分析，研究管线力学参数、地基力学参数和路面交通荷载参数对管线振动的影响。

▶ 5.1　路面交通荷载作用规律

路面交通荷载作用频繁，车轮与路面接触面近似椭圆状，接触面各点压力是不等的；车辆荷载作用于路面一点的时间极短，但振动会持续一段时间并传播至地下一定深度；随着车速变化，车辆荷载在一点处的作用时间也会成比例变化[112]。由于路面不平整、车辆振动、车速、轴重及路面交通状况等因素，车辆实际上是以特定频率和振幅在路面上前行，其对路面的作用力在不断波动变化[113]。路面平整度在空间上随机分布，所以车辆荷载本质上是一种随机荷载。因此路面交通荷载作用规律是较为复杂的，通过分析国内外研究文献，可初步概括为以下三个方面。

（1）路面交通荷载振动的产生。

路面不平整引起的振动。路面不平整是指路面施工过程中受材料、气候、环境、施工等因素影响，以及在路面交通荷载反复作用下形成的路面不规则状。不平整的路面会给车辆轮胎一个竖向位移扰动，从而使车辆产生不规则振动。

车辆本身引起的振动。这包括车辆发动机偏心转动引起的周期性振动、轮胎花纹引起的周期性振动、油料燃烧不均匀引起的随机振动、车辆操纵变化（变速、转弯、制动等）引起的不均匀振动，其中最主要的是车辆发动机偏心转动引起的周期性振动。

车辆与地面相互作用产生的振动。车辆行驶过程中会使路面产生振动，路面振动又会影响上方车辆,从而使车辆与路面耦合振动。

(2)路面交通荷载作用方向与作用时间。

车辆除对路面作用垂直荷载之外,车辆启动、行驶、转向及制动过程中还会产生水平荷载,但水平荷载相对垂直荷载较小,一般仅引起路面表层发生破坏现象,如波浪、拥包、堆积等,且沿土层深度方向衰减较快,所以水平荷载对路面下方的影响可以忽略,主要考虑垂直方向的荷载。在车辆行驶过程中,车辆荷载对路面一点作用时间极短,大致为 $0.01 \sim 0.1$ s,车辆荷载引起的振动会沿地下深度持续稍长时间。虽然车辆荷载作用于路面一点时间较短,但路面车辆来来往往,总的持续时间也是较长的。

(3)路面交通荷载的动力效应。

目前国内道路设计规范将路面交通荷载简化为静力荷载,以一个动载系数考虑路面交通荷载动力效应。这在车辆载重、行驶速度和车流量相对固定的情况下属于偏安全的设计。但随着交通运输业的发展,车辆载重越来越大,超载现象较为常见。相关研究表明,行驶中的车辆对下方土体产生的附加荷载远大于车辆静止产生的附加荷载[97]。

5.2 常用路面交通荷载模型

当前通常将路面交通荷载随时间和空间的变化分为静载模型、确定性动载模型及随机动载模型[114]。静载模型是将车辆荷载简化为作用位置和量值不随时间和空间发生变化的荷载,显然静载与实际路面交通荷载的差异较大。确定性动载模型是将车辆荷载大小随机进行一定简化,按照特定规律随时间和空间变化。常用确定性动载模型包括移动恒定荷载和时域谐波荷载。随机动载模型能够更为真实地反映实际路面的车辆荷载状况,但受路况等因素影响,车辆荷载随机性分布尚不明确,在研究中较少采用。因此,可将常用路面交通荷载分为长期均布荷载、移动恒定荷载和时域谐波荷载。

5.2.1 长期均布荷载

城市道路车流量较大,道路交通量时刻在发生变化,但是从长期角度考虑,可等同于均布荷载作用在路面上,此时荷载大小和作用位置均不随时间变化。文献[115]中分析了动载系数的影响因素,并给出了动载系数建议值。结构设计时通常根据均布荷载作用范围和大小,折算为等效填土荷载进行大范围施加。

5.2.2 移动恒定荷载

车辆荷载大小保持不变,作用位置随时间发生变化,更接近实际车辆荷载。移动恒定荷载分布形式包括集中分布、矩形分布及带状分布三种。移动恒定荷载示意图如图 5-1 所示。

集中分布忽略车轮与路面的接触面积,将车辆轴重以集中力形式施加于车轮位置。矩形分布则考虑了轮胎与路面的接触面积。接触面积根据规范[115]取值,在车辆行驶过程中不考虑车轮与路面接触面积的变化。当车流量较大时,车辆荷载作用频繁,将车辆荷载视为带状

(a)集中分布

(b)矩形分布

(c)带状分布

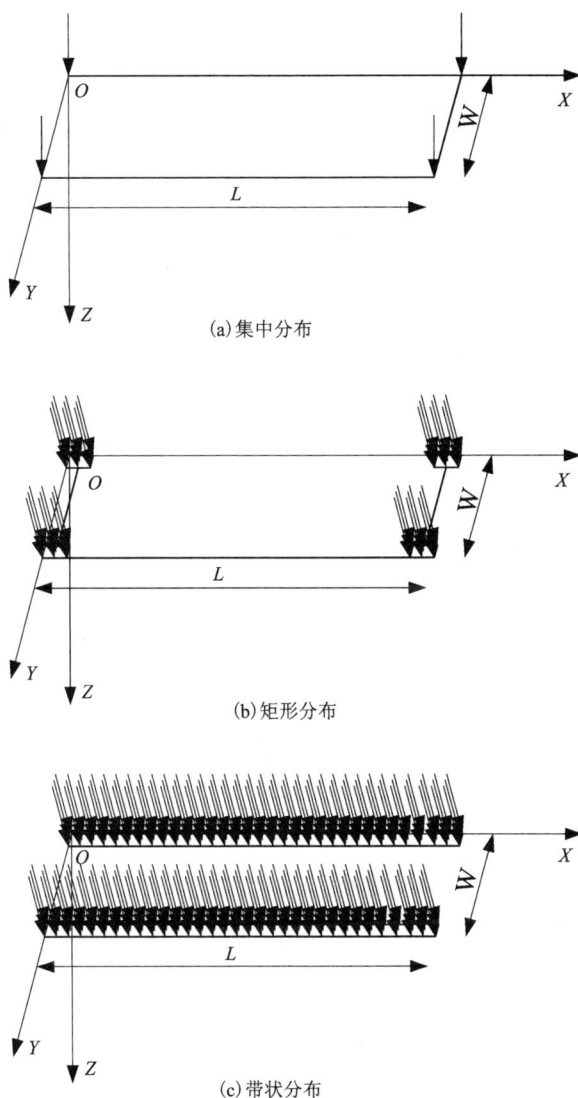

图 5-1　移动恒定荷载示意图

分布。荷载作用长度取车身长度，作用宽度为车辆前轮标准接触面的长边。在车辆行进过程中，同样不考虑车轮与路面接触面积的变化。

5.2.3　时域谐波荷载

车辆行驶过程中受车辆轴重、行驶速度、车辆振动及路面平整度等因素的影响，车辆荷载作用形式呈波动变化，为考虑车辆荷载变化规律，将其简化为具有特定频率和振幅的时域谐波荷载。文献[89]中给出的时域谐波荷载表达式为：

$$P(\tilde{x}, t) = \sum_{l=0}^{L-1} \frac{P_0}{2r} \cos^2 \left\{ \frac{\pi [\tilde{x} - Vt - (2r+s)l]}{2r} \right\} H(r^2 - [\tilde{x} - Vt - (2r+s)l]^2) e^{i\Omega t}$$

$$(5-1)$$

式中：$H(\cdot)$、$2r$、V 和 $\Omega = 2\pi f_\Omega$ 分别为 Heaviside 函数、移动荷载作用范围、移动荷载速度和频率；$\tilde{x}$ 为沿移动荷载移动方向的空间坐标；$P_0/2r$ 为荷载幅值；L 为分离的脉冲数；s 为脉冲之间的距离；t 为时间；l 为波长；f_Ω 为频率。

该表达式适用于描述现实中的路面交通荷载，根据路面交通荷载类型确定移动荷载作用范围 $2r$、分离的脉冲数 L 及脉冲之间的距离 s。同时，表达式包含了反映路面交通荷载的关键参数，便于进行参数分析，其中荷载幅值 $P_0/2r$ 反映车辆轴重、移动荷载速度 V 反映车速、分离的脉冲数 L 反映车轴数、脉冲之间的距离 s 反映轴距、移动荷载频率 $\Omega = 2\pi f_\Omega$ 反映路面交通荷载的交通量。本书将采用该表达式作为管线动力响应解析模型的路面交通荷载表达式。

文献[94]中给出的另一种时域谐波荷载表达式为：

$$P(t) = p + q(t) \tag{5-2}$$

式中：p 为车轮压力(MPa)；$q(t)$ 为附加动荷载(MPa)。

振动形式选用文献[117]给出的正弦荷载公式：

$$q(t) = q_{max} \sin^2 \left(\frac{\pi t}{T} \right) \tag{5-3}$$

$$T = \frac{12L}{V} \tag{5-4}$$

式中：T 为波动荷载作用周期(s)；L 为车轮接触面积当量圆半径，一般取 15 cm；q_{max} 为车辆附加动荷载幅值(MPa)；V 为车辆行驶速度(m/s)。

动载系数与诸多影响因素有关，路面较平整且车速不大时，一般不超过 1.3。本书根据实际道路平整度和交通状况，取动载系数为 1.2，则 $q_{max} = 0.2p$。因此，式(5-2)可表示为：

$$P(t) = p + 0.2p \sin^2 \left(\frac{\pi t}{T} \right) \tag{5-5}$$

该表达式形式简单，常用于有限元分析。本书以该表达式作为路面交通荷载函数表达式编写车辆动载二次开发程序。

▶ 5.3 管线动力响应解析模型

Euler-Bernouli 地基梁假定梁变形后的横截面仍垂直于变形后的梁的中性轴，且忽略剪切变形的影响，对于细长的管线，可以得出较为准确的结果，但在实际工程中常有较大管径的管线存在，采用 Euler-Bernouli 地基梁模型进行计算可能会产生较大的偏差。Timoshenko 梁式模型考虑了梁的剪切变形和转动惯量对梁动力响应的影响，因此本书以 Timoshenko 梁式模型作为地下管线受路面交通荷载作用的简化计算模型。

5.3.1　管线动力响应解析模型建立

（1）方程与边界条件。

根据 Timoshenko 梁理论，将路面交通荷载作用下管线动力响应解析模型简化为非线性黏弹性地基上均匀无限梁受移动荷载作用，如图 5-2 所示，其动力方程可表示为：

$$\rho A \frac{\partial^2 U}{\partial t^2}+C\frac{\partial U}{\partial t}-\kappa AG\frac{\partial^2 U}{\partial \tilde{x}^2}+\kappa AG\frac{\partial \Psi}{\partial \tilde{x}}+k_{\mathrm{L}}U+k_{\mathrm{N}}U^3=-P(\tilde{x},\,t) \tag{5-6}$$

$$\rho I \frac{\partial^2 \Psi}{\partial t^2}-EI\frac{\partial^2 \Psi}{\partial \tilde{x}^2}+\kappa AG\Psi-\kappa AG\frac{\partial U}{\partial \tilde{x}}=0 \tag{5-7}$$

式中：U 为竖向动位移；Ψ 为横截面的旋转角度；$\tilde{x}$ 为沿梁轴向的空间坐标；t 为时间；k_{N} 为地基刚度非线性部分；k_{L} 为地基刚度线性系数，$k_{\mathrm{L}}=\tilde{k}(1+2\zeta i)$，$i=\sqrt{-1}$，$\zeta$ 为黏滞阻尼比；E 为杨氏模量；G 为剪切模量；ρ 为密度；C 为地基黏性阻尼；A 为横截面积；I 为梁惯性矩；κ 为剪切修正系数。

求解此方程，须在边界条件中反映位移、弯矩、剪力和梁曲率的斜率趋于零，即在无穷远处满足上述条件。

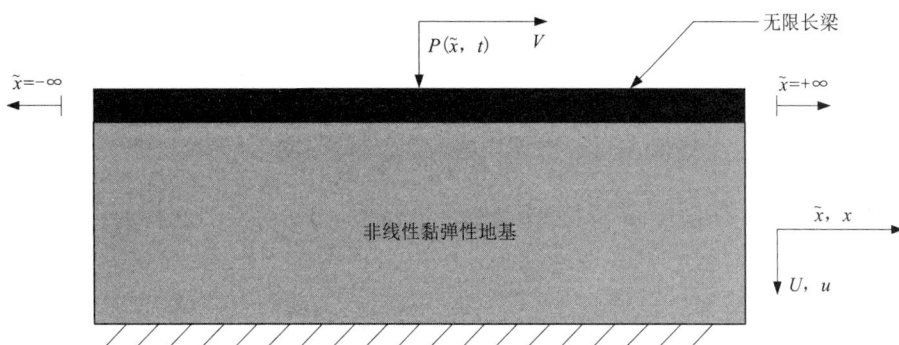

图 5-2　非线性黏弹性地基上无限长梁受移动荷载作用

移动荷载 $P(\tilde{x},\,t)$ 采用时域谐波荷载表达式：

$$P(\tilde{x},\,t)=\sum_{l=0}^{L-1}\frac{P_0}{2r}\cos^2\left\{\frac{\pi[\tilde{x}-Vt-(2r+s)l]}{2r}\right\}H(r^2-[\tilde{x}-Vt-(2r+s)l]^2)\mathrm{e}^{i\Omega t} \tag{5-8}$$

（2）方程形式变换。

为便于分析时域稳态响应，采用伽利略坐标变换 $x=\tilde{x}-Vt$，由此，解的表达式可表示为：

$$U(x,\,t)=u(x)\mathrm{e}^{i\Omega t}=u(\tilde{x}-Vt)\mathrm{e}^{i\Omega t},\ \Psi(x,\,t)=\psi(x)\mathrm{e}^{i\Omega t}=\psi(\tilde{x}-Vt)\mathrm{e}^{i\Omega t} \tag{5-9}$$

为简单起见和便于计算，对式（5-9）应用链式法可得到以下表达式：

$$\frac{\partial U}{\partial \tilde{x}}=\frac{\mathrm{d}u}{\mathrm{d}x}\mathrm{e}^{i\Omega t} \tag{5-10}$$

$$\frac{\partial U}{\partial t} = \left(-V\frac{\mathrm{d}u}{\mathrm{d}x} + \mathrm{i}\Omega u\right)\mathrm{e}^{\mathrm{i}\Omega t} \tag{5-11}$$

$$\frac{\partial^2 U}{\partial t^2} = \left(V^2\frac{\mathrm{d}^2 u}{\mathrm{d}x^2} - 2\mathrm{i}\Omega V\frac{\mathrm{d}u}{\mathrm{d}x} - \Omega^2 u\right)\mathrm{e}^{\mathrm{i}\Omega t} \tag{5-12}$$

$$\frac{\partial \Psi}{\partial \tilde{x}} = \frac{\mathrm{d}\psi}{\mathrm{d}x}\mathrm{e}^{\mathrm{i}\Omega t}, \quad \frac{\partial^2 \Psi}{\partial \tilde{x}^2} = \frac{\mathrm{d}^2\psi}{\mathrm{d}x^2}\mathrm{e}^{\mathrm{i}\Omega t} \tag{5-13}$$

$$\frac{\partial \Psi}{\partial t} = \left(-V\frac{\mathrm{d}\psi}{\mathrm{d}x} + \mathrm{i}\Omega\psi\right)\mathrm{e}^{\mathrm{i}\Omega t}, \quad \frac{\partial^2 \Psi}{\partial t^2} = \left(V^2\frac{\mathrm{d}^2\psi}{\mathrm{d}x^2} - 2\mathrm{i}\Omega V\frac{\mathrm{d}\psi}{\mathrm{d}x} - \Omega^2\psi\right)\mathrm{e}^{\mathrm{i}\Omega t} \tag{5-14}$$

由此,式(5-6)和式(5-7)可改写成如下形式:

$$a_0\frac{\mathrm{d}^2 u}{\mathrm{d}x^2} + a_1\frac{\mathrm{d}u}{\mathrm{d}x} + a_2 u + \kappa AG\frac{\mathrm{d}\psi}{\mathrm{d}x} = -P(x)\mathrm{e}^{-\mathrm{i}\Omega t} - k_N u^3\mathrm{e}^{2\mathrm{i}\Omega t} \tag{5-15}$$

$$b_0\frac{\mathrm{d}^2\psi}{\mathrm{d}x^2} + b_1\frac{\mathrm{d}\psi}{\mathrm{d}x} + b_2\psi - \kappa AG\frac{\mathrm{d}u}{\mathrm{d}x} = 0 \tag{5-16}$$

式中:$a_0 = \rho AV^2 - \kappa AG$;$a_1 = -V(2\mathrm{i}\Omega\rho A + C)$;$a_2 = k_L - \rho A\Omega^2 + \mathrm{i}C\Omega$;$b_0 = \rho IV^2 - EI$;$b_1 = -2\mathrm{i}\Omega V\rho I$;$b_2 = \kappa AG - \Omega^2\rho I$。

通过定义微分算子:

$$L_\mathrm{a} = a_0\frac{\mathrm{d}^2}{\mathrm{d}x^2} + a_1\frac{\mathrm{d}}{\mathrm{d}x} + a_2, \quad L_\mathrm{b} = b_0\frac{\mathrm{d}^2}{\mathrm{d}x^2} + b_1\frac{\mathrm{d}}{\mathrm{d}x} + b_2 \tag{5-17}$$

进一步可将式(5-15)和式(5-16)改写为:

$$L_\mathrm{a}u + \kappa AG\frac{\mathrm{d}\psi}{\mathrm{d}x} = -P(x)\mathrm{e}^{-\mathrm{i}\Omega t} - k_N u^3(x)\mathrm{e}^{2\mathrm{i}\Omega t}, \quad L_\mathrm{b}\psi - \kappa AG\frac{\mathrm{d}u}{\mathrm{d}x} = 0 \tag{5-18}$$

5.3.2 管线动力响应解析模型求解

(1)Adomian 分解。

对于随机和非线性模型,Adomian 分解是一种非常有效的求解方法,已成功用于许多动力问题的分析。此方法用于求解非线性微分方程时,假定一种特定形式的解,由一个线性项的级数和非线性部分相关的无穷多个函数表示,确定这些函数即可求解方程。以式(5-18)为例,非线性项 u^3 可表示为:

$$u^3(x) = \sum_{j=0}^{\infty} R_j(x) \tag{5-19}$$

式中:$R_j(x)$ 是 Adomian 多项式,可表示成如下形式[118]。

$$R_j(x) = \frac{1}{j!}\left[\frac{\mathrm{d}^j}{\mathrm{d}\lambda^j}\left(\sum_{k=0}^{\infty}\lambda^k u_k(x)\right)^3\right]_{\lambda=0}, \quad j = 0, 1, 2, \cdots \tag{5-20}$$

根据 Adomian 近似理论,可以假设解的具体形式为:

$$u(x) = \sum_{j=0}^{\infty} u_j(x), \quad \psi(x) = \sum_{j=0}^{\infty}\psi_j(x) \tag{5-21}$$

由此可确定 $R_j(x)$ 的 Adomian 多项式形式如下[118]:

$$R_0 = u_0^3, \ R_1 = 3u_0^2 u_1, \ R_2 = 3\left(u_0 u_1^2 + u_0^2 u_2\right), \ R_3 = u_1^3 + 6u_0 u_1 u_2 + 3u_0^2 u_3,$$

$$R_4 = 3\left(u_1^2 u_2 + u_0 u_2^2 + 2u_0 u_1 u_3 + u_0^2 u_4\right), \ \cdots \tag{5-22}$$

（2）变换域求解。

为了保证由 Adomain 级数表示的解的收敛性，必须满足以下条件[119]：

$$0 \leqslant \alpha_j^u < 1, \ 0 \leqslant \alpha_j^\psi < 1, \ j = 0, \ 1, \ 2, \ \cdots \tag{5-23}$$

其中参数 α_j^u 和 α_j^ψ 定义如下：

$$\alpha_j^u = \begin{cases} \|u_{j+1}\| / \|u_j\|, & \|u_j\| \neq 0 \\ 0, & \|u_j\| = 0 \end{cases}, \ \alpha_j^\psi = \begin{cases} \|\psi_{j+1}\| / \|\psi_j\|, & \|\psi_j\| \neq 0 \\ 0, & \|\psi_j\| = 0 \end{cases} \tag{5-24}$$

范式 $\|f(x)\| = \max_x |f(x)| = \max_x \sqrt{\mathrm{Re}[f(x)]^2 + \mathrm{Im}[f(x)]^2}$。在式（5-23）定义的条件下，可以对方程解进行有效分析，通过使用 n 阶近似 $S_n^u(x)$ 和 $S_n^\psi(x)$，其可表示为：

$$S_n^u(x) = \sum_{j=0}^n u_j(x), \ S_n^\psi(x) = \sum_{j=0}^n \psi_j(x) \tag{5-25}$$

傅里叶变换可以用来分析时域稳态解：

$$\hat{u}(\omega) = F[u(x)] = \int_{-\infty}^{\infty} u(x)\, e^{-i\omega x}\, dx, \ u(x) = F^{-1}[\hat{u}(\omega)] = \frac{1}{2\pi} \int_{-\infty}^{\infty} \hat{u}(\omega)\, e^{i\omega x}\, d\omega \tag{5-26}$$

$$\hat{\psi}(\omega) = F[\psi(x)] = \int_{-\infty}^{\infty} \psi(x)\, e^{-i\omega x}\, dx, \ \psi(x) = F^{-1}[\hat{\psi}(\omega)] = \frac{1}{2\pi} \int_{-\infty}^{\infty} \hat{\psi}(\omega)\, e^{i\omega x}\, d\omega \tag{5-27}$$

由式（5-18）~ 式（5-20）可导出下列方程组：

$$L_a u_0 + \kappa AG \frac{d\psi_0}{dx} = -P(x)\, e^{-i\Omega t}, \ L_b \psi_0 - \kappa AG \frac{du_0}{dx} = 0 \tag{5-28}$$

$$L_a u_j + \kappa AG \frac{d\psi_j}{dx} = -k_N R_{j-1}(x)\, e^{2i\Omega t}, \ L_b \psi_j - \kappa AG \frac{du_j}{dx} = 0 \tag{5-29}$$

对于 $j = 1, \ 2, \ \cdots$，式中 u_j 和 ψ_j 由式（5-21）和递归确定。

根据式（5-28）和式（5-29）也可得出 u_j 和 ψ_j 在变换域的解：

$$\hat{u}_0(\omega) = \hat{P}(\omega) M_b(\omega) / \left[(\kappa AG)^2 \omega^2 - M_a(\omega) M_b(\omega) \right] \tag{5-30}$$

$$\hat{\psi}_0(\omega) = i\kappa A\hat{G}\omega P(\omega) / \left[(\kappa AG)^2 \omega^2 - M_a(\omega) M_b(\omega) \right] \tag{5-31}$$

$$\hat{u}_j(\omega) = \frac{k_N M_b(\omega) \hat{R}_{j-1}(\omega)}{(\kappa AG)^2 \omega^2 - M_a(\omega) M_b(\omega)} e^{2i\Omega t}, \ \hat{\psi}_j(\omega) = \frac{i\kappa AG k_N \omega \hat{R}_{j-1}(\omega)}{(\kappa AG)^2 \omega^2 - M_a(\omega) M_b(\omega)} e^{2i\Omega t} \tag{5-32}$$

对于 $j = 1, \ 2, \ \cdots$，此处有：

$$M_a(\omega) = -a_0 \omega^2 + ia_1 \omega + a_2, \ M_b(\omega) = -b_0 \omega^2 + ib_1 \omega + b_2 \tag{5-33}$$

$$\hat{P}(\omega) = P_0 \frac{i\pi^2 e^{2ir\omega-1}}{4r\omega(\pi^2 - r^2\omega^2)} \sum_{l=0}^{L-1} e^{-i(r+2lr+ls)\omega} \tag{5-34}$$

虽然通过傅里叶逆变换可以得到物理域的解，但由于被积函数的特殊形式，$R_j(x)$ 的傅里叶变换、$\hat{u}_j(\omega)$ 和 $\hat{\psi}_j(\omega)$ 的傅里叶逆变换积分计算十分困难。一种用于替代傅里叶积分计算的方法是基于小波理论的函数逼近，该方法已用于分析与移动载荷相关的许多动力问题[89][120]。

(3) 小波近似。

文献[120]中采用的小波方法是基于函数的小波展开，利用多分辨率系数 $c_{n,k}$ 和 $d_{j,k}$：

$$c_{n,k} = \int_{-\infty}^{+\infty} f(x) \varphi_{n,k}(x) \mathrm{d}x \tag{5-35}$$

$$d_{j,k} = \int_{-\infty}^{+\infty} f(x) \varphi_{j,k}(x) \mathrm{d}x \tag{5-36}$$

由式(5-35)和式(5-36)可知多分辨率系数即为给定函数 $f(x)$ 和小波基元素的内积。

$$\left\{ \varphi_{n,k}(x) = 2^{n/2} \varphi(2^n x - k) \right\}_{n,k} \tag{5-37}$$

$$\left\{ \varphi_{j,k}(x) = 2^{j/2} \varphi(2^j x - k) \right\}_{j,k} \tag{5-38}$$

小波基元素分别由缩放函数 $\varphi(x)$ 和小波函数 $\varphi(x)$ 的伸缩和平移产生。为了应用近似算法，必须计算式(5-35)和式(5-36)的积分。这个积分通常很难计算，但在 Coiflets 情形下可以相对容易地近似计算，Coiflets 滤波器是专门为数值应用构建的小波滤波器系列，Coiflets 定义的缩放函数和小波函数为：

$$\varphi(x) = \sum_{k=0}^{3N-1} (-1)^k p_k \varphi(2x - k), \quad \varphi(x) = \sum_{k=0}^{3N-1} (-1)^k p_{3N-1-k} \varphi(2x - k) \tag{5-39}$$

式中：N 为 Coiflet 滤波器(p_k)的精度，具有瞬间消失的性质，可用于解析地估计函数 $f(x) \in L^2(R)$ 的小波系数。其可表示为

$$c_{n,k} = \int_{-\infty}^{+\infty} f(x) \varphi_{n,k}(x) \mathrm{d}x \approx 2^{-n/2} f\left(\frac{k+Z}{2^n} \right) \tag{5-40}$$

$$d_{j,k} = \int_{-\infty}^{+\infty} f(x) \varphi_{j,k}(x) \mathrm{d}x \approx 2^{-j/2-1} \sum_{m=0}^{3N-1} (-1)^m p_{3N-1-m} f\left(\frac{Z+m+2k}{2^{j+1}} \right) \tag{5-41}$$

式中：$Z = \sum_{k=0}^{3N-1} k p_k$；$\varphi_{n,k}(x) = 2^{n/2} \varphi(2^n x - k)$；$\varphi_{j,k}(x) = 2^{j/2} \varphi(2^j x - k)$。

由式(5-40)和式(5-41)可导出傅里叶变换和傅里叶逆变换的有效近似：

$$\hat{f}(\omega) = 2^{-n/2} \hat{\varphi}(\omega/2^n) \sum_{k=-\infty}^{+\infty} c_{n,k} \mathrm{e}^{-i\omega k/2^n} + + \sum_{j=n}^{\infty} 2^{-j/2} \hat{\varphi}(\omega/2^j) \sum_{k=-\infty}^{+\infty} d_{j,k} \mathrm{e}^{-i\omega k/2^j} \tag{5-42}$$

$$f(x) = (2^{-n/2}/2\pi) \hat{\varphi}(-x/2^n) \sum_{k=-\infty}^{+\infty} c_{n,k} \mathrm{e}^{ixk/2^n} + \frac{1}{2\pi} \sum_{j=n}^{\infty} 2^{-j/2} \hat{\varphi}(-x/2^j) \sum_{k=-\infty}^{+\infty} d_{j,k} \mathrm{e}^{ixk/2^j} \tag{5-43}$$

根据文献[89][120][121]，得出一种计算式(5-26)和式(5-27)的有效算法，可表示为：

$$\hat{f}(\omega) = \lim_{n \to \infty} \hat{f}_n(\omega) = \lim_{n \to \infty} 2^{-n} \prod_{k=1}^{\infty} \left(\sum_{j=0}^{3N-1} p_k \mathrm{e}^{-ij\omega/2^{n+k}} \right) \sum_{k=-\infty}^{+\infty} \hat{f}((k+Z)/2^n) \mathrm{e}^{-i\omega k/2^n} \tag{5-44}$$

$$f(x) = \lim_{n \to \infty} f_n(x) = \lim_{n \to \infty} 2^{-n-1} \pi \prod_{k=1}^{\infty} \left(\sum_{j=0}^{3N-1} p_j \mathrm{e}^{ijx/2^{n+k}} \right) \sum_{k=-\infty}^{+\infty} \hat{f}((k+Z)/2^n) \mathrm{e}^{ixk/2^n} \tag{5-45}$$

当基于 Coiflet 滤波器进行近似计算时，必须在效率和求解精度之间取得良好的平衡，一般 n 取为 5 即可满足计算精度要求[88]。

（4）基于 Coiflet 滤波器的解

由式（5-30）和式（5-32），再结合式（5-44）和式（5-45）可得近似解如下：

$$u_j(x) = 2^{-n-1}\pi \prod_{k=1}^{k_p} \sum_{j=0}^{3N-1} p_j e^{ijx/2^{n+k}} \sum_{k=k_{\min}}^{k_{\max}} \hat{w}_j((k+Z)/2^n) e^{ikx/2^n} \tag{5-46}$$

$$\psi_j(x) = 2^{-n-1}\pi \prod_{k=1}^{k_p} \sum_{j=0}^{3N-1} p_j e^{ijx/2^{n+k}} \sum_{k=k_{\min}}^{k_{\max}} \hat{\psi}_j((k+Z)2^{-n}) e^{ikx/2^n} \tag{5-47}$$

式中：k_p 为与 Coiflet 滤波器及 n 有关的参数。

式（5-32）中 $\hat{u}_j(\omega)$ 和 $\hat{\psi}_j(\omega)$ 的 Adomian 多项式 $\hat{R}_j(\omega)$ 的傅里叶变换可通过式（5-44）近似得到：

$$\hat{R}_j(\omega) = 2^{-n} \prod_{k=1}^{k_p} \sum_{j=0}^{3N-1} p_j e^{-ij\omega/2^{n+k}} \sum_{k=k_{\min}}^{k_{\max}} R_j((k+Z)/2^n) e^{-i\omega k/2^n} \tag{5-48}$$

在进行计算时应当根据所研究的函数信息来确定求和范围 $k_{\min} = \omega_{\min} 2^n - 3N + 2$ 和 $k_{\max} = \omega_{\max} 2^n - 1$，区间 $[\omega_{\min}, \omega_{\max}]$ 必须涵盖有显著影响的点集，也应包含经过变换的解中明显不为零的点[120]。

（5）数值方法求解

根据以上求解原理，采用 Python 语言编写了相应计算与后处理程序。程序结构如图 5-3 所示。

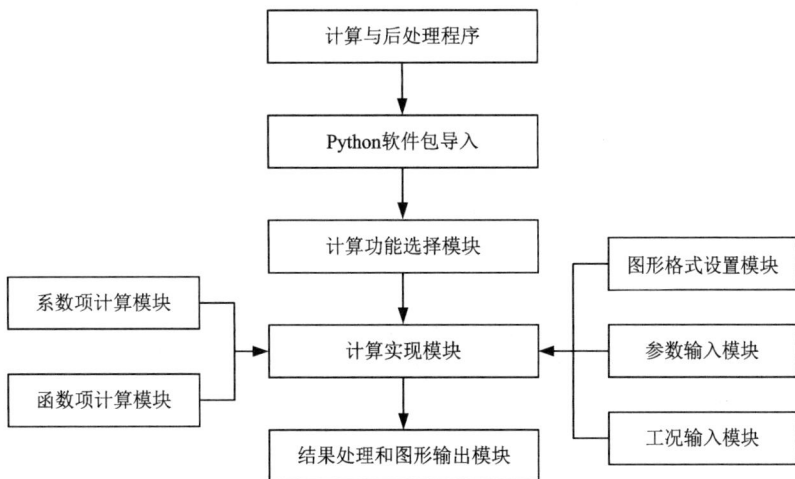

图 5-3　程序结构

▶ 5.4　算例分析

下面以南昌地铁 3 号线邓埠站地下管线及其所处地层的物理力学参数作为算例参数进行计算分析。根据邓埠站地下管线几何尺寸和材质，确定计算参数见表 5-1。表 5-1 中的数学符号意义同前。

表 5-1 中物理力学参数标号①为污水管的计算参数、物理力学参数标号②为雨水管的计算参数、物理力学参数标号③为给水管的计算参数、物理力学参数标号④为管沟的计算参数、物理力学参数标号⑤为不考虑剪切刚度下雨水管的计算参数、物理力学参数标号⑥为不考虑剪切刚度下给水管的计算参数。

为验证本书计算方法的可靠性，给出文献[89]中的算例参数，对应表 5-1 中物理力学参数标号⑦，采用本书计算方法与之对比。在此基础上进一步考虑阻尼影响，物理力学参数标号⑧为相应计算参数。

表 5-1　物理力学参数

物理力学 参数标号	k_L /(MN·m^{-2})	k_N /(MN·m^{-4})	C_d /(kN·s/m)	EI /(MN·m^{-2})	J /(kg·m^{-1})	S /MN	m_b /(kg·m^{-1})
①	44.83	1120800	61.27	54.34	4.35	353.43	169.65
②	44.83	1120800	61.27	4401.52	352.12	3180.86	1526.81
③	44.83	1120800	61.27	292.9	16.61	580.43	213.89
④	44.83	1120800	61.27	136	10.88	800	384
⑤	44.83	1120800	61.27	4401.52	352.12	0	1526.81
⑥	44.83	1120800	61.27	292.9	16.61	0	213.89
⑦	20	500000	0	0.3	0.24	200	300
⑧	20	500000	200	0.3	0.24	200	300

路面交通荷载参数见表 5-2，根据实际路面交通状况，分析的参数包括轴重、车速、车轴数、荷载频率。

表 5-2　路面交通荷载参数

路面交通荷载 参数标号	P_0/kN	L	r/m	s/m	V/(m·s^{-1})	f_Ω/Hz
①	75	2	0.15	6.6	10	10
②	100	2	0.15	6.6	10	10
③	140	2	0.15	6.6	10	10
④	75	2	0.15	6.6	20	10
⑤	75	2	0.15	6.6	30	10
⑥	75	3	0.15	4.3	10	10

续表5-2

路面交通荷载 参数标号	P_0/kN	L	r/m	s/m	V/(m·s^{-1})	f_Ω/Hz
⑦	75	4	0.15	4.3	10	10
⑧	75	2	0.15	6.6	10	50
⑨	75	2	0.15	6.6	10	80
⑩	80	10	0.075	2	10	10

表5-3 中各工况由表5-1 中的物理力学参数和表5-2 中的路面交通荷载参数组合而成,参数分析时以污水管力学参数和相应地层参数作为基本参数。

表 5-3 计算工况

工况	物理力学参数标号	路面交通荷载参数标号	工况描述
2-1	①	①	污水管
2-2	②	①	雨水管
2-3	③	①	给水管
2-4	④	①	管沟
2-5	⑤	①	雨水管无剪切刚度
2-6	⑥	①	给水管无剪切刚度
2-7	①	②	轴重 100 kN
2-8	①	③	轴重 140 kN
2-9	①	④	车速 20 m/s
2-10	①	⑤	车速 30 m/s
2-11	①	⑥	3 轴
2-12	①	⑦	4 轴
2-13	①	⑧	荷载频率 50 Hz
2-14	①	⑨	荷载频率 80 Hz
2-15	⑦	⑩	计算结果对比
2-16	⑧	⑩	考虑阻尼影响

管线动力响应解析模型中将管线假定为无限长梁,因此分析近域内任一点都是相同的,由伽利略坐标变换式 $x = \tilde{x} - Vt$,选定参考点为 $\tilde{x} = 0$。下面如无特殊说明,均指管线参考点 $\tilde{x} = 0$ 处的竖向动位移,此处竖向动位移为管线沿垂直于管线轴向的振动,特此说明。

管线竖向动位移时程曲线如图 5-4 所示，图 5-4(a)、图 5-4(b)、图 5-4(c)和图 5-4(d)分别对应表 5-3 中的工况 2-1、工况 2-2、工况 2-3 和工况 2-4。

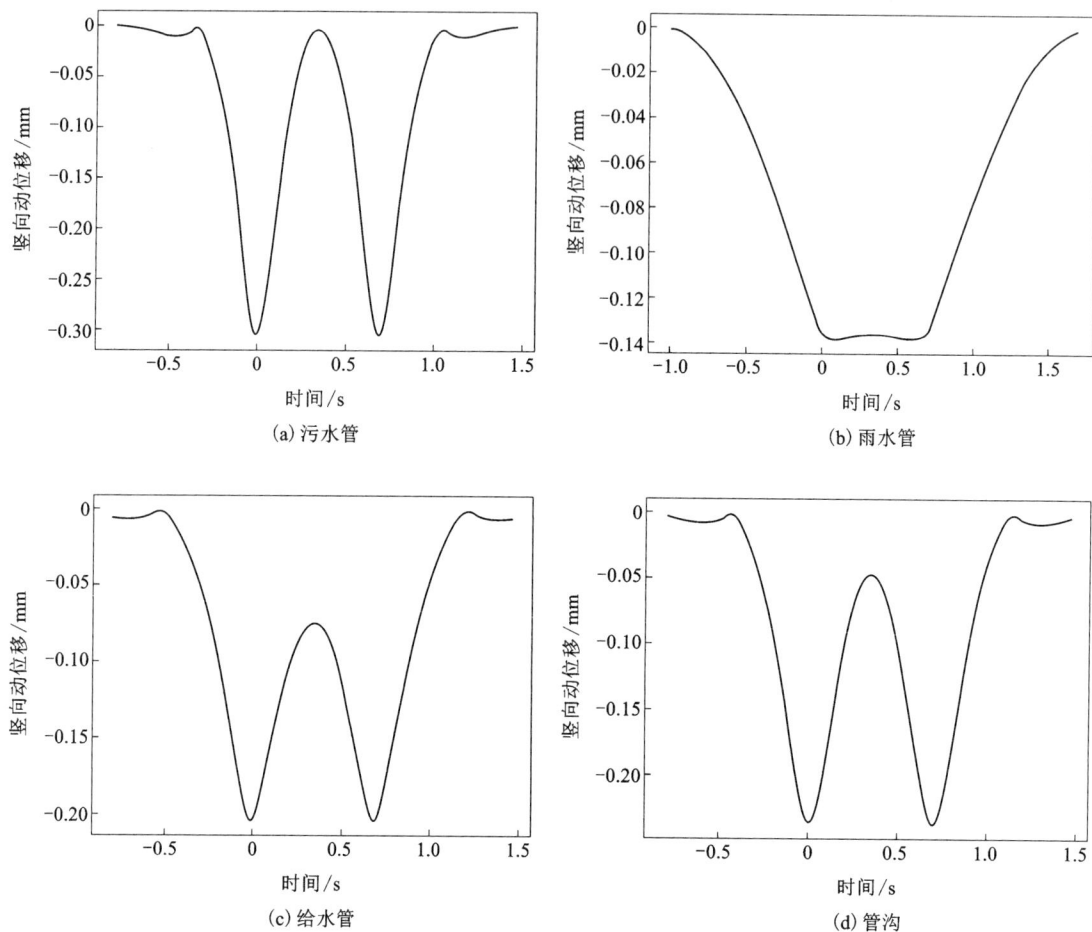

(a) 污水管

(b) 雨水管

(c) 给水管

(d) 管沟

图 5-4　管线竖向动位移时程曲线

由图 5-4 可知，管线受车辆荷载作用时竖向动位移发生波动，在车辆前、后轮到达时各类管线竖向动位移达到峰值。前轮到达前竖向动位移增大，前轮通过后竖向动位移减小，待后轮逐渐接近时，管线竖向动位移再次增大。污水管刚度最小，竖向动位移在前轮通过且后轮尚未到达时恢复至接近零值。雨水管刚度较大，在此期间竖向动位移仅有小部分恢复。忽略其他因素影响，可知管线刚度越大，受车辆荷载作用时竖向动位移越小。车辆通过后，管线竖向动位移均恢复至接近零值。

是否考虑剪切刚度是 Euler-Bernouli 地基梁模型与 Timoshenko 梁式模型的主要区别之一，前者适用于分析细长梁，忽略剪切刚度的影响，而 Timoshenko 梁式模型考虑了剪切刚度的影响。下面结合具体算例进行分析。

两类管线不考虑剪切刚度下竖向动位移时程曲线如图 5-5 所示，图 5-5(a)和图 5-5(b)分别对应表 5-3 中的工况 2-5 和工况 2-6。为考虑管线材质可能产生的影响，分别对雨水管和给水管进行了计算分析，其中雨水管材质为混凝土，给水管材质为球墨铸铁。

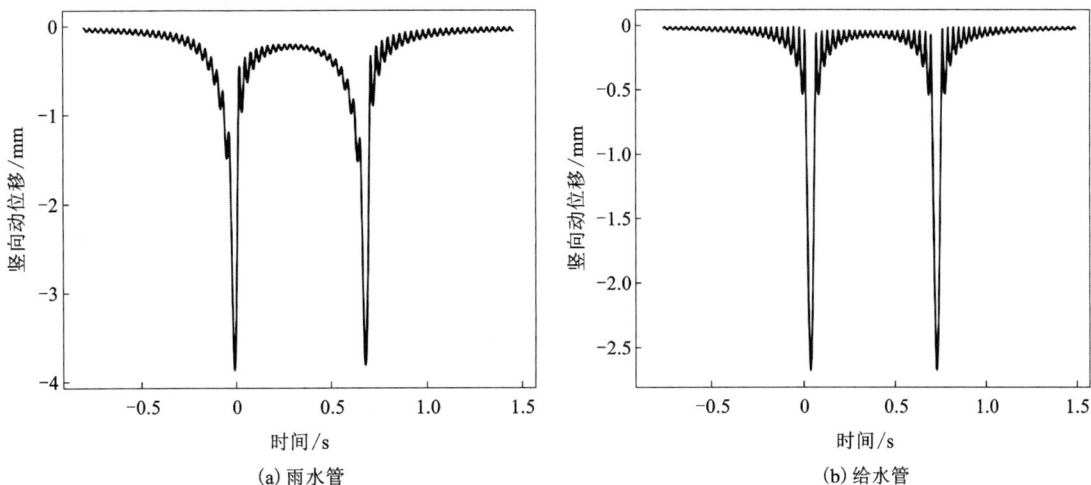

(a) 雨水管　　　　　　　　　　　　　　(b) 给水管

图 5-5　不考虑剪切刚度下雨水管与给水管竖向动位移时程曲线

由图 5-5(a) 可知，雨水管不考虑剪切刚度时，竖向动位移在车轮尚未到达前的一段时间有小幅波动，总体为增大趋势，在车辆前、后轮将要到达时竖向动位移迅速增大，前、后轮到达时均达到阶段峰值。前轮通过且后轮尚未到达期间，竖向动位移逐渐减小，待后轮将要到达时竖向动位移逐渐增大，后轮通过后竖向动位移逐渐减小，恢复至接近零值。给水管竖向动位移变化规律与雨水管类似。不考虑剪切刚度时两类管线受车辆荷载作用时竖向动位移变化显著，雨水管最大竖向动位移增大近 40 倍，给水管最大竖向动位移增大近 25 倍。

不同轴重下污水管竖向动位移时程曲线如图 5-6 所示，图 5-6(a) 和图 5-6(b) 分别对应表 5-3 中的工况 2-7 和工况 2-8。

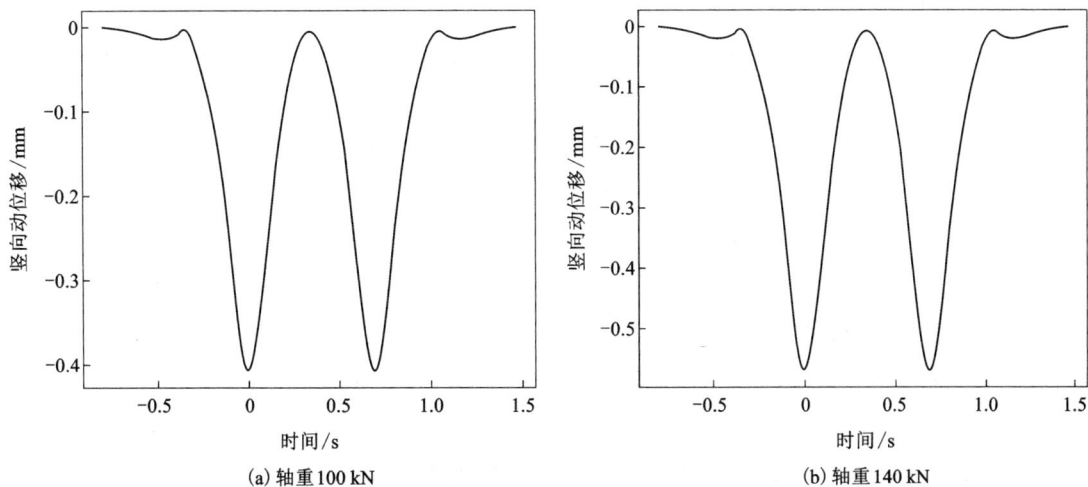

(a) 轴重 100 kN　　　　　　　　　　　　(b) 轴重 140 kN

图 5-6　不同轴重下污水管竖向动位移时程曲线

由图 5-6(a) 和图 5-6(b) 可知，轴重为 100 kN 与 140 kN 时污水管竖向动位移变化规律基本一致，轴重为 100 kN 时污水管竖向动位移峰值为 0.4 mm，轴重为 140 kN 时污水管竖向动位移峰值为 0.54 mm。

不同车速下污水管竖向动位移时程曲线如图 5-7 所示，图 5-7(a) 和图 5-7(b) 分别对应表 5-3 中的工况 2-9 和工况 2-10。

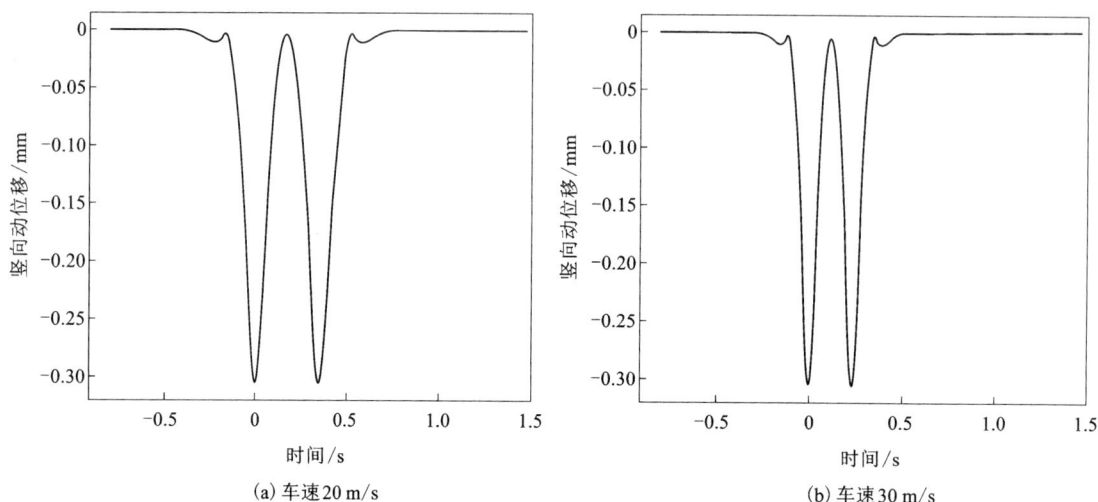

(a) 车速 20 m/s　　　　　　　　　　　　(b) 车速 30 m/s

图 5-7　不同车速下污水管竖向动位移时程曲线

由图 5-7 可知，车速为 20 m/s 和 30 m/s 时污水管竖向动位移峰值基本一致，同样在前轮通过至后轮将要到达期间污水管竖向动位移逐渐减小，而后逐渐增大，但车速越快污水管竖向动位移变化越剧烈。

由于路面车辆类型多样，分析不同类型车辆荷载作用下管线的动力响应有重要意义。不同车轴数下污水管竖向动位移时程曲线如图 5-8 所示，图 5-8(a) 和图 5-8(b) 分别对应表 5-3 中的工况 2-11 和工况 2-12。

由图 5-8(a) 可知车轴数为 3 时，污水管竖向动位移有 3 个峰值，分别对相应车轮到达时段进行分析，与之前的分析一致，不同的是前轮通过后污水管竖向动位移不会恢复至接近零值，波动幅度较小；中间轮通过时产生的污水管竖向动位移峰值略小于前轮和后轮。图 5-8(b) 显示车轴数为 4 时，污水管竖向动位移有 4 个峰值，与 3 轴时相比变化更为迅速，中间轮通过时的污水管竖向动位移峰值也略小于前轮和后轮。两种工况下污水管最大竖向动位移基本一致，由此可知更多的车轴数会使污水管竖向动位移波动次数更多，但波动幅度更小。

车辆荷载频率表示车辆荷载变化快慢程度，当路面交通流量较大时，车辆荷载也随之变化且更为迅速。不同荷载频率下污水管竖向动位移时程曲线如图 5-9 所示，图 5-9(a) 和图 5-9(b) 分别对应表 5-3 中的工况 2-13 和工况 2-14。

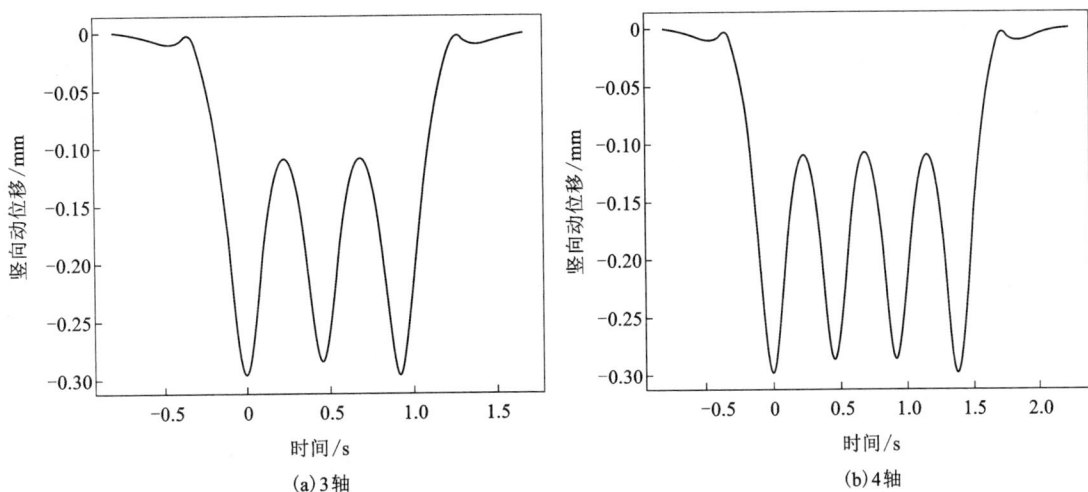

(a) 3轴　　　　　　　　　　　　　(b) 4轴

图 5-8　不同车轴数下污水管竖向动位移时程曲线

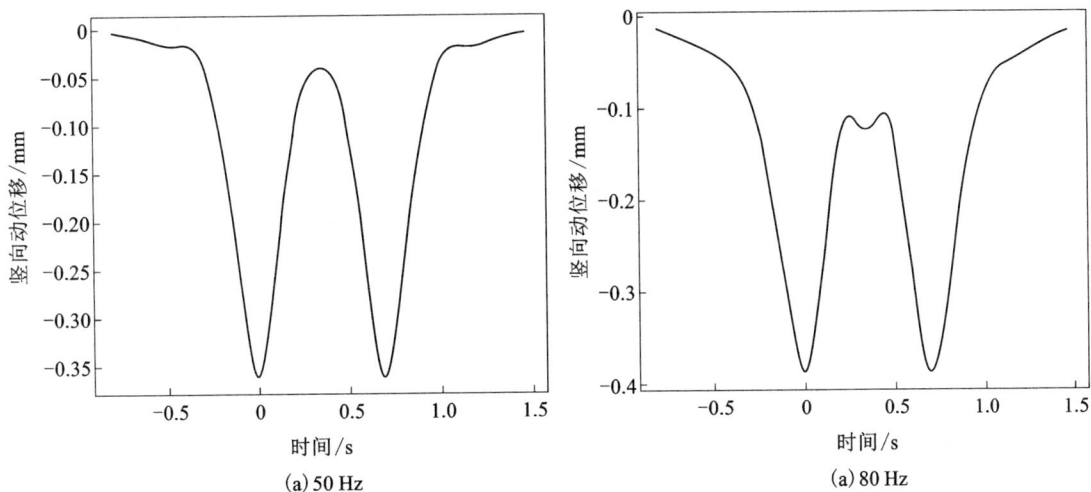

(a) 50 Hz　　　　　　　　　　　　(a) 80 Hz

图 5-9　不同荷载频率下污水管竖向动位移时程曲线

　　由图 5-9 可知荷载频率为 80 Hz 时，污水管竖向动位移更大，且在前轮通过至后轮将要到达期间有小幅波动。由此可知，车辆荷载频率越大，污水管竖向动位移越大，且变化更为剧烈，也就是说交通流量越大，对管线的影响越大。

　　为验证本书所建立的路面交通荷载作用下管线动力响应解析模型和计算结果的可靠性，采用文献[89]中的参数代入计算，并与书中的计算结果进行了对比。在此基础上，进一步考虑了地基阻尼对梁动力响应的影响。不同地基阻尼下梁竖向动位移时程曲线如图 5-10 所示，图 5-10(a) 对应表 5-3 中的工况 2-15，计算参数与文献[89]一致；图 5-10(b) 对应表 5-3 中的工况 2-16，除地基阻尼外其余参数与工况 2-15 一致。

图 5-10(a) 中梁的竖向动位移变化规律与书中计算结果基本一致，仅有数值上的微小差异，说明本书建立的模型和计算方法是可靠的。由图 5-10(b) 可知，考虑地基阻尼时梁的竖向动位移峰值更小，且波动过程中变化幅度也更为平缓，说明阻尼力可有效减小路面交通荷载的影响，这与现有研究结论也是一致的。与此同时，软土虽然具有高阻尼特性，但其地基刚度较小，路面交通荷载作用下变形量较大。

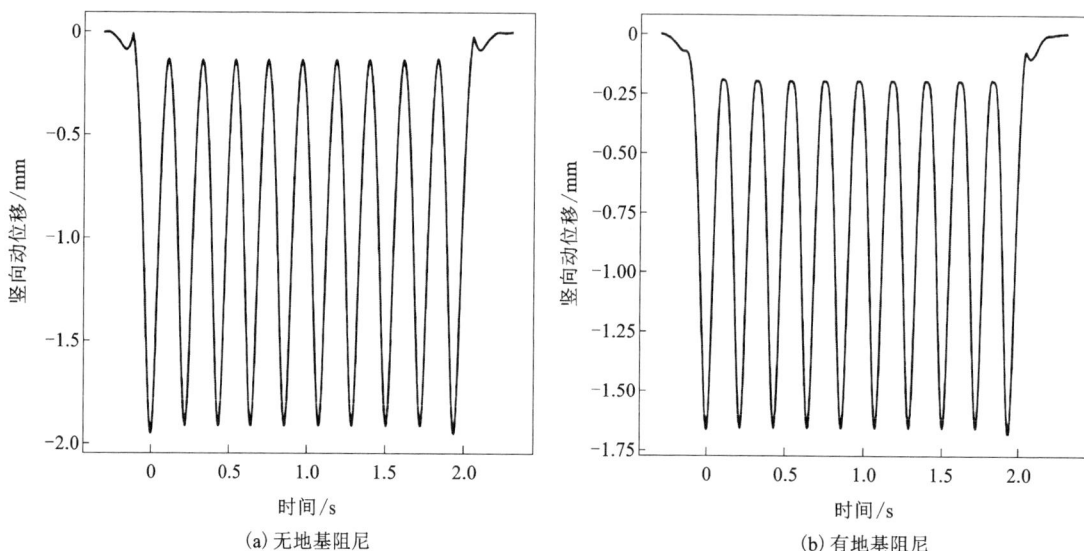

(a) 无地基阻尼　　　　　　　　　　(b) 有地基阻尼

图 5-10　不同地基阻尼下梁竖向动位移时程曲线

为便于分析参数影响规律，绘制不同参数下管线竖向动位移时程曲线如图 5-11 所示。

由图 5-11(a) 可知，管线竖向动位移最大值与管线刚度呈负相关，相同路面交通荷载作用下，管线刚度越大，管线竖向动位移越小。管线竖向动位移波动变化过程中，管线刚度越大，其变化幅度也越小。由图 5-11(b) 可知，相同管线条件下，轴重越大，管线竖向动位移也越大。管线竖向动位移波动变化过程中，轴重越大，其变化也越剧烈。图 5-11(c) 表明，车速对管线竖向动位移影响不大，车速分别为 10 m/s、20 m/s 和 30 m/s 时，管线最大竖向动位移基本一致。管线竖向动位移波动变化过程中，车速越快，其变化也越剧烈。图 5-11(d) 反映了车轴数对管线竖向动位移峰值影响不大，但车轴数越多，波动次数越多，中间轮通过时管线竖向动位移峰值略小于前轮和后轮通过时的位移峰值。车辆轴距较大时，前轮通过至后轮将要到达期间，管线竖向动位移会恢复至接近零值，车辆轴距较小时则不会有这种现象。图 5-11(e) 表明荷载频率越大，管线竖向动位移越大，波动幅度也更大。

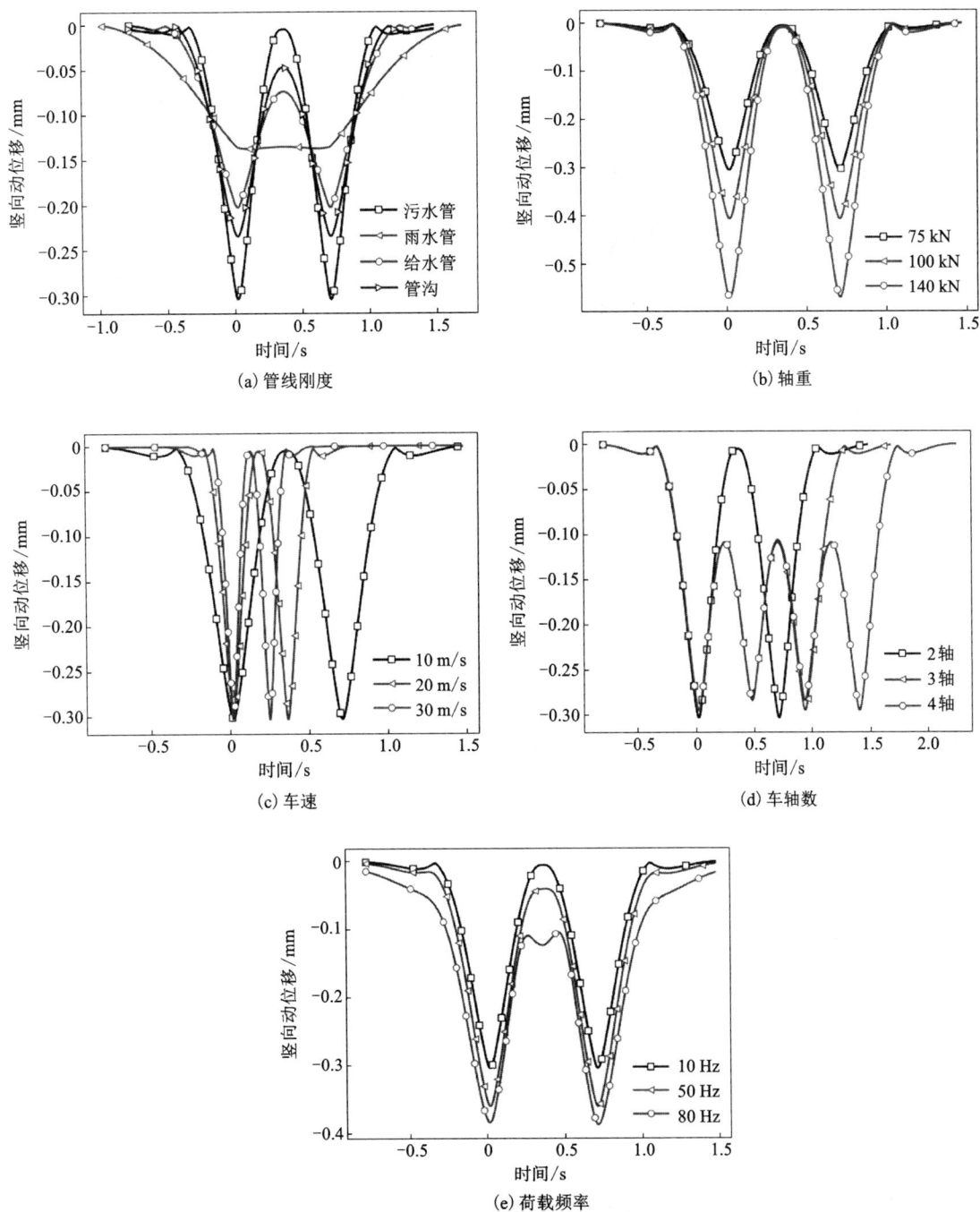

(a) 管线刚度

(b) 轴重

(c) 车速

(d) 车轴数

(e) 荷载频率

图 5-11　不同参数下管线竖向动位移时程曲线

▶ 5.5 本章小结

本章从路面交通荷载作用规律出发,对路面交通荷载模型进行了分析,基于 Timoshenko 梁理论建立了路面交通荷载作用下管线动力响应解析模型,路面交通荷载模型采用时域谐波荷载,将 Adomian 分解、傅里叶变换和基于 Coiflet 滤波器的计算方法相结合进行模型求解,并用 Python 语言编写了相应计算与后处理程序,分析了管线类型、管线剪切刚度、轴重、车速、车轴数、轴距、荷载频率及地基阻尼对管线振动的影响,得到如下主要结论:

(1)当其余参数为定值时,路面交通荷载作用下管线振动及其波动变化剧烈程度随着轴重及荷载频率的增大而增大,随着管线抗弯刚度、剪切刚度及地基阻尼的增大而减小。

(2)当其余参数为定值时,车速、车轴数及轴距对管线振动影响较小。

(3)软土的高阻尼特性虽然能够减小管线振动幅值及其波动剧烈程度,但软土地基刚度较小,在路面交通荷载作用下会产生较大变形,因此路面交通荷载作用对软土中管线的影响不可忽视。

第6章 通道暗挖与路面荷载共同作用下管线的动力响应研究

管线上方路面有车辆通过时，在车辆荷载作用下管线变形和内力将会发生进一步变化。根据前述分析，车辆荷载大小和作用位置均随时间变化，与静力作用具有显著差异。通过有限元分析可以研究复杂工况下的三维动力问题，本章在通道施工静力模型基础上设置动力计算边界条件，通道 CRD 法施工采用静力分析步，车辆荷载作用采用动力隐式分析步，车辆荷载模型采用时域谐波荷载表达式，并编写车辆荷载二次开发程序；将有限元软件二次开发与重启动分析相结合，通过编写的多参数车辆荷载程序实现不同轴重、不同车速和考虑路面平整度的车辆荷载施加，运用重启动分析实现通道施工完成后路面车辆荷载作用的接续计算，对车辆荷载作用下通道围岩和管线的动力响应进行分析；基于控制变量法建立相应数值分析模型，研究轴重、车速和路面平整度对管线动力响应的影响。

▶ 6.1 有限元模型

6.1.1 模型建立

路面车辆与通道及管线空间位置关系如图 6-1 所示。模型尺寸与静力模型一致，长×宽×高为 80 m×23 m×52 m。土体、初期支护及二次衬砌采用 C3D8R 实体单元模拟，管线、管棚、锁脚锚杆及超前小导管采用三维梁单元模拟。相较于通道开挖选用固定边界，车辆行驶过程中产生的振动波会在到达边界后发生反射现象，影响数值计算结果的合理性。为更精确研究车辆行驶引起的地层和管线的动力响应规律，在模型底部设置黏弹性边界。有限元模型如图 6-2 所示。

6.1.2 物理力学参数

动力计算模型的土体力学参数除边界介质参数外与静力模型保持一致。

现实中土层是半无限体，运用有限元进行动力分析时须在所选取有限计算区域边界上引入合适的人工边界条件，以达到消除反射、模拟波动透射过程的目的[122]。在设置人工边界后，要实现对原连续介质的精确模拟，必须保证波在人工边界处的传播特性与在原连续介质中的一致[123]。实际工程中对应模型底部边界处的土层为泥质粉砂岩，根据工程地质详勘报

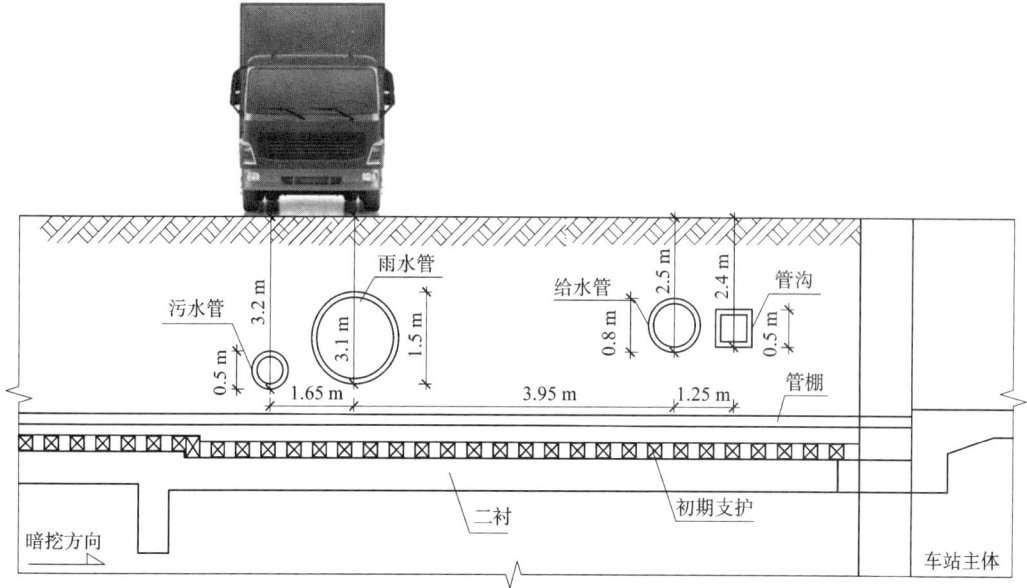

图 6-1　路面车辆与通道及管线空间位置关系

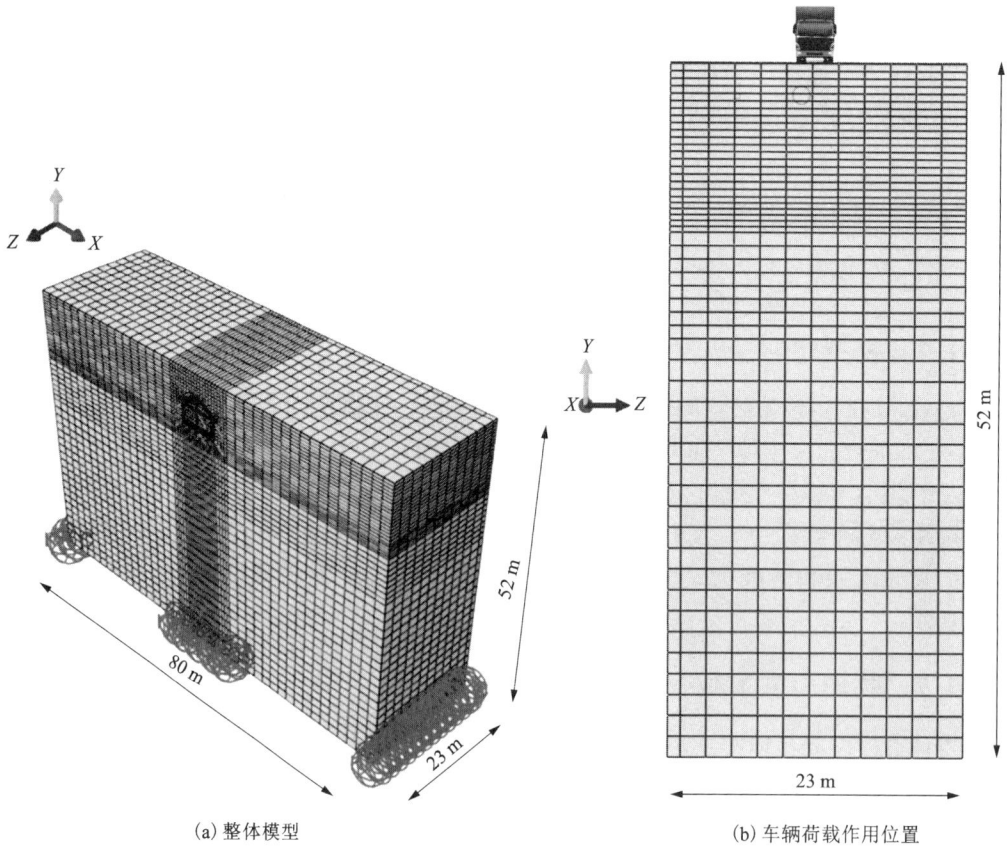

（a）整体模型　　　　　　　　　　　　　　　　（b）车辆荷载作用位置

图 6-2　通道施工与路面交通荷载作用三维有限元模型

告，相应介质参数见表 6-1。

表 6-1　边界介质参数

密度/(kg·m⁻³)	弹性模量/GPa	泊松比	剪切波速/(m·s⁻¹)	纵波波速/(m·s⁻¹)
2300	3.41	0.27	763	1361

6.1.3　黏弹性边界

黏弹性边界实质上是在选取的有限计算区域边界设置连续分布的并联弹簧阻尼系统，根据文献[123]中给出的黏弹性边界弹簧刚度和阻尼系数计算公式，并结合表 6-1，得到弹簧阻尼系统参数，见表 6-2。

表 6-2　弹簧阻尼器参数

弹簧刚度/(MN·m⁻¹)		阻尼系数/(kN·s·m⁻¹)	
K_{BT}	K_{BN}	C_{BT}	C_{BN}
15	30	175	313

6.1.4　车辆荷载参数

基于实际工程车辆类型和规范[116]给出的载重汽车参数建立车辆荷载模型以模拟通道开挖完成后双轴载重汽车行驶于管线正上方路面的情况，载重汽车参数见表 6-3。

表 6-3　载重汽车参数

车速/(km·h⁻¹)	轴重/kN	轮距/m	轴距/m	车轮作用面积/m²
72	75	1.8	6.6	0.12

时域谐波荷载能够反映出实际车辆荷载作用在时间和空间的动态特性。时域谐波荷载公式为：

$$P(t) = p + 0.2p\sin^2\left(\frac{\pi t}{T}\right) \tag{6-1}$$

$$T = \frac{12L}{V} \tag{6-2}$$

由表 6-3 并根据式（6-1）和式（6-2），可得车辆荷载为：

$$P(t) = 6.25 \times 10^5 + 1.25 \times 10^5 \sin^2(34.9t) \tag{6-3}$$

相应车辆荷载时程曲线如图 6-3 所示。

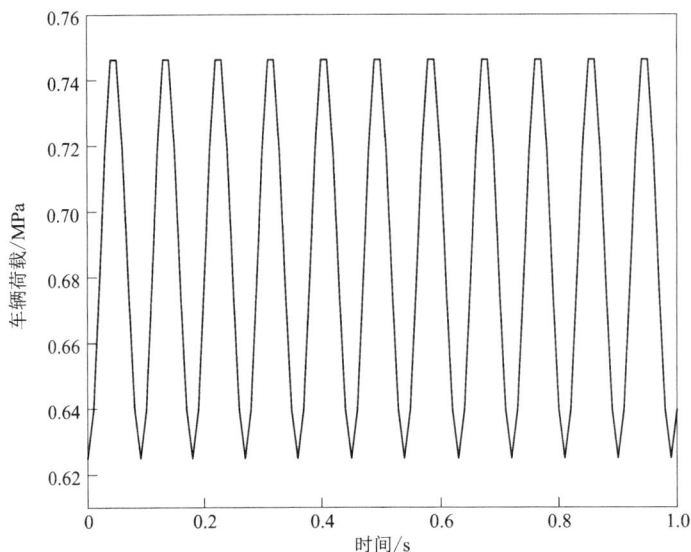

图 6-3　车辆荷载时程曲线

6.1.5　车辆荷载二次开发程序与重启动分析

本章采用 Fortran 语言开发多参数车辆荷载程序，实现时域谐波荷载施加。在程序中设定车辆荷载参数和作用位置，通过函数形式定义荷载随时间增量步的变化达到模拟时域谐波荷载作用效果。车辆荷载二次开发程序结构如图 6-4 所示。

在通道施工静力模型基础上设置动力计算边界条件，通道 CRD 法施工采用静力分析步，车辆荷载作用采用动力隐式分析步。通道施工分析步均设为重启动分析步，并提交计算得到的结果文件；选择相应分析步，调用二次开发程序，并提交重启动分析以实现通道施工完成后路面车辆荷载作用的接续计算。重启动分析流程如图 6-5 所示。

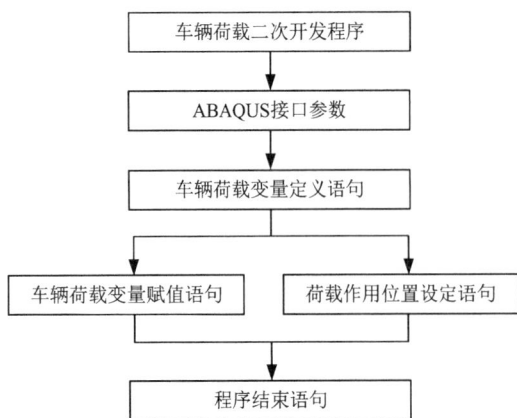

图 6-4　车辆荷载二次开发程序结构

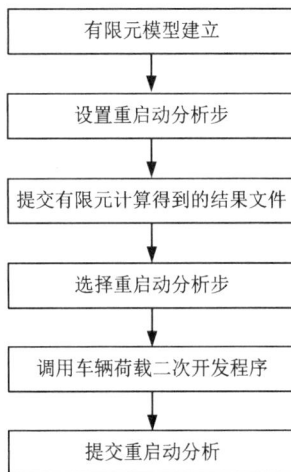

图 6-5　重启动分析流程

▶ 6.2 通道围岩动力响应

经地应力平衡后进行通道开挖，总计 50 个分析步通道开挖完成，之后在动力隐式分析步施加时域谐波荷载，采用重启动方法实现接续计算。车辆以速度 72 km/h 通过污水管和雨水管正上方路面，沿 X 轴正向移动，如图 6-2 所示。考虑到车辆荷载影响范围和计算资源，计算时间为 1 s。车辆荷载作用相应时刻土体沉降云图如图 6-6 所示。车轮下方土体沉降较大，车辆通过后变形逐渐恢复。车辆荷载作用下，土体位移场发生变化。通道开挖完成后拱顶上方沉降较大，所以以车辆行驶到通道拱顶上方时，此区域沉降较大。位移场虽然整体发生变化，但主要在车辆荷载作用范围内变化较明显，其他区域影响较小。

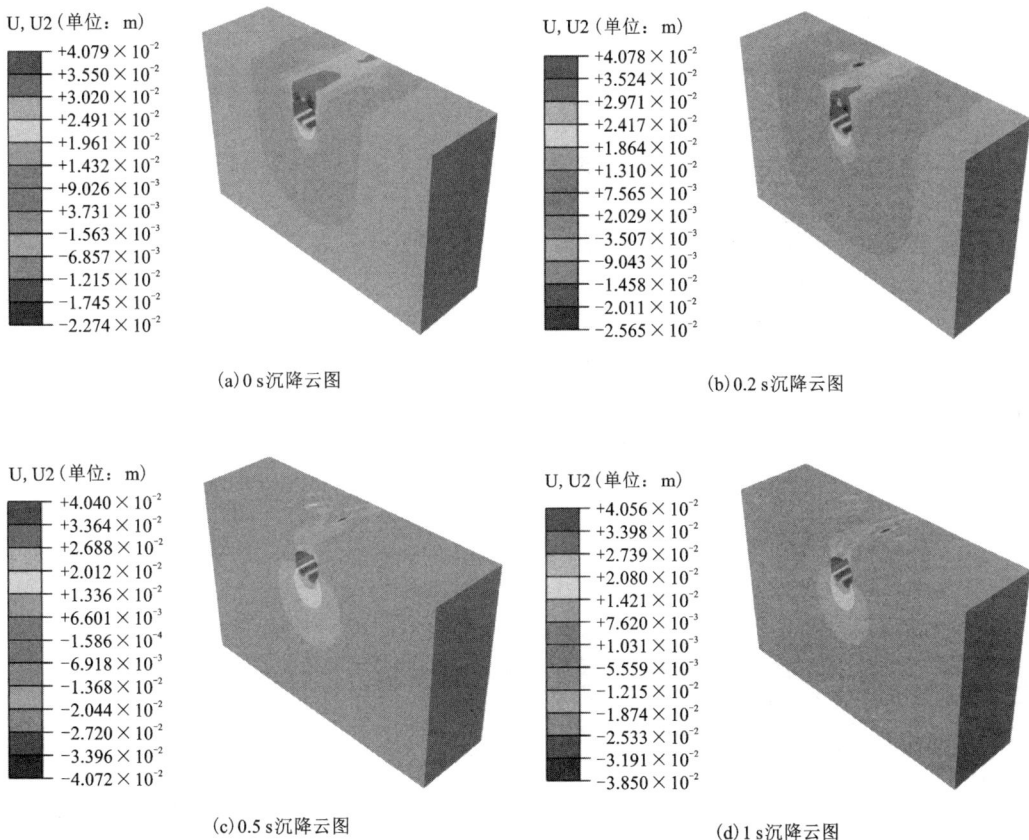

(a) 0 s 沉降云图   (b) 0.2 s 沉降云图

(c) 0.5 s 沉降云图   (d) 1 s 沉降云图

图 6-6 车辆荷载作用相应时刻土体沉降云图

车辆荷载作用通过地层传递至管线，分析通道围岩动力响应具有重要意义。下面根据数值计算结果对通道围岩在车辆荷载作用下的水平位移、沉降、第一主应力、第三主应力及加速度进行分析。

6.2.1　变形响应

通道围岩水平位移云图及拱顶水平位移横向分布曲线如图 6-7 所示。

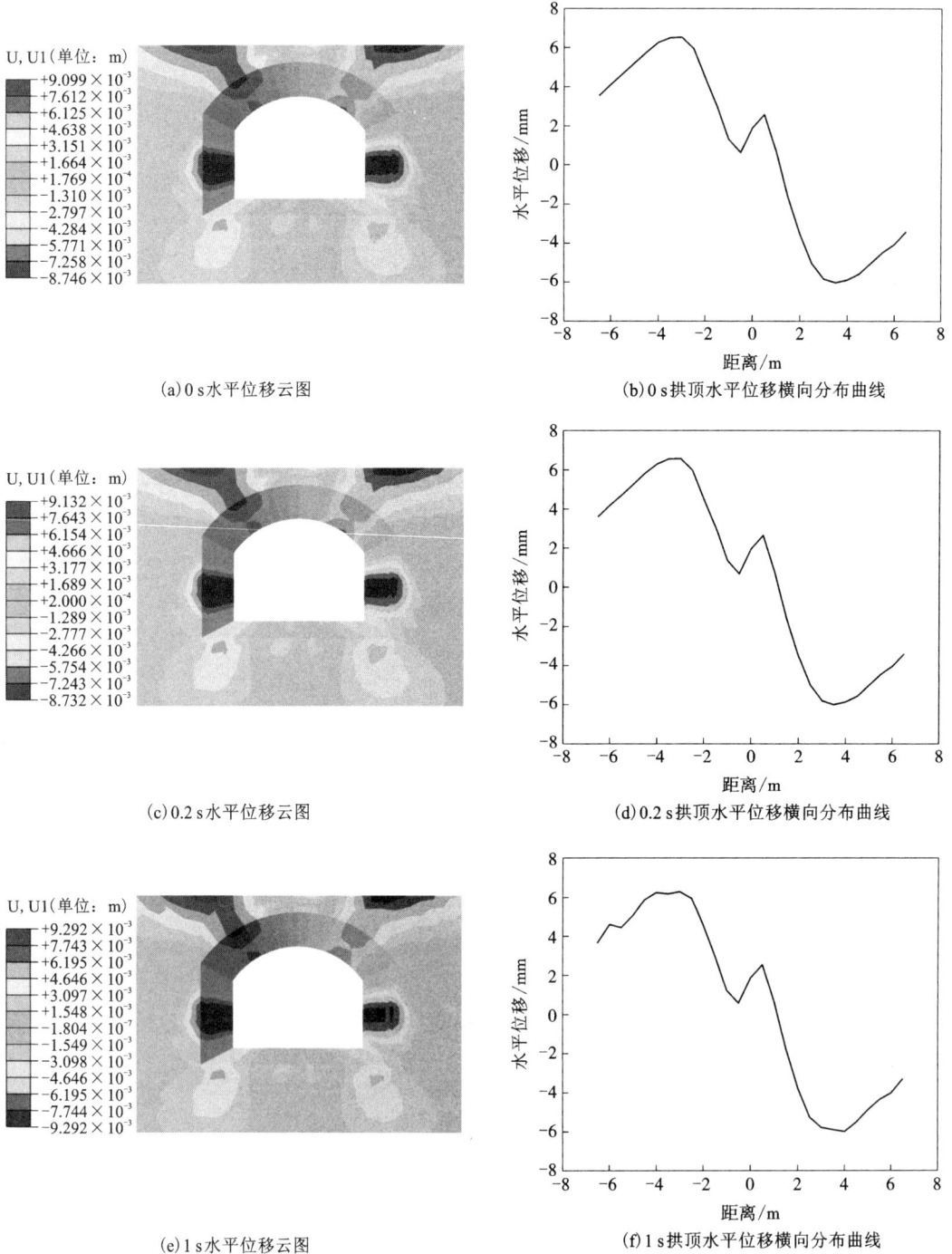

（a）0 s 水平位移云图

（b）0 s 拱顶水平位移横向分布曲线

（c）0.2 s 水平位移云图

（d）0.2 s 拱顶水平位移横向分布曲线

（e）1 s 水平位移云图

（f）1 s 拱顶水平位移横向分布曲线

图 6-7　通道围岩水平位移云图及拱顶水平位移横向分布曲线

由图 6-7(b)可知, 车辆荷载作用 0.2 s 时, 通道左侧直墙中部水平位移增大, 通道右侧直墙中部水平位移减小。车辆荷载作用 1 s 时, 水平位移进一步增大。拱顶横向各点水平位移在车辆荷载作用 0.2 s 后变化不大, 车辆荷载作用 1 s 时变化相对明显。通道受车辆荷载作用后水平位移最大值仍位于通道两侧直墙中部区域, 车辆荷载作用使得危险区域变形进一步增大。

通道围岩沉降云图及拱顶沉降横向分布曲线如图 6-8 所示。

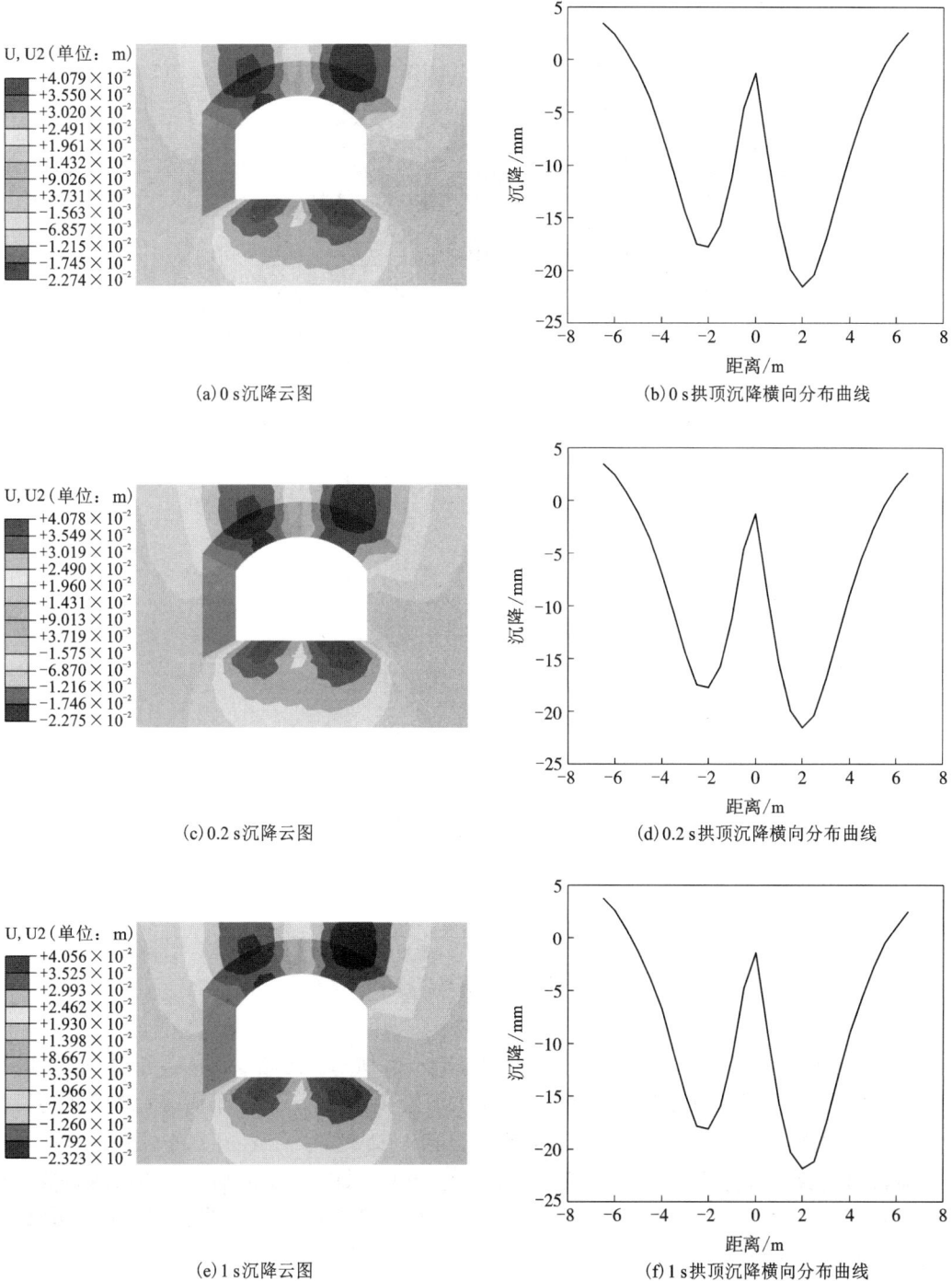

(a) 0 s 沉降云图

(b) 0 s 拱顶沉降横向分布曲线

(c) 0.2 s 沉降云图

(d) 0.2 s 拱顶沉降横向分布曲线

(e) 1 s 沉降云图

(f) 1 s 拱顶沉降横向分布曲线

图 6-8　通道围岩沉降云图及拱顶沉降横向分布曲线

图 6-8(b)显示车辆荷载作用 0.2 s 时，通道拱顶沉降稍有增大；车辆荷载作用 1 s 时，沉降进一步增大。拱顶横向各点沉降在车辆荷载作用 0.2 s 后变化不大，车辆荷载作用 1 s 时变化相对明显。通道受车辆荷载作用后沉降最大值仍位于通道两侧导洞拱顶。

选取如下特征点进一步分析车辆荷载作用下通道围岩动力响应规律。通道围岩特征点为车辆下方通道左右导洞拱顶最大沉降节点，路面特征点为通道围岩特征点正上方路面节点。特征点分布如图 6-9 所示。

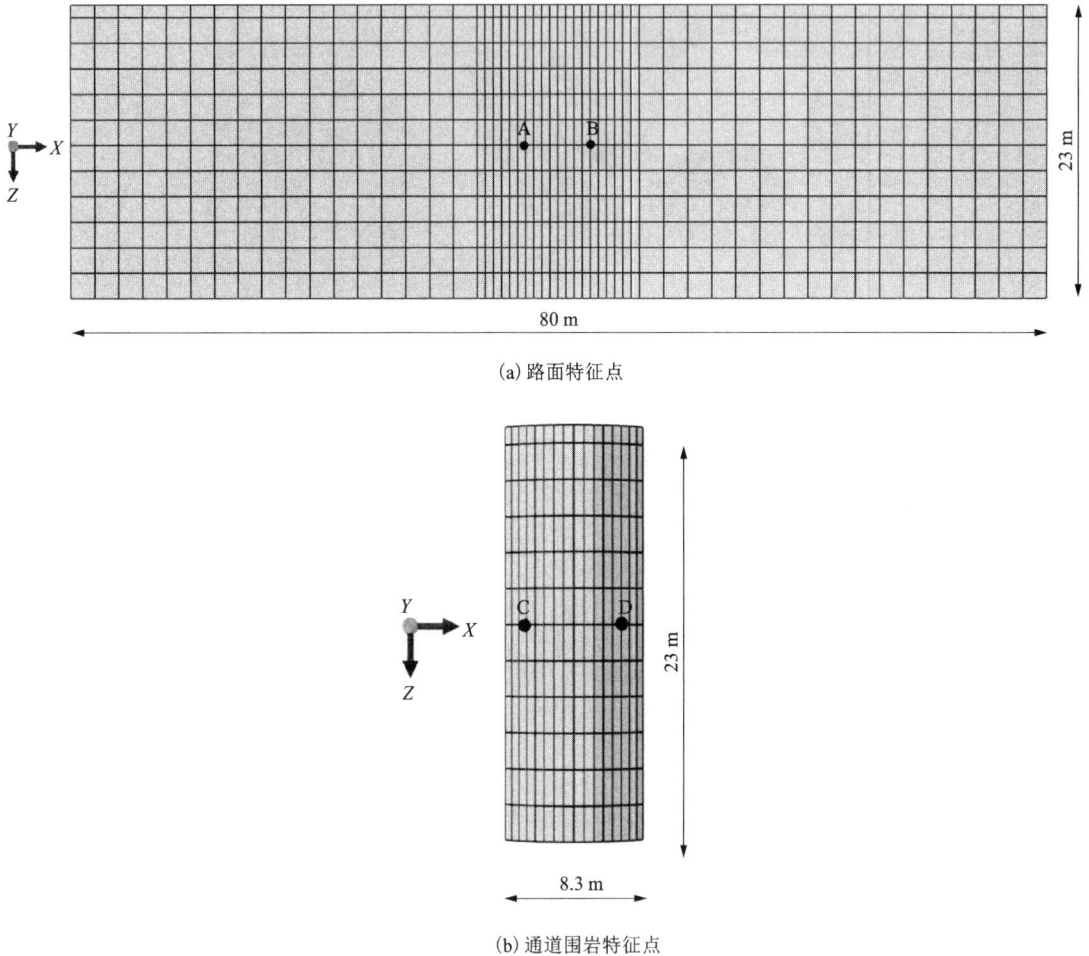

(a) 路面特征点

(b) 通道围岩特征点

图 6-9　路面和通道围岩特征点分布

路面和通道围岩特征点水平位移时程曲线如图 6-10 所示。由图 6-10(a)和图 6-10(b)可知，车辆荷载作用于路面时，路面特征点 A、B 水平位移有小幅波动，车辆前轮将要到达特征点 A、B 时，水平位移逐渐减小，在车辆前轮到达前 0.02 s 特征点 A、B 水平位移达到阶段峰值。前轮到达及通过特征点 A、B 后水平位移逐渐增大，期间发生波动。车辆后轮将要到达特征点 A、B 时，水平位移再次减小，后轮到达前 0.03 s 特征点 A、B 水平位移达到阶段峰值，后轮到达及通过特征点 A、B 后水平位移逐渐增大，随后波动变化至 1 s 末。

路面特征点 A 最大附加水平位移为 12.08 mm，最终附加水平位移为 1.69 mm。路面特征点 B 最大附加水平位移为 11.9 mm，最终附加水平位移为 5.62 mm。图 6-10(c) 和图 6-10(d) 显示通道围岩特征点 C 和 D 在车辆荷载作用下水平位移反复发生波动，特征点 C 最大附加水平位移为 0.25 mm，最终附加水平位移为 0.11 mm；特征点 D 最大附加水平位移为 0.2 mm，最终附加水平位移为 0.15 mm。所有特征点 1 s 末水平位移接近初始值，左侧路面特征点和通道围岩特征点最终附加水平位移小于右侧相应特征点最终附加水平位移，这是由于车辆从通道左侧行驶至右侧，当车辆驶离后各特征点水平位移均有恢复趋势，而更接近车辆荷载最终作用位置的右侧路面特征点和通道围岩特征点水平位移仍处于波动变化过程中，因此附加水平位移相对更大。

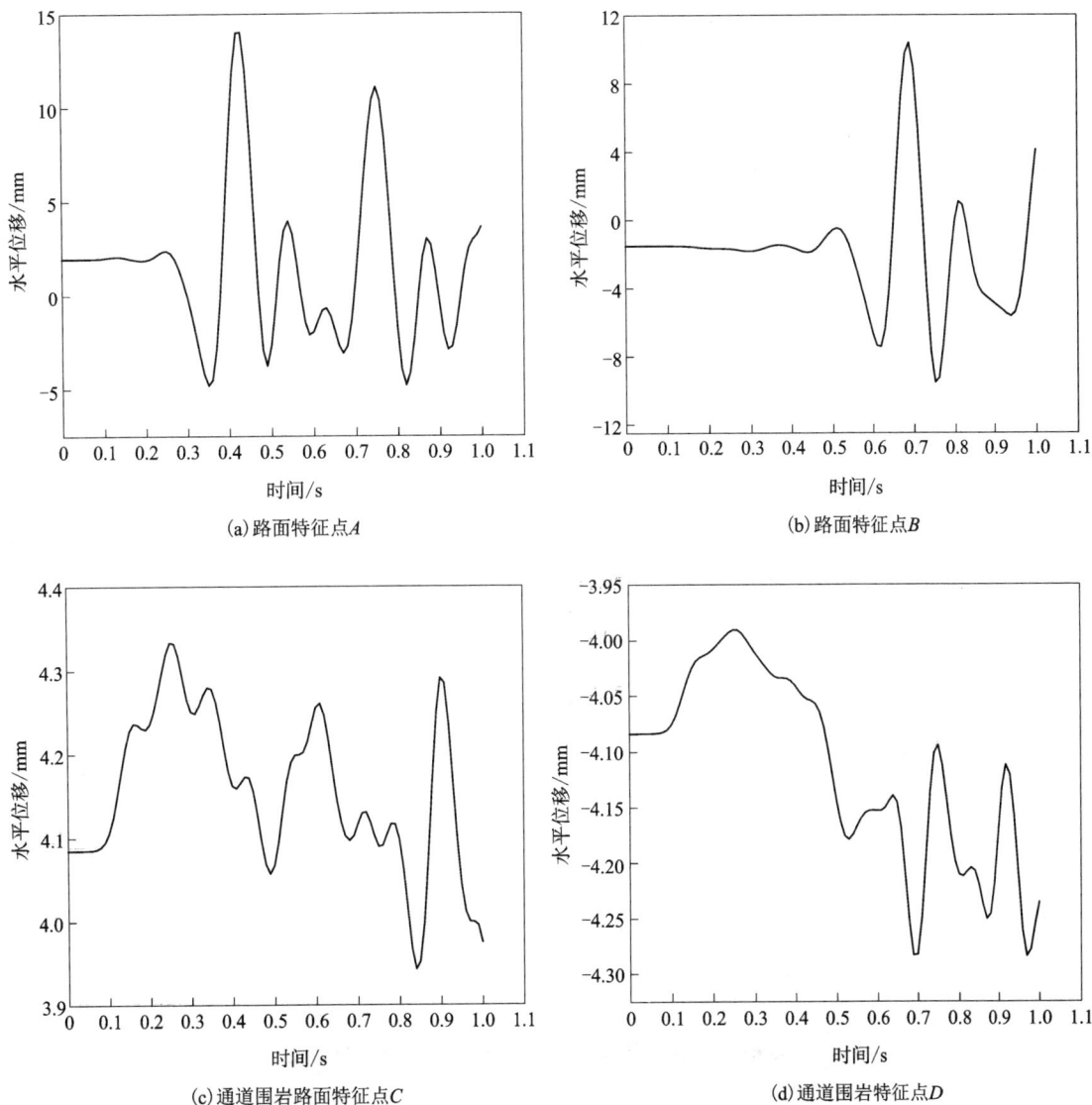

(a) 路面特征点 A

(b) 路面特征点 B

(c) 通道围岩路面特征点 C

(d) 通道围岩特征点 D

图 6-10　路面和通道围岩特征点水平位移时程曲线

  路面和通道围岩特征点沉降时程曲线如图 6-11 所示。从图 6-11(a)可看出车辆荷载作用于路面时，路面特征点 A 沉降有小幅波动，车辆前轮将要到达特征点 A 时，沉降迅速增大，在前轮到达特征点 A 时沉降达到阶段峰值。前轮通过特征点 A 后沉降逐渐减小，期间发生波动。车辆后轮将要到达特征点 A 时，沉降再次增大，车辆后轮到达特征点 A 时沉降达到阶段峰值。车辆后轮通过特征点 A 后沉降逐渐减小，随后波动至 1 s 末。图 6-11(b)显示路面特征点 B 与路面特征点 A 沉降变化类似，距离车辆荷载作用初始位置相对较远，小幅波动的时间更长，同样在车辆前轮到达时沉降达到阶段峰值，在车辆后轮通过后沉降减小至 1 s 末。

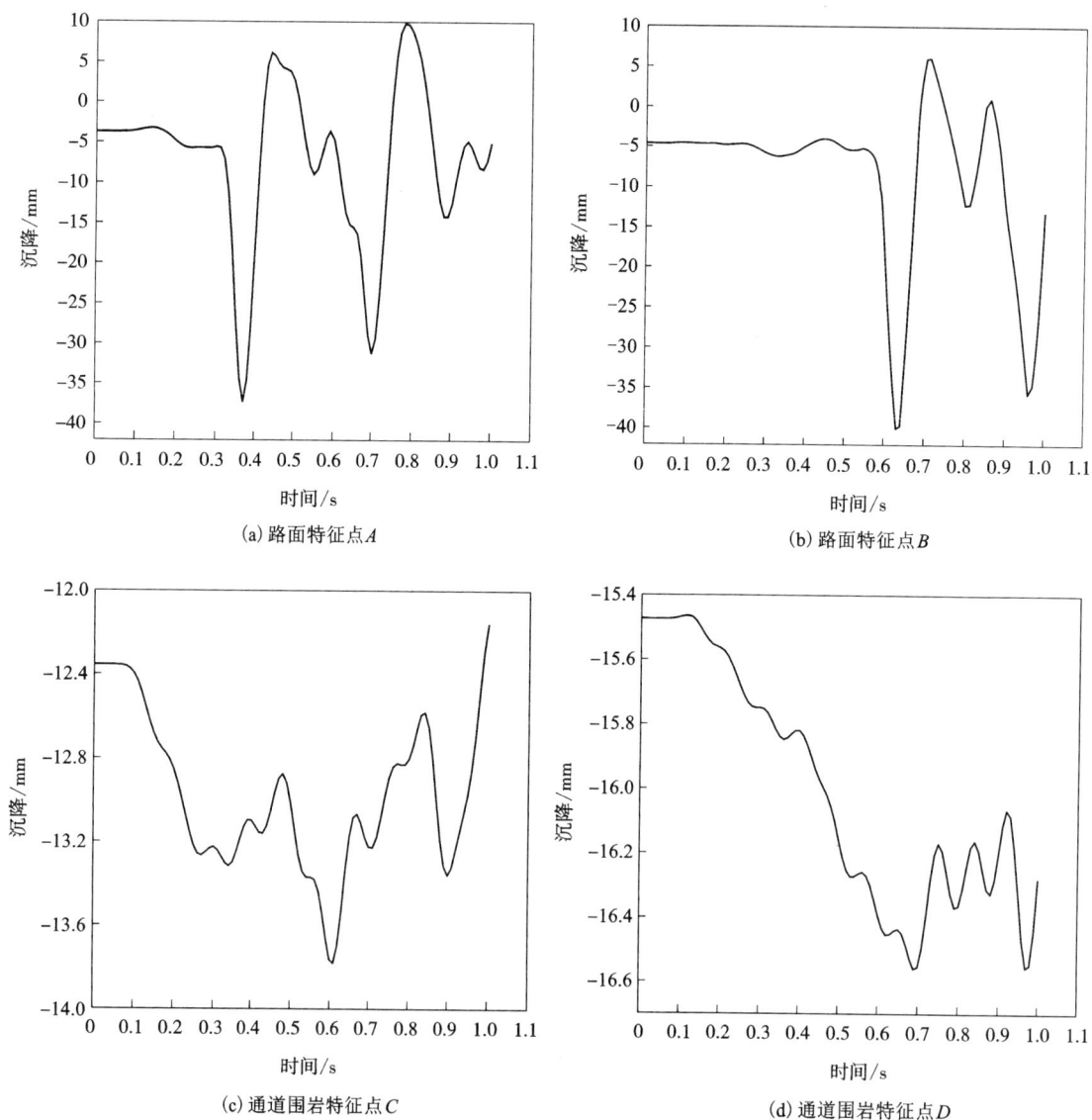

(a) 路面特征点 A (b) 路面特征点 B

(c) 通道围岩特征点 C (d) 通道围岩特征点 D

图 6-11　路面和通道围岩特征点沉降时程曲线

  路面特征点 A 最大附加沉降为 33.58 mm，最终附加沉降为 1.3 mm。路面特征点 B 最大附加沉降为 35.54 mm，最终附加沉降为 8.45 mm。由图 6-11(c)和图 6-11(d)可知相应通道

围岩特征点 C 和 D 在车辆荷载作用下沉降反复发生波动，特征点 C 最大附加沉降为 1.42 mm，最终附加沉降为 -0.26 mm；特征点 D 最大附加沉降为 1.09 mm，最终附加沉降为 0.81 mm。所有特征点 1 s 末附加沉降差异是由于更接近车辆荷载最终作用位置的右侧路面特征点和通道围岩特征点沉降仍在波动变化。

车辆荷载作用下，最大附加沉降大于最大附加水平位移，在路面特征点处为 2.9 倍，在通道围岩特征点处为 5.7 倍。因此，车辆荷载作用下通道围岩变形以沉降为主，附加水平变形衰减较快。根据特征点位置和相应最终附加变形可知，车辆驶离后各特征点的变形均有恢复趋势；车辆从通道左侧行驶至右侧，左侧特征点和右侧特征点附加变形差异是由于更接近车辆荷载最终作用位置的右侧特征点的变形仍在波动变化。

6.2.2　应力响应

通道围岩相应时刻第一主应力云图和拱顶第一主应力横向分布曲线如图 6-12 所示。由图 6-12 可知车辆荷载持续作用于路面时，通道围岩第一主应力波动变化。

通道围岩相应时刻第三主应力云图和拱顶第三主应力横向分布曲线如图 6-13 所示。从图 6-13 可以看出，通道围岩第三主应力在车辆荷载作用下同样波动变化。

路面和通道围岩特征点第一主应力时程曲线如图 6-14 所示，由图 6-14(a) 可知，车辆荷载作用于路面时，特征点 A 第一主应力有小幅波动，车辆前轮将要到达特征点 A 时，第一主应力迅速减小，在车辆前轮到达前 0.02 s，特征点 A 第一主应力达到阶段峰值。车辆前轮到达和通过特征点 A 后第一主应力逐渐增大，期间发生波动。车辆后轮将要到达特征点 A 时，第一主应力逐渐减小，后轮到达前 0.02 s，特征点 A 第一主应力达到阶段峰值，后轮到达和通过特征点 A 后第一主应力逐渐增大，随后波动变化至 1 s 末。从图 6-14(b) 可以看出，路面特征点 B 与路面特征点 A 第一主应力变化类似，距离车辆荷载作用初始位置较远，小幅波动的时间更长，同样在车辆到达前后第一主应力达到阶段峰值，在车辆后轮通过后第一主应力增大至 1 s 末。

路面特征点 A 最大附加第一主应力值为 15.71 kPa，最终附加第一主应力值为 2.38 kPa。路面特征点 B 最大附加第一主应力值为 19.39 kPa，最终附加第一主应力值为 11.07 kPa。图 6-14(c) 和图 6-14(d) 显示相应通道围岩特征点 C 和 D 在车辆荷载作用下第一主应力反复发生波动，特征点 C 最大附加第一主应力值为 1.75 kPa，最终附加第一主应力值为 1.36 kPa；特征点 D 最大附加第一主应力值为 -0.99 kPa，最终附加第一主应力值为 -0.18 kPa。车辆驶离后各特征点附加第一主应力均有消散趋势，所有特征点 1 s 末附加第一主应力差异是因为更接近车辆荷载最终作用位置的右侧特征点第一主应力仍在波动变化。

路面和通道围岩特征点第三主应力时程曲线如图 6-15 所示。由图 6-15(a) 可知，车辆荷载刚开始作用时，路面特征点 A 第三主应力有小幅波动，车辆前轮将要到达特征点 A 时，第三主应力迅速减小，在车辆前轮到达特征点 A 时第三主应力达到阶段峰值。前轮通过特征点 A 后第三主应力逐渐增大，期间发生波动。车辆后轮将要到达特征点 A 时，第三主应力再次减小，车辆后轮到达特征点 A 时第三主应力达到阶段峰值，后轮通过特征点 A 后第三主应力逐渐增大，随后波动至 1 s 末。

路面特征点 A 最大附加第三主应力值为 36.55 kPa，最终附加第三主应力值为 7.07 kPa。从图 6-15(b) 可以看出路面特征点 B 的第三主应力变化规律与路面特征点 A 类似，路面特征

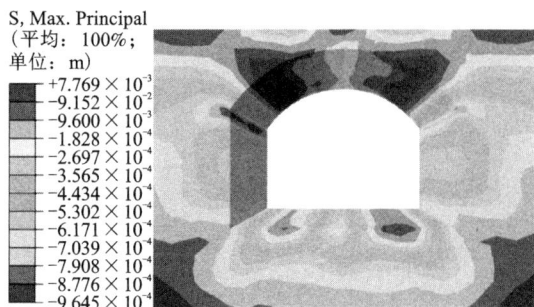

(a) 0 s 第一主应力云图

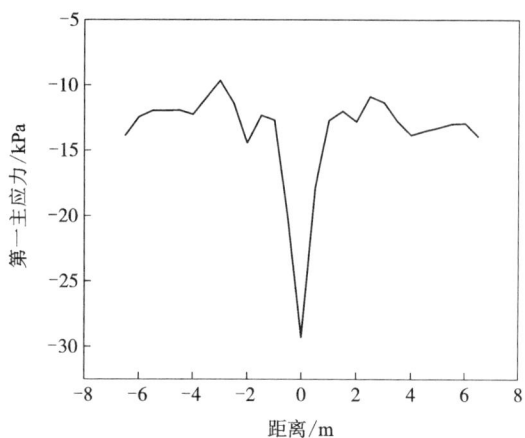

(b) 0 s 顶第一主应力横向分布曲线

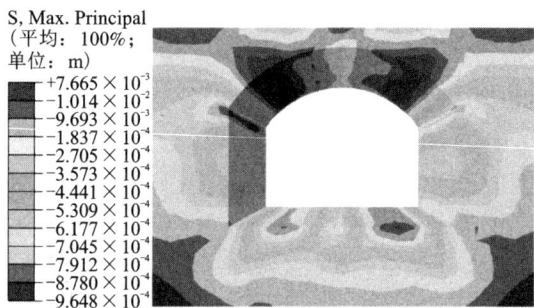

(c) 0.2 s 第一主应力云图

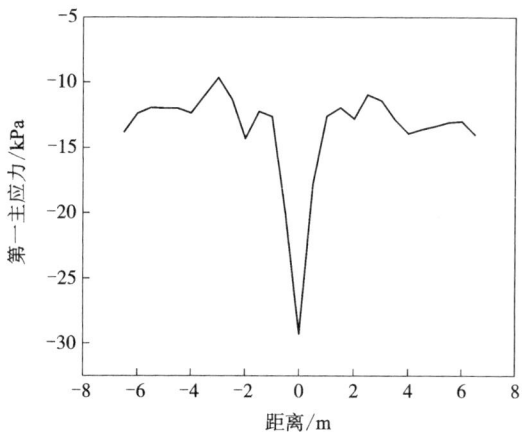

(d) 0.2 s 顶第一主应力横向分布曲线

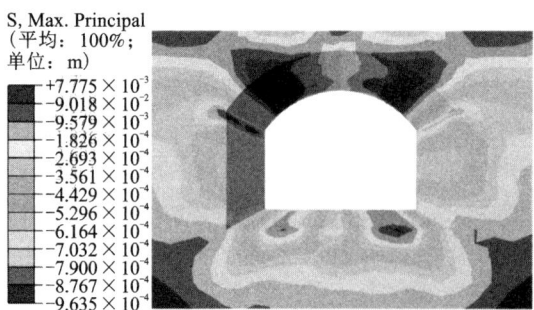

(e) 1 s 第一主应力云图

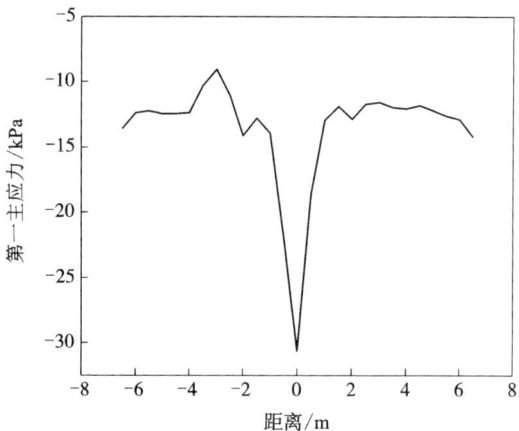

(f) 1 s 顶第一主应力横向分布曲线

图 6-12　通道围岩第一主应力

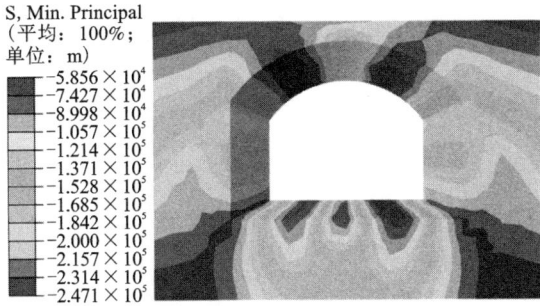

(a) 0 s第三主应力云图

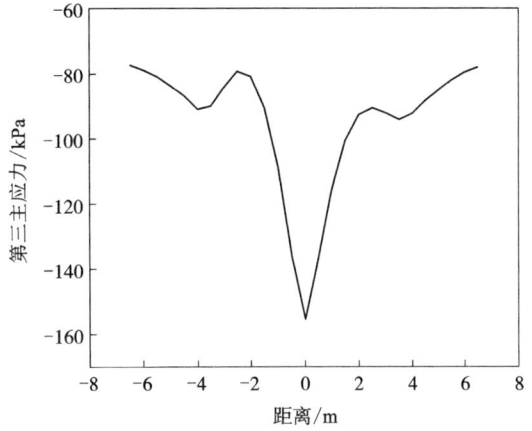

(b) 0 s拱顶第三主应力横向分布曲线

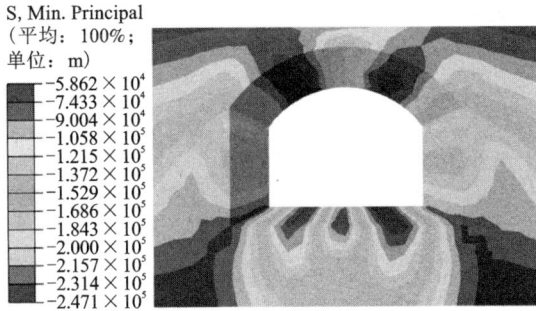

(c) 0.2 s第三主应力云图

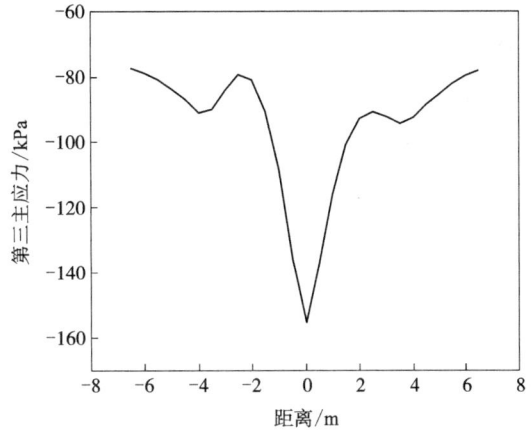

(d) 0.2 s拱顶第三主应力横向分布曲线

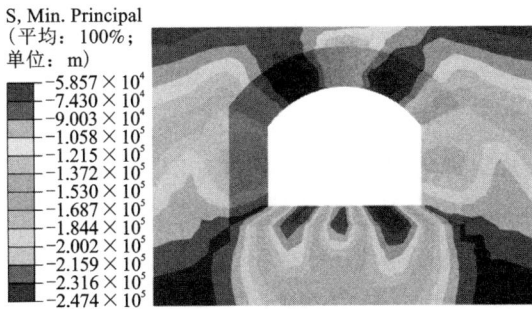

(e) 1 s第三主应力云图

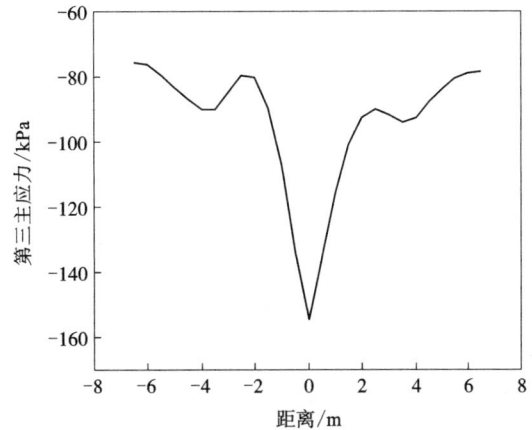

(f) 1 s拱顶第三主应力横向分布曲线

图 6-13　通道围岩第三主应力

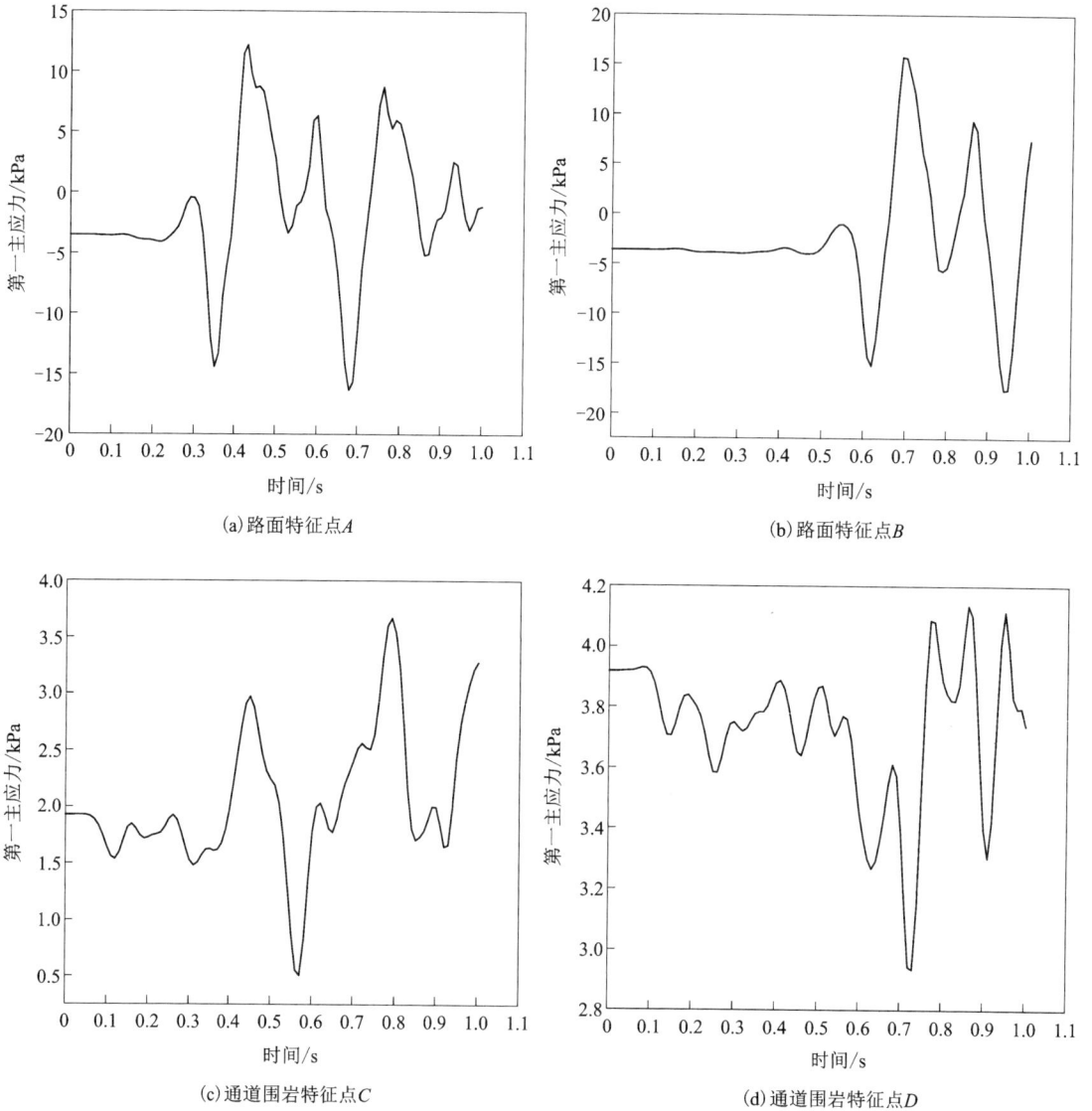

(a)路面特征点A

(b)路面特征点B

(c)通道围岩特征点C

(d)通道围岩特征点D

图 6-14 路面和通道围岩特征点第一主应力时程曲线

点 B 最大附加第三主应力值为 40.23 kPa，最终附加第三主应力值为 9.88 kPa。图 6-15(c)和图 6-15(d)显示相应通道围岩特征点 C 和 D 在车辆荷载作用下第三主应力反复发生波动，特征点 C 最大附加第三主应力值为 2.02 kPa，最终附加第三主应力值为 1.01 kPa；特征点 D 最大附加第三主应力值为 2.26 kPa，最终附加第三主应力值为 1.39 kPa。

车辆荷载作用下，最大附加第三主应力大于最大附加第一主应力。根据特征点位置和最终附加应力可知，左侧路面特征点最终附加应力较小，并接近初始值。车辆从通道左侧行驶至右侧，当车辆驶离后路面特征点附加应力均有消散趋势。左侧通道围岩特征点的最终附加第三主应力小于右侧相应通道围岩特征点，而最终附加第一主应力则大于右侧相应通道围岩特征点，这是因为更接近车辆荷载最终作用位置的右侧特征点主应力仍在波动变化。

(a) 路面特征点A

(b) 路面特征点B

(c) 通道围岩特征点C

(d) 通道围岩特征点D

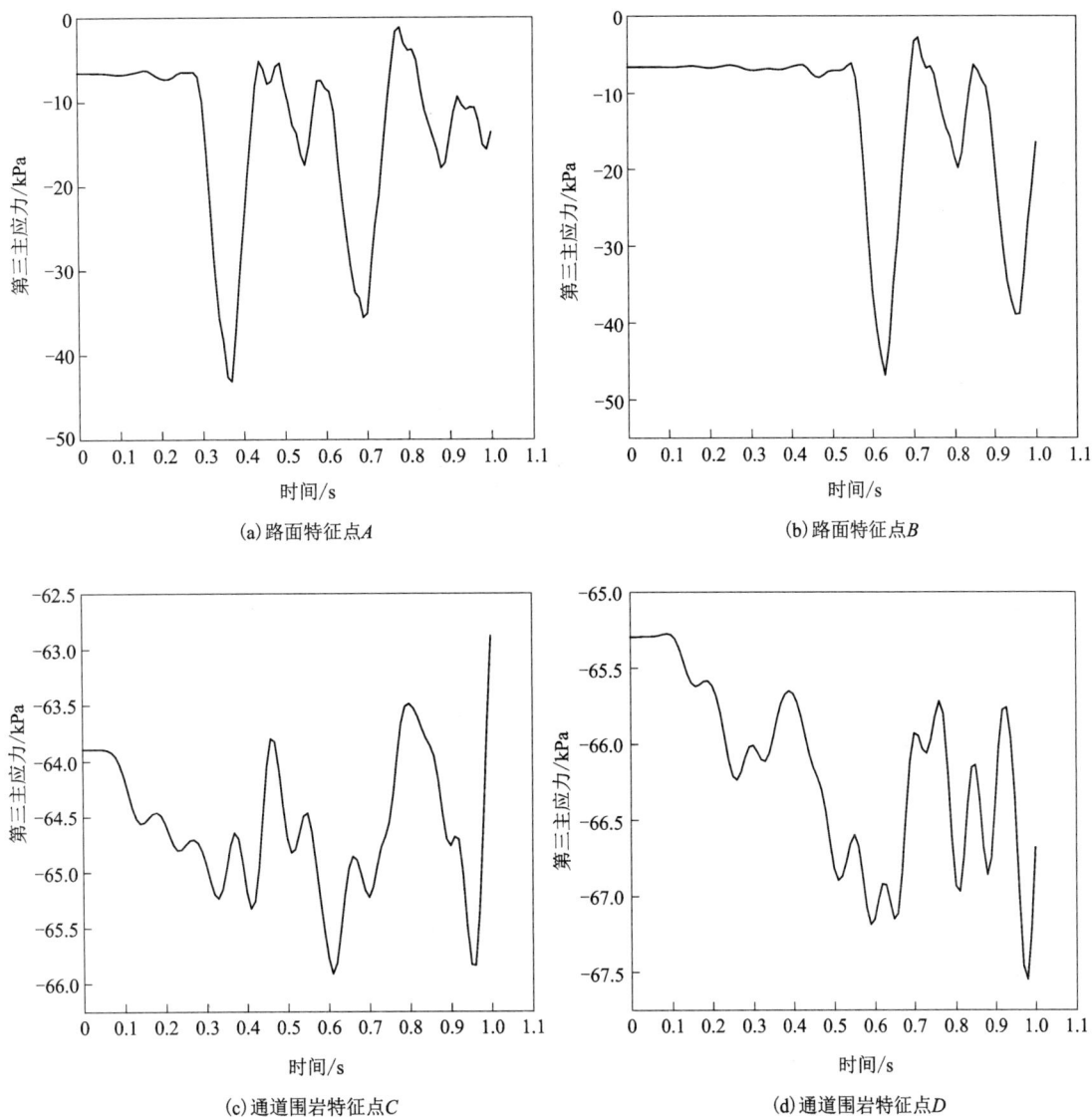

图 6-15　路面和通道围岩特征点第三主应力时程曲线

6.2.3　加速度响应

路面和通道围岩特征点加速度时程曲线如图 6-16 所示。

由图 6-16(a)可知车辆荷载作用时，路面特征点 A 竖向加速度有小幅波动，车辆前轮将要到达特征点 A 时，加速度减小后迅速增大，在车辆前轮到达特征点 A 时加速度达到阶段峰值。前轮通过特征点 A 后加速度逐渐减小，期间反复发生波动。车辆后轮将要到达特征点 A 时，加速度减小后迅速增大。在车辆后轮到达特征点 A 时加速度达到阶段峰值，后轮通过特征点 A 后加速度逐渐减小，随后加速度波动至 1 s 末接近零值。

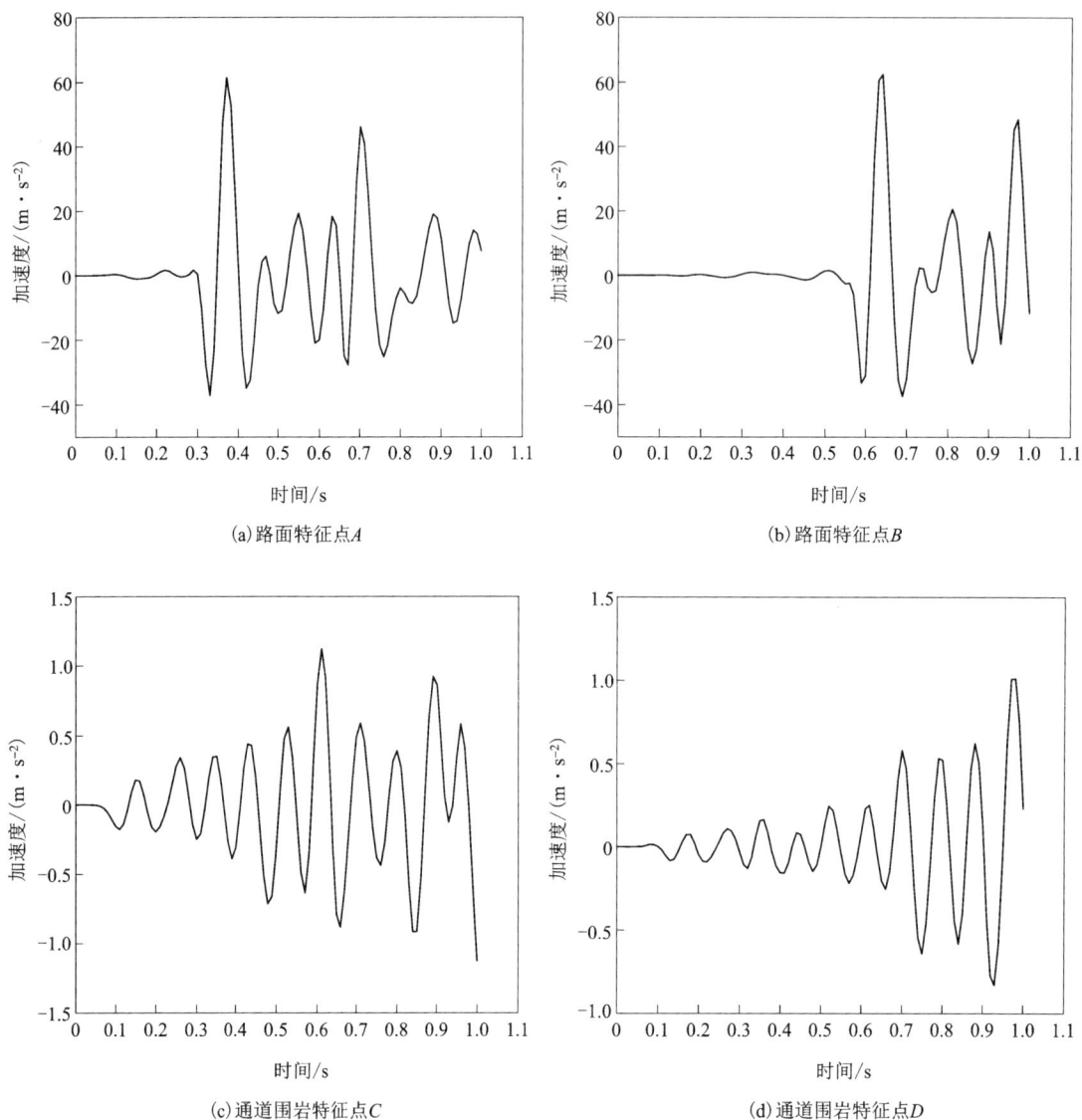

(a)路面特征点A

(b)路面特征点B

(c)通道围岩特征点C

(d)通道围岩特征点D

图 6-16　路面和通道围岩特征点加速度时程曲线

　　从图 6-16(b)可以看出路面特征点 B 与路面特征点 A 加速度变化类似，距离车辆荷载作用初始位置较远，小幅波动的时间更长，同样在车辆到达时加速度达到阶段峰值，在车辆通过后加速度减小。

　　路面特征点 A 最大加速度为 61.3 m/s^2，路面特征点 B 最大加速度为 62.32 m/s^2。图 6-16(c)和图 6-16(d)显示相应通道围岩特征点 C 和 D 在车辆荷载作用下加速度反复发生波动，特征点 C 最大加速度为 1.12 m/s^2，特征点 D 最大加速度为 1.01 m/s^2。根据特征点位置和最终加速度可知，车辆通过后各特征点加速度减小，并接近初始值。

6.3　管线动力响应

6.3.1　变形响应

管线沉降云图和轴向沉降分布曲线如图 6-17 所示。

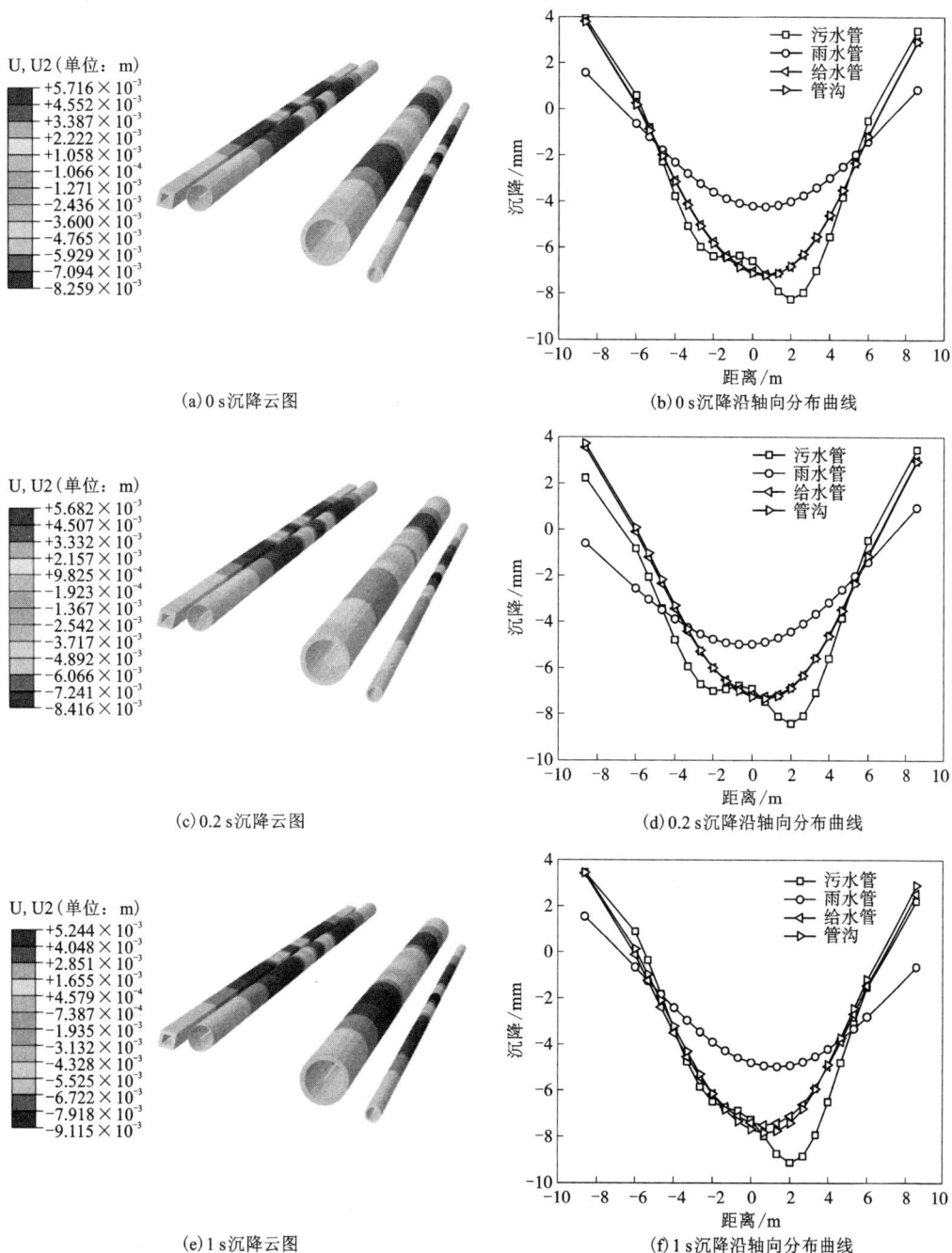

(a) 0 s 沉降云图

(b) 0 s 沉降沿轴向分布曲线

(c) 0.2 s 沉降云图

(d) 0.2 s 沉降沿轴向分布曲线

(e) 1 s 沉降云图

(f) 1 s 沉降沿轴向分布曲线

图 6-17　管线沉降云图和轴向沉降分布曲线

由图 6-17 可知，车辆荷载作用 0.2 s 时，污水管和雨水管沉降相对较大，沉降区域位于车辆下方及右侧影响范围内。给水管与管沟距车辆荷载作用位置较远，则影响较小，并未发生明显附加沉降。车辆荷载作用 1 s 时，污水管和雨水管左侧区域沉降有恢复趋势，接近行车前初始值，而污水管和雨水管中部和右侧区域均发生附加沉降，给水管和管沟附加沉降可忽略不计。在车辆荷载作用下，管线沉降波动变化。车辆行进过程中位于车辆下方和右侧的管线区域沉降虽有波动，但总体呈现出下沉趋势，车辆通过后变形有所恢复。

在车辆荷载作用过程中管线发生最大附加沉降对应时刻沉降沿轴向分布如图 6-18 所示。

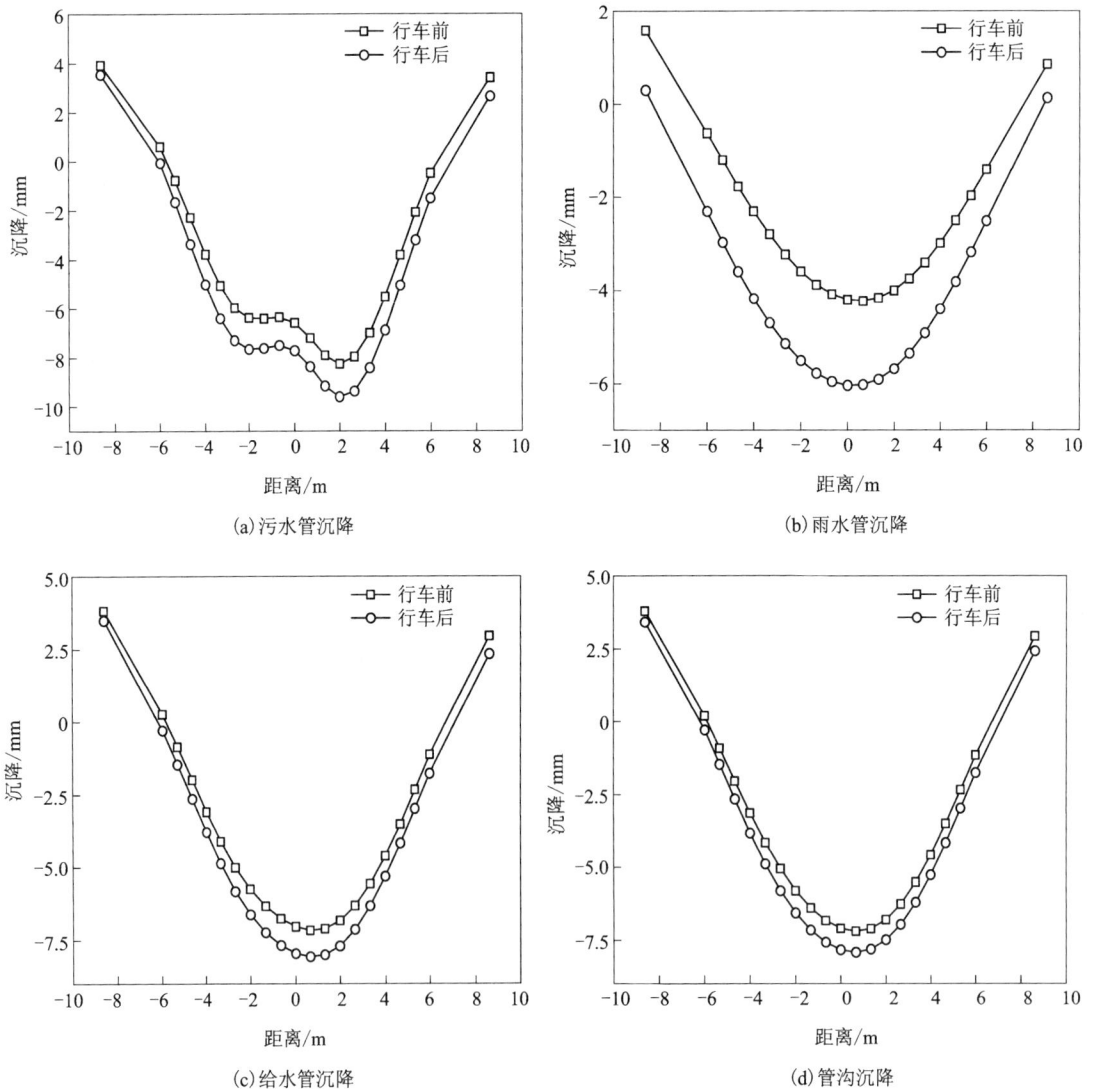

(a) 污水管沉降

(b) 雨水管沉降

(c) 给水管沉降

(d) 管沟沉降

图 6-18　车辆荷载作用下管线最大附加沉降

由图 6-18 可知，污水管、雨水管、给水管和管沟附加沉降最大值分别为 1.33 mm、1.8 mm、0.9 mm 和 0.71 mm。

选取如下特征点进一步分析车辆荷载作用下管线动力响应规律。管线特征点为管线最大沉降和最大第一主应力相应节点，路面特征点为管线特征点正上方路面节点，如图 6-19 所示。

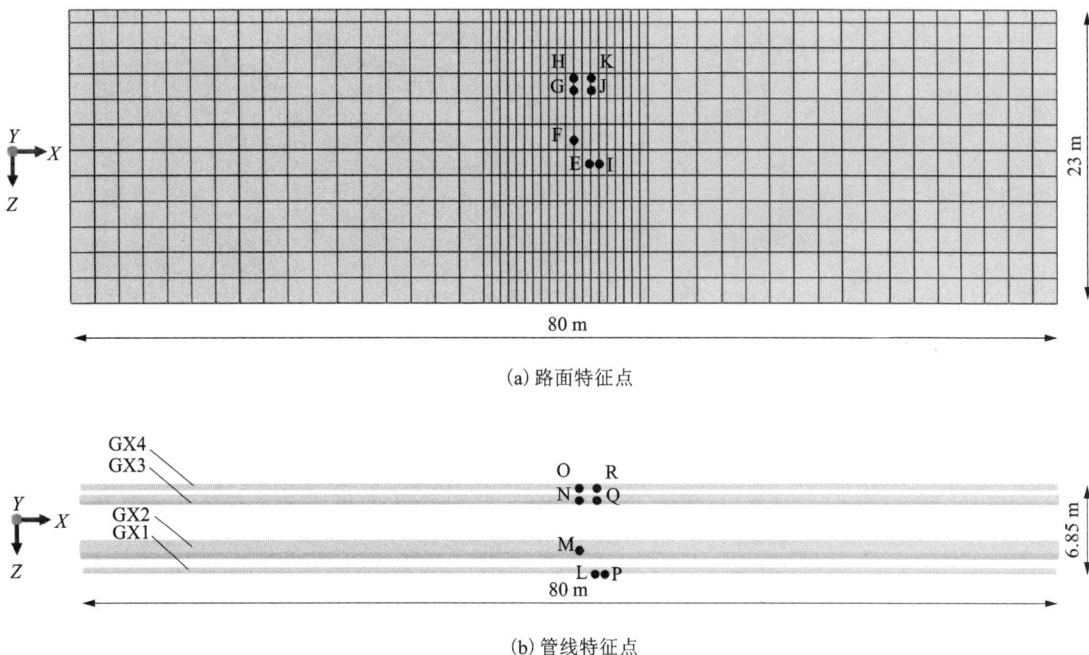

(a) 路面特征点

(b) 管线特征点

图 6-19　路面和管线特征点分布

路面特征点 E、F、G、H 和相应管线特征点 L、M、N、O 的沉降时程曲线如图 6-20 和图 6-21 所示。

路面特征点 E、F 沉降变化规律与路面特征点 A、B 一致。路面特征点 E 最大附加沉降为 30.26 mm，最终附加沉降为 4.7 mm。路面特征点 F 最大附加沉降为 28.95 mm，最终附加沉降为 1.32 mm。相应管线特征点 L 和 M 在车辆荷载作用下沉降反复发生波动，特征点 L 最大附加沉降为 1.33 mm，最终附加沉降为 0.85 mm；特征点 M 最大附加沉降为 1.8 mm，最终附加沉降为 0.7 mm。

路面特征点 G 距离车辆荷载作用位置较远，车辆荷载作用于路面时，路面特征点 G 沉降有小幅波动，0.53 s 车辆前轮到达特征点 G 同一纵断面处，在 0.04 s 后沉降逐渐增大，在 0.66 s 时沉降达到阶段峰值，期间发生波动，0.86 s 车辆后轮到达特征点 G 同一纵断面处，0.05 s 后沉降再次增大，在 0.98 s 时沉降达到阶段峰值，之后沉降逐渐减小至 1 s 末。路面特征点 G 最大附加沉降为 8.28 mm，最终附加沉降为 6.41 mm。相应管线特征点 N 在车辆荷载作用下总体呈现出沉降趋势，期间反复发生波动，最大附加沉降为 0.9 mm，最终附加沉降为 0.34 mm。

路面特征点 H 距离车辆荷载作用位置也较远，车辆荷载作用于路面时，特征点 H 沉降有小幅波动，0.53 s 车辆前轮到达特征点 H 同一纵断面处，0.02 s 后沉降逐渐增大，在 0.64 s

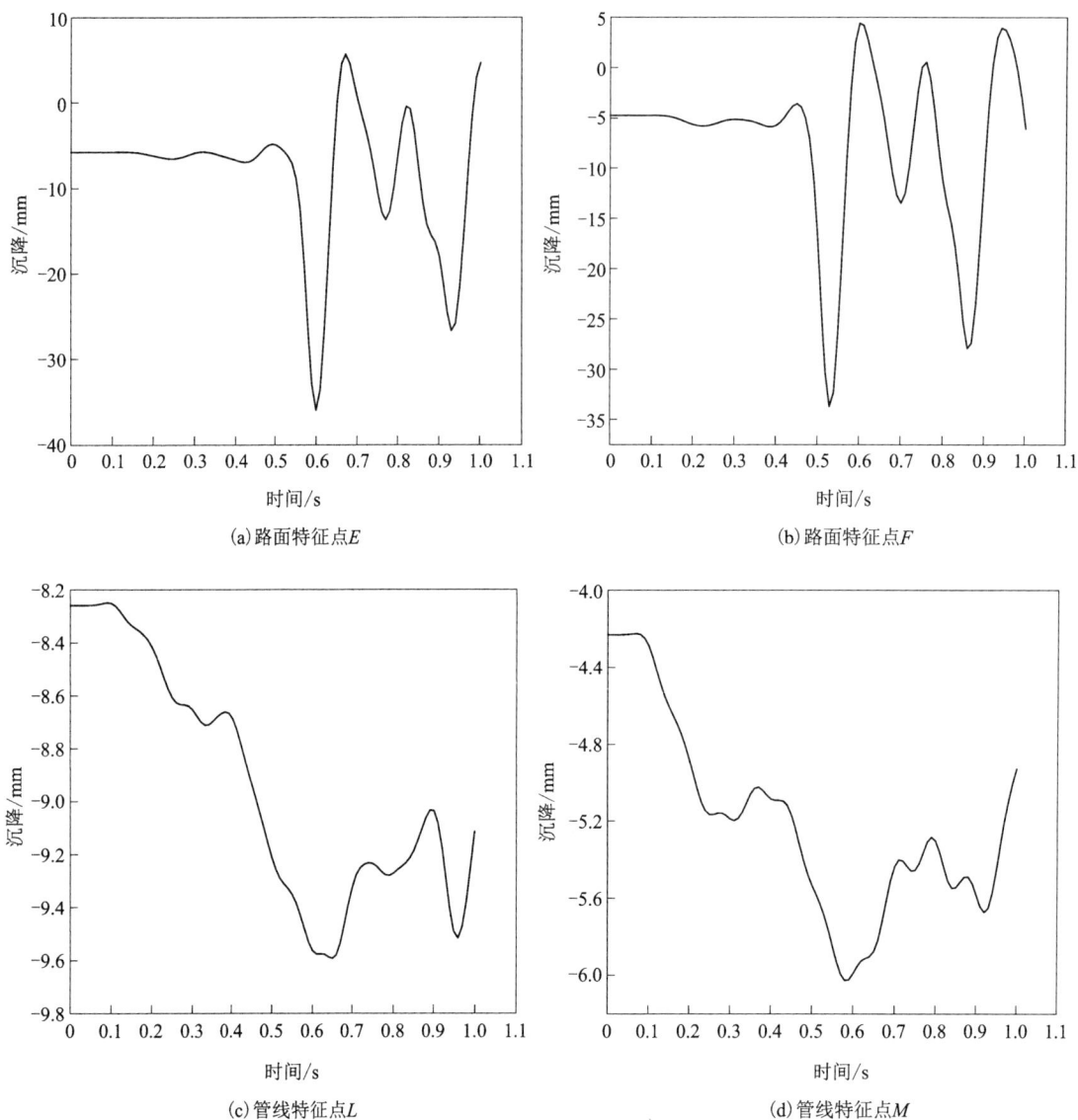

(a) 路面特征点 E

(b) 路面特征点 F

(c) 管线特征点 L

(d) 管线特征点 M

图 6-20   路面和管线特征点沉降时程曲线 1

时沉降达到阶段峰值，期间发生波动；0.86 s 车辆后轮到达特征点 H 同一纵断面处，0.05 s 后沉降再次增大，在 0.98 s 时沉降达到阶段峰值，之后沉降逐渐减小至 1 s 末。路面特征点 H 最大附加沉降为 12.47 mm，最终附加沉降为 2.15 mm。相应管线特征点 O 的沉降变化规律与路面特征点 H 类似，特征点 O 最大附加沉降为 0.71 mm，最终附加沉降为 0.61 mm。

车辆荷载作用下雨水管附加沉降最大，管沟附加沉降最小。管线距离车辆荷载作用位置越近，附加沉降越大。根据管线特征点分布和最终附加沉降可知，左侧管线特征点的最终附加沉降较小，并接近初始值。车辆从通道左侧行驶至右侧，当车辆驶离后各特征点沉降均有恢复趋势，更接近车辆荷载最终作用位置的右侧特征点沉降仍在波动变化。

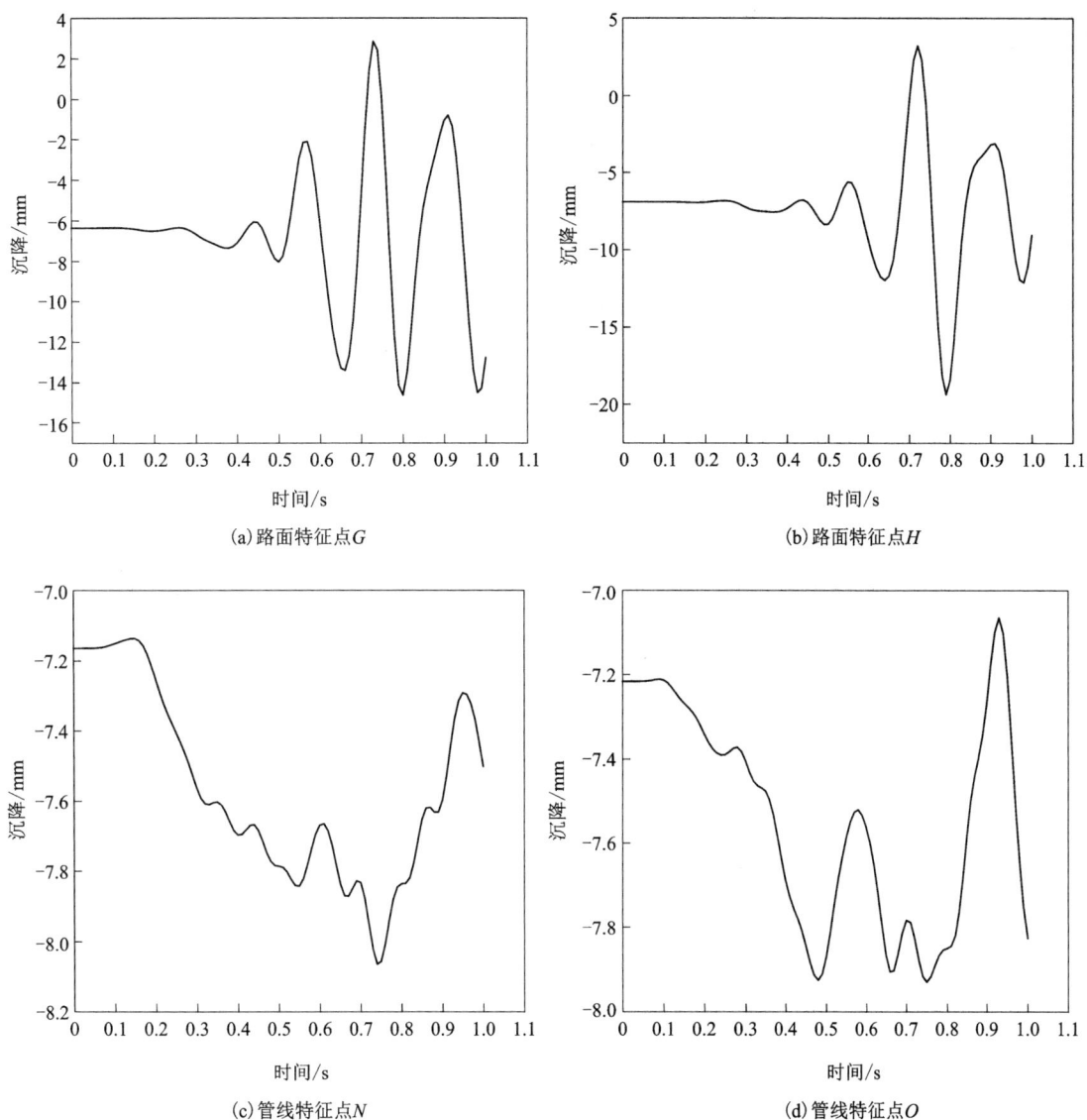

(a) 路面特征点 *G*

(b) 路面特征点 *H*

(c) 管线特征点 *N*

(d) 管线特征点 *O*

图 6-21　路面和管线特征点沉降时程曲线 2

6.3.2　应力响应

管线相应时刻第一主应力云图和轴向应力分布曲线如图 6-22 所示。

0.2 s 时车辆将要驶入通道，1 s 时车辆驶出通道。车辆荷载作用 0.2 s 时，管线最大第一主应力值减小至 20.63 MPa。车辆荷载作用 1 s 时，管线最大第一主应力值减小至 19.45 MPa。管线第一主应力沿轴向分布曲线呈现出相同的变化规律。给水管虽然距离车辆荷载作用位置较远，但第一主应力变化最显著，其余管线第一主应力变化不明显，显然与管线材质有较大关系。

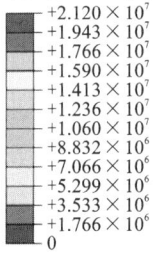

(a) 0 s 第一主应力云图

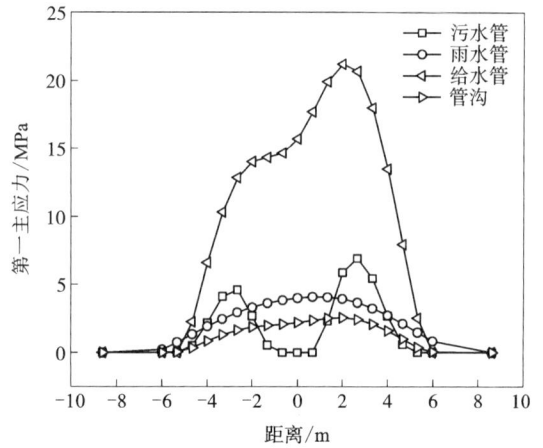

(b) 0 s 第一主应力沿轴向分布曲线

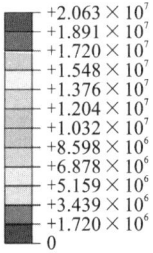

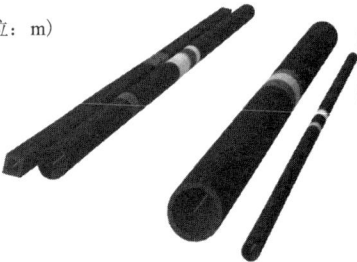

(c) 0.2 s 第一主应力云图

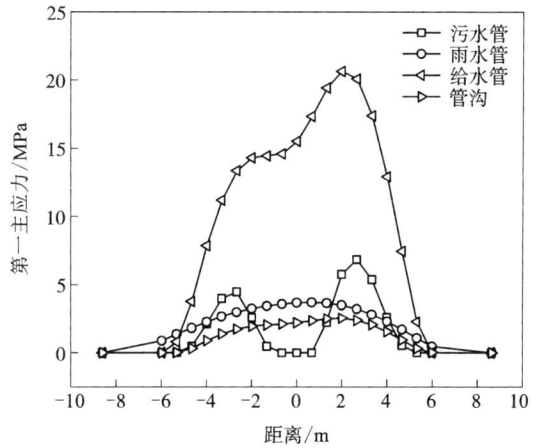

(d) 0.2 s 第一主应力沿轴向分布曲线

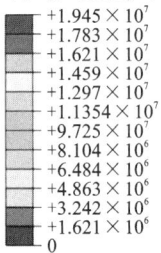

(e) 1 s 第一主应力云图

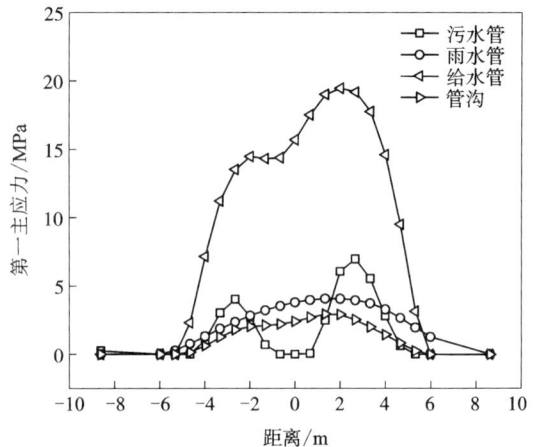

(f) 1 s 第一主应力沿轴向分布曲线

图 6-22 管线第一主应力

在车辆荷载作用过程中管线最大附加第一主应力对应时刻轴向第一主应力分布如图 6-23 所示。污水管、雨水管、给水管和管沟附加第一主应力最大值分别为 0.862 MPa、0.743 MPa、4.714 MPa 和 0.476 MPa。

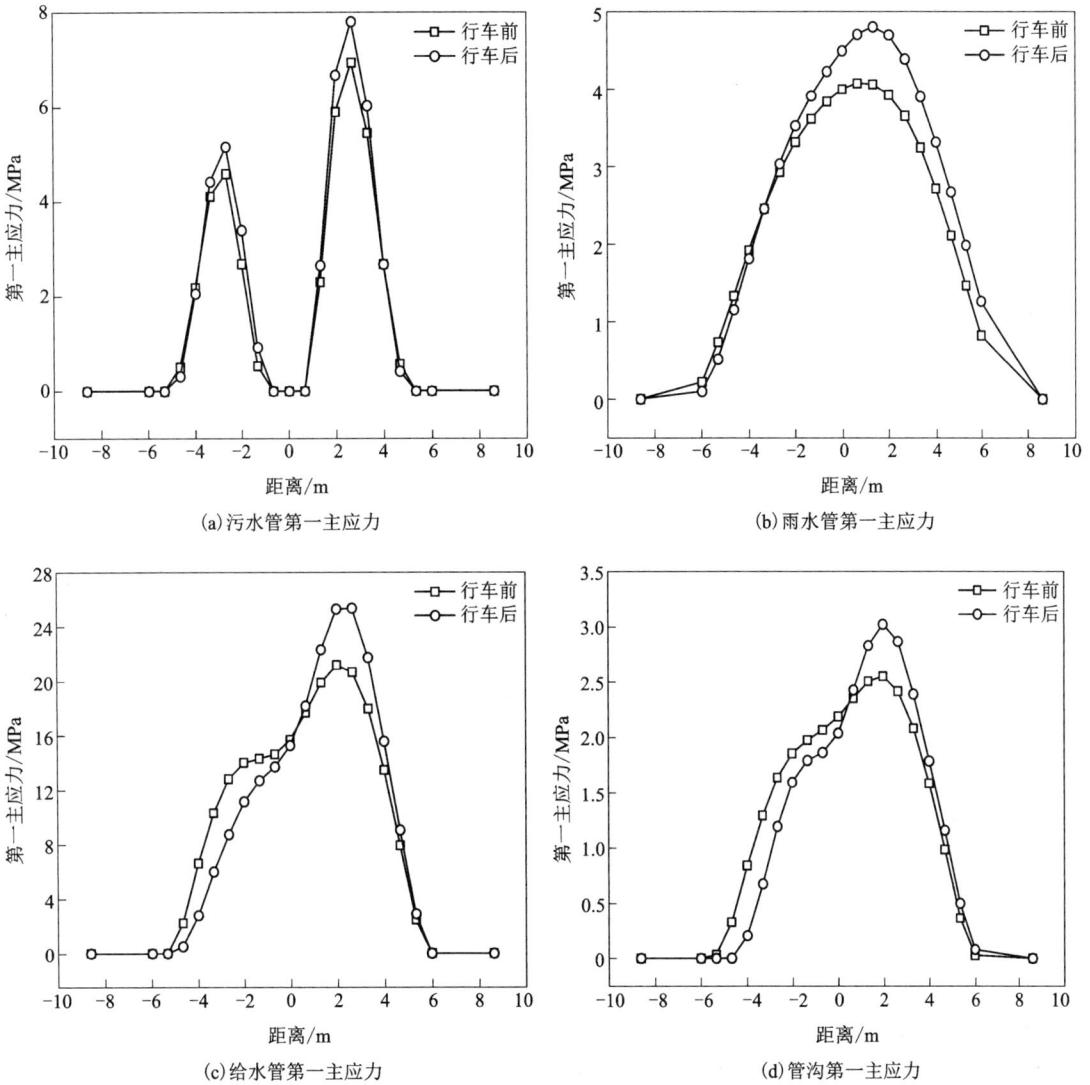

(a) 污水管第一主应力

(b) 雨水管第一主应力

(c) 给水管第一主应力

(d) 管沟第一主应力

图 6-23　车辆荷载作用下管线最大附加第一主应力

路面特征点 I、F、J、K 和相应管线特征点 P、M、Q、R 的第一主应力时程曲线如图 6-24 和图 6-25 所示。

路面特征点 I、F 应力变化规律与路面特征点 A、B 一致。路面特征点 I 最大附加第一主应力值为 40.84 kPa，最终附加第一主应力值为 2.55 kPa。相应管线特征点 P 在车辆荷载作用下第一主应力反复发生波动，最大附加第一主应力值为 0.862 MPa，最终附加第一主应力值为 0.027 MPa。路面特征点 F 最大附加第一主应力值为 39.74 kPa，最终附加第一主应力值为 1.27 kPa。相应管线特征点 M 在车辆荷载作用下第一主应力反复发生波动。管线特征点 M 最大附加第一主应力值为 0.631 MPa，最终附加第一主应力值为 0.09 MPa。

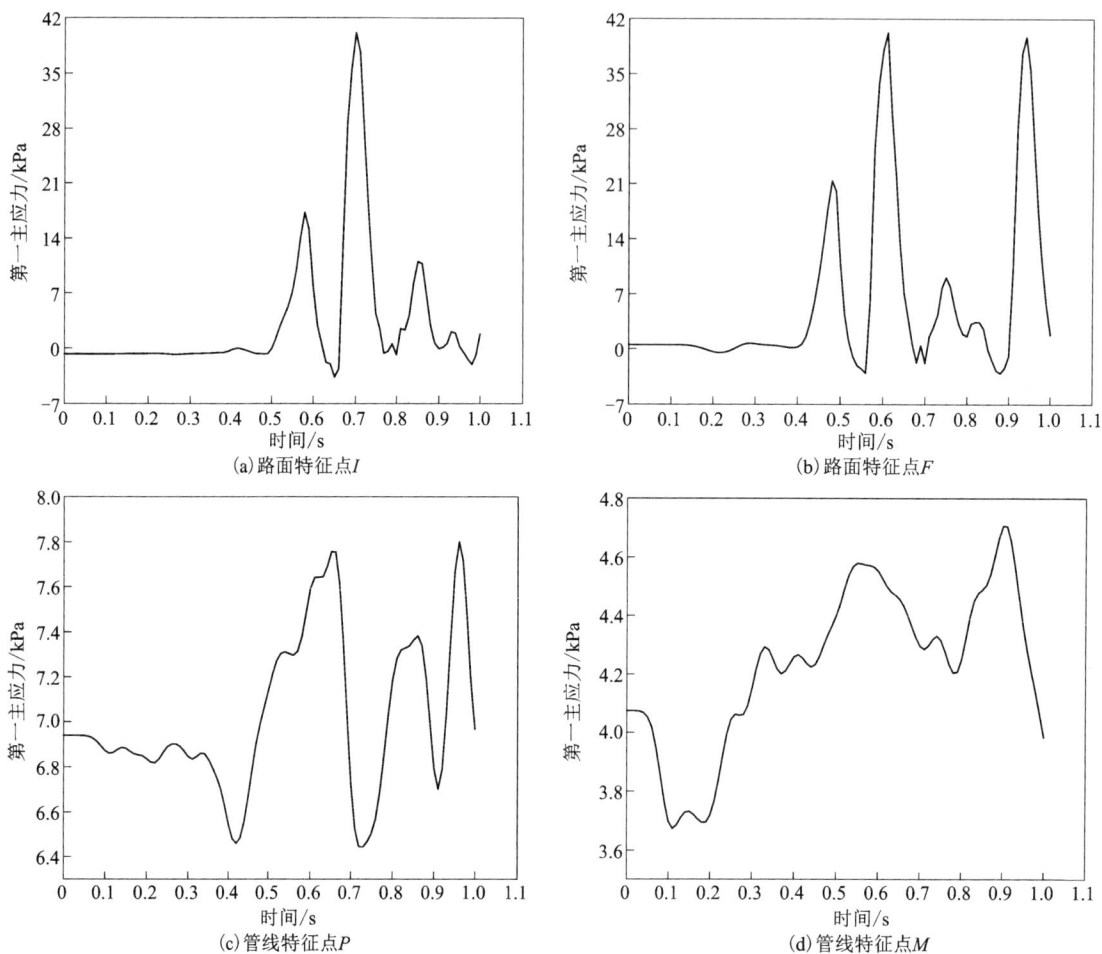

(a) 路面特征点 I

(b) 路面特征点 F

(c) 管线特征点 P

(d) 管线特征点 M

图 6-24　路面和管线特征点第一主应力时程曲线 1

路面特征点 J 距离车辆荷载作用位置较远，车辆荷载作用于路面时，特征点 J 第一主应力有小幅波动，0.6 s 车辆前轮到达特征点 J 同一纵断面处，第一主应力逐渐增大，在 0.65 s 时第一主应力达到阶段峰值，期间发生波动。0.93 s 车辆后轮到达特征点 J 同一纵断面处，第一主应力逐渐增大，在 0.97 s 时第一主应力达到阶段峰值，之后第一主应力逐渐减小至 1 s 末。

路面特征点 J 最大附加第一主应力值为 31.27 kPa，最终附加第一主应力值为 9.26 kPa。相应管线特征点 Q 在车辆荷载作用下第一主应力反复发生波动，特征点 Q 最大附加第一主应力值为 4.113 MPa，最终附加第一主应力值为 1.746 MPa。

路面特征点 K 距离车辆荷载作用位置也较远，车辆荷载作用于路面时，特征点 K 第一主应力有小幅波动，0.6 s 车辆前轮到达特征点 K 同一纵断面处，第一主应力逐渐增大，在 0.63 s 时第一主应力达到阶段峰值，期间发生波动。0.93 s 车辆后轮到达特征点 K 同一纵断面处，第一主应力逐渐增大，在 0.95 s 时第一主应力达到阶段峰值，之后第一主应力逐渐减小至 1 s 末。

路面特征点 K 最大附加第一主应力值为 27.18 kPa，最终附加第一主应力值为 4.28 kPa。相应管线特征点 R 在车辆荷载作用下第一主应力反复发生波动，特征点 R 最大附加第一主应力值为 0.476 MPa，最终附加第一主应力值为 0.366 MPa。

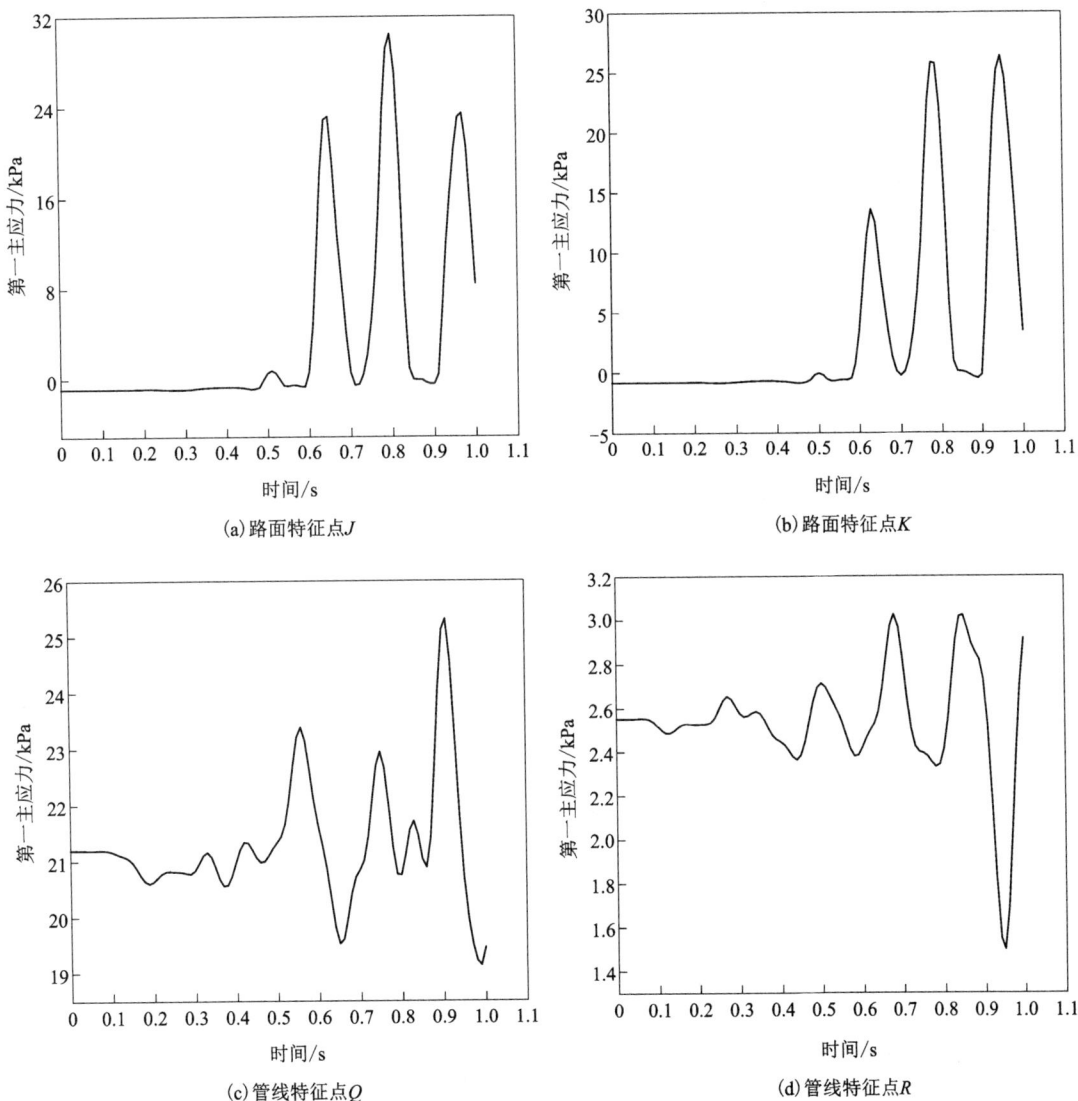

图 6-25　路面和管线特征点第一主应力时程曲线

(a) 路面特征点 J　　(b) 路面特征点 K　　(c) 管线特征点 Q　　(d) 管线特征点 R

车辆荷载作用下给水管附加应力最大，管沟附加应力最小。管线附加应力大小与管线距离车辆荷载作用位置远近、管线材质及管线几何特性均有关系。管线距离车辆荷载作用位置越近，则附加应力越大；车辆荷载作用下球墨铸铁管附加应力远大于混凝土管；管线直径和壁厚越大，附加应力越小。

6.3.3 加速度响应

管线相应时刻加速度云图和加速度沿轴向分布曲线如图6-26所示。

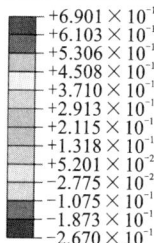

(a) 0.2 s加速度云图

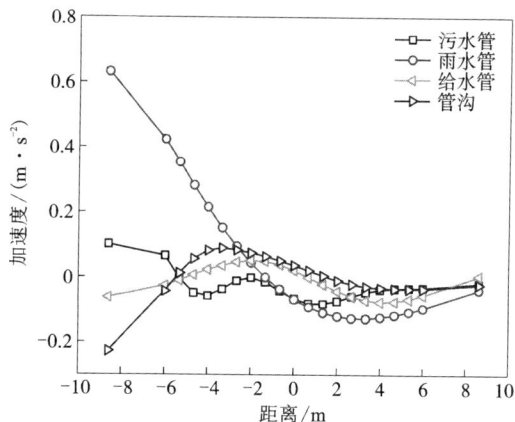

(b) 0.2 s加速度沿轴向分布曲线

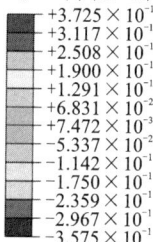

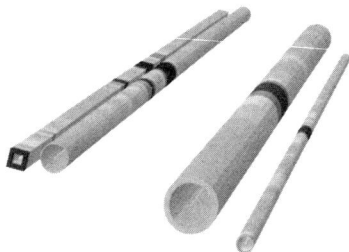

(c) 0.5 s加速度云图

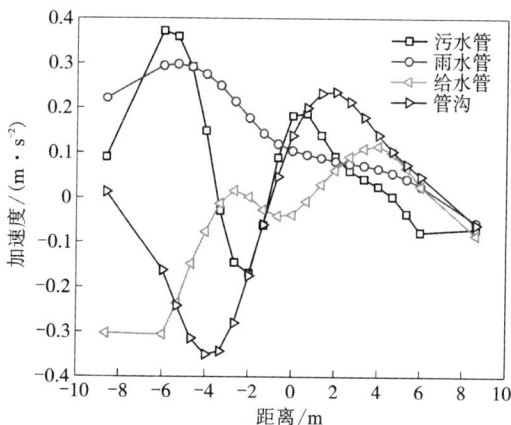

(d) 0.5 s加速度沿轴向分布曲线

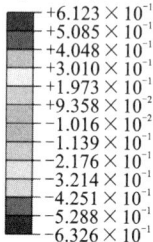

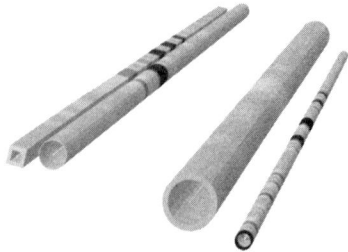

(e) 1 s加速度云图

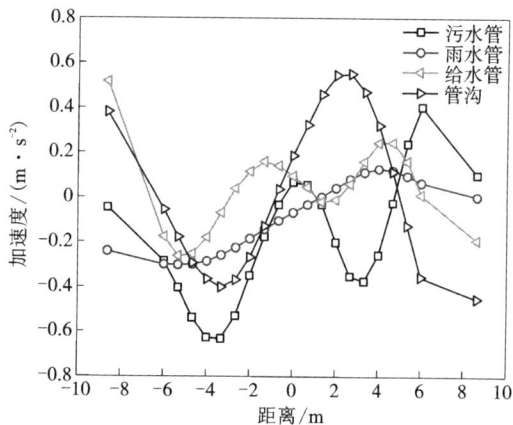

(f) 1 s加速度沿轴向分布曲线

图6-26　管线加速度

由图 6-26 可知,车辆荷载作用 0.2 s 时,雨水管加速度响应显著,最大加速度为 0.69 m/s²。车辆荷载作用 0.5 s 和 1 s 时,污水管加速度响应显著。

路面特征点 E、F、G、H 和相应管线特征点 L、M、N、O 的加速度时程曲线如图 6-27 和图 6-28 所示。路面特征点 E、F 加速度变化规律与路面特征点 A、B 一致。路面特征点 E 最大加速度为 60.41 m/s²,相应管线特征点 L 在车辆荷载作用下加速度反复发生波动,最大加速度为 0.74 m/s²。路面特征点 F 最大加速度为 52.48 m/s²,相应管线特征点 M 在车辆荷载作用下加速度反复发生波动,最大加速度为 0.6 m/s²。

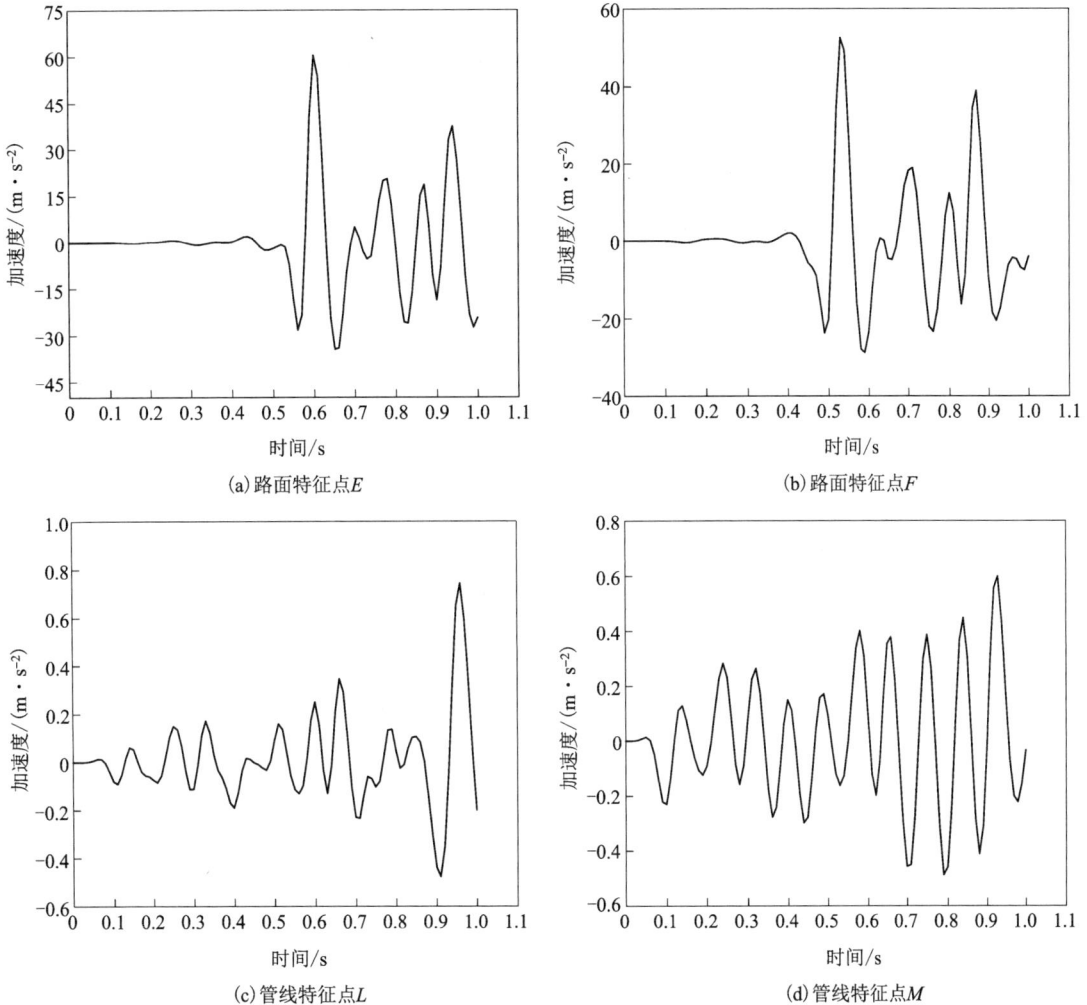

(a) 路面特征点 E　　　　　　　　　　(b) 路面特征点 F

(c) 管线特征点 L　　　　　　　　　　(d) 管线特征点 M

图 6-27　路面和管线特征点加速度时程曲线 1

路面特征点 G 距离车辆荷载作用位置较远,车辆荷载作用于路面时,特征点 G 加速度有小幅波动,0.53 s 车辆前轮到达特征点 G 同一纵断面处,0.04 s 后加速度逐渐增大,在 0.68 s 时加速度达到阶段峰值,期间发生波动。0.86 s 车辆后轮到达特征点 G 同一纵断面处,0.06 s 后加速度逐渐增大,在 0.98 s 时加速度达到阶段峰值,之后加速度逐渐减小至 1 s

末。路面特征点 G 最大加速度为 19.97 m/s²，相应管线特征点 N 在车辆荷载作用下加速度反复发生波动，最大加速度为 0.55 m/s²。

路面特征点 H 距离车辆荷载作用位置较远，车辆荷载作用于路面时，路面特征点 H 加速度有小幅波动，0.53 s 车辆前轮到达特征点 H 同一纵断面处，0.03 s 后加速度逐渐增大，在 0.67 s 时加速度达到阶段峰值，期间发生波动。0.86 s 车辆后轮到达特征点 H 同一纵断面处，0.06 s 后加速度逐渐增大，在 0.98 s 时加速度达到阶段峰值，之后加速度逐渐减小至 1 s 末。路面特征点 H 最大加速度为 22.81 m/s²，相应管线特征点 O 在车辆荷载作用下加速度反复发生波动，最大加速度为-0.76 m/s²。

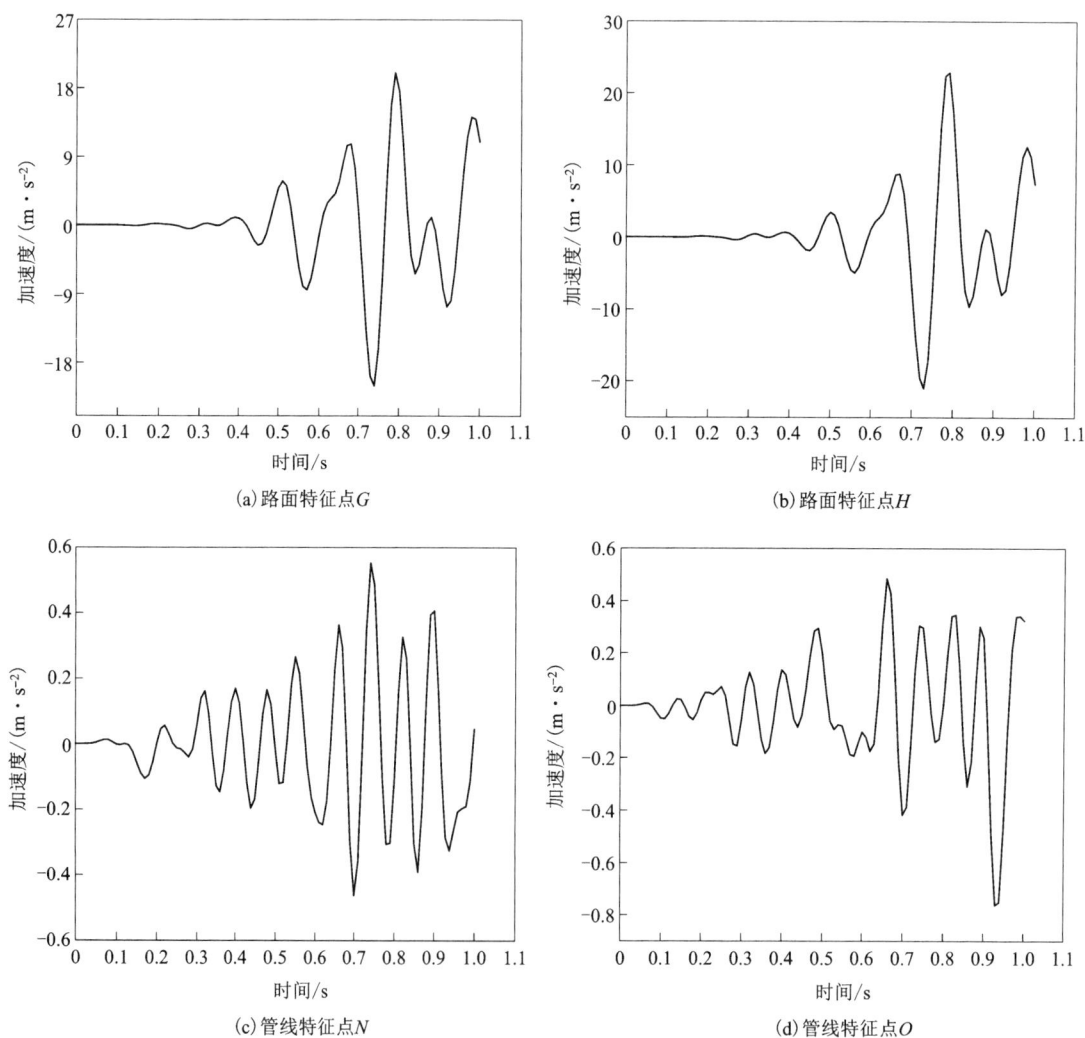

(a) 路面特征点 G

(b) 路面特征点 H

(c) 管线特征点 N

(d) 管线特征点 O

图 6-28　路面和管线特征点加速度时程曲线 2

车辆荷载作用下管沟加速度绝对值最大，给水管加速度最小。管线加速度与管线距离车辆荷载作用位置远近、管线材质及管线几何特性均有关系。管线距离车辆荷载作用位置越近，则加速度越大；混凝土管加速度大于球墨铸铁管；管线直径和壁厚越大，加速度越小。

6.4 管线动力响应影响因素分析

6.4.1 轴重影响

为便于分析轴重影响,采用移动恒载模型模拟车辆荷载。设计工况见表 6-4。

表 6-4 轴重因素工况设计

工况	车速/(km·h⁻¹)	轴重/kN	轮距/m	轴距/m	车轮作用面积/m²
4-1	72	50	1.8	6.6	0.12
4-2	72	75	1.8	6.6	0.12
4-3	72	100	1.8	6.6	0.12

各工况车辆荷载作用时间为 0.2 s 和 1 s 时的管线沉降云图如图 6-29~图 6-31 所示。轴重为 50 kN、75 kN 和 100 kN 时管线 1 s 末沉降值相应为 8.77 mm、9.04 mm 和 9.33 mm。轴重越大,管线附加沉降也越大。

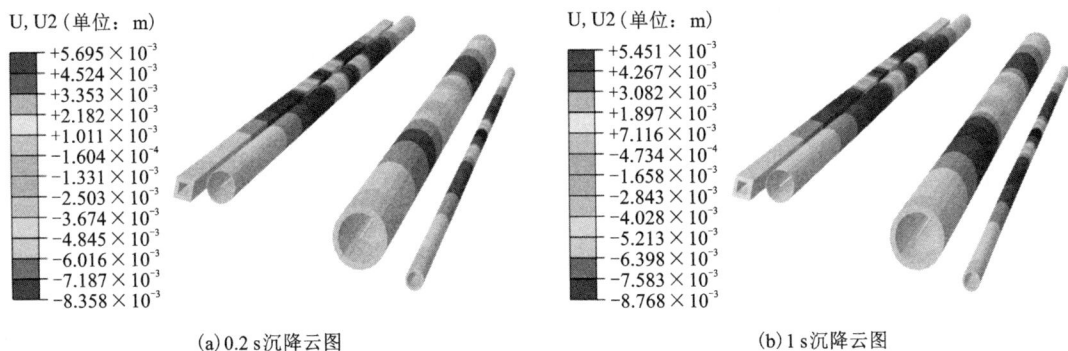

(a) 0.2 s 沉降云图　　　　　　　　　　(b) 1 s 沉降云图

图 6-29 工况 4-1 管线沉降云图

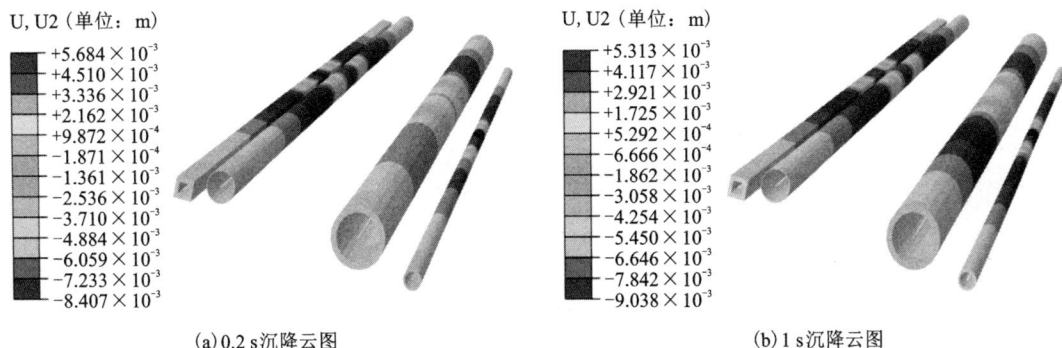

(a) 0.2 s 沉降云图　　　　　　　　　　(b) 1 s 沉降云图

图 6-30 工况 4-2 管线沉降云图

U, U2（单位：m）

| +5.674×10⁻³ |
| +4.496×10⁻³ |
| +3.319×10⁻³ |
| +2.141×10⁻³ |
| +9.636×10⁻⁴ |
| −2.139×10⁻⁴ |
| −1.391×10⁻³ |
| −2.569×10⁻³ |
| −3.746×10⁻³ |
| −4.924×10⁻³ |
| −6.102×10⁻³ |
| −7.279×10⁻³ |
| −8.457×10⁻³ |

（a）0.2 s沉降云图

U, U2（单位：m）

| +5.172×10⁻³ |
| +3.964×10⁻³ |
| +2.755×10⁻³ |
| +1.547×10⁻³ |
| +3.383×10⁻⁴ |
| −8.702×10⁻⁴ |
| −2.079×10⁻³ |
| −3.287×10⁻³ |
| −4.496×10⁻³ |
| −5.704×10⁻³ |
| −6.913×10⁻³ |
| −8.121×10⁻³ |
| −9.330×10⁻³ |

（b）1 s沉降云图

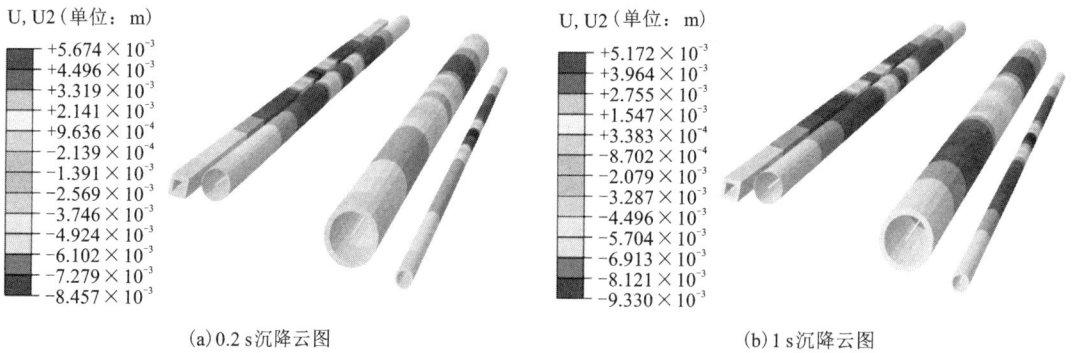

图 6-31　工况 4-3 管线沉降云图

各工况管线第一主应力云图如图 6-32~图 6-34 所示。

轴重为 50 kN 时管线 1 s 末第一主应力最大，轴重为 75 kN 时管线 1 s 末第一主应力最小。结合前面的分析可知，车辆荷载作用下管线应力波动变化。

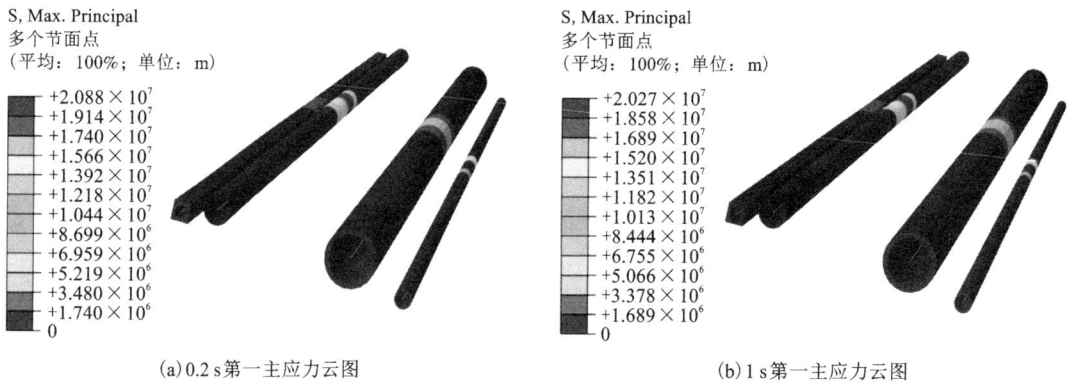

S, Max. Principal
多个节面点
（平均：100%；单位：m）

| +2.088×10⁷ |
| +1.914×10⁷ |
| +1.740×10⁷ |
| +1.566×10⁷ |
| +1.392×10⁷ |
| +1.218×10⁷ |
| +1.044×10⁷ |
| +8.699×10⁶ |
| +6.959×10⁶ |
| +5.219×10⁶ |
| +3.480×10⁶ |
| +1.740×10⁶ |
| 0 |

（a）0.2 s第一主应力云图

S, Max. Principal
多个节面点
（平均：100%；单位：m）

| +2.027×10⁷ |
| +1.858×10⁷ |
| +1.689×10⁷ |
| +1.520×10⁷ |
| +1.351×10⁷ |
| +1.182×10⁷ |
| +1.013×10⁷ |
| +8.444×10⁶ |
| +6.755×10⁶ |
| +5.066×10⁶ |
| +3.378×10⁶ |
| +1.689×10⁶ |
| 0 |

（b）1 s第一主应力云图

图 6-32　工况 4-1 管线第一主应力云图

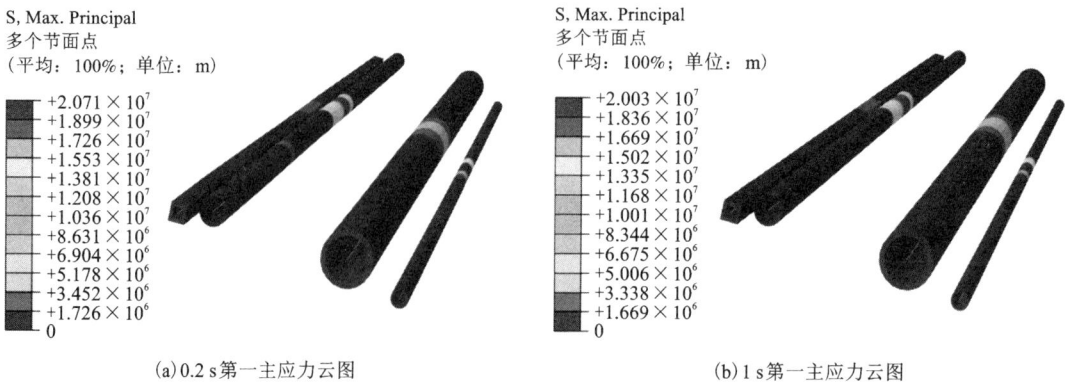

S, Max. Principal
多个节面点
（平均：100%；单位：m）

| +2.071×10⁷ |
| +1.899×10⁷ |
| +1.726×10⁷ |
| +1.553×10⁷ |
| +1.381×10⁷ |
| +1.208×10⁷ |
| +1.036×10⁷ |
| +8.631×10⁶ |
| +6.904×10⁶ |
| +5.178×10⁶ |
| +3.452×10⁶ |
| +1.726×10⁶ |
| 0 |

（a）0.2 s第一主应力云图

S, Max. Principal
多个节面点
（平均：100%；单位：m）

| +2.003×10⁷ |
| +1.836×10⁷ |
| +1.669×10⁷ |
| +1.502×10⁷ |
| +1.335×10⁷ |
| +1.168×10⁷ |
| +1.001×10⁷ |
| +8.344×10⁶ |
| +6.675×10⁶ |
| +5.006×10⁶ |
| +3.338×10⁶ |
| +1.669×10⁶ |
| 0 |

（b）1 s第一主应力云图

图 6-33　工况 4-2 管线第一主应力云图

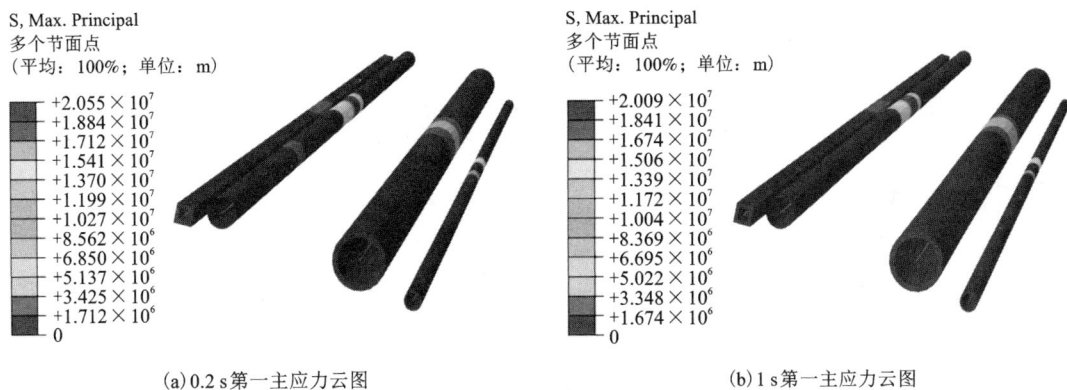

(a) 0.2 s第一主应力云图　　　　　　　　　　　　(b) 1 s第一主应力云图

图 6-34　工况 4-3 管线第一主应力云图

不同轴重下管线沉降如图 6-35 所示。由图 6-35(a)和图 6-35(b)可知，污水管在不同轴重车辆荷载作用下变形趋势与通道开挖完成后相同，但沿管线轴向各点沉降均有所增大，车辆荷载作用前管线沉降最大处仍为最危险区域。轴重为 50 kN、75 kN 和 100 kN 时，污水管附加沉降最大值相应为 0.81 mm、1.23 mm 和 1.65 mm。雨水管变形规律与污水管相同，在轴重分别为 50 kN、75 kN 和 100 kN 时，雨水管附加沉降最大值相应为 1.08 mm、1.62 mm 和 2.13 mm。雨水管附加沉降均大于污水管，轴重越大，沉降差值越大。

由图 6-35(c)和图 6-35(d)可知，给水管在不同轴重车辆荷载作用下变形趋势与通道开挖完成后相同，但沿管线轴向各点沉降均有所增大，车辆荷载作用前管线沉降最大处仍为最危险区域。轴重分别为 50 kN、75 kN 和 100 kN 时，给水管附加沉降最大值相应为 0.52 mm、0.77 mm 和 1.06 mm。管沟变形规律与给水管相同，在轴重分别为 50 kN、75 kN 和 100 kN 时，管沟附加沉降最大值相应为 0.43 mm，0.64 mm 和 0.83 mm。给水管附加沉降均大于管沟，轴重越大，沉降差值越大。

为进一步分析不同轴重车辆荷载作用下管线沉降变化规律，绘制管线特征点 L、M、N、O 沉降时程曲线如图 6-36 所示。车辆荷载作用开始阶段，各轴重车辆荷载对特征点 L 的沉降影响不大，随着车辆荷载逐渐接近特征点 L，沉降逐渐增大。不同轴重下，各时刻相应沉降变化趋势完全一致。车辆荷载作用下，特征点 L 的沉降呈波动变化。特征点 M 在车辆荷载作用开始阶段沉降未发生变化，随着车辆荷载不断接近特征点 M，沉降虽有波动，但总体呈现出下沉趋势。车辆荷载引起的振动幅值同样与轴重呈正相关。对比特征点 L 和特征点 M 可知，车辆荷载引起不同管线特征点的沉降变化规律有一定差异，管线特征点沉降波动过程中，轴重越大，附加沉降越大，同时其波动变化也越显著。

车辆荷载作用开始阶段，各轴重车辆荷载对特征点 N 的沉降影响不大，随着车辆荷载逐渐接近特征点 N，沉降逐渐增大。不同轴重下，各时刻相应沉降变化趋势完全一致。车辆荷载作用下，特征点 N 的沉降呈波动变化。特征点 O 在车辆荷载作用开始阶段沉降未发生变化，随着车辆荷载不断接近特征点 O，沉降虽有波动，但总体呈现出沉降趋势。车辆荷载引

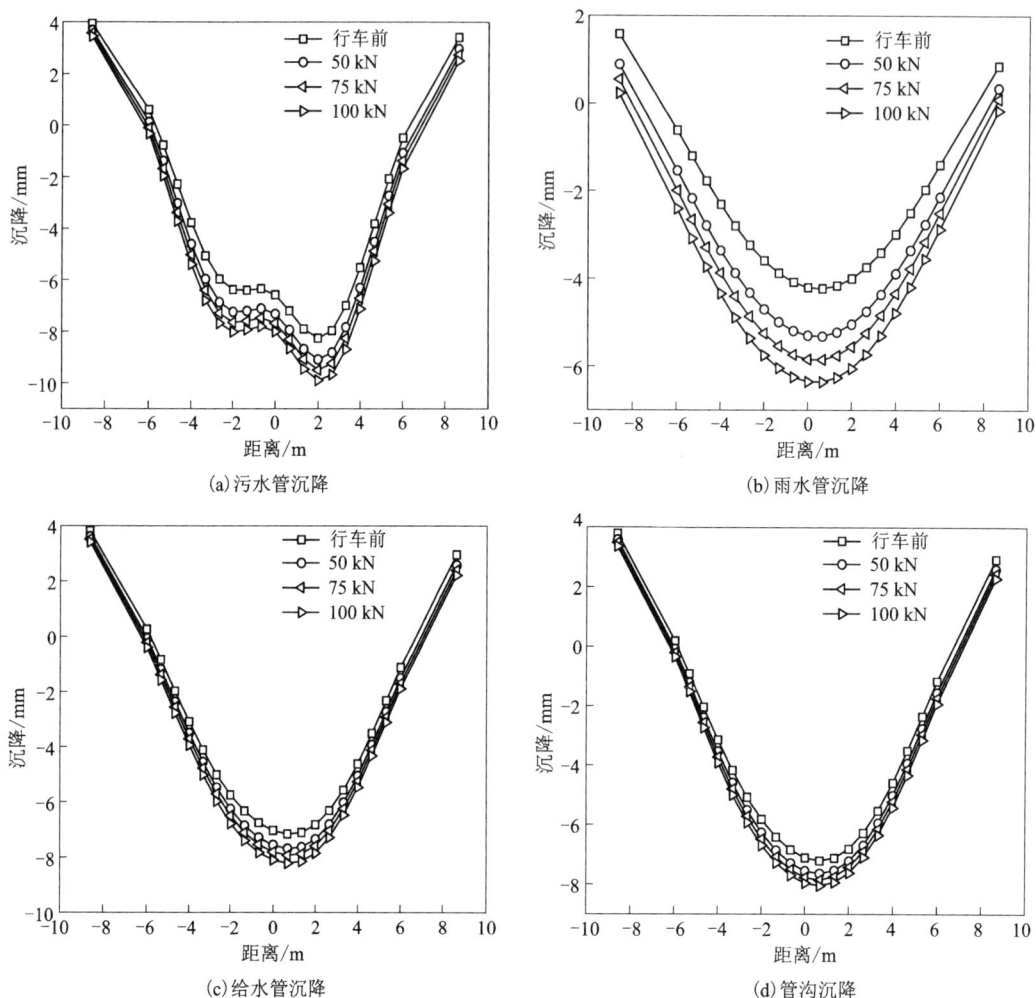

(a)污水管沉降

(b)雨水管沉降

(c)给水管沉降

(d)管沟沉降

图6-35　不同轴重下管线沉降

起的振动幅值同样与轴重呈正相关。对比特征点 N 和特征点 O 仍可得出，车辆荷载引起不同管线特征点沉降变化规律有一定差异，管线特征点沉降波动过程中，轴重越大，附加沉降越大，同时其波动变化也越显著。

不同轴重下管线第一主应力如图 6-37 所示。由图 6-37(a)和图 6-37(b)可知，污水管在不同轴重车辆荷载作用下第一主应力进一步增大，车辆荷载作用前管线第一主应力最大处仍为最危险区域。轴重为 50 kN、75 kN 和 100 kN 时，污水管附加第一主应力最大值相应为 0.473 MPa、0.737 MPa 和 1.063 MPa。雨水管第一主应力变化规律与污水管相同，在轴重为 50 kN、75 kN 和 100 kN 时，雨水管附加第一主应力最大值相应为 0.456 MPa、0.654 MPa 和 0.838 MPa。雨水管附加第一主应力小于污水管，轴重越大，应力差值越大。

由图 6-37(c)和图 6-37(d)可知，给水管在不同轴重车辆荷载作用下第一主应力进一步

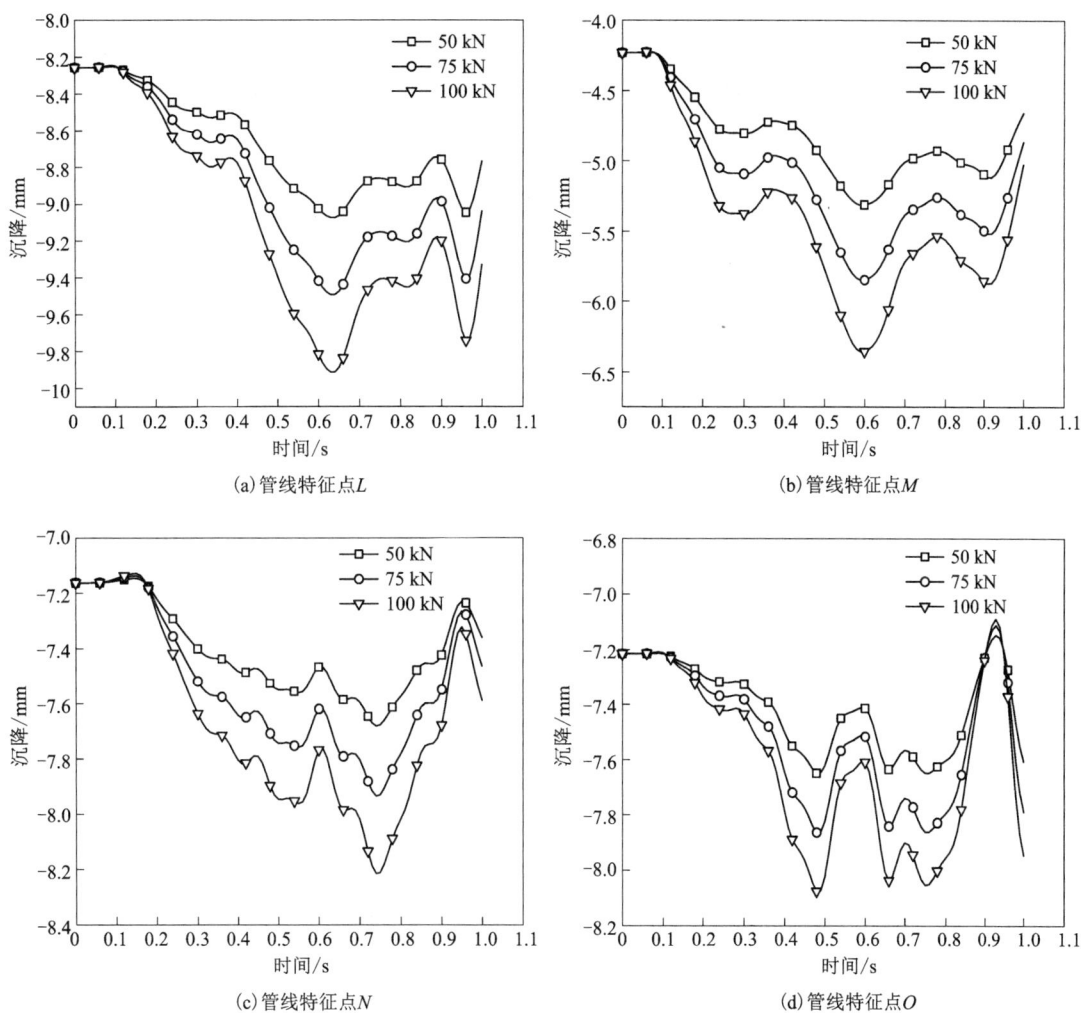

图 6-36　不同轴重下管线特征点沉降时程曲线

增大，车辆荷载作用前管线第一主应力最大处仍为最危险区域。轴重为 50 kN、75 kN 和 100 kN 时，给水管附加第一主应力最大值相应为 2.677 MPa、3.887 MPa 和 4.993 MPa。管沟第一主应力变化规律与给水管相同，在轴重分别为 50 kN、75 kN 和 100 kN 时，管沟附加第一主应力最大值相应为 0.308 MPa、0.44 MPa 和 0.509 MPa。管沟附加第一主应力小于给水管，轴重越大，应力差值越大。

　　为进一步分析不同轴重车辆荷载作用下管线第一主应力变化规律，绘制管线特征点 P、M、Q、R 的第一主应力时程曲线，如图 6-38 所示。

　　车辆荷载作用开始阶段尚未进入影响区域，各轴重车辆荷载下特征点 P 第一主应力变化不大，随着车辆荷载逐渐接近特征点 P，第一主应力呈增大趋势。不同轴重下，各时刻相应第一主应力变化趋势完全一致。轴重越大，相应振动幅值也越大。特征点 M 在车辆荷载作用

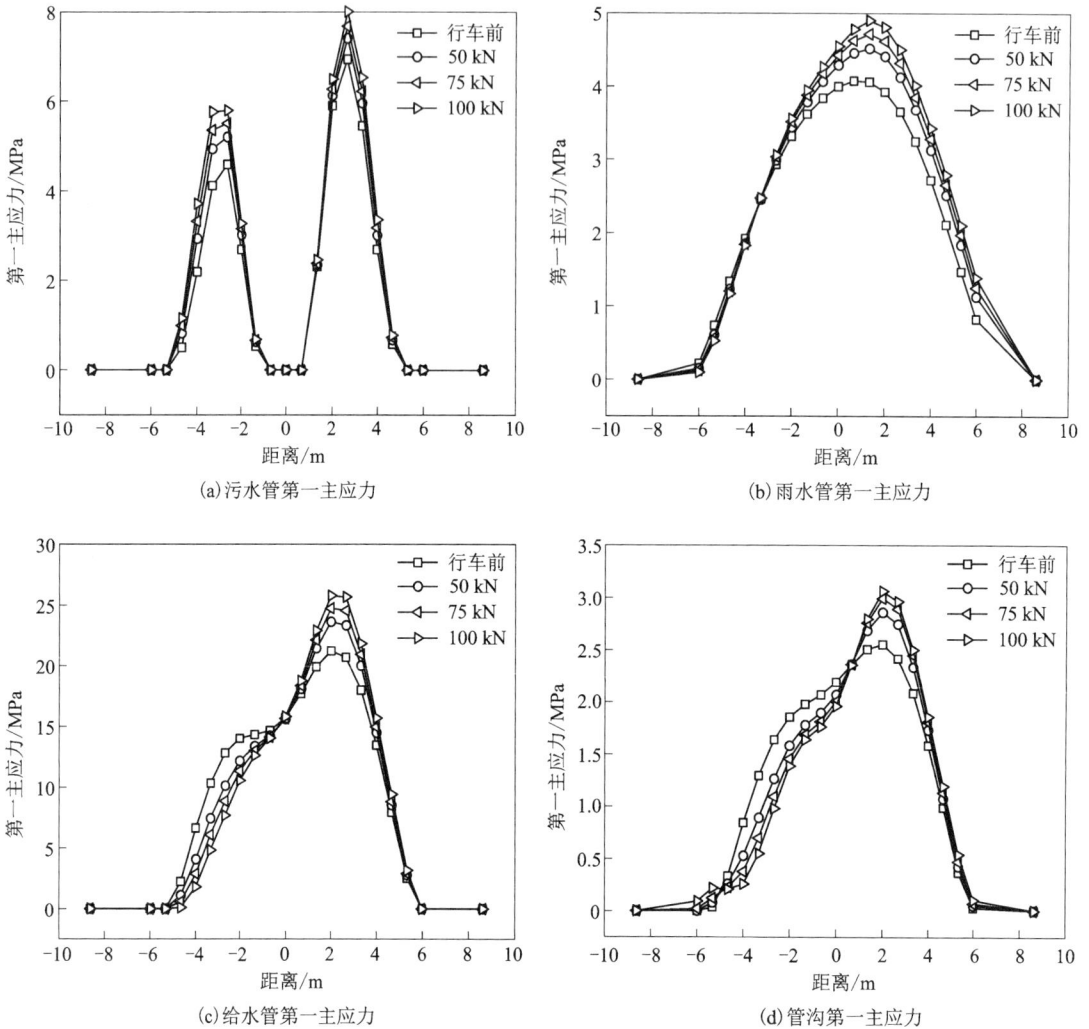

(a)污水管第一主应力

(b)雨水管第一主应力

(c)给水管第一主应力

(d)管沟第一主应力

图 6-37　不同轴重下管线第一主应力

开始阶段第一主应力同样未发生变化，随着车辆荷载不断接近，特征点 M 第一主应力开始发生波动，总体呈现出先增大后减小的趋势，且反复发生波动。车辆荷载引起的第一主应力振动幅值同样与轴重呈正相关。对比特征点 P 和特征点 M 可知，车辆荷载引起不同管线特征点的第一主应力变化规律有一定差异，管线第一主应力波动过程中，轴重越大，第一主应力幅值越大，同时其波动变化也越剧烈。

车辆荷载作用开始阶段，各轴重车辆荷载下特征点 Q 第一主应力变化不大，随着车辆荷载逐渐接近特征点 Q，第一主应力呈增大趋势。不同轴重下，各时刻相应第一主应力变化趋势完全一致。轴重越大，相应波动幅值也越大。特征点 R 在车辆荷载作用开始阶段第一主应力同样未发生变化，随着车辆荷载不断接近，特征点 R 第一主应力开始发生波动，总体呈现

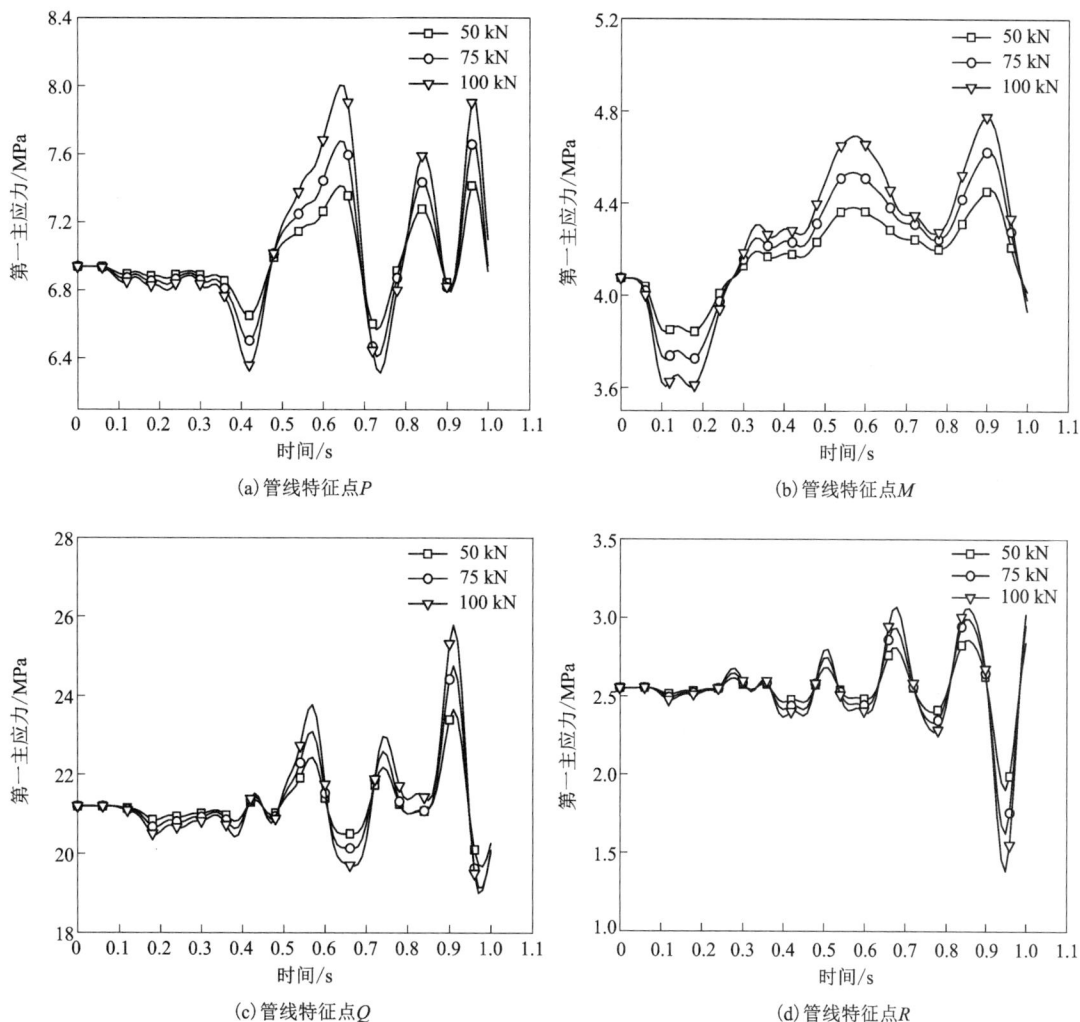

(a) 管线特征点 P

(b) 管线特征点 M

(c) 管线特征点 Q

(d) 管线特征点 R

图 6-38　不同轴重下管线特征点第一主应力时程曲线

出先增大后减小的趋势，且反复波动。车辆荷载引起的第一主应力振动幅值同样与轴重呈正相关。对比特征点 Q 和特征点 R 可知，车辆荷载引起不同管线特征点的第一主应力变化规律有一定差异，管线第一主应力波动过程中，轴重越大，第一主应力幅值越大，同时其波动变化也越剧烈。

综上可知，轴重越大，管线附加沉降越大，波动变化也更显著。这也是在特定时刻轴重越小，管线沉降反而更大的原因。因为轴重越大，相应时刻管线沉降减小的幅度更大。对于不同轴重车辆荷载作用下的管线应力变化，也可得出类似结论。轴重越大，管线附加应力也越大，波动变化也越显著。在特定时刻轴重越小，管线第一主应力反而更大，因为轴重越大，相应时刻管线第一主应力减小的幅度更大。因此，车辆超载对管线的影响是不利的，在车辆荷载长期反复作用下，管线会产生更大和更为剧烈的附加变形和附加应力。

6.4.2 车速影响

为便于分析车速影响，同样采用移动恒定荷载模型模拟车辆荷载。设计工况见表6-5。

表6-5 车速因素工况设计

工况	车速/(km·h⁻¹)	轴重/kN	轮距/m	轴距/m	车轮作用面积/m²
4-4	36	75	1.8	6.6	0.12
4-5	72	75	1.8	6.6	0.12
4-6	120	75	1.8	6.6	0.12

工况4-4、工况4-6在时间为0.2 s和1 s时的管线沉降云图如图6-39和图6-40所示。工况4-4、工况4-6在时间为0.2 s和1 s时的管线第一主应力云图如图6-41和图6-42所示，工况4-5相应云图同工况4-2。

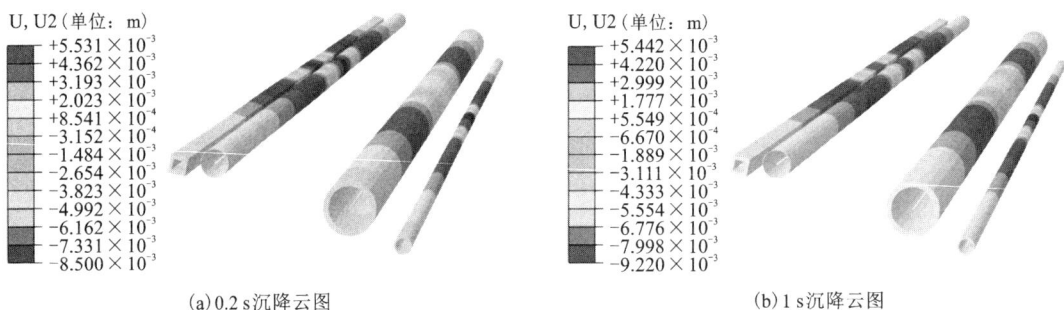

(a)0.2 s沉降云图　　　　　　　(b)1 s沉降云图

图6-39 工况4-4管线沉降云图

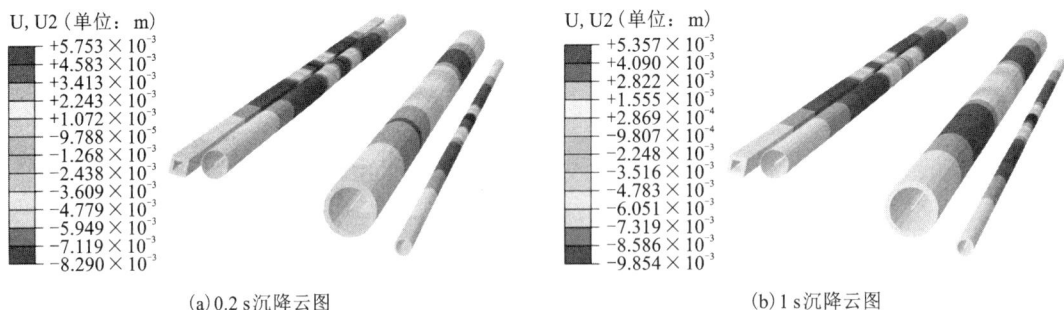

(a)0.2 s沉降云图　　　　　　　(b)1 s沉降云图

图6-40 工况4-6管线沉降云图

不同车速下管线沉降如图6-43所示。由图6-43(a)可知污水管在不同车速车辆荷载作用下变形趋势与通道开挖完成后有一定差异，沿管线轴向各特征点沉降均有所增大，车辆荷载作用前管线沉降最大处仍为最危险区域。车速为36 km/h、72 km/h和120 km/h时，污水管附加沉降最大值相应为1.23 mm、1.23 mm和1.59 mm。图6-43(b)显示雨水管变形规律与污水管类似，在车速为36 km/h、72 km/h和120 km/h时，雨水管附加沉降最大值相应为

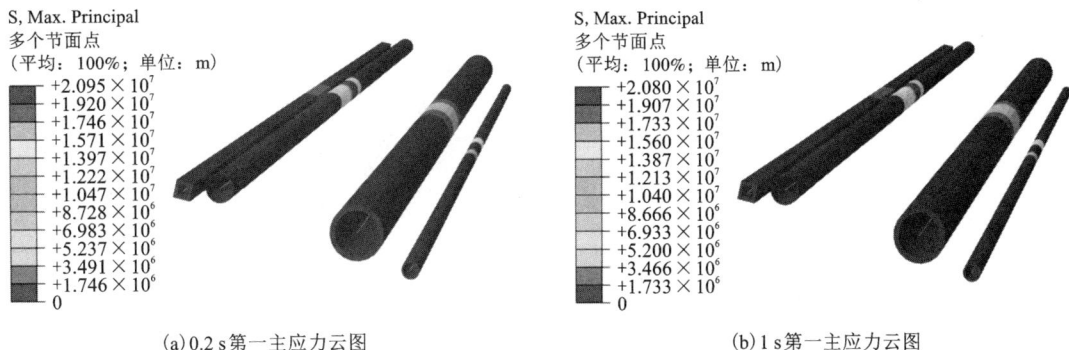

(a) 0.2 s 第一主应力云图　　　　　　　　(b) 1 s 第一主应力云图

图 6-41　工况 4-4 管线第一主应力云图

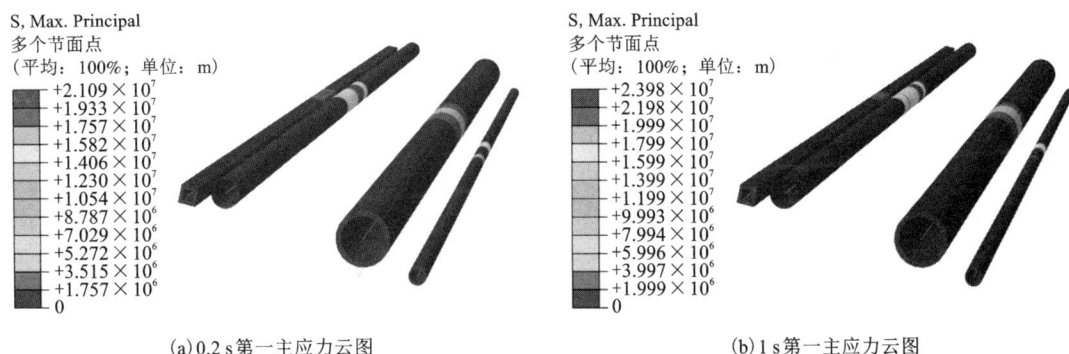

(a) 0.2 s 第一主应力云图　　　　　　　　(b) 1 s 第一主应力云图

图 6-42　工况 4-6 管线第一主应力云图

1.29 mm、1.62 mm 和 1.5 mm。车速为 36 km/h 和 72 km/h 时，雨水管附加沉降大于污水管；车速为 72 km/h 时，雨水管沉降差值最大。

从图 6-43(c) 可以看出，给水管在不同车速下变形趋势与通道开挖完成后较为接近，但沿管线轴向各特征点沉降均有所增大，车辆荷载作用前管线沉降最大处仍为最危险区域。车速为 36 km/h、72 km/h 和 120 km/h 时，给水管附加沉降最大值相应为 0.83 mm、0.77 mm 和 0.89 mm。图 6-43(d) 显示管沟变形规律与给水管类似，在车速为 36 km/h、72 km/h 和 120 km/h 时，管沟附加沉降最大值相应为 0.74 mm、0.64 mm 和 0.94 mm。车速为 36 km/h 和 72 km/h 时，给水管附加沉降大于管沟；车速为 72 km/h 时，管沟沉降差值最大；车速为 120 km/h 时，管沟附加沉降稍大于给水管。

为进一步分析不同车速车辆荷载作用下管线沉降变化规律，绘制管线特征点 L、M、N、O 沉降时程曲线如图 6-44 所示。车辆荷载作用开始阶段，对特征点 L 沉降影响不大，随着车辆荷载逐渐接近特征点 L，沉降逐渐增大。不同车速下，特征点 L 沉降呈波动变化。车速越快，沉降波动变化越显著。车速越慢，相同时间段沉降反复波动次数越多。特征点 M 在车辆荷载作用开始阶段沉降未发生变化，随着车辆荷载不断接近特征点 M，沉降虽有波动，但总体呈现出沉降趋势。对比特征点 L 和特征点 M 沉降时程曲线可知，不同车速下车辆荷载引起不同管线特征点沉降变化规律有一定差异，管线特征点沉降波动过程中，车速越快，波动变化越显著。

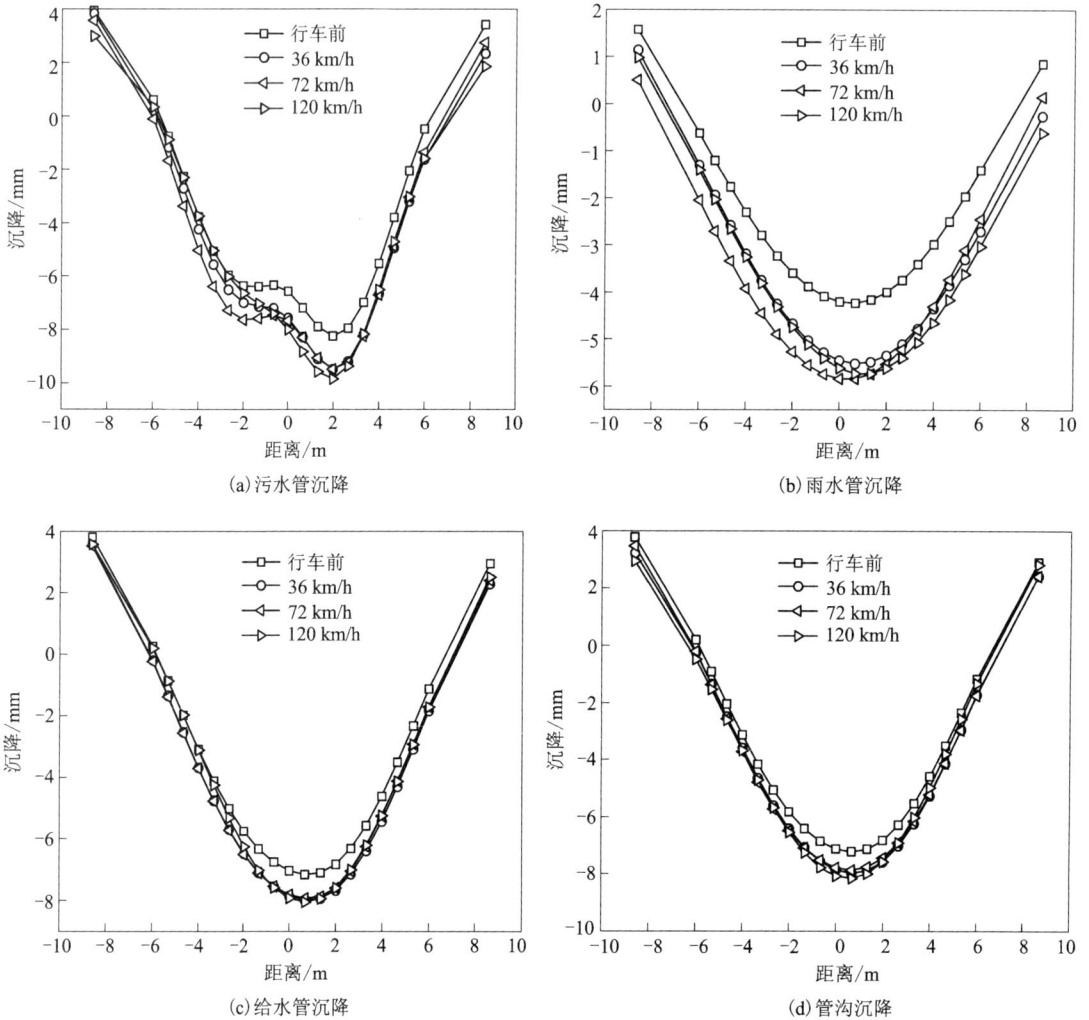

(a)污水管沉降

(b)雨水管沉降

(c)给水管沉降

(d)管沟沉降

图 6-43　不同车速下管线沉降

车辆荷载作用开始阶段，对特征点 N 沉降影响不大，随着车辆荷载逐渐接近特征点 N，沉降逐渐增大。不同车速下，特征点 N 沉降呈波动变化。车速越快，沉降波动变化也越显著。车速越慢，相同时间段内沉降反复波动次数越多。特征点 O 在车辆荷载作用开始阶段沉降未发生变化，随着车辆荷载不断接近特征点 O，沉降虽有波动，但总体呈现出沉降趋势。对比特征点 N 和特征点 O 可得出相同结论，不同车速下车辆荷载引起不同管线特征点沉降变化规律有一定差异，管线特征点沉降波动过程中，车速越快，波动变化越显著。

不同车速下管线第一主应力如图 6-45 所示。由图 6-45(a)和图 6-45(b)可知，污水管在不同车速车辆荷载作用下第一主应力进一步增大，车辆荷载作用前管线第一主应力最大处仍为最危险区域。车速为 36 km/h、72 km/h 和 120 km/h 时，污水管附加第一主应力最大值相应为 0.766 MPa、0.737 MPa 和 2.055 MPa。雨水管第一主应力变化规律与污水管类似，在车速为 36 km/h、72 km/h 和 120 km/h 时，雨水管附加第一主应力最大值相应为 0.403 MPa、0.675 MPa 和 0.707 MPa。雨水管附加第一主应力小于污水管，车速越大，第一主应力差值越大。

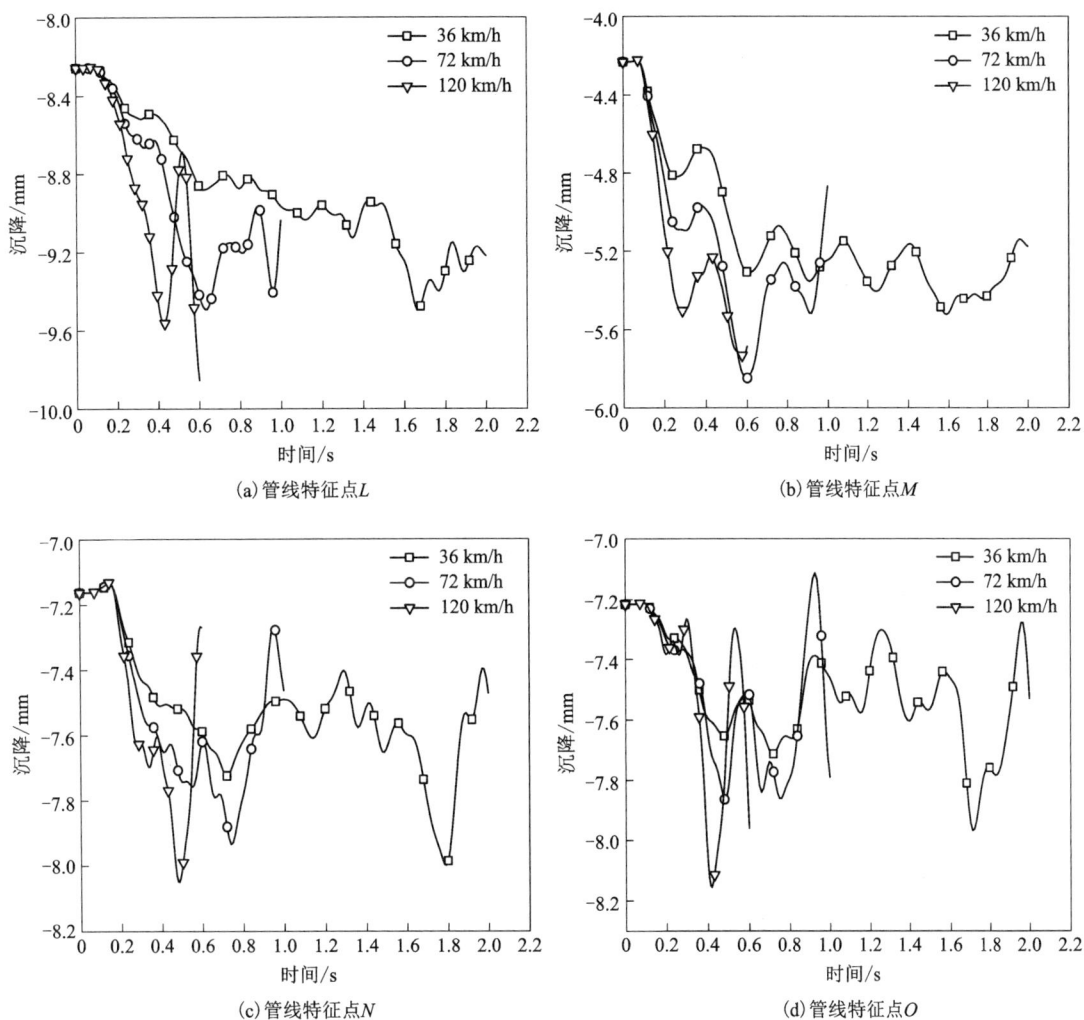

(a) 管线特征点 L

(b) 管线特征点 M

(c) 管线特征点 N

(d) 管线特征点 O

图 6-44　不同车速下管线特征点沉降时程曲线

　　从图 6-45(c) 和图 6-45(d) 可以看出，给水管在不同车速车辆荷载作用下第一主应力进一步增大，车辆荷载作用前管线第一主应力最大处仍为最危险区域。车速为 36 km/h、72 km/h 和 120 km/h 时，给水管附加第一主应力最大值相应为 2.041 MPa、3.549 MPa 和 7.164 MPa。管沟第一主应力变化规律与污水管类似，在车速为 36 km/h、72 km/h 和 120 km/h 时，管沟附加第一主应力最大值相应为 0.352 MPa、0.44 MPa 和 1.1 MPa。管沟附加第一主应力小于给水管，车速越大，第一主应力差值越大。

　　为进一步分析不同车速车辆荷载作用下管线第一主应力变化规律，绘制管线特征点 P、M、Q、R 的第一主应力时程曲线如图 6-46 所示。车辆荷载作用开始阶段，对特征点 P 第一主应力影响不大，随着车辆荷载逐渐接近特征点 P，第一主应力逐渐增大。不同车速下，特征点 P 应力呈波动变化。车速越快，波动幅值越大，第一主应力变化越显著。车速越慢，第一主应力波动幅值越小，但相同时间段内第一主应力波动次数更多。特征点 M 在车辆荷载

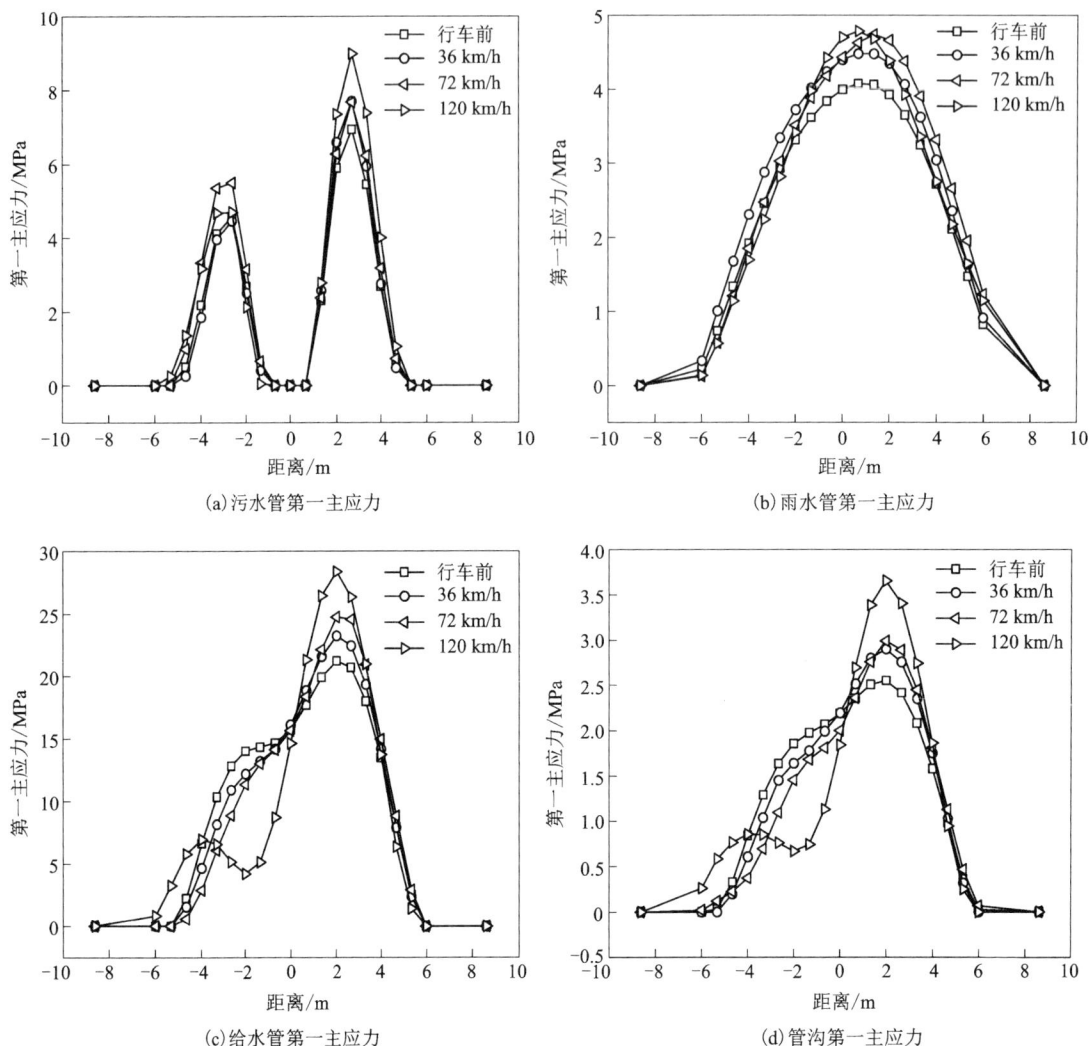

(a)污水管第一主应力

(b)雨水管第一主应力

(c)给水管第一主应力

(d)管沟第一主应力

图6-45 不同车速下管线第一主应力

作用开始阶段第一主应力未发生变化,随着车辆荷载不断接近特征点 M,第一主应力虽有波动,但总体呈现出增大趋势。对比特征点 P 和特征点 M 可知,不同车速下车辆荷载引起不同管线特征点第一主应力变化规律有一定差异,管线特征点第一主应力波动变化过程中,车速越快,波动幅值越大,同时其波动变化也越显著。

车辆荷载作用开始阶段,对特征点 Q 第一主应力影响不大,随着车辆荷载逐渐接近特征点 Q,第一主应力逐渐增大。不同车速下,特征点 Q 第一主应力呈波动变化。车速越快,第一主应力波动幅值越大,第一主应力变化越显著。车速越慢,第一主应力波动幅值越小,但相同时间段内波动次数更多。特征点 R 在车辆荷载作用开始阶段第一主应力未发生变化,随着车辆荷载不断接近特征点 R,第一主应力虽有波动,但总体呈现出增大趋势。对比特征点 Q 和特征点 R 可知,不同车速下车辆荷载引起不同管线特征点第一主应力变化规律有一定差异,管线特征点第一主应力波动变化过程中,车速越快,波动幅值越大,同时其波动变化也越显著。

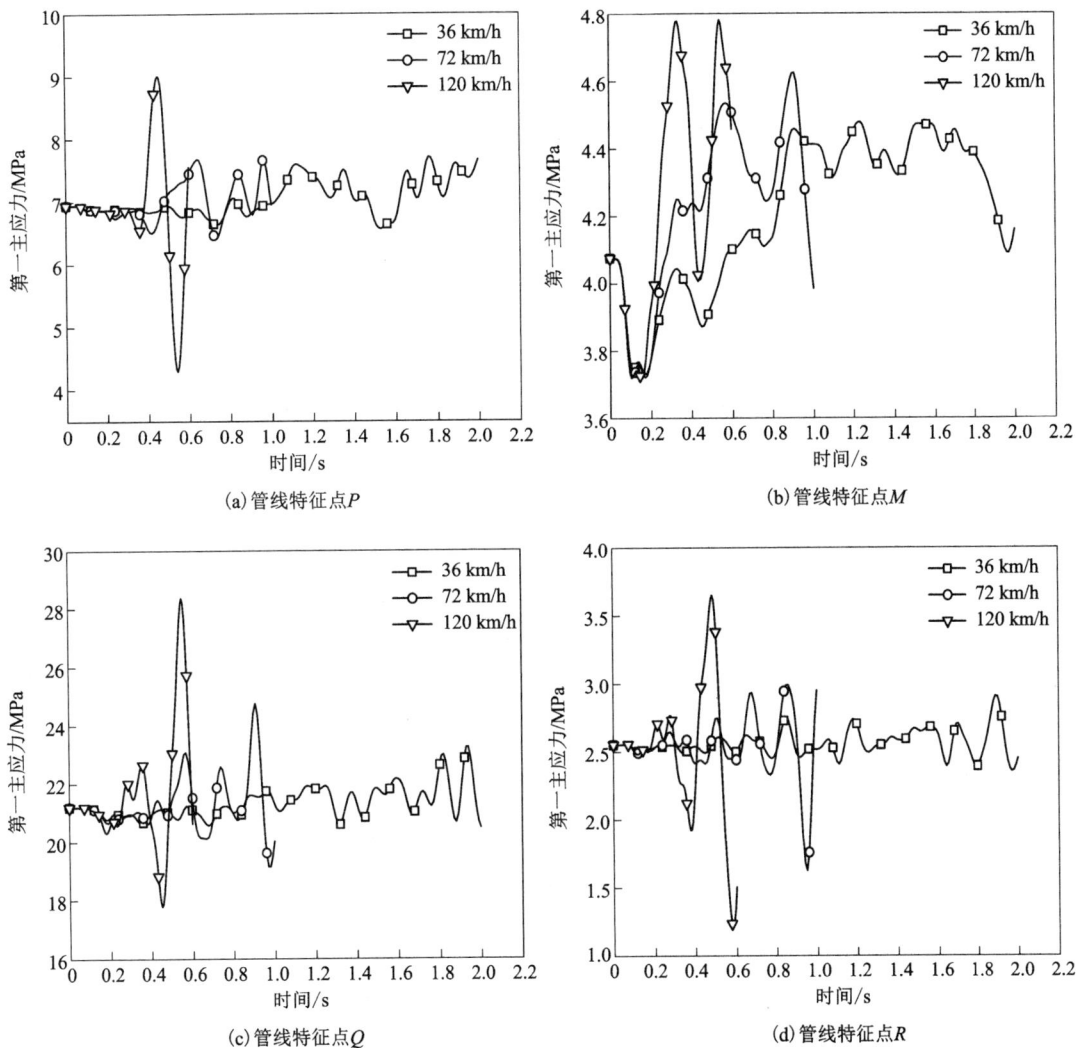

(a) 管线特征点 *P*

(b) 管线特征点 *M*

(c) 管线特征点 *Q*

(d) 管线特征点 *R*

图 6-46　不同车速下管线特征点第一主应力时程曲线

综上可知,车速越快,管线沉降波动变化越显著;车速越慢,相同时间段内管线沉降波动次数越多。车速较快会在短时间内引起管线产生较大的附加沉降,车速较慢则会在一定时间内使管线沉降反复发生波动。这也是在不同车速车辆荷载作用下,管线附加沉降大小不与车速快慢相对应的原因。

对于不同车速车辆荷载作用下的管线第一主应力变化,可得到类似结论。车速越快,管线第一主应力波动幅值越大,波动变化也越显著。车速越慢,第一主应力波动幅值也越小,相同时间段内波动次数越多。车速较快会在短时间内引起管线产生较大的附加第一主应力,车速较慢则会在一定时间内使管线第一主应力反复发生波动。

6.4.3 路面平整度影响

路面平整度对车辆荷载的振动效应具有较大影响，主要表现为车辆对路面产生的作用力随时间波动变化。本节通过对比移动恒定荷载与时域谐波荷载作用，分析路面平整度对管线的影响，设计工况见表6-6。

表 6-6 路面平整度因素工况设计

工况	车速/(km·h⁻¹)	轴重/kN	轮距/m	轴距/m	车轮作用面积/m²	荷载类型
4-7	72	75	1.8	6.6	0.12	移动恒定
4-8	72	75	1.8	6.6	0.12	时域谐波
4-9	120	75	1.8	6.6	0.12	移动恒定
4-10	120	75	1.8	6.6	0.12	时域谐波

工况4-7云图同工况4-5，工况4-9云图同工况4-6。工况4-10在时间为0.2 s和1 s时的管线沉降云图和第一主应力云图如图6-47和图6-48所示。

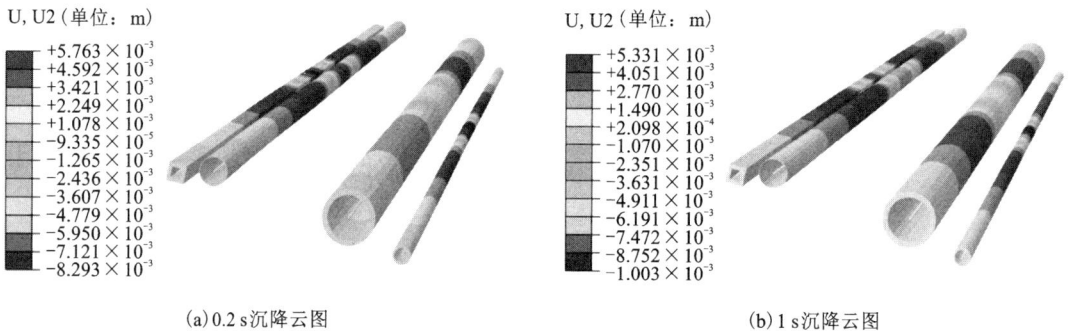

(a)0.2 s沉降云图　　　　　　　　(b)1 s沉降云图

图 6-47　工况 4-10 管线沉降云图

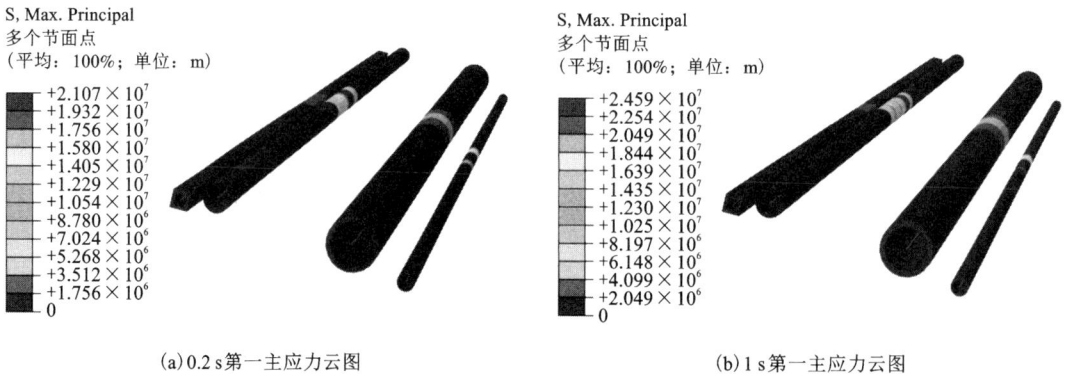

(a)0.2 s第一主应力云图　　　　　　(b)1 s第一主应力云图

图 6-48　工况 4-10 管线第一主应力云图

路面平整度因素各工况管线沉降如图6-49所示。由图6-49(a)和图6-49(b)可知，移动恒定荷载和时域谐波荷载作用下，车速为72 km/h时，污水管附加沉降最大值相应为1.23 mm和1.33 mm，雨水管附加沉降最大值相应为1.62 mm和1.8 mm；车速为120 km/h时，污水管附加沉降最大值相应为1.59 mm和1.77 mm，雨水管附加沉降最大值相应为1.5 mm和1.65 mm。不同车辆荷载作用下污水管、雨水管轴向沉降分布一致，时域谐波荷载引起管线的附加沉降稍大于移动恒定荷载。

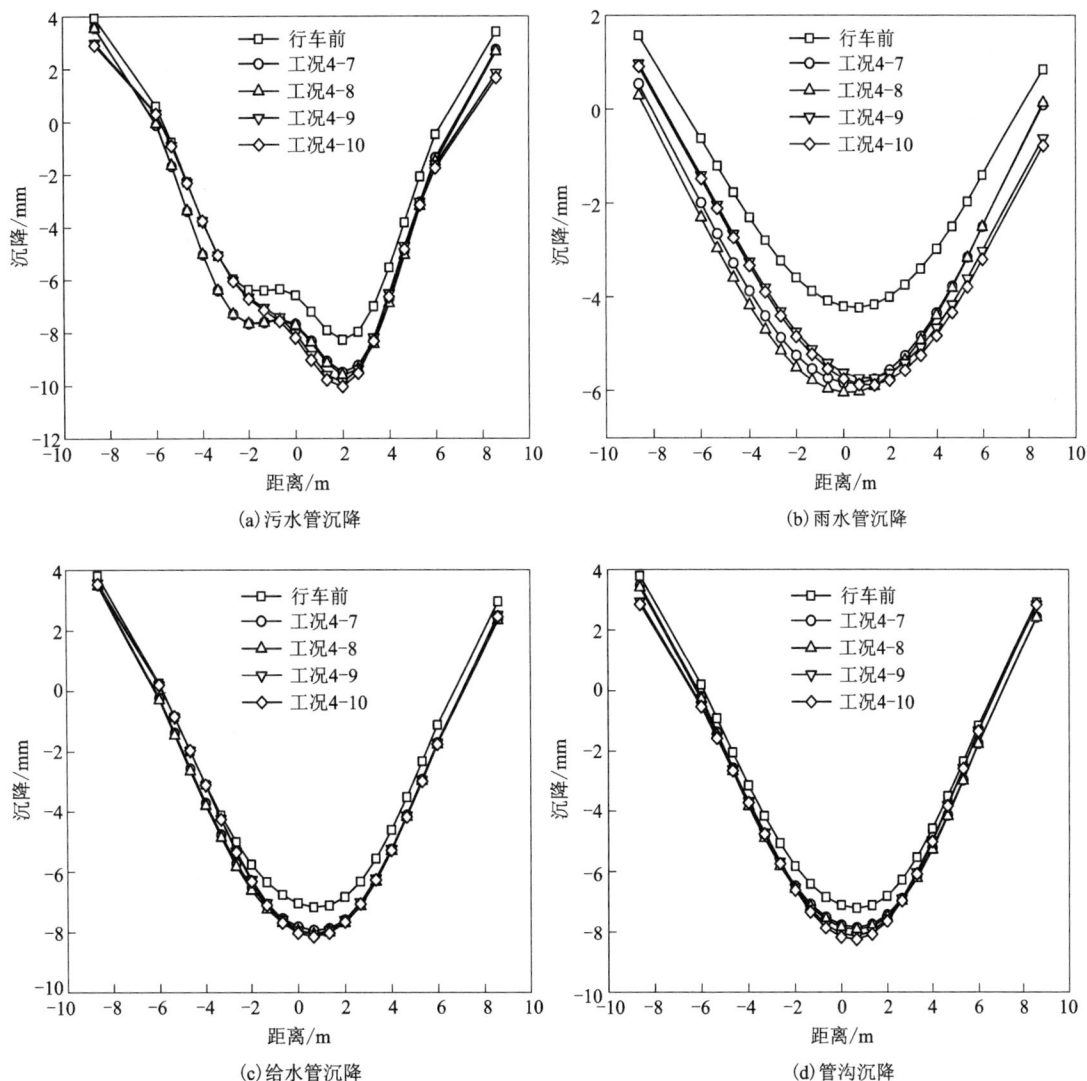

图6-49　路面平整度因素各工况管线沉降

从图6-49(c)和图6-49(d)可以看出，移动恒定荷载和时域谐波荷载作用下，车速为72 km/h时，给水管附加沉降相应为0.77 mm和0.9 mm，管沟附加沉降相应为0.64 mm和

0.71 mm；车速为 120 km/h 时，给水管附加沉降相应为 0.89 mm 和 0.98 mm，管沟附加沉降相应为 0.94 mm 和 1.04 mm。不同车辆荷载作用下给水管、管沟轴向沉降分布一致，时域谐波荷载引起管线的附加沉降稍大于移动恒定荷载。

为进一步分析不同路面平整度下管线沉降变化规律，绘制路面平整度因素各设计工况管线特征点 L、M、N、O 的沉降时程曲线如图 6-50 所示。车辆荷载作用开始阶段对特征点 L 沉降影响不大，随着车辆荷载逐渐接近特征点 L，沉降逐渐增大。不同车辆荷载作用下，各时刻相应沉降变化趋势基本一致。时域谐波荷载作用下，特征点 L 沉降变化更为显著。特征点 M 在车辆荷载作用开始阶段沉降未发生变化，随着车辆荷载不断接近特征点 M，沉降虽有波动，但总体呈现出沉降趋势。时域谐波荷载引起的沉降波动幅值更大，振动效应更为显著。对比特征点 L 和特征点 M 可知，车辆荷载引起不同管线特征点的沉降变化规律有一定差异，不同车速下时域谐波荷载引起管线附加沉降和波动变化更大。

车辆荷载作用开始阶段对特征点 N 沉降影响不大，随着车辆荷载逐渐接近特征点 N，沉降逐渐增大。不同车辆荷载作用下，各时刻相应沉降变化趋势基本一致。时域谐波荷载作用下，特征点 N 沉降变化更为显著。特征点 O 在车辆荷载作用开始阶段沉降未发生变化，随着车辆荷载不断接近特征点 O，沉降虽有波动，但总体呈现出沉降趋势。时域谐波荷载引起的沉降波动幅值更大，振动效应更为显著。对比特征点 N 和特征点 O 可得出相同结论，车辆荷载引起不同管线特征点的沉降变化规律有一定差异，不同车速下时域谐波荷载引起管线附加沉降和波动变化更大。

路面平整度因素各工况管线第一主应力如图 6-51 所示。由图 6-51(a) 和图 6-51(b) 可知，移动恒定荷载和时域谐波荷载作用下，车速为 72 km/h 时，污水管附加第一主应力最大值相应为 0.737 MPa 和 0.862 MPa，雨水管附加第一主应力最大值相应为 0.675 MPa 和 0.743 MPa；车速为 120 km/h 时，污水管附加第一主应力最大值相应为 2.055 MPa 和 2.273 MPa，雨水管附加第一主应力相应为 0.707 MPa 和 0.782 MPa。不同车速下，时域谐波荷载引起管线的附加第一主应力稍大于移动恒定荷载。

从图 6-51(c) 和图 6-51(d) 可以看出，移动恒定荷载和时域谐波荷载作用下，车速为 72 km/h 时，给水管附加第一主应力最大值相应为 3.549 MPa 和 4.113 MPa，管沟附加第一主应力最大值相应为 0.44 MPa 和 0.472 MPa；车速为 120 km/h 时，给水管附加第一主应力最大值相应为 7.163 MPa 和 7.92 MPa，管沟附加第一主应力最大值相应为 1.099 MPa 和 1.18 MPa。不同车速下，时域谐波荷载引起管线的附加第一主应力稍大于移动恒定荷载。

为进一步分析不同路面平整度下管线第一主应力变化规律，绘制路面平整度因素各工况管线特征点 P、M、Q、R 第一主应力时程曲线如图 6-52 所示。车辆荷载作用开始阶段对特征点 P 第一主应力影响不大，随着车辆荷载逐渐接近特征点 P，第一主应力逐渐增大。不同车辆荷载作用下，各时刻第一主应力变化趋势基本一致。时域谐波荷载作用下，特征点 P 第一主应力变化更为显著。特征点 M 在车辆荷载作用开始阶段第一主应力未发生变化，随着车辆荷载不断接近特征点 M，第一主应力虽有波动，但总体呈现出增大趋势。时域谐波荷载引起的第一主应力波动幅值更大，振动效应更为显著。

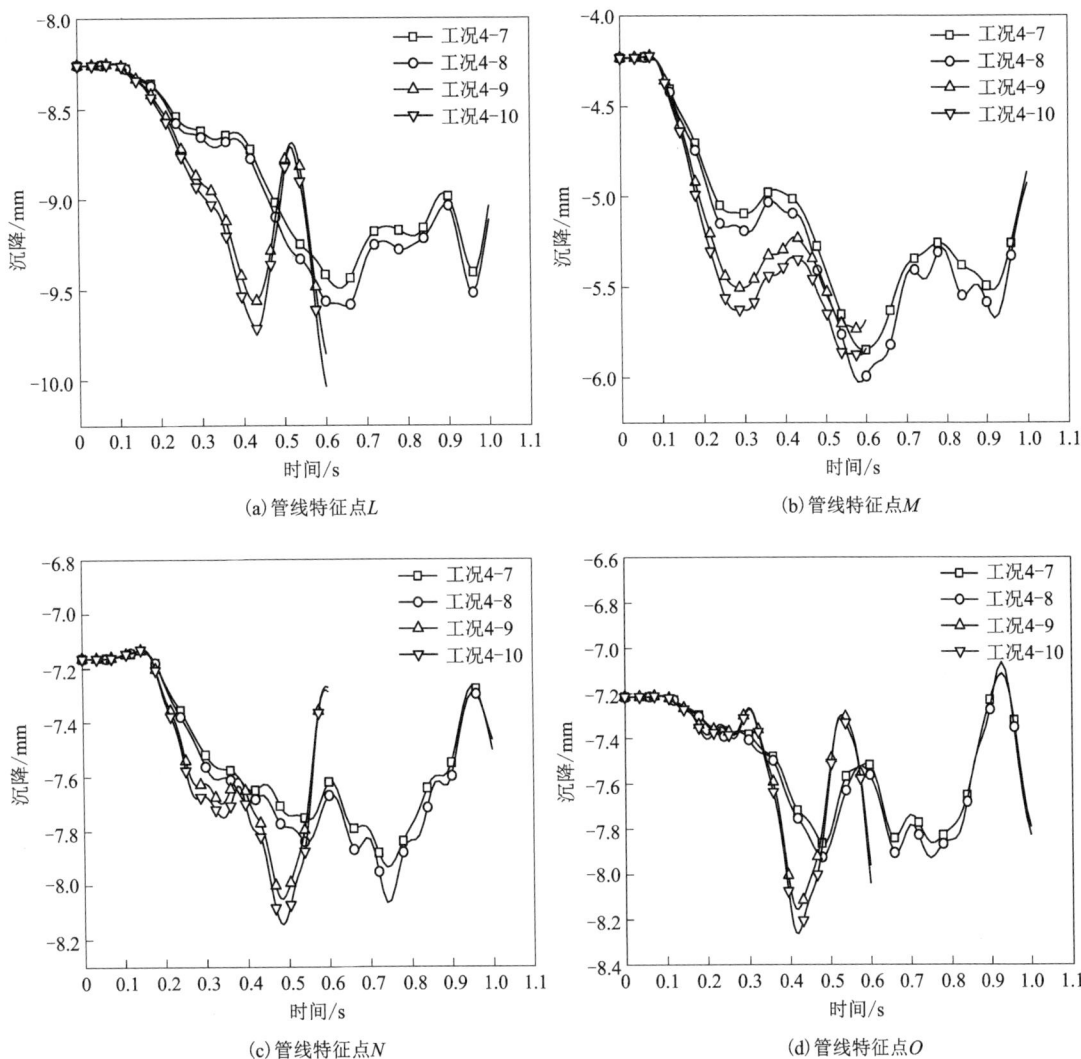

(a) 管线特征点L

(b) 管线特征点M

(c) 管线特征点N

(d) 管线特征点O

图 6-50　路面平整度因素各工况管线特征点沉降时程曲线

车辆荷载作用开始阶段对特征点 Q 第一主应力影响不大，随着车辆荷载逐渐接近特征点 Q，第一主应力逐渐增大。不同车辆荷载作用下，各时刻第一主应力变化趋势基本一致。时域谐波荷载作用下，特征点 Q 应力变化更为显著。特征点 R 在车辆荷载作用开始阶段第一主应力未发生变化，随着车辆荷载不断接近点特征 R，第一主应力虽有波动，但总体呈现出增大趋势。时域谐波荷载引起的第一主应力波动幅值更大，振动效应更为显著。对比所有特征点第一主应力时程曲线可知，车辆荷载引起不同管线特征点的第一主应力变化规律有一定差异，不同车速下时域谐波荷载引起管线附加第一主应力更大。

综上分析可知，相同轴重和车速条件下，时域谐波荷载引起管线附加沉降更大。管线沉降波动变化过程中，时域谐波荷载引起管线沉降波动变化也更为剧烈。在特定时刻，移动恒

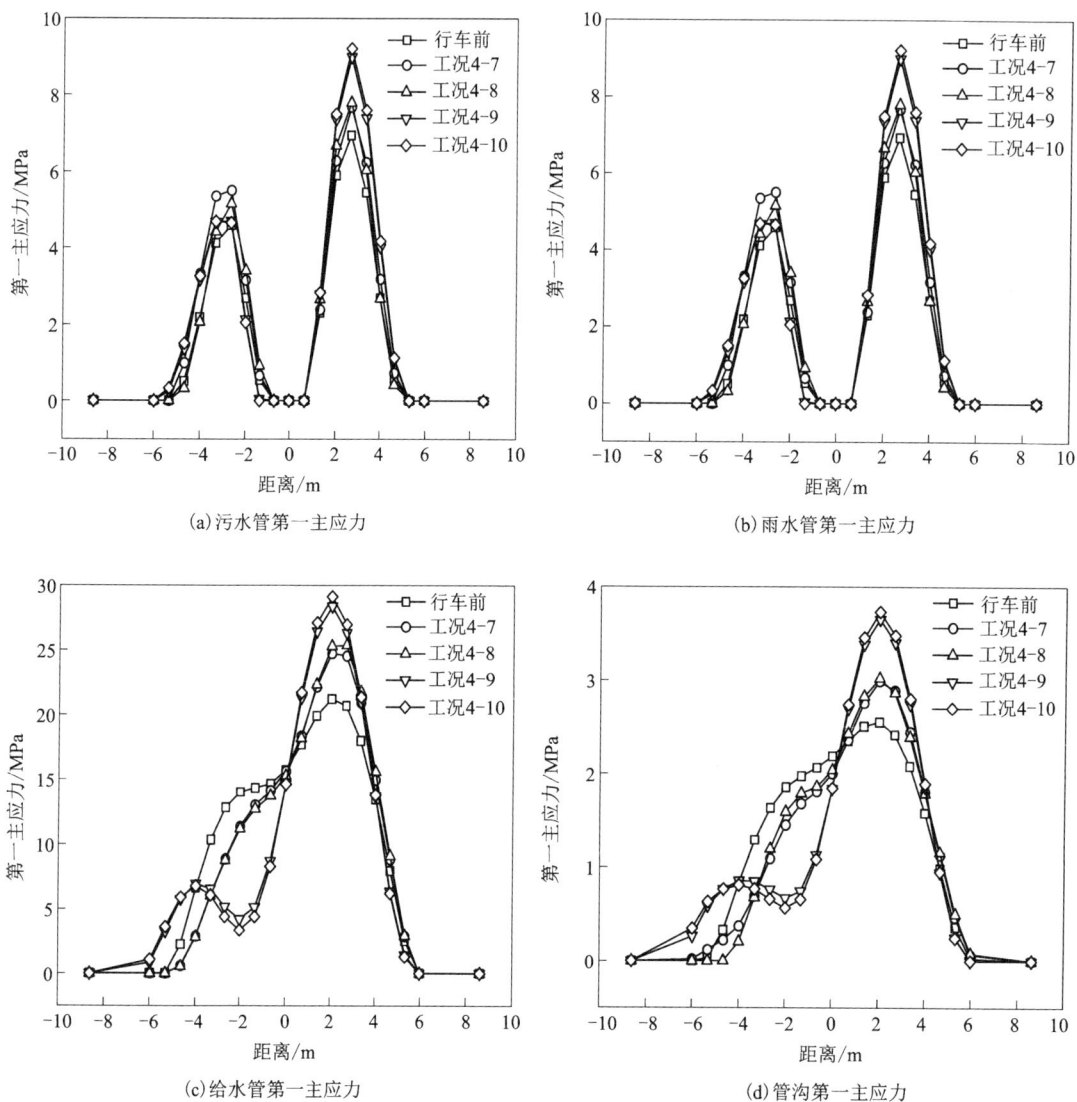

(a) 污水管第一主应力

(b) 雨水管第一主应力

(c) 给水管第一主应力

(d) 管沟第一主应力

图 6-51 路面平整度因素各工况管线第一主应力

定荷载作用下管线沉降反而更大，因为时域谐波荷载作用下相应时刻管线沉降减小的幅度更大。对于时域谐波荷载作用下的管线应力变化，也可得出类似结论。时域谐波荷载引起管线附加应力更大。管线应力波动变化过程中，时域谐波荷载引起管线应力波动变化也更为剧烈。在特定时刻，移动恒定荷载作用下管线第一主应力反而更大，因为时域谐波荷载作用下相应时刻管线第一主应力减小的幅度更大。因此，路面不平顺对管线的影响是不利的，相同交通状况下，车辆荷载长期反复作用，管线会产生更大的附加变形和附加应力。

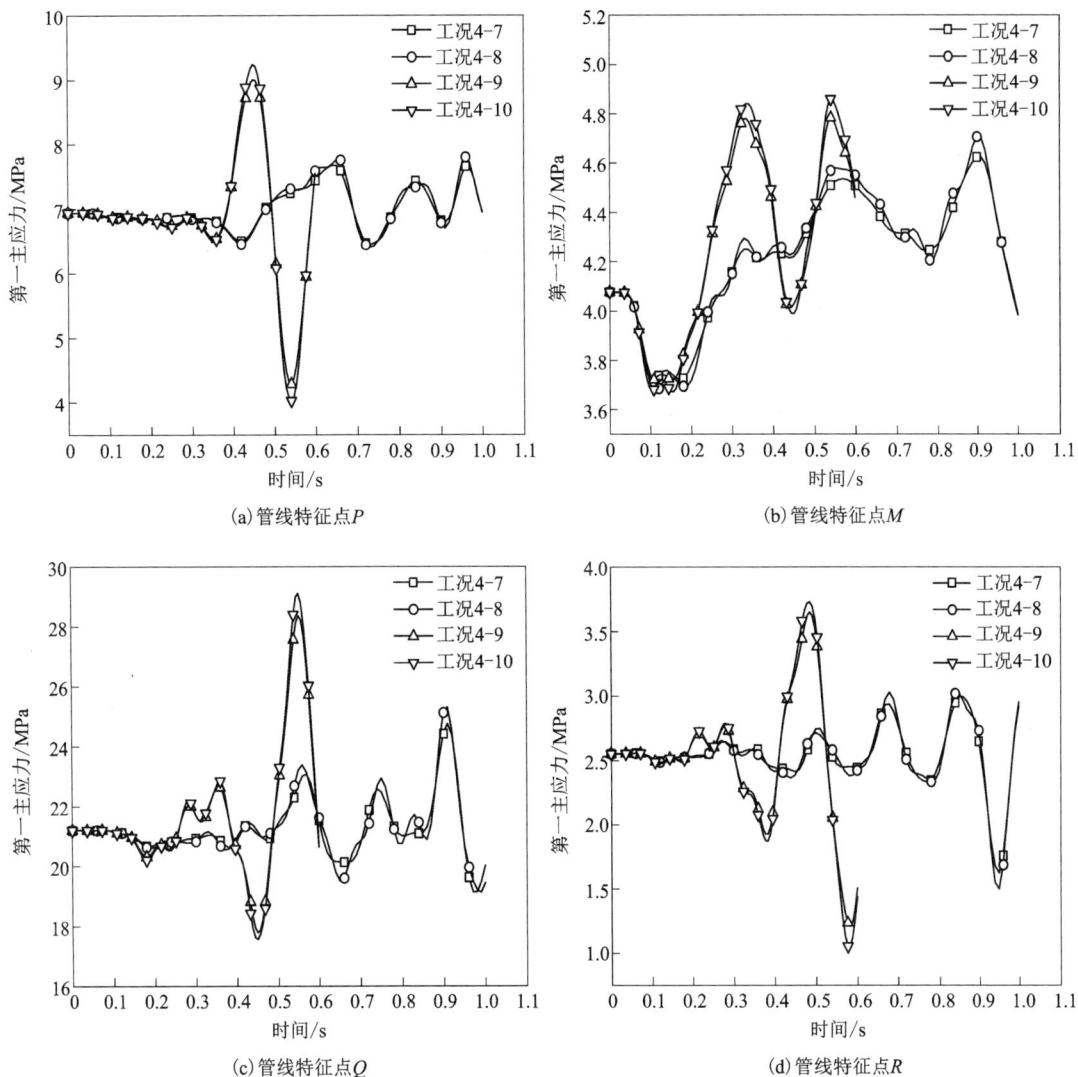

(a) 管线特征点 P

(b) 管线特征点 M

(c) 管线特征点 Q

(d) 管线特征点 R

图 6-52　路面平整度因素各工况管线特征点第一主应力时程曲线

▶ 6.5　本章小结

　　本章考虑路面交通荷载作用下的地层、通道施工及管线的相互影响，车辆荷载模型分别采用移动恒定荷载和时域谐波荷载，建立了地铁通道暗挖与路面交通荷载作用下管线动力响应数值分析模型，将有限元软件二次开发程序与重启动分析相结合，基于控制变量法研究了轴重、车速和路面平整度对管线动力响应的影响，得到如下主要结论：

　　（1）车辆荷载作用下通道围岩变形以沉降为主，水平附加变形衰减较快。轴重为 75 kN

且车速为 72 km/h 时，路面附加沉降最大值为 35.54 mm，是路面附加水平位移最大值的 2.9 倍；围岩附加沉降最大值为 1.42 mm，是围岩附加水平位移最大值的 5.7 倍。

（2）通道开挖引起正上方处管段沉降和应力显著增大，管线最大附加变形和附加应力也出现在此区域。相同管线材质和几何特性下，管线距离车辆荷载作用位置越近，附加沉降和附加应力越大。车辆荷载作用下球墨铸铁管附加应力远大于混凝土管；管线直径和壁厚越大，附加沉降和附加应力越小。

（3）车辆超载、车速较快和路面不平顺对管线的影响是不利的，相同交通流量和相同地层条件下管线会产生更大的附加变形和附加应力。轴重为 75 kN 且车速为 72 km/h 时，雨水管附加沉降最大，其值为 1.62 mm，比轴重为 50 kN 时增大 50%；相较车速 36 km/h 时增大 26%。时域谐波荷载考虑了路面不平顺，所引起的管线最大附加沉降和附加应力振动幅值更大，考虑路面不平顺时管线最大附加沉降和最大附加应力比路面平顺时增大 10% 和 16%。

第 7 章　管线安全保护措施研究

城市地下管线状况与工程建设、地质条件及周边环境有着密切关系，对于不同实际情况，管线保护措施应有所侧重。本书研究的主要是密集管线在通道暗挖影响和路面交通荷载作用下的保护问题，因此本章根据通道施工、路面交通荷载作用特点、土层特性及前文研究结论提出针对性管线保护措施。

▶ 7.1　管线安全保护措施

7.1.1　管线安全影响因素

（1）地层条件

地铁施工对管线的影响主要由地层变形引起。对于软土地层中的管线保护需要格外重视，应通过改善地层物理力学特性和采用合适的施工方法严格控制地层变形和减小管线不均匀沉降。

（2）管线与通道间的交角

管线与通道间的交角不同，沿管轴线的不均匀沉降差异明显。通道采用 CRD 法施工，管线与隧道正交时危险最大，管线沉降和管线底部拉应力均较大。因此，对于不同施工方法应尽量避免以容易使管线产生不均匀沉降的角度穿越管线。

（3）管线与通道的净距

通道开挖引起管线的变形和内力均随着净距的减小而增大，因此在通道下穿管线施工时，应尽量避免以过小净距穿越管线。

（4）路面交通荷载等动荷载作用

车辆超载、车辆荷载作用频繁、车速较快和路面不平顺对管线的影响是不利的，相同交通流量和相同地层条件下管线会产生更大的附加变形和附加应力。因此，受路面交通荷载等动荷载作用频繁的管线安全问题最为突出，可采取的保护措施主要从两个方面出发：减弱外荷载的作用，增强管线抵抗外荷载作用能力。对于交通主干道下的重要管线，可采取控制交通流量和通行车辆载重的方法，因此在管线线路设计时，应尽可能避免将重要管线布设于交通主干道下方。当以上两种措施均无法实施时，应从管线构造、材质等方面提高设计标准，考虑足够的结构安全储备。

（5）管线构造与材质

通道开挖引起管线的变形和内力与管线的管径、壁厚、截面类型及材质均有密切关系，管线的变形和内力随着管径与壁厚的增大，均有不同程度的减小，所以针对密集管线情形，在其余因素一致时，以保护管径和壁厚较小的管线为主；对于管线截面类型而言，在其余因素一致时，圆形管受力更为均匀。相同管线材质下，管线抗弯刚度越小，则管线沉降和内力越大；相同几何特性下，管线弹性模量越大，则管线沉降越小，但管线内力越大。对于 PVC 管，容易产生较大变形，保护过程中重点关注变形的控制；而对于钢筋混凝土管、球墨铸铁管和钢管，需重点控制管线不均匀沉降和管线底部内力。

7.1.2　常用管线保护措施

针对以上管线安全影响因素，地下管线保护集中在线路规划阶段和项目实施阶段。线路规划阶段的保护指通道施工前从线路设计层面采取保护措施，尽可能避免穿越地下管线。项目实施阶段的保护指通道施工过程中采取保护措施，尽可能减小通道施工和外荷载对管线的影响。

结合前文内容，对通道施工过程中的管线保护措施进行研究。通道施工阶段管线保护措施可分为主动保护措施和被动保护措施。主动保护措施是在地铁通道施工过程中，采取合理施工方法、开挖步距和支护方式等措施尽可能减小管线受到的扰动；被动保护措施是对管线所在地层或管线进行加固从而提高承载能力。

（1）管线主动保护措施

施工方法选择。不同施工方法对管线变形影响差异较大，因此在地铁通道施工前应根据现场地层情况和管线分布情况，合理选择施工方法以减小通道开挖对地下管线的影响。采用 CRD 法能有效控制围岩变形，减小土层的不均匀沉降，从而达到保护管线的目的。

合理的通道开挖进尺。不论采用何种通道施工方法，开挖步距大小对土层变形影响很大。开挖步距越小，土层沉降也越小，由此管线也越安全。

（2）管线被动保护措施

管线常用被动保护措施包括隔离法、衬管法、悬吊法、支撑法、卸载法和注浆加固法。隔离法通过在通道与管线间施作隔离桩墙，将通道开挖影响传播路径阻隔，从而减小管线受到的扰动。衬管法是在管线中内衬塑料管，从而增强管线变形能力。悬吊法是在施工过程中，为避免管线变形过大，将管线固定，从而限制管线变形。卸载法通过移除管线上部荷载，从而改善管线受力状态以保护管线。注浆加固法是通过注浆方式改善通道和管线周围土层物理力学特性，减小通道施工、交通荷载等外力引起的土体变形，进而达到保护管线的目的。此方法相对简单且适用性强，按注浆位置可分为地表注浆和洞内注浆。

7.1.3　注浆加固效果分析

地铁通道暗挖对管线是阶段性扰动，路面交通荷载则是长期作用于管线。对于本书旨在解决的管线保护问题，仅注浆加固法能起到相对较好的效果，这是因为管线破坏主要由土体沉降引起。软土物理力学性质较差，在通道开挖和路面交通荷载作用下会产生较大的变形和不均匀沉降。

软土中管线在上覆土荷载、通道施工影响和路面交通荷载作用下，发生失稳现象的可能性较高，规范[110]给出的管线稳定性验算公式如下：

$$F_{cr, k} = \frac{2E_p(n^2-1)}{3(1-\nu_p^2)}\left(\frac{\delta}{D_0}\right)^3 + \frac{E_d}{2(n^2-1)(1+\nu_s)} \tag{7-1}$$

式中：$F_{cr, k}$ 为管线截面临界压力；E_p 为管线弹性模量；n 为管壁失稳时的折绉波数；ν_p 为管线泊松比；δ 为管壁厚度；D_0 为管线的计算直径；E_d 为管侧土变形模量；ν_s 为管线两侧土的泊松比。通过式(7-1)可知，在管线几何构造和材质不变的条件下，土层变形模量越大和土层泊松比越小，管线临界压力越大，管线越稳定。注浆加固法能够提高土层变形模量和减小土层泊松比，进而增强管线稳定性。

为进一步分析注浆加固法对管线的保护效果，设计无注浆加固和有注浆加固两个工况，并建立有限元模型分析管线力学特性。工况 5-1 为无注浆加固，工况 5-2 为有注浆加固，相应注浆加固参数见表 7-1。注浆加固区域为通道拱顶上方和通道直墙两侧，加固范围如图 7-1 所示。

表 7-1　注浆加固参数

工况	密度/(kg·m⁻³)	弹性模量/MPa	泊松比	黏聚力/kPa	内摩擦角/(°)
5-1	1930	13.5	0.32	30	13.9
5-2	1930	18	0.3	37.7	18.5

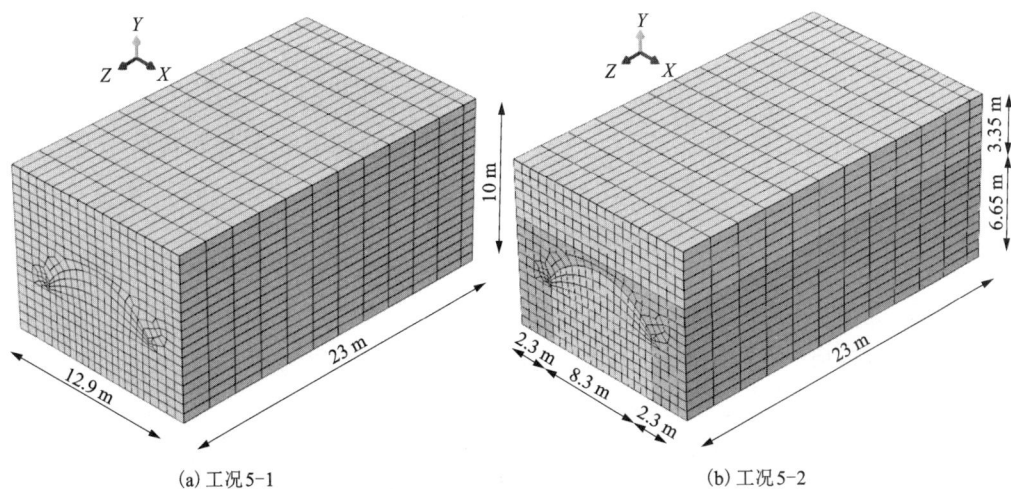

(a) 工况 5-1　　　　　　　　　　　　(b) 工况 5-2

图 7-1　加固范围示意图

两种工况下，通道围岩水平位移如图7-2和图7-3所示。从地表至拱顶处通道围岩水平位移逐渐减小，最大水平位移在通道两侧直墙中部，最大水平位移为12.48 mm。注浆加固后地表至拱顶处水平位移均有所减小，此时最大水平位移为10.19 mm。

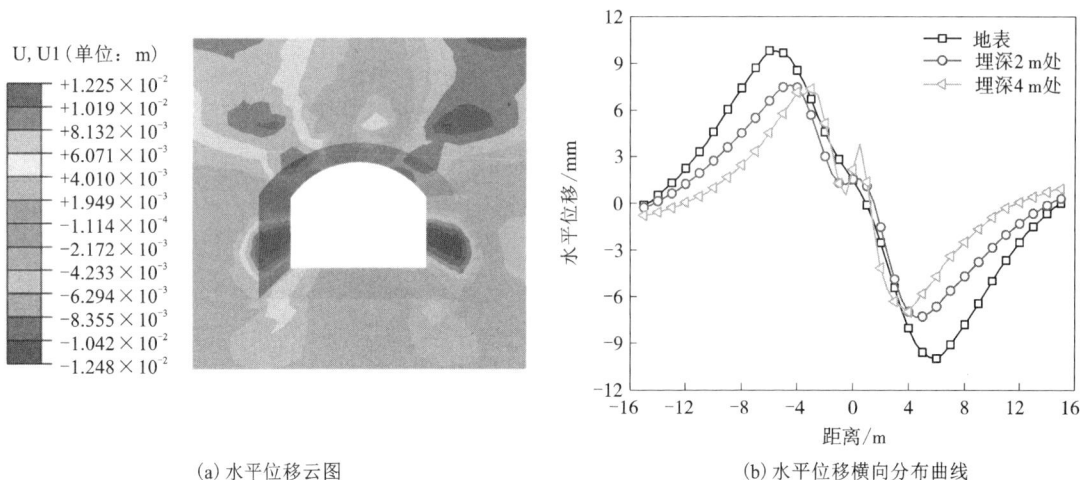

(a)水平位移云图   (b)水平位移横向分布曲线

图7-2 工况5-1通道围岩水平位移

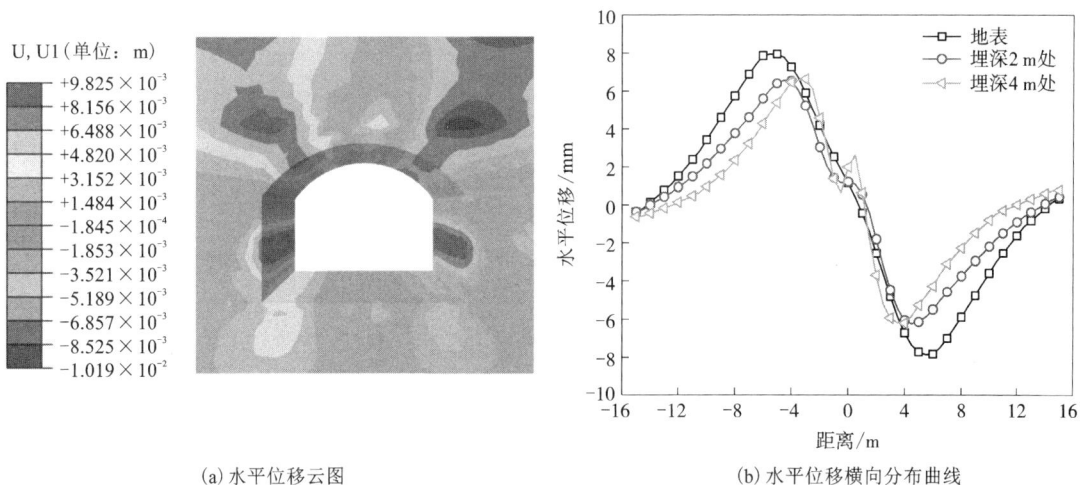

(a)水平位移云图   (b)水平位移横向分布曲线

图7-3 工况5-2通道围岩水平位移

两种工况下，通道围岩沉降云图和沉降横向分布如图7-4和图7-5所示。

由图7-4和图7-5可知，从地表至拱顶处通道围岩沉降逐渐增大，最大沉降在通道两侧拱顶，最大沉降值为32.76 mm。注浆加固后地表至拱顶处沉降均有所减小，此时最大沉降值为23.95 mm。

两种工况下，通道围岩等效应力与塑性区云图如图7-6和图7-7所示。

由图7-6和图7-7可知，通道围岩应力分布整体较为接近，最大应力均位于通道两侧底角。注浆加固后应力分布更加均匀，最大等效应力值较未注浆加固前基本一致。通道拱顶

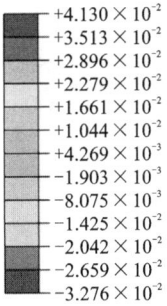
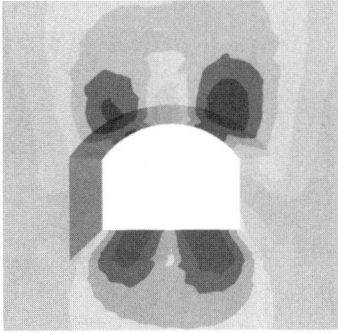

U, U2（单位：m）

+4.130×10⁻²
+3.513×10⁻²
+2.896×10⁻²
+2.279×10⁻²
+1.661×10⁻²
+1.044×10⁻²
+4.269×10⁻³
-1.903×10⁻³
-8.075×10⁻³
-1.425×10⁻²
-2.042×10⁻²
-2.659×10⁻²
-3.276×10⁻²

（a）沉降云图

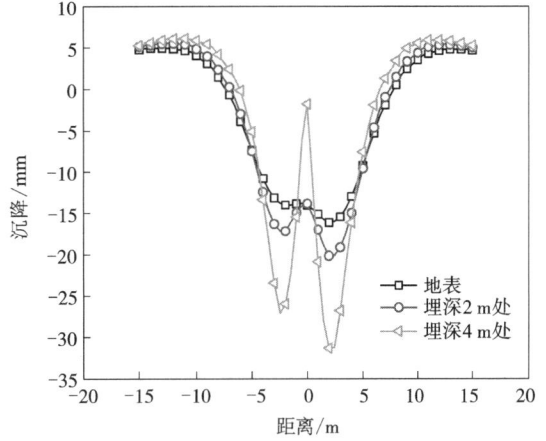

（b）沉降横向分布曲线

图 7-4　工况 5-1 通道围岩沉降

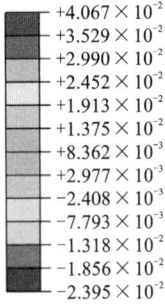
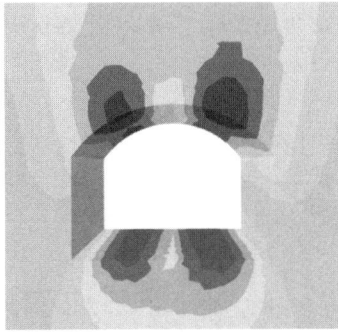

U, U2（单位：m）

+4.067×10⁻²
+3.529×10⁻²
+2.990×10⁻²
+2.452×10⁻²
+1.913×10⁻²
+1.375×10⁻²
+8.362×10⁻³
+2.977×10⁻³
-2.408×10⁻³
-7.793×10⁻³
-1.318×10⁻²
-1.856×10⁻²
-2.395×10⁻²

（a）沉降云图

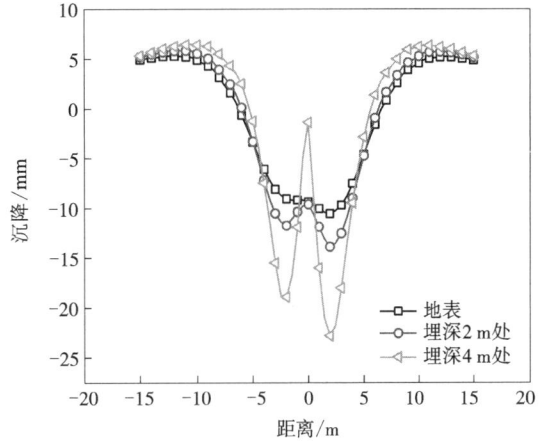

（b）沉降横向分布曲线

图 7-5　工况 5-2 通道围岩沉降

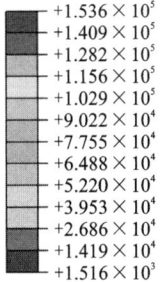
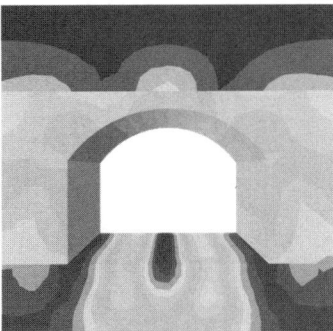

S, Mises
（平均：100%；
单位：m）

+1.536×10⁵
+1.409×10⁵
+1.282×10⁵
+1.156×10⁵
+1.029×10⁵
+9.022×10⁴
+7.755×10⁴
+6.488×10⁴
+5.220×10⁴
+3.953×10⁴
+2.686×10⁴
+1.419×10⁴
+1.516×10³

（a）等效应力云图

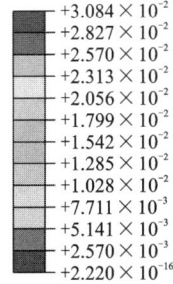
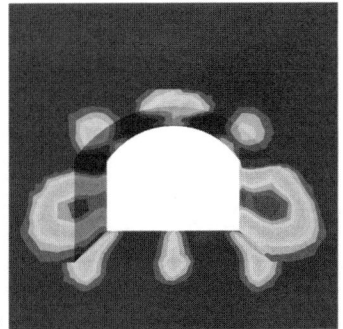

PEEQ
（平均：100%；
单位：m）

+3.084×10⁻²
+2.827×10⁻²
+2.570×10⁻²
+2.313×10⁻²
+2.056×10⁻²
+1.799×10⁻²
+1.542×10⁻²
+1.285×10⁻²
+1.028×10⁻²
+7.711×10⁻³
+5.141×10⁻³
+2.570×10⁻³
+2.220×10⁻¹⁶

（b）塑性区云图

图 7-6　工况 5-1 通道围岩等效应力与塑性区云图

S, Mises
（平均：100%；
单位：m）
+1.567×10⁵
+1.438×10⁵
+1.308×10⁵
+1.179×10⁵
+1.050×10⁵
+9.207×10⁴
+7.915×10⁴
+6.623×10⁴
+5.331×10⁴
+4.039×10⁴
+2.746×10⁴
+1.454×10⁴
+1.623×10³

PEEQ
（平均：100%；
单位：m）
+1.919×10⁻²
+1.759×10⁻²
+1.599×10⁻²
+1.440×10⁻²
+1.280×10⁻²
+1.120×10⁻²
+9.597×10⁻³
+7.997×10⁻³
+6.398×10⁻³
+4.798×10⁻³
+3.199×10⁻³
+1.599×10⁻³
+2.220×10⁻¹⁶

(a) 等效应力云图

(b) 塑性区云图

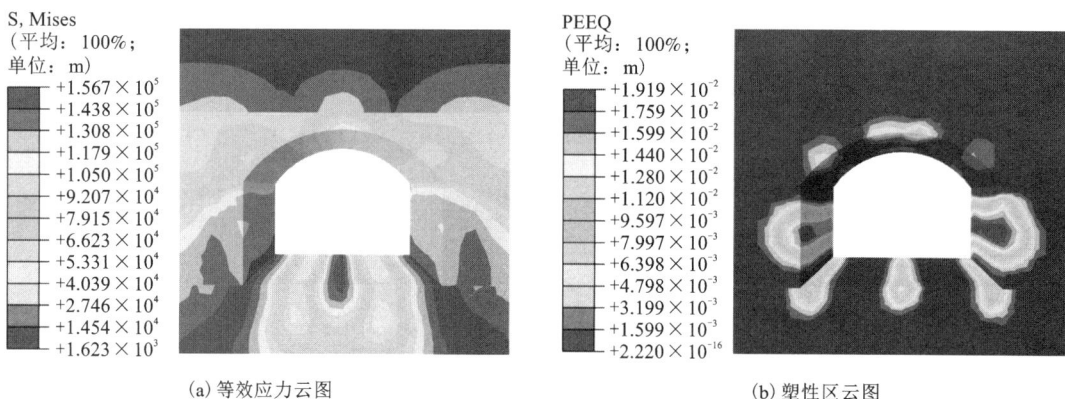

图 7-7　工况 5-2 通道围岩等效应力与塑性区云图

处、两侧直墙中部为塑性区，通道易于在上述位置发生破坏。通过对比可知，注浆加固后塑性区明显减小。

两种工况下，管线沉降云图和沉降沿轴向分布曲线如图 7-8 和图 7-9 所示。

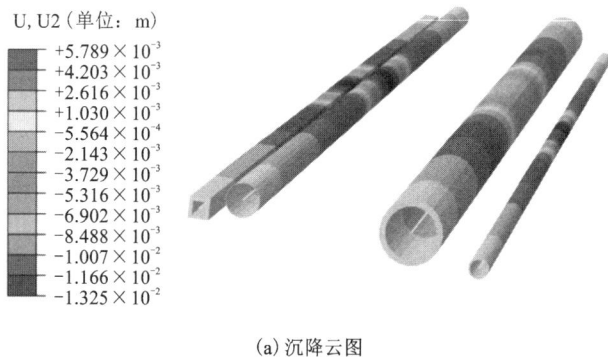

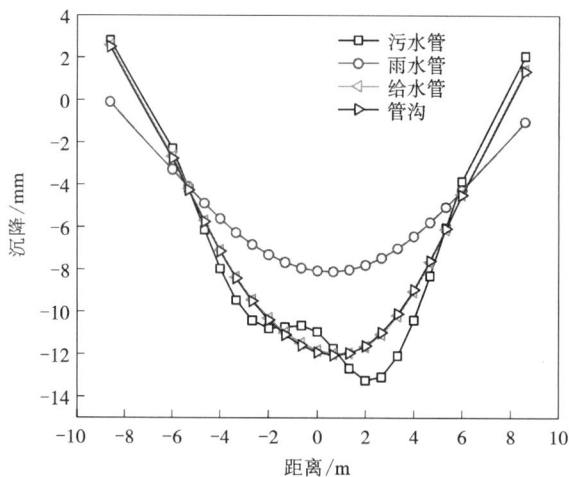

U, U2（单位：m）
+5.789×10⁻³
+4.203×10⁻³
+2.616×10⁻³
+1.030×10⁻³
-5.564×10⁻⁴
-2.143×10⁻³
-3.729×10⁻³
-5.316×10⁻³
-6.902×10⁻³
-8.488×10⁻³
-1.007×10⁻²
-1.166×10⁻²
-1.325×10⁻²

(a) 沉降云图

(b) 沉降沿轴向分布曲线

图 7-8　工况 5-1 管线沉降

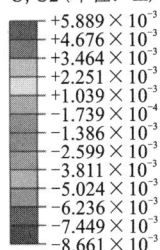

U, U2（单位：m）

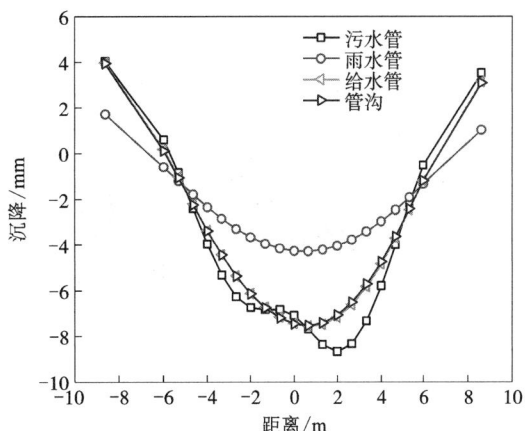

(a) 沉降云图

(b) 沉降沿轴向分布曲线

图 7-9　工况 5-2 管线沉降

从图 7-8 和图 7-9 可以看出，管线最大沉降值为 13.25 mm，仍为污水管。注浆加固后管线沉降减小，此时管线最大沉降值为 8.66 mm。管线沉降分布规律一致，通过改善土体力学特性可以减小通道开挖引起的土体沉降，进而控制管线沉降。

两种工况下，管线第一主应力云图和第一主应力沿轴向分布曲线如图 7-10 和图 7-11 所示。

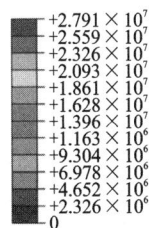

S, Max. Principal
多个节面点
（平均：100%；单位：m）

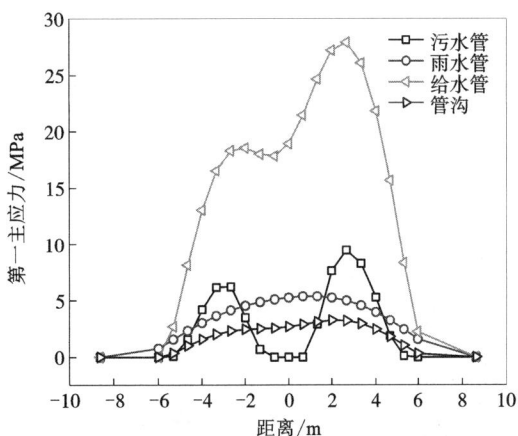

(a) 第一主应力云图

(b) 第一主应力沿轴向分布曲线

图 7-10　工况 5-1 管线第一主应力

根据图 7-10 和图 7-11 可知，未注浆加固时管线第一主应力最大值为 27.91 MPa，仍为给水管。注浆加固后管线第一主应力均减小，此时管线第一主应力最大值为 22.67 MPa。管线第一主应力分布规律基本一致，注浆加固后管线第一主应力分布更为均匀。

通道开挖完成后车辆荷载作用相应时刻土体沉降如图 7-12 和图 7-13 所示。

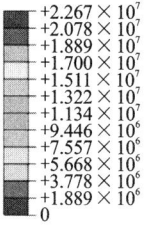
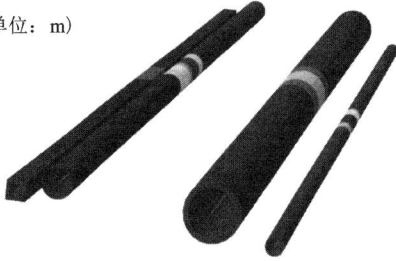
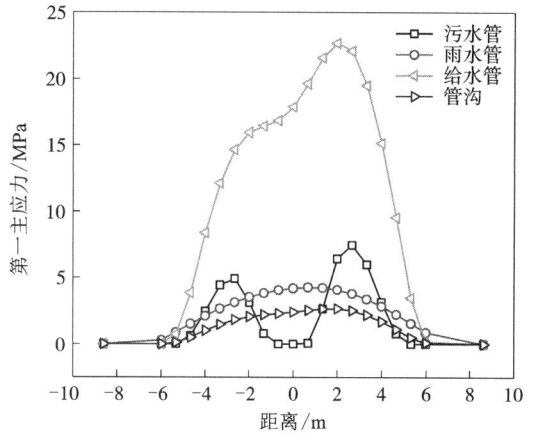

(a) 第一主应力云图

(b) 第一主应力沿轴向分布曲线

图 7-11　工况 5-2 管线第一主应力

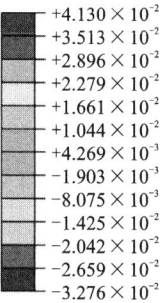

(a) 0 s 沉降云图

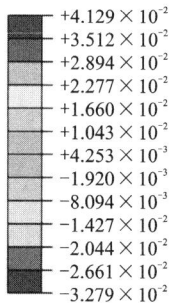
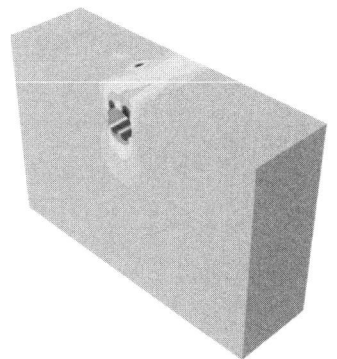

(b) 0.2 s 沉降云图

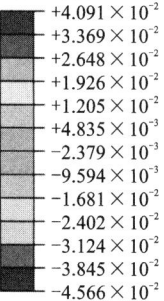

(c) 0.5 s 沉降云图

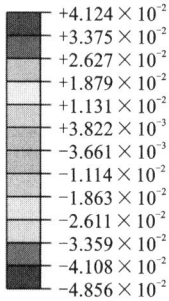

(d) 1 s 沉降云图

图 7-12　工况 5-1 车辆荷载作用下土体沉降

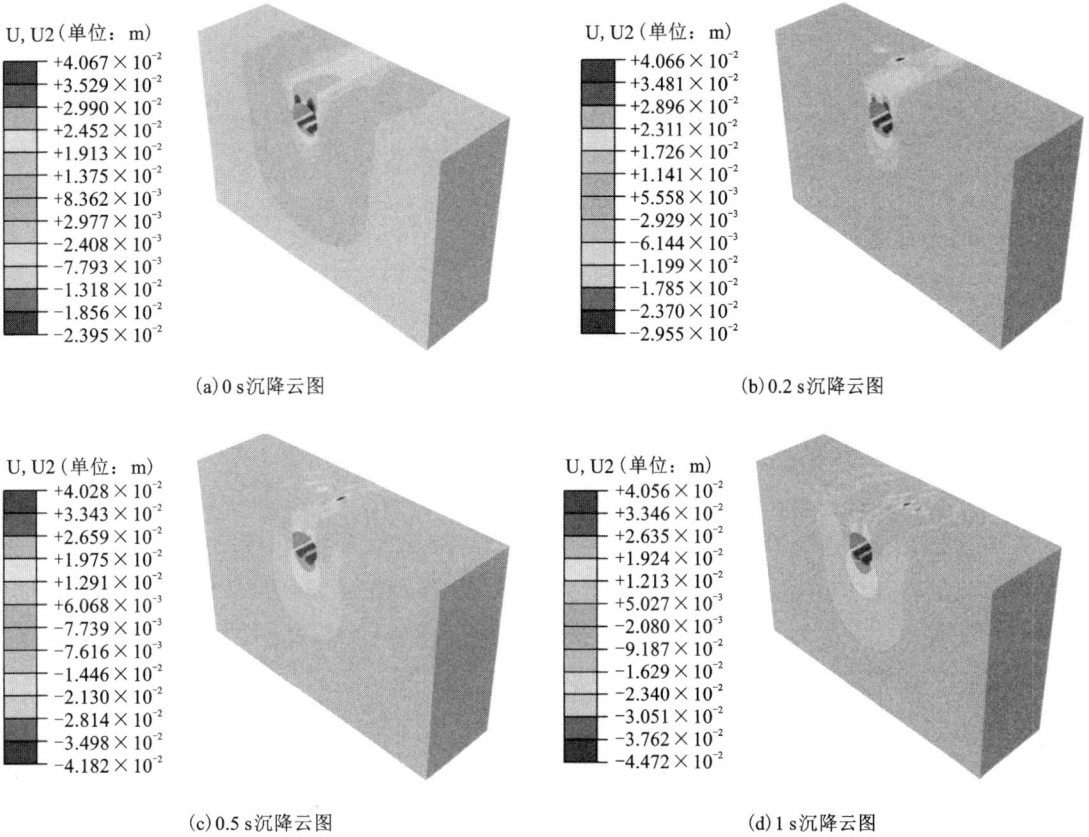

U, U2（单位：m）

（a）0 s 沉降云图

U, U2（单位：m）

（b）0.2 s 沉降云图

U, U2（单位：m）

（c）0.5 s 沉降云图

U, U2（单位：m）

（d）1 s 沉降云图

图 7-13　工况 5-2 车辆荷载作用下土体沉降

从图 7-12 和图 7-13 可以看出，未对土体进行注浆加固时通道拱顶和地表沉降均较大，在注浆加固区域沉降差异更加明显。注浆能够控制加固区域变形，进而起到控制整体沉降的作用。

两种工况下车辆荷载作用相应时刻管线沉降如图 7-14 和图 7-15 所示。

由图 7-14 和图 7-15 可知，车辆荷载作用 0.2 s 和 1 s 时管线沉降稍有增大，沉降分布规律与车辆通过前基本一致。工况 5-1 管线 1 s 末附加沉降为 1.08 mm，工况 5-2 管线 1 s 末附加沉降为 0.99 mm。因此，对土体注浆加固能够减小车辆荷载引起的管线附加沉降。

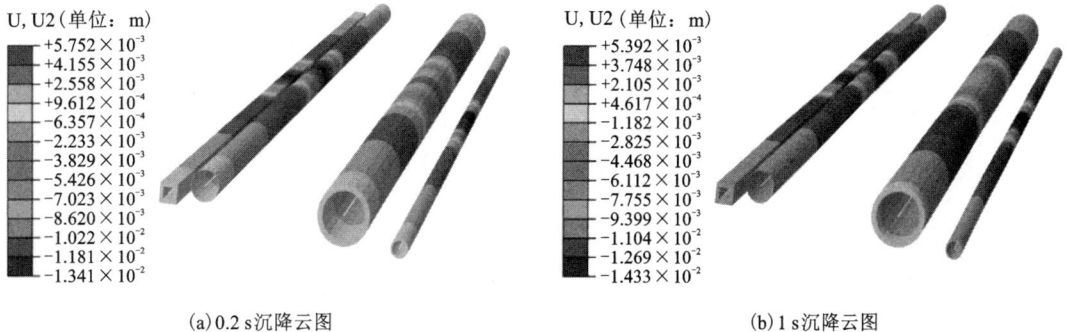

U, U2（单位：m）

（a）0.2 s 沉降云图

U, U2（单位：m）

（b）1 s 沉降云图

图 7-14　工况 5-1 车辆荷载作用下管线沉降

U, U2（单位：m）

| |
| +5.854×10⁻³ |
| +4.631×10⁻³ |
| +3.408×10⁻³ |
| +2.185×10⁻³ |
| +9.619×10⁻⁴ |
| -2.612×10⁻⁴ |
| -1.484×10⁻³ |
| -2.707×10⁻³ |
| -3.930×10⁻³ |
| -5.153×10⁻³ |
| -6.376×10⁻³ |
| -7.600×10⁻³ |
| -8.823×10⁻³ |

(a)0.2 s沉降云图

U, U2（单位：m）

| |
| +5.466×10⁻³ |
| +4.207×10⁻³ |
| +2.947×10⁻³ |
| +1.688×10⁻³ |
| +4.281×10⁻⁴ |
| -8.315×10⁻⁴ |
| -2.091×10⁻³ |
| -3.351×10⁻³ |
| -4.610×10⁻³ |
| -5.870×10⁻³ |
| -7.129×10⁻³ |
| -8.389×10⁻³ |
| -9.649×10⁻³ |

(b)1 s沉降云图

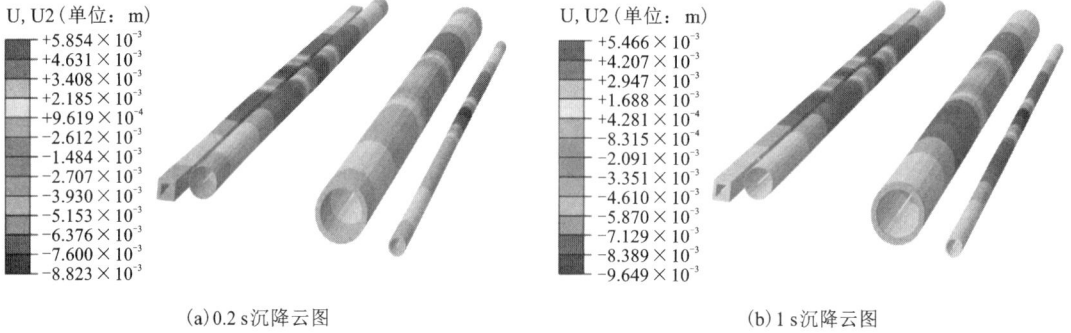

图 7-15　工况 5-2 车辆荷载作用下管线沉降

　　两种工况下车辆荷载作用相应时刻管线第一主应力如图 7-16 和图 7-17 所示。

　　由图 7-16 和图 7-17 可知，车辆荷载作用 0.2 s 时管线第一主应力稍有减小，在 1 s 时管线第一主应力最大值为 30.05 MPa，第一主应力分布规律与车辆通过前基本一致。未注浆加固的管线附加第一主应力为 2.14 MPa，注浆加固的管线附加第一主应力为 1.72 MPa。因此，注浆加固土体能够减小车辆荷载引起的管线附加第一主应力。

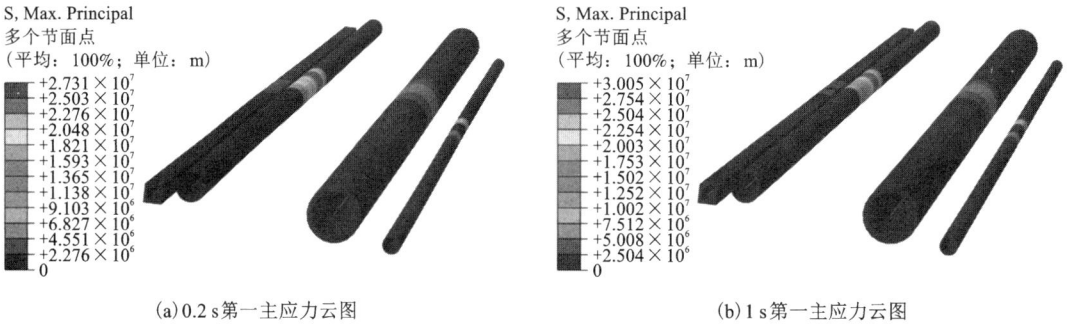

S, Max. Principal
多个节面点
（平均：100%；单位：m）

| |
| +2.731×10⁷ |
| +2.503×10⁷ |
| +2.276×10⁷ |
| +2.048×10⁷ |
| +1.821×10⁷ |
| +1.593×10⁷ |
| +1.365×10⁷ |
| +1.138×10⁷ |
| +9.103×10⁶ |
| +6.827×10⁶ |
| +4.551×10⁶ |
| +2.276×10⁶ |
| 0 |

(a)0.2 s第一主应力云图

S, Max. Principal
多个节面点
（平均：100%；单位：m）

| |
| +3.005×10⁷ |
| +2.754×10⁷ |
| +2.504×10⁷ |
| +2.254×10⁷ |
| +2.003×10⁷ |
| +1.753×10⁷ |
| +1.502×10⁷ |
| +1.252×10⁷ |
| +1.002×10⁷ |
| +7.512×10⁶ |
| +5.008×10⁶ |
| +2.504×10⁶ |
| 0 |

(b)1 s第一主应力云图

图 7-16　工况 5-1 车辆荷载作用下管线第一主应力

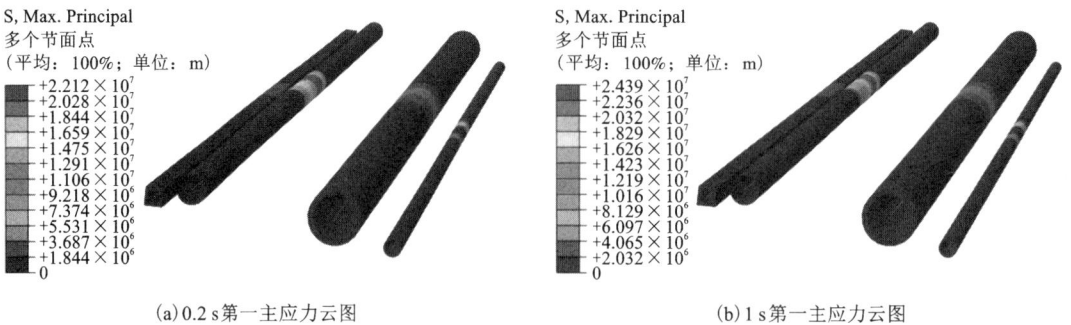

S, Max. Principal
多个节面点
（平均：100%；单位：m）

| |
| +2.212×10⁷ |
| +2.028×10⁷ |
| +1.844×10⁷ |
| +1.659×10⁷ |
| +1.475×10⁷ |
| +1.291×10⁷ |
| +1.106×10⁷ |
| +9.218×10⁶ |
| +7.374×10⁶ |
| +5.531×10⁶ |
| +3.687×10⁶ |
| +1.844×10⁶ |
| 0 |

(a)0.2 s第一主应力云图

S, Max. Principal
多个节面点
（平均：100%；单位：m）

| |
| +2.439×10⁷ |
| +2.236×10⁷ |
| +2.032×10⁷ |
| +1.829×10⁷ |
| +1.626×10⁷ |
| +1.423×10⁷ |
| +1.219×10⁷ |
| +1.016×10⁷ |
| +8.129×10⁶ |
| +6.097×10⁶ |
| +4.065×10⁶ |
| +2.032×10⁶ |
| 0 |

(b)1 s第一主应力云图

图 7-17　工况 5-2 车辆荷载作用下管线第一主应力

　　为进一步分析注浆加固效果，绘制各工况车辆荷载作用下管线发生最大附加沉降对应时刻的沉降轴向分布曲线，如图 7-18 所示。未注浆加固时污水管、雨水管、给水管和管沟附加沉降最大值相应为 1.47 mm、1.86 mm、0.81 mm 和 0.8 mm，注浆加固时污水管、雨水管、给水管和管沟附加沉降最大值相应为 1.4 mm、1.76 mm、0.75 mm 和 0.75 mm。通过对比各工况管线附加沉降可知，注浆加固能够减小管线附加沉降。

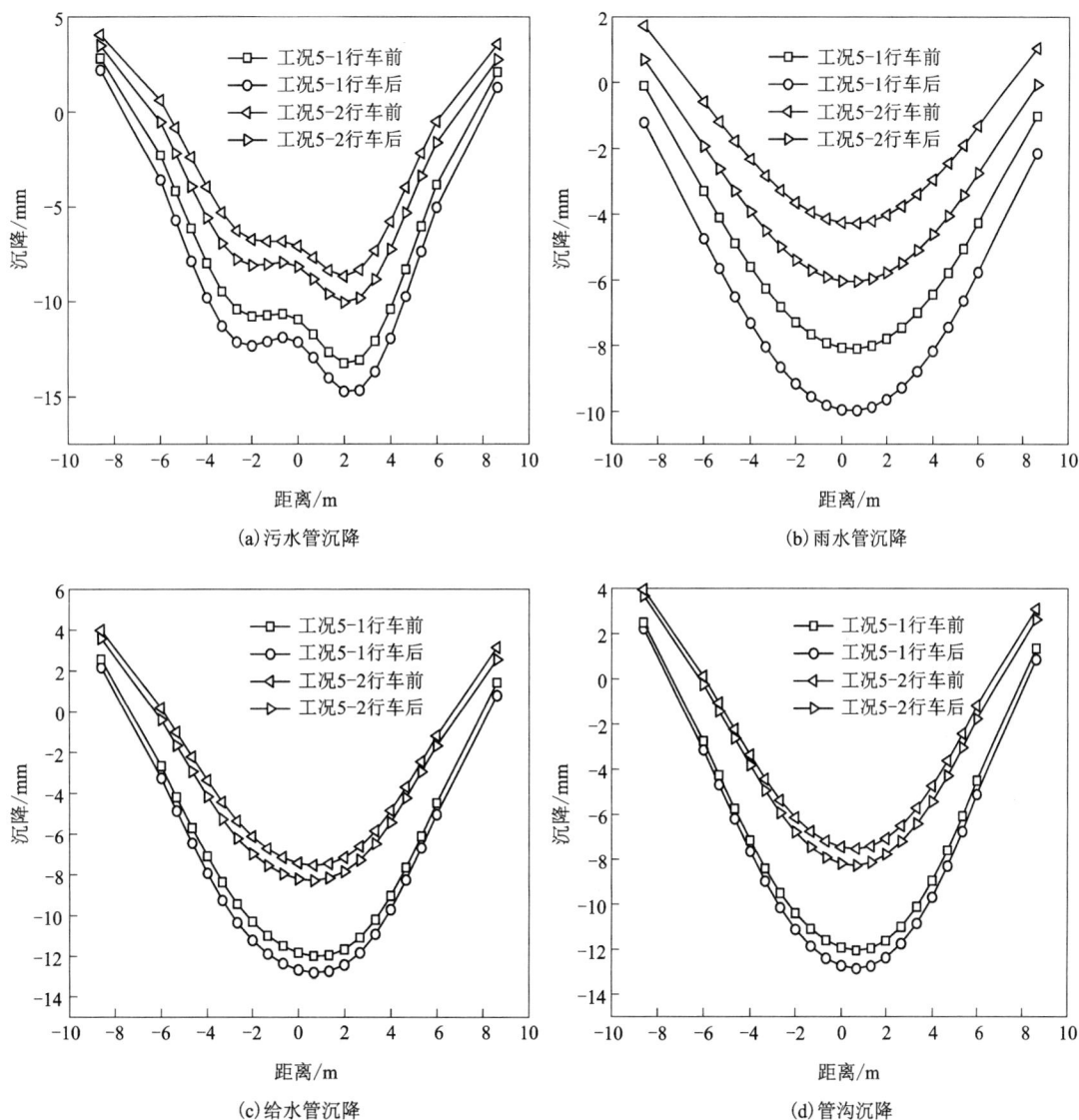

(a) 污水管沉降　　(b) 雨水管沉降

(c) 给水管沉降　　(d) 管沟沉降

图 7-18　工况 5-1 与工况 5-2 车辆荷载作用下管线最大沉降

　　工况 5-1 和工况 5-2 管线特征点 L、M、N、O 沉降时程曲线如图 7-19 所示。

　　由图 7-19 可知，不同工况下管线特征点沉降时程曲线变化规律基本一致，均呈波动变化，表现出典型的动力响应特征。注浆加固主要针对管线下部和通道拱顶上方土体，管线所处地层物理力学特性并未改变，因此通道开挖完成后管线受车辆荷载作用下变形规律基本一致。

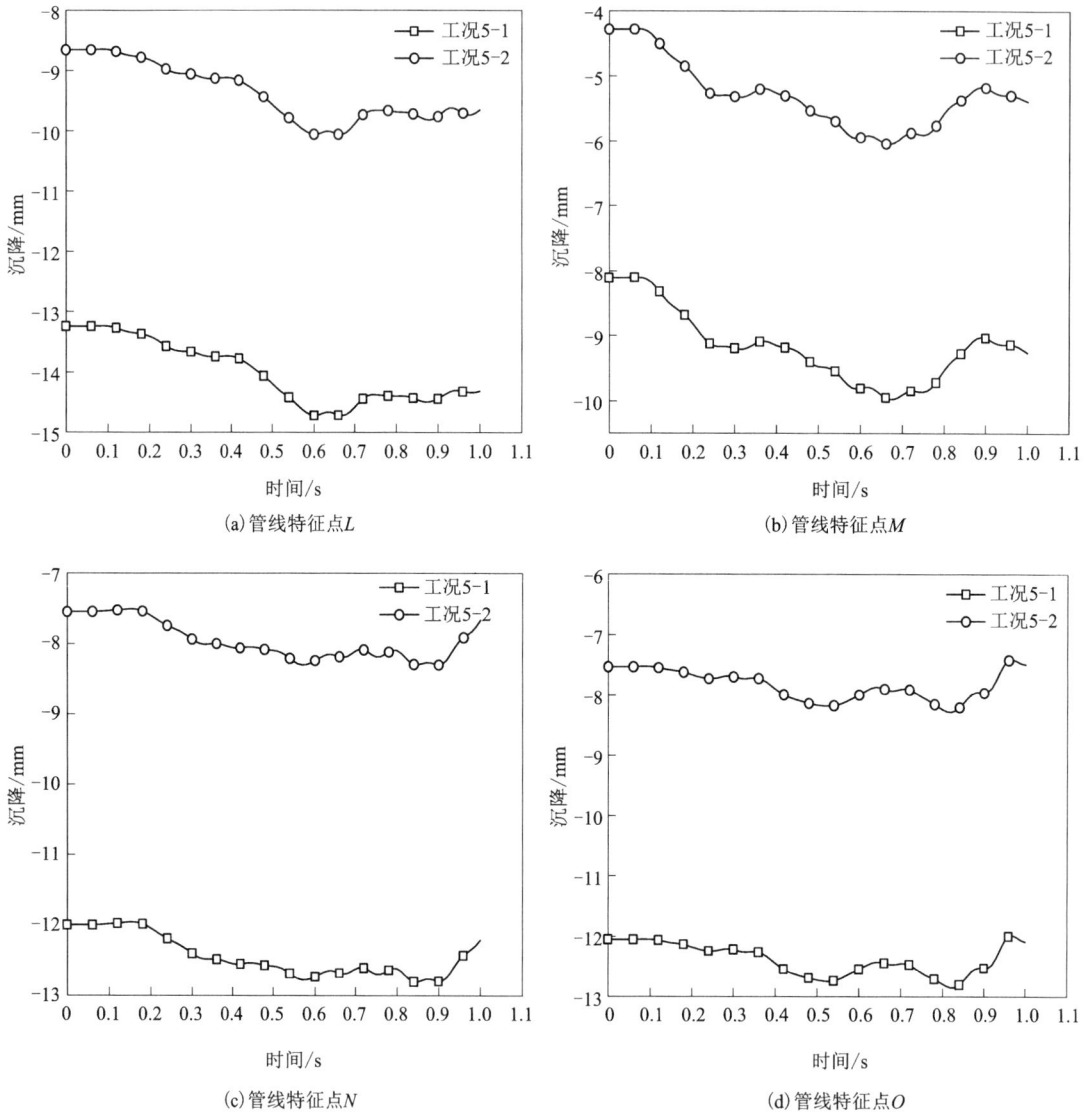

(a) 管线特征点 L

(b) 管线特征点 M

(c) 管线特征点 N

(d) 管线特征点 O

图 7-19 工况 5-1 与工况 5-2 管线特征点沉降时程曲线

综上可知，注浆加固能够减小车辆荷载作用引起的管线附加沉降，处于同种土体介质中的管线动力响应规律一致。

各工况车辆荷载作用下管线第一主应力如图 7-20 所示。

从图 7-20 可以看出未注浆加固时污水管、雨水管、给水管和管沟附加第一主应力最大值相应为 1.904 MPa、0.563 MPa、3.444 MPa 和 0.609 MPa，注浆加固时污水管、雨水管、给水管和管沟附加第一主应力最大值相应为 1.812 MPa、0.548 MPa、3.428 MPa 和 0.565 MPa。

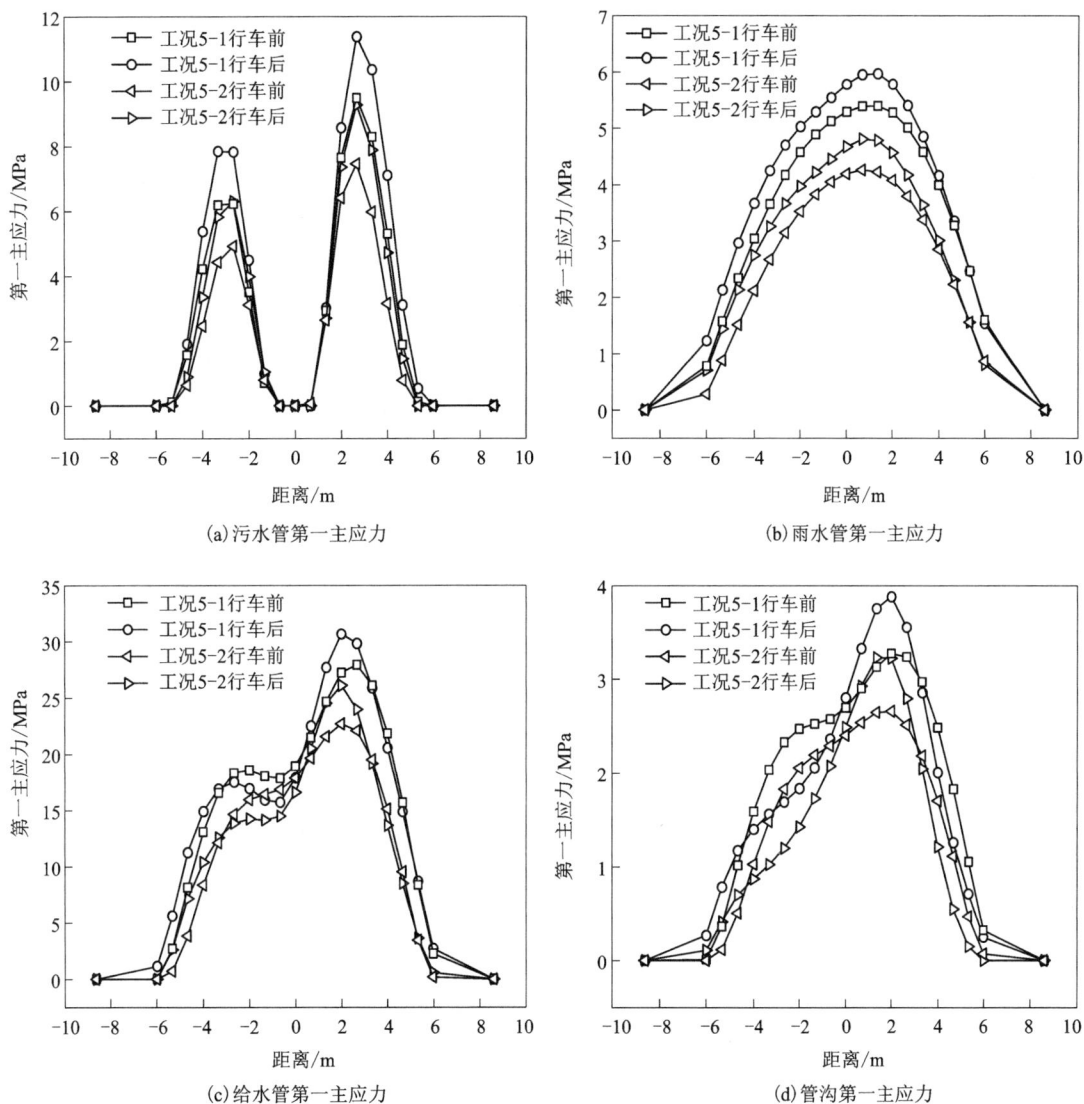

(a)污水管第一主应力

(b)雨水管第一主应力

(c)给水管第一主应力

(d)管沟第一主应力

图 7-20 工况 5-1 与工况 5-2 车辆荷载作用下管线第一主应力

通过对比管线各工况附加第一主应力可知,注浆加固能够减小管线附加第一主应力。

工况 5-1 与工况 5-2 管线特征点 P、M、Q、R 第一主应力时程曲线如图 7-21 所示。不同工况下管线特征点第一主应力时程曲线变化规律基本一致,均呈波动变化,表现出典型的动力响应特征。注浆加固主要针对管线下部和通道拱顶上方土体,管线所处地层物理力学特性并未改变,因此两种工况下管线第一主应力变化规律一致。

根据上述分析可得出结论,注浆加固可有效减小通道开挖引起的管线变形和内力,车辆荷载作用下管线附加沉降和附加第一主应力也更小。注浆加固方案主要针对管线下部和通道拱顶上方土体,管线所处地层物理力学特性并未改变,车辆荷载作用下管线沉降和第一主应力变化规律与未注浆加固时一致。因此处于相同土体中的管线动力响应并无差异,不考虑通道开挖引起管线刚度和强度降低的条件下，管线动力响应与管线初始沉降和第一主应力无关。

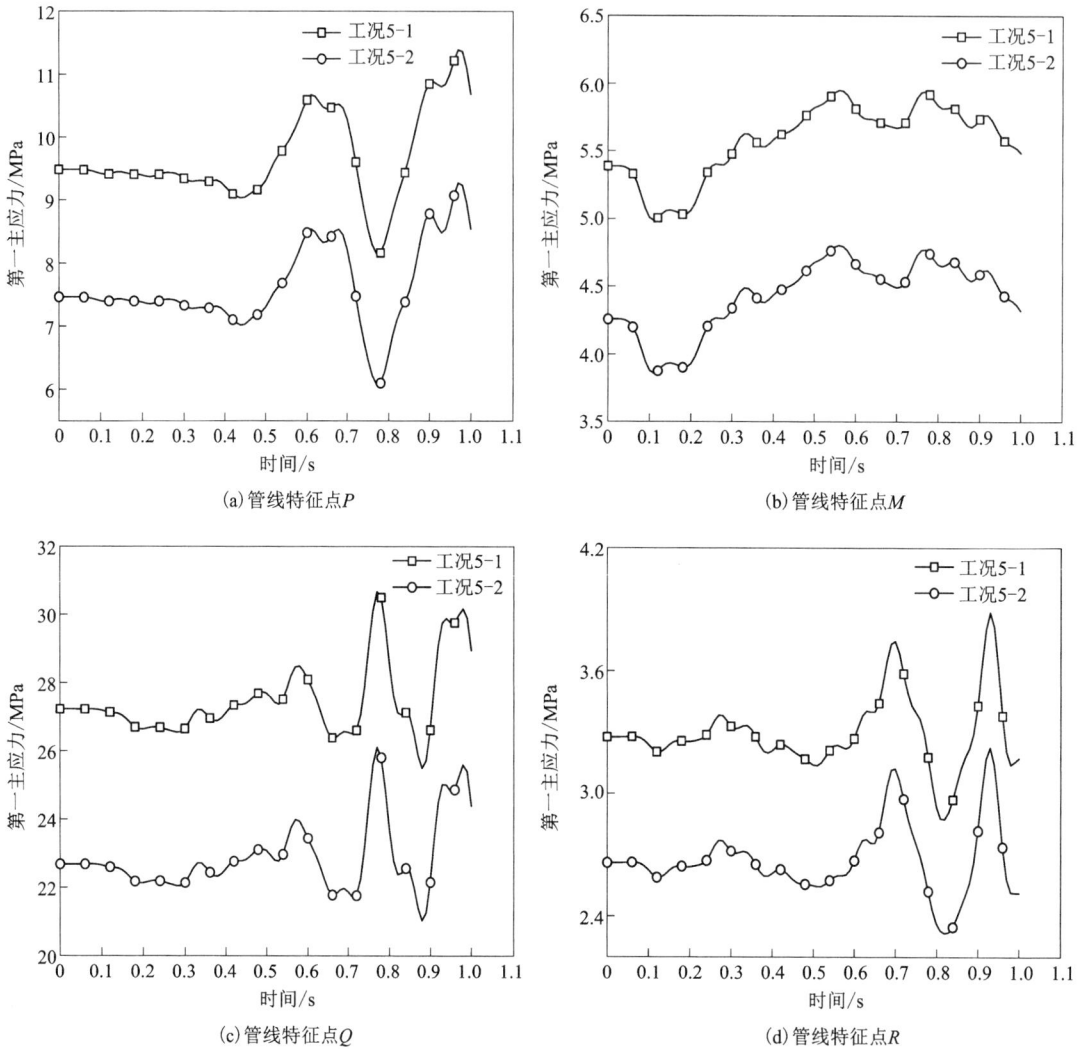

(a) 管线特征点 P

(b) 管线特征点 M

(c) 管线特征点 Q

(d) 管线特征点 R

图 7-21　工况 5-1 与工况 5-2 管线特征点第一主应力时程曲线

▶ 7.2　注浆加固措施优化

7.2.1　注浆加固方案

由前述分析可知，对通道拱顶上方与通道直墙两侧区域土体注浆加固可显著减小通道开挖引起的围岩变形和塑性区，同时车辆荷载作用下管线附加变形和附加第一主应力也有所减小。本节将在注浆加固方案基础上，对管线周围土体进行注浆加固。注浆加固方案 1 以工况 5-2 表示，注浆加固方案 2 以工况 5-3 表示。注浆加固参数一致，见表 7-1，加固范围如图 7-22 所示。

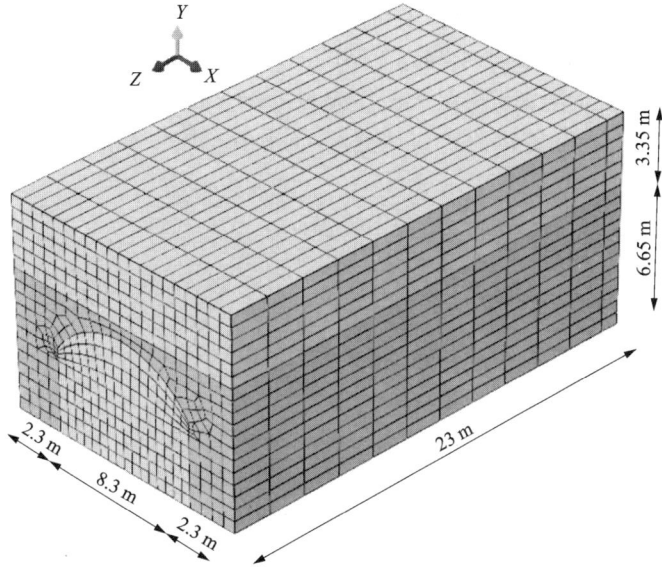

(a) 工况 5-2

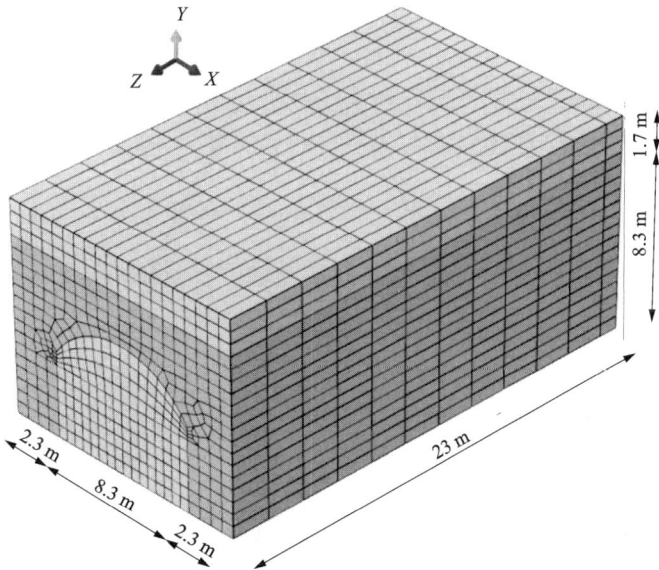

(b) 工况 5-3

图 7-22 加固范围示意图

7.2.2 管线力学特性对比

现对工况 5-2 和工况 5-3 管线沉降与第一主应力进行对比分析。工况 5-2 与工况 5-3 车辆荷载作用下管线沉降如图 7-23 所示。由图 7-23 可知，对管线周边进行注浆加固能进一步减小通道开挖引起的管线沉降。车辆荷载作用后，工况 5-2 下污水管、雨水管、给水管和管沟附加沉降最大值相应为 1.4 mm、1.76 mm、0.75 mm 和 0.75 mm；工况 5-3 下污水管、雨水管、给水管和管沟附加沉降最大值相应为 1.33 mm、1.8 mm、0.9 mm 和 0.71 mm。采用工况 5-3 时，污水管和管沟附加沉降进一步减小；雨水管和给水管附加沉降则稍有增大。

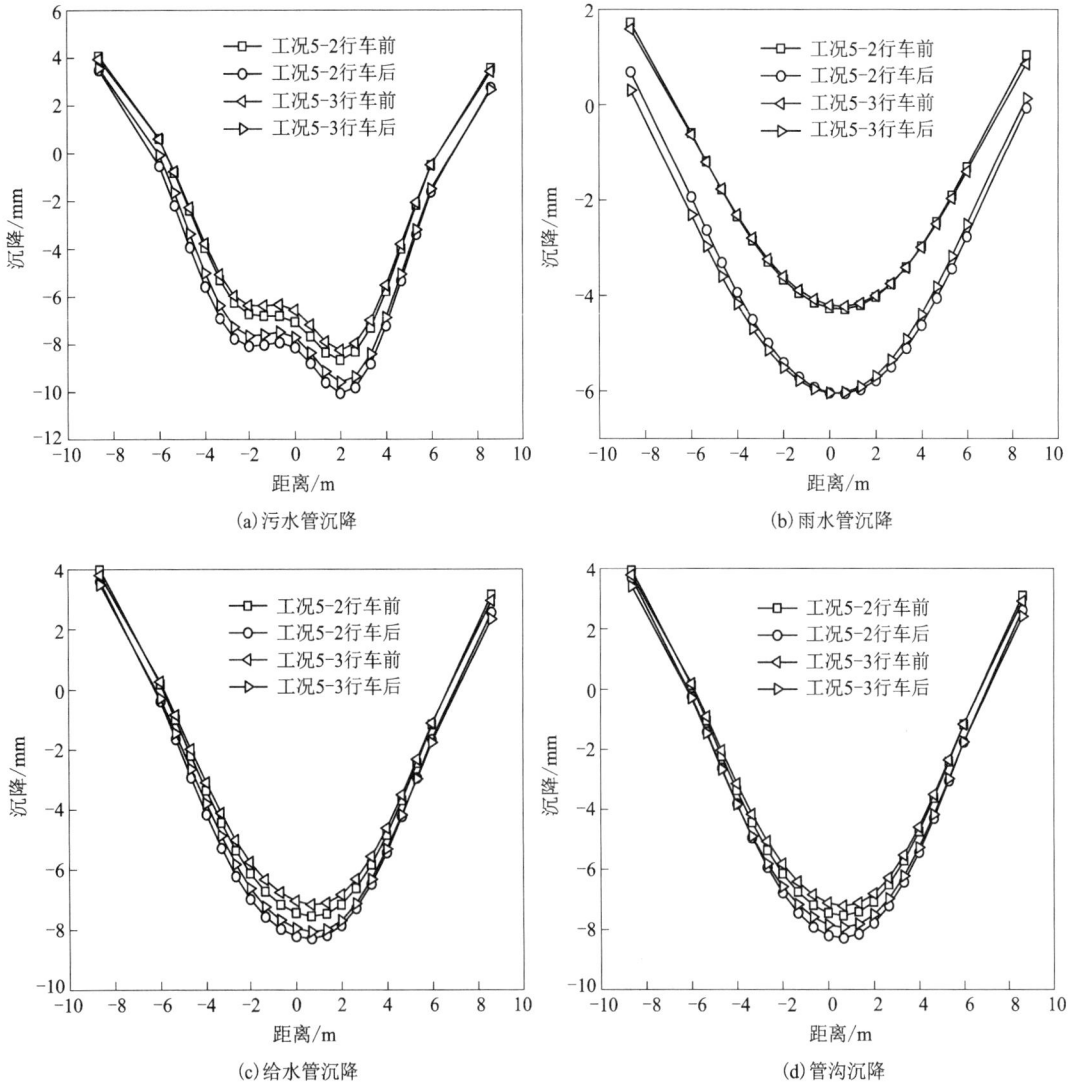

(a) 污水管沉降 (b) 雨水管沉降 (c) 给水管沉降 (d) 管沟沉降

图 7-23 工况 5-2 与工况 5-3 车辆荷载作用下管线沉降

工况 5-2 与工况 5-3 管线特征点 L、M、N、O 沉降时程曲线如图 7-24 所示。

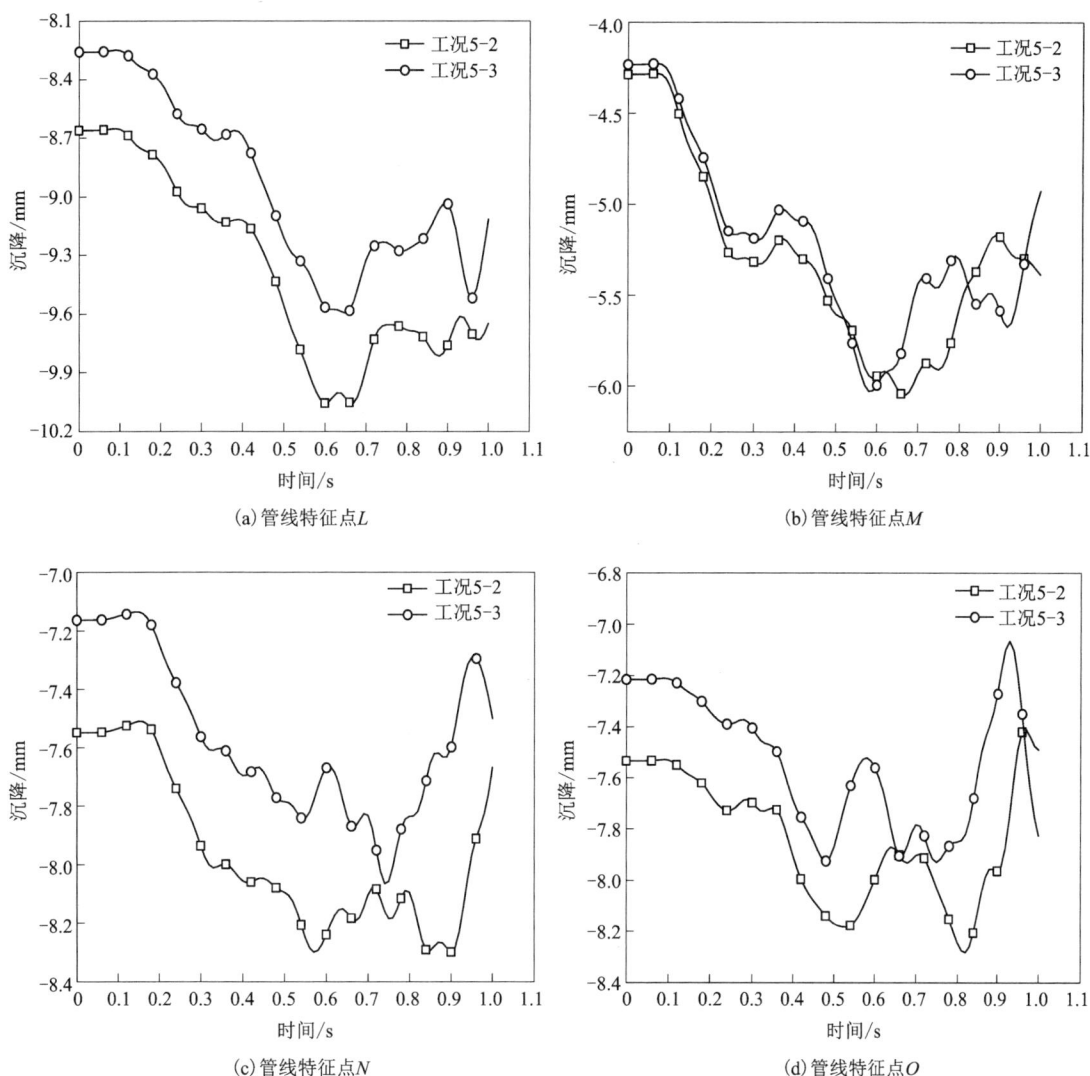

(a) 管线特征点L

(b) 管线特征点M

(c) 管线特征点N

(d) 管线特征点O

图 7-24　工况 5-2 与工况 5-3 管线特征点沉降时程曲线

由图 7-24 可知，两种工况下管线特征点沉降时程曲线变化规律相近，车辆荷载作用下，整体呈现沉降趋势，且波动变化。工况 5-3 在工况 5-2 的基础上对管线周边土体也进行了注浆，与工况 5-2 对比可知，通道开挖引起管线沉降有所减小，在车辆荷载作用下附加沉降达到峰值的时间略有不同，沉降变化规律也有一定差异。注浆加固区域土体性质得到改良，但并未发生较大变化，这也是沉降变化总体相近的原因。

工况 5-2 与工况 5-3 车辆荷载作用下管线第一主应力如图 7-25 所示。

由图 7-25 可知，工况 5-2 下污水管、雨水管、给水管和管沟附加第一主应力最大值相应为 1.812 MPa、0.548 MPa、3.428 MPa 和 0.565 MPa；工况 5-3 下污水管、雨水管、给水管和管沟附加第一主应力最大值相应为 0.862 MPa、0.743 MPa、4.714 MPa 和 0.472 MPa。对管线周边土体进行注浆加固能进一步减小通道开挖引起的管线应力。采用工况 5-3 时的污水管和管沟附加第一主应力进一步减小，雨水管和给水管则稍有增大。

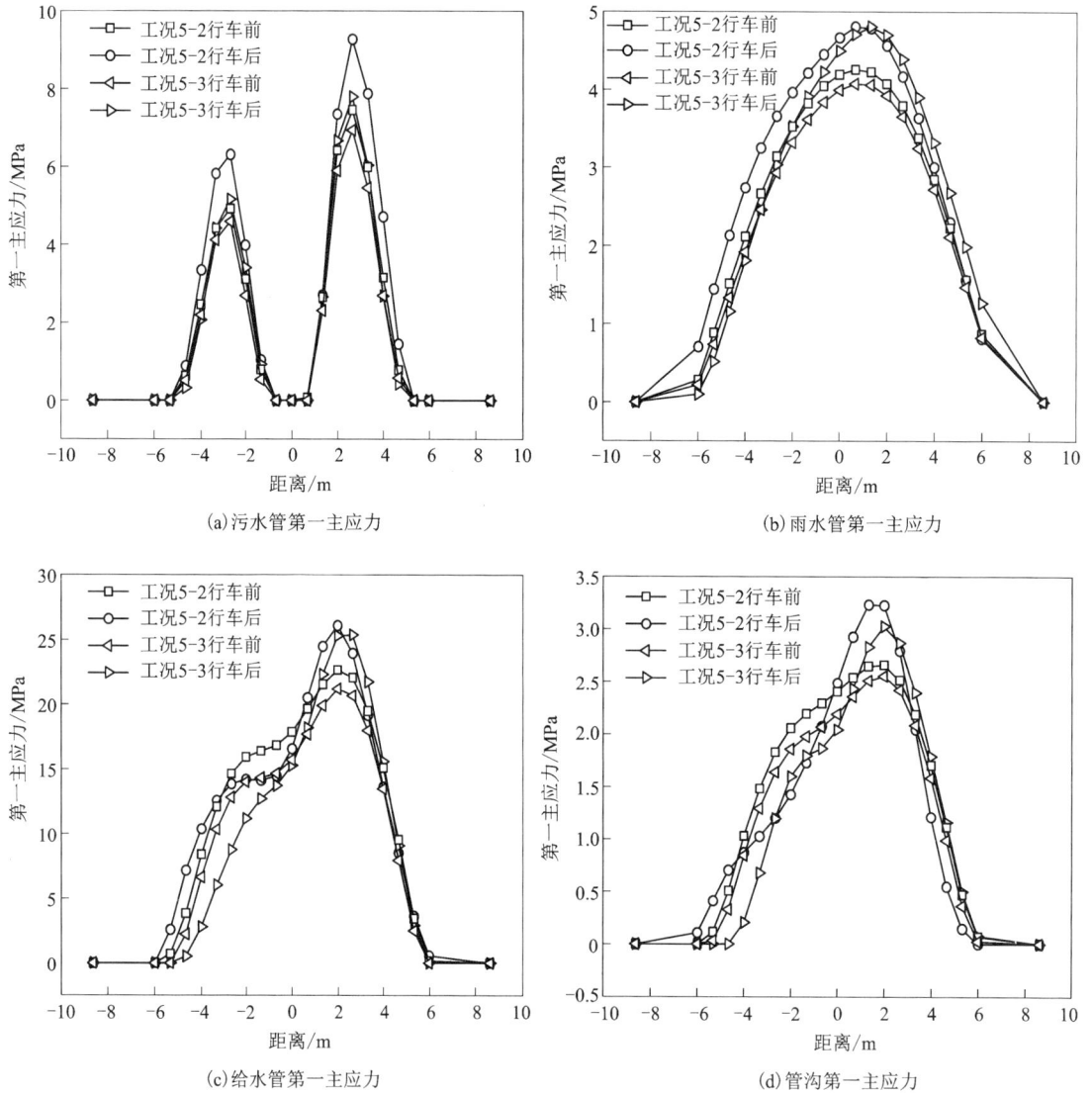

(a)污水管第一主应力

(b)雨水管第一主应力

(c)给水管第一主应力

(d)管沟第一主应力

图 7-25 工况 5-2 与工况 5-3 车辆荷载作用下管线第一主应力

工况 5-2 与工况 5-3 管线特征点 P、M、Q、R 第一主应力时程曲线如图 7-26 所示。

由图 7-26 可知，两种注浆加固方案下管线特征点第一主应力时程曲线变化规律相近，车辆荷载作用下，整体呈现增大趋势，且波动变化。工况 5-3 在工况 5-2 的基础上对管线周边土体也进行了注浆，与工况 5-2 对比可知，管线初始第一主应力减小了，在车辆荷载作用下附加应力达到最大值的时间略有不同，第一主应力变化规律也有一定差异。注浆加固区域土体性质得到改良，但并未发生较大变化，这也是第一主应力变化总体相近的原因。

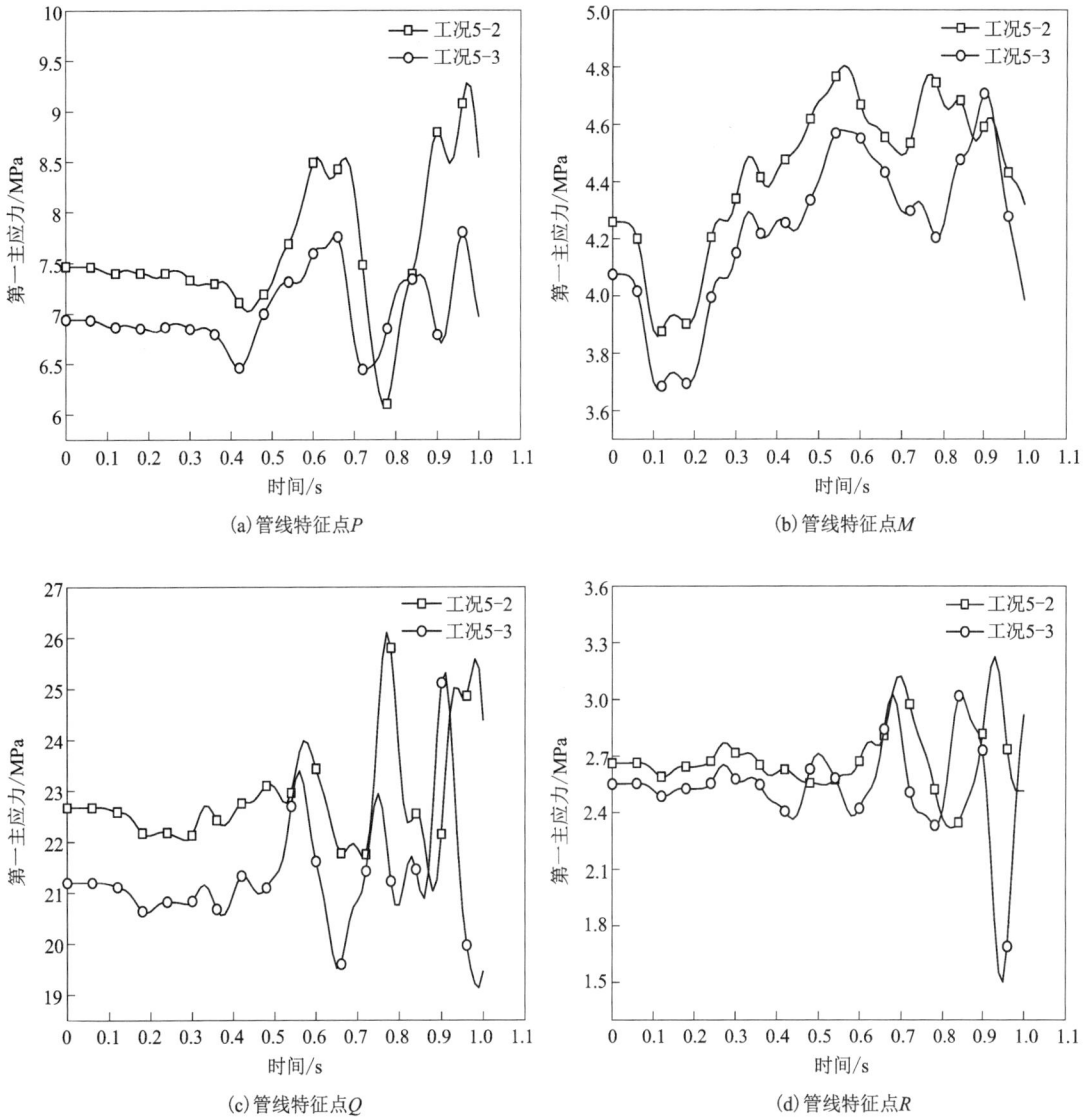

(a) 管线特征点P

(b) 管线特征点M

(c) 管线特征点Q

(d) 管线特征点R

图 7-26　工况 5-2 与工况 5-3 管线特征点第一主应力时程曲线

　　综上可知，工况 5-3 能够有效控制通道开挖引起的管线变形和内力。在车辆荷载作用下，对管线周边土体进行注浆加固可提高污水管和管沟的稳定性，也就是说对于抵抗土体变形能力较弱的管线，工况 5-3 能够起减小车辆荷载作用引起附加沉降和附加应力的作用，而对于雨水管、给水管此类抗变形能力较强的管线，工况 5-3 主要起减小通道开挖影响的作用。

7.2.3 工程应用效果

注浆加固方案 2 应用于南昌轨道交通地铁车站出入口暗挖通道穿越密集地下管线工程，通过地面注浆、WSS(无收缩)注浆及管棚注浆加固通道及管线周边土体。

地面注浆加固注浆孔呈梅花形布置，钻孔中心间距 800 mm，浆液扩散半径 500 mm。管线两侧 500 mm 及正上方不设注浆孔，注浆过程中邻近管线范围要减小注浆压力。

通道开挖前对上述加固区域进行无收缩后退式深孔注浆，注浆孔也呈梅花形布置，注浆孔中心间距 500 mm。管棚布置在通道开挖轮廓外 200 mm 处，管棚的环向中心间距 450 mm。管线下方适当减小注浆压力，根据地质情况确定浆液配合比等施工参数。沿通道暗挖方向组合注浆加固施工示意图如图 7-27 所示。

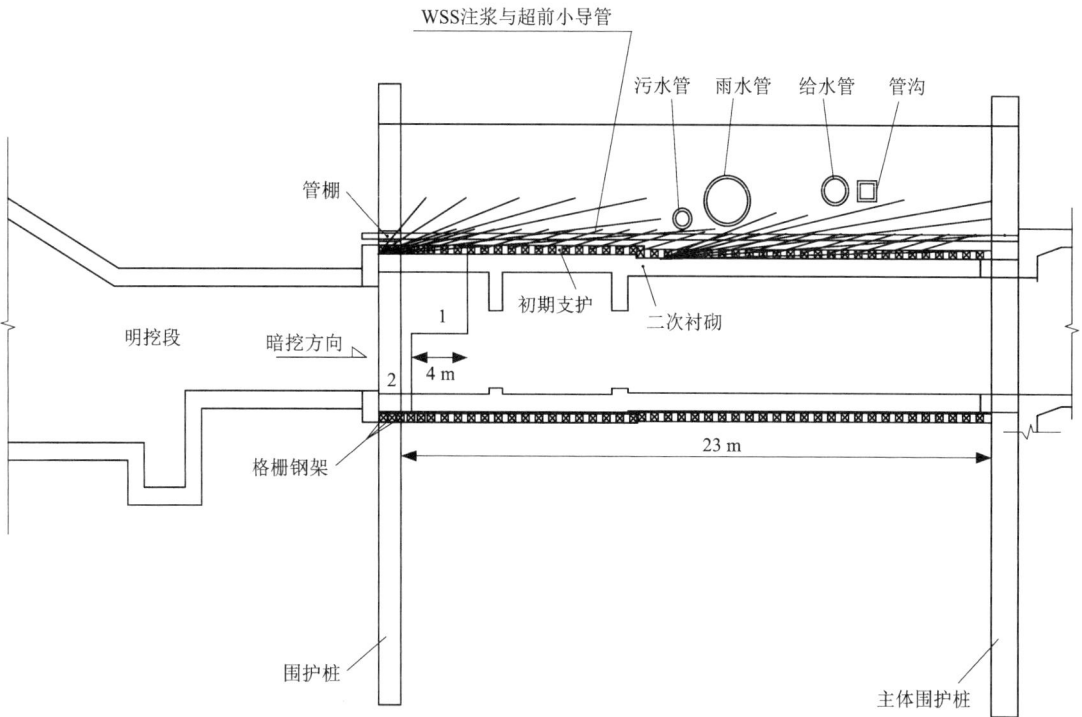

图 7-27 工程组合注浆加固施工示意图

地面注浆、WSS 注浆、管棚注浆及超前小导管注浆加固范围如图 7-28 所示。

注浆加固方案 2 应用于南昌地铁 3 号线车站出入口暗挖通道下穿密集管线工程取得了良好的效果，施工进程平稳有序。在暗挖工程施工全过程对管线沉降和地表沉降进行了全程监测，监测数据表明管线和地表沉降均在控制限值范围内，注浆加固方案的实施既保证了施工进度也有效保护了管线安全。

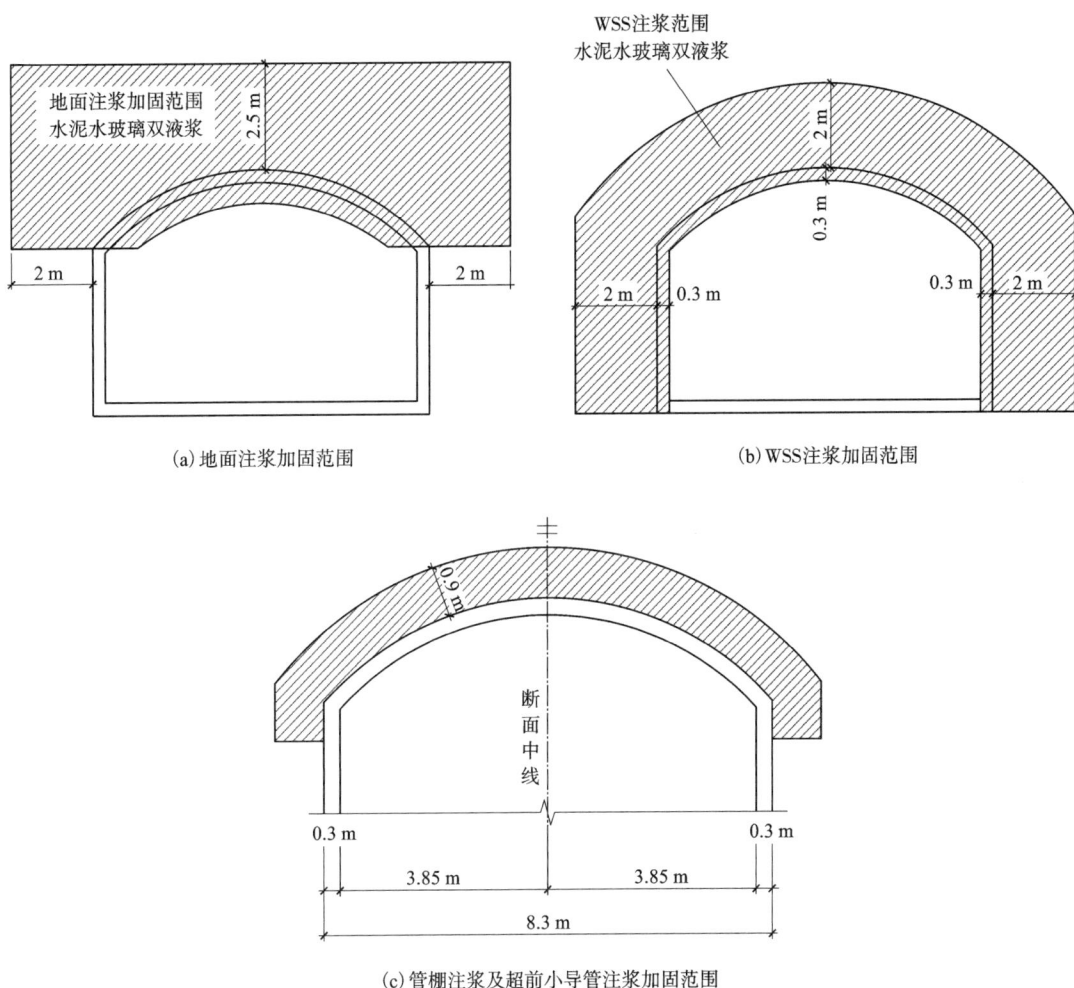

(a) 地面注浆加固范围

(b) WSS注浆加固范围

(c) 管棚注浆及超前小导管注浆加固范围

图 7-28　工程组合注浆加固范围示意图

▶ 7.3　本章小结

本章针对地铁通道暗挖与路面交通荷载作用下管线保护问题，提出了管线保护措施，通过建立有限元模型分析了不同加固措施的效果，得到如下主要结论：

(1) 注浆加固后通道围岩水平位移、沉降和塑性区均有所减小，通道围岩等效应力分布与未注浆加固时较为接近，最大等效应力均位于通道两侧底角。

(2) 在不考虑通道开挖引起管线刚度和强度降低的条件下，管线动力响应与其所处地层力学特性有关，而与管线初始沉降和初始应力无关。

(3) 注浆加固可有效减小通道开挖引起的管线变形和内力，同时可减小车辆荷载引起管线产生的附加变形和附加应力。未注浆加固时通道开挖引起拱顶最大沉降值为 32.76 mm，管线最大沉降值为 13.25 mm，车辆荷载作用下污水管、雨水管、给水管和管沟最大附加沉降分别为 1.47 mm、1.86 mm、0.81 mm 和 0.8 mm；注浆加固管线所处地层以下至通道之间土体后，管线最大沉降值为 8.66 mm，比未注浆加固时减小 35%；车辆荷载作用下雨水管附加沉降最大，注浆加固后，其最大值为 1.76 mm，比未注浆加固时减小 5%。对管线所处地层也进行注浆加固，管线最大沉降值为 8.26 mm，比未注浆加固时减小 38%；车辆荷载作用下雨水管附加沉降最大，比未注浆加固时减小 3%。

（4）对于刚度较小的管线，注浆加固管线周边土体可有效减小通道开挖和车辆荷载作用引起的沉降和应力。对于刚度较大的管线，注浆加固管线周边土体可有效减小通道开挖产生的影响。

第8章 结论与展望

8.1 结论

本书以南昌地铁 3 号线邓埠站出入口通道工程为依托，综合运用文献调研、理论分析、数值模拟、现场实测等方法，开展了地铁通道暗挖对近邻密集管线的影响研究，得出如下主要结论：

(1)运用 FLAC3D 有限差分软件建立三维数值模型，模拟通道 CRD 法施工，结果表明：

①考虑注浆加固，开挖完成后拱顶处的集中应力比周围土体增大了约 100 kPa，拱顶的集中应力约为 361 kPa；CRD 法施工引起的拱顶最大沉降位于右导洞拱顶，约为 11.9 mm；通道底部最大隆起也位于偏右处，约为 12.8 mm。

②各管线实测与模拟的最大沉降值：通信电缆为 7.97 mm 与 9.81 mm，给水管为 6.66 mm 与 7.54 mm，污水管为 5.50 mm 与 5.60 mm，雨水管为 9.36 mm 与 10.16 mm，均处于变形控制标准以内。

(2)通过建立多工况数值模型，考虑净距、交叉角度、围岩参数、施工参数等关键影响因素，研究地铁通道暗挖对近邻密集管线力学特性的影响，结果表明：

①其他因素固定，近距为 $0.05D \sim 0.2D$ 下，通信电缆、给水管、污水管、雨水管竖向位移最大值分别为 49.50 mm、47.43 mm、55.29 mm、53.61 mm，最大主应力值分别为 109.53 kPa、40.18 MPa、144.11 kPa、47.67 kPa，密集管线竖向位移与最大主应力随净距的增大而减小。

②其他因素固定，交叉角度为 $0° \sim 90°$ 下，通信电缆、给水管、污水管、雨水管竖向位移最大值分别为 52.33 mm、45.67 mm、47.91 mm、47.78 mm，最大主应力值分别为 40.29 kPa、21.64 MPa、39.16 kPa、37.41 kPa。整体表现为密集管线竖向位移随交叉角度的增大而增大；刚性管线最大主应力随交叉角度的增大而增大，柔性管线则随角度(0°除外)的增大而减小。

③其他因素固定，三种围岩类型下，通信电缆、给水管、污水管、雨水管竖向位移最大值分别为 50.26 mm、43.64 mm、47.08 mm、47.02 mm，最大主应力值分别为 42.49 kPa、21.64 MPa、39.16 kPa、37.41 kPa，密集管线竖向位移与最大主应力都随着围岩强度增加而减小。

④其他因素固定，CRD 法、上下台阶法和全断面法下，通信电缆、给水管、污水管、雨水管竖向位移最大值分别为 83.30 mm、74.21 mm、79.67 mm、80.91 mm，最大主应力值分别为 68.17 kPa、35.34 MPa、49.68 kPa、58.34 kPa，密集管线的竖向位移、最大主应力与最小主应力随施工工法对土体的扰动增大而增大。

（3）基于多工况数值仿真计算结果，通过理论分析，函数拟合等方法，建立了地铁通道暗挖对近邻密集管线的影响分区计算方法，主要成果如下：

①提出了地铁通道暗挖对近邻管线的影响分区标准，建立了关于管线位移的多因素（净距、交差角度、围岩类型与施工参数）多元非线性拟合函数，确定了暗挖通道施工对近邻密集管线的影响分区。

②根据数值仿真结果及多元非线性拟合函数，可知地铁通道暗挖近邻密集管线施工时，各因素敏感性排序依次为：围岩类型>施工参数>净距>交叉角度。

③在 CRD 法施工下对各管线影响分区进行划分，结合工程实例进行数值仿真计算分析，结果表明在强影响分区采取注浆加固等主、被动措施，管线强影响分区转变为弱、无影响分区。

（4）基于 Timoshenko 梁理论建立了路面交通荷载作用下管线动力响应解析模型，采用 Python 语言编写了相应计算与后处理程序，分析了管线参数、路面交通荷载参数及地基阻尼对管线振动的影响，得到以下结论：

①当其余参数为定值时，路面交通荷载作用下管线振动及其波动变化剧烈程度随着车辆轴重及荷载频率的增大而增大，随着管线抗弯刚度、管线剪切刚度及地基阻尼的增大而减小。

②软土的高阻尼特性虽然能够减小管线振动幅值及其波动剧烈程度，但软土地基刚度较小，路面交通荷载作用下会产生较大变形。

（5）采用有限元软件建立了三维数值模型，对 CRD 法开挖地铁通道引起邻近管线力学响应展开研究，并分析了管线与通道空间位置关系、管线材质与构造等关键因素的影响，得到以下结论：

①管隧交角对管线不均匀沉降影响显著，而管线不均匀沉降是引起管线产生较大内力的主要原因。管线底部第一主应力值随交角的增大而增大，当交角为 0°、45°、90° 时，管线底部第一主应力最大值分别为 0.05 MPa、4.52 MPa、8.86 MPa。

②管线沉降和应力随着通道与管线竖直距离、管径和壁厚的减小而增大。竖直距离为 0.8 m、管径为 0.5 m 及壁厚为 0.05 m 时，管线最大沉降值为 10.56 mm，相较竖直距离为 1.5 m 时增大 8%；管线最大第一主应力值为 8.86 MPa，相较竖直距离为 1.5 m 时增大 72%；相较管径为 1.5 m 时，管线最大沉降和最大第一主应力分别增大 65% 和 18%；相较壁厚为 0.15 m 时，管线最大沉降和最大第一主应力分别增大 3% 和 32%。

③相同管线材质下，管线抗弯刚度越小，则管线沉降和内力越大。相同几何特性下，管线弹性模量越大，则管线沉降越小，但管线内力越大。在其余因素相同条件下，PVC 管弹性模量最小，其最大沉降为 12.62 mm，是混凝土管、球墨铸铁管和钢管的 1.2 倍、1.35 倍和 1.43 倍。钢管刚度最大，其底部最大第一主应力值为 32.21 MPa，是 PVC 管、混凝土管及球墨铸铁管最大第一主应力的 53 倍、3.6 倍和 1.4 倍。

（6）基于三维数值模型和车辆动载二次开发程序，研究地铁通道暗挖与路面车辆荷载双重扰动作用下邻近管线的动力响应特性，并分析了轴重、车速和路面平整度等参数对管线动力响应的影响，得到以下结论：

①通道开挖与车辆荷载作用双重扰动效应使得通道上方管段更易发生破坏，管线底部为最危险区域。

②相同管线材质和几何特性下，管线距离车辆荷载作用位置越近，附加沉降和附加应力越大。车辆荷载作用下球墨铸铁管附加应力远大于混凝土管；管线直径和壁厚越大，附加沉降和附加应力越小。

③车辆超载、车速较快和路面不平顺下管线会产生更大的附加变形和附加应力。轴重为75 kN且车速为72 km/h时，雨水管附加沉降最大，其值为1.62 mm，比轴重为50 kN时增大50%；相较车速36 km/h时增大26%；考虑路面不平顺时管线最大附加沉降和最大附加应力比路面平顺时增大10%和16%。

（7）针对地铁通道暗挖与路面交通荷载作用下管线保护问题，提出了管线保护措施，通过建立有限元模型分析了不同加固措施的效果。结果表明：对于刚度较小的管线，注浆加固管线周边土体可有效减小通道开挖和车辆荷载作用引起的沉降和应力。对于刚度较大的管线，注浆加固管线周边土体可有效减小通道开挖产生的影响。未注浆加固时通道开挖引起拱顶最大沉降值为32.76 mm，管线最大沉降值为13.25 mm，车辆荷载作用下污水管、雨水管、给水管和管沟最大附加沉降分别为1.47 mm、1.86 mm、0.81 mm和0.8 mm；注浆加固管线所处地层以下至通道之间土体后，管线最大沉降值为8.66 mm，比未注浆加固时减小35%；车辆荷载作用下雨水管附加沉降最大，注浆加固后比未注浆加固时减小5%。对管线所处地层也进行注浆加固，管线最大沉降值为8.26 mm，比未注浆加固时减小38%；车辆荷载作用下雨水管附加沉降比未注浆时减小3%。

▶ 8.2 展望

通道工程施工对地下管线的影响一般是由管线与通道的净距、围岩的强度、交叉角度、施工工法、管线材质及尺寸强度等众多因素决定的。由于作者本身的水平能力有限，还有多种问题没有考虑解决：

（1）由于理论限制等，把管线都作为均质弹性材料考虑，因此没有考虑到接头、管线自身压力及劣化度的影响，有必要进一步研究。

（2）数值模拟中未考虑地层的空间变异和材料本身的变异性，且未考虑地下水对管线的影响，这些参数都会对数值仿真结果造成一定的影响，有必要进行相应的完善。

（3）采用移动恒定荷载和时域谐波荷载模拟交通荷载，实际上做了相应简化，实际交通路况复杂，真实路面交通荷载是大小和作用位置随时间不断变化的随机荷载，需要更加精确地描述真实路面交通荷载的模型。

（4）仅考虑了地层和管线的重力场、通道施工影响及路面交通荷载，忽略了地下水、温度变化、化学腐蚀、管线工作压力、管线与土体间的摩擦等因素对管线力学特性的影响，这些复杂因素有待进一步研究。

参考文献

［1］ ATTEWELL P B, YEATES J, SELBY AR. Soil movements induced by tunnelling and their effects on pipelines and structures［M］. London：Blackie and Son Ltd, 1986.

［2］ KLAR A, VORSTER T, SOGA K, et al. Soil-pipe-tunnel interaction：comparison betweenwinkler and elastic continuum solutions［R］. UK：Department of Engineering, University of Cambridge, 2004.

［3］ KLAR A, VORSTER T E B, SOGA K, et al. Continuum solution of soil-pipe-tunnel interaction including local failure［C］//11th International Conference of IACMAG. Torino, 2005：674-687.

［4］ KLAR A, VORSTER T E, SOGA K, et al. Elastoplastic solution for soil-pipe-tunnel interaction［J］. Journal of Geotechnical andGeoenvironmental Engineering, 2007, 133(7)：782-792.

［5］ KLAR A, MARSHALL A M, SOGA K, et al. Tunneling effects on jointed pipelines［J］. Canadian Geotechnical Journal, 2008, 45(1)：131-139.

［6］ VORSTER T E, KLAR A, SOGA K, et al. Estimating the effects of tunneling on existing pipelines ［J］. Journal of Geotechnical andGeoenvironmental Engineering, 2005, 131(11)：1399-1410.

［7］ 张坤勇, 王宇, 艾英钵. 任意荷载下管土相互作用解答［J］. 岩土工程学报, 2010, 32(8)：1189-1193.

［8］ WANG Y, WANG Q, ZHANG K Y. An Analytical Model for Pipe-Soil-Tunneling Interaction［J］. Procedia Engineering, 2011, 14：3127-3135.

［9］ 张陈蓉, 俞剑, 黄茂松. 隧道开挖对邻近非连续接口地埋管线的影响分析［J］. 岩土工程学报, 2013, 35(6)：1018-1026.

［10］ 谷拴成, 贺恒炜, 茹国锋. 地铁隧道工程开挖过程中地下管线的受力情况分析［J］. 城市轨道交通研究, 2015, (5)：14-18.

［11］ 史超凡. 隧道浅埋暗挖法施工对既有管线影响的三维有限元分析［D］. 湘潭：湘潭大学, 2015.

［12］ 马亚航. 隧道开挖引起的地层变形及其对地下管线的影响分析［D］. 长沙：湖南大学, 2011.

［13］ Wang Y, Moore I D. Simplified design equations for joints in buried flexible pipes based onHetenyi Solutions［J］. Journal of Geotechnical and Geoenvironmental Engineering, 2014, 140(3)：04013020. 1-04013020. 14.

[14] 王春梅, 何越磊, 汪磊, 等.隧道下穿引起地下管线竖向位移的计算方法研究[J].隧道建设, 2016, 36(2)：186-192.

[15] 程霖, 杨成永, 李延川, 等.带接头地下管线变形的傅里叶级数解[J].湖南大学学报(自然科学版), 2018, 45(11)：149-156.

[16] 蔡诗淇, 魏纲.类矩形盾构隧道施工对邻近地下管线的影响研究[J].低温建筑技术, 2019, 41(6)：66-69.

[17] 魏纲, 崔程虹, 许讯, 等.基于能量法的双圆盾构施工引起管线沉降计算[J].地下空间与工程学报, 2019, 15(04)：1106-1111.

[18] 林存刚, 黄茂松.基于 Pasternak 地基的盾构隧道开挖非连续地下管线的挠曲[J].岩土工程学报, 2019, 41(07)：1200-1207.

[19] 程霖.地铁隧道开挖引起地下管线变形的理论分析和试验研究[D].北京：北京交通大学, 2021.

[20] 邓皇适, 傅鹤林, 史越, 等.盾构隧道曲线段掘进引发邻近地下管线变形分析[J].中南大学学报(自然科学版), 2022, 53(8)：3008-3020.

[21] 陶连金, 王志岗, 石城, 等.基于 Pasternak 地基模型的断层错动下管线结构纵向响应的解析解[J].岩土工程学报, 2022, 44(9)：1577-1586+1.

[22] SINGHAI A C. Behavior of jointed ductile iron pipelines[J]. Journal of Transportation Engineering, 1984, 110(2)：235-250.

[23] TRAUTMANN C H, O ROURFCE T D, KULHAWY F H. Uplift force-displacement response of buried pipe[J]. Journal of Geotechnical Engineering, 1985, 111(9)：1061-1076.

[24] 吴波, 高波, 索晓明, 等.城市地铁隧道施工对管线的影响研究[J].岩土力学, 2004, 25(4)：657-662.

[25] VORSTER T E B, MAIR R J, SOGA K, et al. Using BOTDR fiber optic sensors to monitor pipeline behavior during tunnelling[C]//Third European Workshop on Structural Health Monitoring, Granada, 2006：1-8.

[26] MARSHALL A M, ELKAYAM I, KLAR A, et al. Centrifuge and discrete element modelling of tunnelling effects on pipelines[C]//Proceedings of the 7th International Conference on Physical Modelling in Geotechnics. Zurich, 2010：633-637.

[27] MARSHALL A M, KLAR A, MAIR R J. Tunneling beneath buried pipes：view of soil strain and its effect on pipeline behavior[J]. Journal of Geotechnical &Geoenvironmental Engineering, 2010, 136(12)：1664-1672.

[28] 王正兴, 缪林昌, 王冉冉, 等.砂土中隧道施工对相邻垂直连续管线位移影响的模型试验研究[J].岩土力学, 2013, (增刊2)：143-149.

[29] 张伦政.地下管线与土层相互作用数值模拟与离心模型试验研究[D].北京：北京交通大学, 2014.

[30] 刘晓强, 梁发云, 张浩, 褚峰.隧道穿越引起地下管线竖向位移的能量变分分析方法[J].岩土力学, 2014, 35(S2)：217-222+231.

[31] 朱叶艇, 张桓, 张子新, 等.盾构隧道推进对临近地下管线影响的物理模型试验研究[J].岩土力

学，2016，（增刊2）：151-160.

[32] 马程昊，徐鹏举，魏超.盾构隧道施工对近邻管线影响模型试验研究[J].山西建筑，2016，（1）：169-171.

[33] 魏超，徐鹏举，马程昊.管隧平行下盾构隧道与管线的模型试验研究[J].山西建筑，2016，（2）：160-162.

[34] 黄晓康，卢坤林，朱大勇.盾构施工对不同位置地下管线变形的影响模拟试验研究[J].岩土力学，2017，38(增刊1)：123-130.

[35] 马少坤，刘莹，邵羽，等.盾构双隧道不同开挖顺序及不同布置形式对管线的影响研究[J].岩土工程学报，2018，40(4)：689-697.

[36] 魏纲，王辰，丁智，等.邻近管线的类矩形盾构隧道施工室内模型试验研究[J].岩石力学与工程学报，2019，38(S2)：3905-3912.

[37] 程霖，杨成永，马文辉，等.地铁隧道开挖引起的管线变形计算与试验研究[J].华中科技大学学报（自然科学版），2022，50(4)：7-13.

[38] Nath P. Trench excavation effects on adjacent buried pipes：Finite Element Study Journal of Geotechnical Engineering, ASE, New York, NY, 109(11), 1399-1415.

[39] O'Rourke T D, Ahmed I. Effect of shallow trench construction on cast iron pipes. Advance in Underground Pipeline Engineering, Proceedings of the International Conference. Madison. USA, 1985. 1-31.

[40] 彭基敏，张孟喜.盾构施工引起邻近地下管线位移分析工业建筑[J].工业建筑，2005，35(9)：50-53.

[41] 吴为义，孙宇坤，张土乔.盾构隧道施工对邻近地下管线影响分析[J].中国铁道科学，2008(3)：58-62.

[42] 蒋小锐.地铁区间暗挖大断面下穿雨水管变形影响预测分析[J].铁道标准设计，2009(10)：51-53+77.

[43] 关永平，郭龙，李云龙，等.城市地铁开挖对相邻地下管线影响的数值分析[J].水利与建筑工程学报，2010，8(2)：11-12+48.

[44] 邱美丽.隧道施工中地下管线与土层相互作用数值分析[D].北京：北京交通大学，2013.

[45] 王洪德，崔铁军.厚硬岩层盾构隧道施工对地下管线影响分析[J].地下空间与工程学报，2013，9(2)：333-338.

[46] 张义伟.浅埋暗挖施工对市政地下管线的影响研究[D].武汉：武汉理工大学，2015.

[47] 高海通.黄土地区地铁隧道施工对地下管线影响的研究[D].西安：西安科技大学，2017.

[48] 肖昭然，胡娟，刘克瑾.小净距隧道施工对地下管线性状影响的数值分析[J].公路，2019，64(12)：286-292.

[49] 林思.矩形管廊顶管施工对邻近地下管线的变形影响及控制研究[D].杭州：浙江大学，2020.

[50] Fadaee M, Farzanganpour F, Anastasopoulos I. Response of buried pipeline subjected to reverse faulting[J]. Soil Dynamics and Earthquake Engineering, 2020, 132.

[51] Yu Y, Li Z, Yu J, et al. Buckling failure analysis for buried subsea pipeline under reverse fault displacement[J]. Thin-Walled Structures, 2021, 169(4): 108350.

[52] Dong X Y et al. Large deformation coupled analysis of embedded pipeline – Soil lateral interaction [J]. Marine Structures, 2021, 78

[53] 卜旭东. 盾构隧道施工对既有地下管线的影响研究[D]. 合肥: 合肥工业大学, 2021.

[54] 陈志敏, 范长海, 文勇, 等. 超浅埋隧道下穿管线沉降变形及控制基准研究[J]. 公路, 2021, 66 (9): 371-378.

[55] 焦宁, 丁建文, 吉锋, 等. 土岩复合地层中深基坑开挖对邻近管线变形影响分析[J]. 东南大学学报 (自然科学版), 2022, 52(2): 229-236.

[56] 日本铁道综合技术研究所. 接近既有隧道施工对策指南[M]. 1996.

[57] 北京城建勘测设计研究院有限责任公司. 城市轨道交通工程监测技术规范(GB 50911—2013) [S]. 北京: 中国建筑工业出版社, 2014.

[58] 仇文革. 地下工程近接施工力学原理与对策的研究[D]. 成都: 西南交通大学, 2003.

[59] 郑余朝. 三孔并行盾构隧道近接施工的影响度研究[D]. 成都: 西南交通大学, 2007.

[60] 郑余朝, 仇文革. 重叠隧道结构内力演变的三维弹塑性数值模拟[J]. 西南交通大学学报, 2006 (3): 376-380.

[61] 袁竹. 矿山法隧道下穿铁路沉降影响分区研究[D]. 成都: 西南交通大学, 2010.

[62] 康立鹏. 高速列车荷载作用下交叉隧道动力响应特性及影响分区研究[D]. 长沙: 中南大学, 2013.

[63] 何永成. 两隧道平行近接施工的影响分区研究[D]. 成都: 西南交通大学, 2018.

[64] Zhou Z, Gao W, Liu Z, et al. Influence zone division and risk assessment of underwater tunnel adjacent constructions[J]. Mathematical Problems in Engineering, 2019, 2019(PT. 1): 1-10.

[65] 牟智恒. 城市新建隧道近邻既有隧道施工的影响分区及对策研究[D]. 成都: 西南交通大学, 2019.

[66] 杨小龙, 房有亮, 吕志洲. 昆明软土地区双孔隧道地表沉降预测及影响分区[J]. 现代隧道技术, 2019, 56(S2): 347-354.

[67] 王志杰, 李金宜, 蒋新政, 等. 浅埋偏压双侧近邻隧道影响分区及对策研究[J]. 现代隧道技术, 2021, 58(4): 1-11.

[68] 石波, 李科. 隧道邻近建筑物影响分区研究及工程对策分析[J]. 隧道建设(中英文), 2021, 41 (S2): 230-235.

[69] 周征昊. 隧道与建筑物近接施工影响分区及对策研究[D]. 成都: 西南交通大学, 2021.

[70] 魏纲, 赵得乾麟, 齐永洁. 类矩形盾构隧道下穿引起既有隧道竖向位移计算方法研究[J]. 隧道建设 (中英文), 2022, 42(6): 960-966.

[71] 郭成祥. 砂卵石地层地铁隧道下穿既有隧道影响分区与控制研究[J]. 路基工程, 2021(2): 51-58.

[72] 吴贤国, 杨赛, 田金科, 等. 盾构近接施工对既有隧道影响参数分析及近接度分区研究[J]. 土木工程与管理学报, 2021, 38(4): 96-109+114.

[73] 侯晗. 软弱地层盾构隧道施工对土体的扰动分区及控制[J]. 石家庄铁路职业技术学院学报, 2021, 20(1): 42-46.

［74］马建.盾构隧道穿越对既有管线影响的研究与展望［J］.现代隧道技术，2022，59（3）：23-30.

［75］崔光耀，宋博涵，何继华，等.北京地铁新机场线超近邻上跨既有隧道施工影响分区及加固措施效果分析［J/OL］.长江科学院院报，2022，（9）：1-6.

［76］孔杰，荣传新，施鑫，等.盾构引起的管线变形特性及近邻影响分区研究［J］.安徽理工大学学报（自然科学版），2022，42（1）：56-63.

［77］Davies J P, Clarke B A, Whiter J T, et al. Factors influencing the structural deterioration and collapse of rigid sewer pipes［J］. Urban Water, 2001, 3（1-2）：73-89.

［78］Trott JJ, Gaunt J. Results of some recent field experiments on underground pipelines［C］//Proceedings of the Symposium：Research and Development Sewerage and Drainage Design. 1975, 14.

［79］Lester J, Farrar D M. An examination of the defects observed in 6 km of sewers［J］. TRRL Supplementary Report, 1979, 531.

［80］Ouyang H. Moving-load dynamic problems：A tutorial（with a briefoverview）［J］. Mechanical Systems and Signal Processing, 2011, 25（6）：2039-2060.

［81］Timoshenko S. History of strength of materials：with a brief account of the history of theory of elasticity and theory of structures［M］. North Chelmsford：Courier Corporation, 1983.

［82］Frýba L. Vibration of solids and structures under moving loads［M］. Berlin：Springer science & business media, 2013.

［83］Kargarnovin M H, Younesian D, Thompson D J, et al. Response of beams on nonlinear viscoelastic foundations to harmonic moving loads［J］. Computers & Structures, 2005, 83（23-24）：1865-1877.

［84］Metrikine A V, Popp K. Vibration of a periodically supported beam on an elastic half-space［J］. European Journal of Mechanics-A/Solids, 1999, 18（4）：679-701.

［85］Andersen L, Nielsen S R K, Kirkegaard P H. Finite element modelling of infinite Euler beams on Kelvin foundations exposed to moving loads inconvected co-ordinates［J］. Journal of Sound and Vibration, 2001, 241（4）：587-604.

［86］Vostroukhov A V, Metrikine A V. Periodically supported beam on a visco-elastic layer as a model for dynamic analysis of a high-speed railway track［J］. International journal of solids and structures, 2003, 40（21）：5723-5752.

［87］Koziol P, Mares C, Esat I. Wavelet approach to vibratory analysis of surface due to a load moving in the layer［J］. International Journal of Solids and Structures, 2008, 45（7-8）：2140-2159.

［88］Koziol P, Hryniewicz Z, Mares C. Wavelet analysis of beam-soil structure response for fast moving train［C］//Journal of Physics：Conference Series. IOP Publishing, 2009, 181（1）：012052.

［89］Koziol P, Hryniewicz Z. Dynamic response of a beam resting on a nonlinear foundation to a moving load：coiflet-based solution［J］. Shock and Vibration, 2012, 19（5）：995-1007.

［90］郑小平，王尚文，陈百屏.弹性地基无限长梁动力问题的一般解［J］.应用数学和力学，1991，12（7）：593-597.

［91］Fernando N S M, Carter J P. Elastic analysis of buried pipes under surface patch loadings［J］. Journal of

Geotechnical andGeoenvironmental Engineering, 1998, 124(8).

[92] 吴小刚. 交通荷载作用下软土地基中管道的受力分析模型研究[D]. 杭州：浙江大学, 2004.

[93] 王直民. 交通荷载作用下埋地管道的力学性状研究[D]. 杭州：浙江大学, 2006.

[94] 李洵. 交通荷载作用下埋地管道的力学性状分析[D]. 杭州：浙江大学, 2004.

[95] 李新亮, 李素贞, 申永刚. 交通荷载作用下埋地管道应力分析与现场测试[J]. 浙江大学学报（工学版）, 2014, 48(11)：1976-1982.

[96] 王复明, 方宏远, 李斌, 等. 交通荷载作用下埋地承插口排水管道动力响应分析[J]. 岩土工程学报, 2018, 40(12)：2274-2280.

[97] 赵龙飞. 交通荷载作用下埋地管道变形特性研究[D]. 郑州：郑州大学, 2017.

[98] Lay G R, Brachman R W I. Full-scale physical testing of a buried reinforced concrete pipe under axle load [J]. Canadian geotechnical journal, 2014, 51(4)：394-408.

[99] Becerril García D, Moore I D. Behaviour of bell and spigot joints in buried reinforced concrete pipelines [J]. Canadian Geotechnical Journal, 2015, 52(5)：609-625.

[100] Rakitin B, Xu M. Centrifuge testing to simulate buried reinforced concrete pipe joints subjected to traffic loading[J]. Canadian geotechnical journal, 2015, 52(11)：1762-1774.

[101] Xu M, Shen D, Rakitin B. The longitudinal response of buried large-diameter reinforced concrete pipeline with gasketed bell-and-spigot joints subjected to traffic loading[J]. Tunnelling and Underground Space Technology, 2017, 64：117-132.

[102] 北京市规划委员会. 给水排水工程管道结构设计规范(GB 50332-2002)[S]. 北京：中国建筑工业出版社, 2002.

[103] Peck R. Deep excavations and tunnelling in soft ground：State of the Art Report[S]//Proceedings of the 7th International Conference on Soil Mechanics and Foundation Engineering. Sociedad Mexicana deSuelos, A.C, 1969.

[104] 陈卫忠, 伍国军, 贾善坡. ABAQUS 在隧道及地下工程中的应用[M]. 北京：中国水利水电出版社, 2010.

[105] 李先文. 南昌城区主要岩土层参数特性及其关联性分析研究[D]. 南昌：南昌大学, 2018.

[106] 中国建筑科学研究院. 混凝土结构设计规范(2015 年版)(GB 50010—2010)[S]. 北京：中国建筑工业出版社, 2010.

[107] 新兴铸管股份有限公司, 圣戈班管道系统有限公司, 冶金工业信息标准研究院, 等. 水及燃气用球墨铸铁管、管件和附件(GB/T 13295—2019)[S]. 北京：中国标准出版社, 2019.

[108] 北京城建勘测设计研究院有限责任公司. 城市轨道交通岩土工程勘察规范(GB 50307—2012)[S]. 北京：中国计划出版社, 2012.

[109] 孙振宇, 张顶立, 侯艳娟, 等. 基于现场实测数据统计的隧道围岩全过程变形规律及稳定性判据确定[J]. 岩土工程学报, 2021, 43(7)：1261-1270.

[110] 给水排水工程埋地钢管管道结构设计规程(CECS 141—2002)[S]. 北京：中国计划出版社, 2002.

[111] 张镇. 地铁车站与公路隧道组合体结构受车辆荷载作用的动力学特性研究[D]. 成都：西南交通大学，2019.

[112] 李皓玉. 车辆与路面相互作用下路面结构动力学研究[D]. 北京：北京交通大学，2011.

[113] 张福麟. 机动车荷载作用下装配式综合管廊力学特性及疲劳损伤分析[D]. 成都：西南交通大学，2018.

[114] 杨春风，解帅，孙吉书. 基于路面不平整度的车辆动荷载系数分析[J]. 重庆交通大学学报（自然科学版），2015，34(4)：77-80+90.

[115] 公路桥涵设计通用规范(JTG D60—2004)[S]. 北京：人民交通出版社，2004.

[116] 黄仰贤. 路面分析与设计[M]. 北京：人民交通出版社，1998.

[117] Pourdarvish A. A reliable symbolic implementation of algorithm for calculating Adomian polynomials [J]. Applied Mathematics and Computation, 2006, 172(1)：545-550.

[118] Hosseini M M, Nasabzadeh H. On the convergence of Adomian decomposition method [J]. Applied mathematics and computation, 2006, 182(1)：536-543.

[119] Wang J, Zhou Y, Gao H. Computation of the Laplace inverse transform by application of the wavelet theory[J]. Communications in Numerical Methods in Engineering, 2003, 19(12)：959-975.

[120] Monzón L, Beylkin G, Hereman W. Compactly supported wavelets based on almost interpolating and nearly linear phase filters (coiflets)[J]. Applied and Computational Harmonic Analysis, 1999, 7(2)：184-210.

[121] 赵建锋，杜修力，韩强，等. 外源波动问题数值模拟的一种实现方式[J]. 工程力学，2007，24(4)：52-58.

[122] 马笙杰，迟明杰，陈红娟，等. 黏弹性人工边界在ABAQUS中的实现及地震动输入方法的比较研究[J]. 岩石力学与工程学报，2020，39(7)：1445-1457.